国家社科基金
GUOJIA SHEKE JIJIN HOUQI ZIZHU XIANGMU
后期资助项目

独立友好逻辑研究

Studies in Independence-Friendly (IF) Logic

颜中军　著

上海交通大学出版社
SHANGHAI JIAO TONG UNIVERSITY PRESS

内容提要

独立友好逻辑(independence-friendly logic，IF 逻辑)是当今逻辑学研究炙手可热的前沿领域，旨在比经典逻辑更加充分地刻画逻辑表达式之间的依赖与独立关系，极大地拓展了逻辑学研究的范围，具有十分重要的理论价值和现实意义。

本书对 IF 逻辑做了系统深入的研究，详细阐述了 IF 逻辑产生的思想渊源与现实动机，进一步完善了 IF 逻辑的句法和语义，讨论了 IF 逻辑的基本性质和方法论特征，考察了 IF 逻辑若干重要扩展和应用，回应了 IF 逻辑引发的哲学论争，评估了 IF 逻辑的得与失，澄清了一些对 IF 逻辑的误解。本书不仅为逻辑学专业教学与研究提供参考，亦适合形式语言学、数学基础问题、自然语言理解和计算机并行处理等相关领域的学者阅读。

图书在版编目(CIP)数据

独立友好逻辑研究 / 颜中军著. -- 上海 : 上海交通大学出版社，2024. 9. -- ISBN 978-7-313-31287-7

Ⅰ. B81

中国国家版本馆 CIP 数据核字第 20249DZ132 号

独立友好逻辑研究

DULI YOUHAO LUOJI YANJIU

著　　者：颜中军

出版发行：上海交通大学出版社　　地　　址：上海市番禺路 951 号

邮政编码：200030　　电　　话：021-64071208

印　　制：上海新华印刷有限公司　　经　　销：全国新华书店

开　　本：710 mm×1000 mm　1/16　　印　　张：15.5

字　　数：295 千字

版　　次：2024 年 9 月第 1 版　　印　　次：2024 年 9 月第 1 次印刷

书　　号：ISBN 978-7-313-31287-7

定　　价：88.00 元

国家社科基金后期资助项目
出版说明

后期资助项目是国家社科基金设立的一类重要项目，旨在鼓励广大社科研究者潜心治学，支持基础研究多出优秀成果。它是经过严格评审，从接近完成的科研成果中遴选立项的。为扩大后期资助项目的影响，更好地推动学术发展，促进成果转化，全国哲学社会科学工作办公室按照“统一设计、统一标识、统一版式、形成系列”的总体要求，组织出版国家社科基金后期资助项目成果。

全国哲学社会科学工作办公室

前　言

独立友好逻辑(independence-friendly logic, IF 逻辑①)是当今逻辑学界备受关注的前沿领域,旨在比经典逻辑更加充分地刻画逻辑表达式之间的依赖与独立关系,极大地拓展了逻辑学的研究范围,丰富了逻辑学的构造方式,具有十分重要的理论价值和现实意义。

本书对 IF 逻辑这一新兴领域展开专题研究,在系统梳理和批判性反思 IF 逻辑的演变脉络、核心议题和理论贡献的基础之上,尝试建构更加完善的 IF 逻辑的句法和语义,评估 IF 逻辑的表达力和适用性,揭示其独特的方法论优势和深刻的哲学意蕴。这不仅可以拓展 IF 逻辑研究的广度与深度,而且能够促进逻辑学等相关领域的发展,为解决数学基础问题、自然语言理解、计算机并行处理、量子力学、概率推理等提供新的理论工具,引起国内对 IF 逻辑以及数学基础问题等相关领域的关注。

除"绪论"部分外,全书共分为六章,主要内容如下:

第一章系统梳理了 IF 逻辑的发展动机、主要阶段、研究现状和目前存在的主要问题。

第二章和第三章分别考察了 IF 逻辑的两大理论基础——分枝量词和博弈论语义学,深入比较了分枝量词与标准量词、博弈论语义学与塔斯基语义学之间的异同,初步揭示了 IF 逻辑的方法论特性和应用价值。

第四章在批判地吸收和借鉴现有研究成果的基础之上,建构了更为简洁和规范的 IF 逻辑的句法和语义,证明了 IF 逻辑的若干重要性质,比较了 IF 逻辑与经典逻辑、部分逻辑、构造主义逻辑等其他逻辑之间的异同。

第五章探讨了 IF 逻辑在模态逻辑、时态逻辑、认知逻辑、语言逻辑、问句逻辑等领域的扩展与应用,进一步揭示了 IF 逻辑良好的兼容性和适用性。

---

① 全书对所涉及的符号、术语和译名做了规范、统一。对于众所周知的符号、术语和译名,均沿用惯例;对于存在争议的术语和译名,则选取较为常见者,同时备注原文并提及中文文献中出现的其他相关表述或翻译;对于不常见的术语、人名或书名等,也尝试做了翻译并备注原文,以方便国内学者阅读。特此说明。

第六章回应了 IF 逻辑引发的哲学论争，评估了 IF 逻辑的理论得失，澄清了一些不必要的误解，为 IF 逻辑的合理性提供哲学辩护。

通过对 IF 逻辑进行系统深入研究，得到以下几点认识：

（1）依赖与独立是一对孪生范畴，不可偏废。IF 逻辑更充分地刻画了逻辑表达式之间的依赖与独立关系，对经典逻辑做出了实质性修正，具有更强的表达力和适用性，可为数学、语言学、计算机科学甚至量子力学、概率推理等提供更恰当的理论框架。

（2）分枝量词实质上是对量词间独立关系的刻画，是对标准量词的进一步抽象与概括，属于广义量词的特例。含分枝量词的逻辑属于 IF 逻辑的子逻辑，具有不可完全公理化等特征，但它并不具备 IF 逻辑其他一些重要性质，例如紧致性、洛文海姆-司寇仑性质等，从而限制了它的适用性。

（3）博弈论语义学持有与塔斯基语义学不同的哲学立场，把语言视为信息交流的媒介而非演算工具，强调真值条件的动态建构而非静态对应，采用强的对偶否定而非弱的矛盾否定，允许真值间隙，从而导致二值原则、排中律等失效。若采取单项赋值博弈，那么 IF 逻辑将违背组合原则。但是，若采取团队赋值博弈，那么 IF 逻辑亦可与组合原则兼容。

（4）IF 一阶语言是经典一阶语言的温和扩张，即仅添加了斜杆符“/”以及斜杠公式集，语义上采用非完美信息博弈，其表达力等价于二阶逻辑的存在片段，含矛盾否定的 IF 一阶逻辑甚至相当于整个二阶逻辑。尽管 IF 一阶逻辑不可完全公理化，其有效的公式类不是递归可枚举的，但存在反证程序可递归枚举所有不一致公式以及不一致公式的有限集，并且紧致性定理、洛文海姆-司寇仑定理、分离定理等依然成立。

（5）以 IF 一阶逻辑为基础，可以将独立关系扩展至模态词、时间词、命题态度词（如“知道”“相信”“怀疑”）等其他算子，从而得到一大类扩展的 IF 逻辑或者类 IF 逻辑。这些新的逻辑分支极大地拓宽了 IF 逻辑的研究范围，充分彰显了 IF 逻辑良好的兼容性和普遍的适用性以及诱人的应用潜力。

（6）IF 逻辑具有深刻的哲学意蕴，渗透着对逻辑、语言与实在关系的重新理解，进而反思经典逻辑的基本假定和构造方式。所以，我们应该正确看待 IF 逻辑带来的诸多“变革”和新奇特性，重新审视逻辑学与数学（集合论）、语言学之间的关系。

总之，IF 逻辑是当今逻辑学界非常活跃的前沿领域，新分支、新观点层出不穷，仍处于百家争鸣的状态。囿于作者学识水平等限制，在研究过程中侧重于对 IF 逻辑的代表性学者和代表性观点进行分析，个性化研究方面尚存不足，IF 逻辑的元性质和应用价值方面亦有待进一步探讨。

目　　录

绪　论

旧逻辑加思想以桎梏,新逻辑则给思想以翅膀。

——罗素①

众所周知,一阶逻辑本质上是关于量词的,其表达力主要体现在量词间相互作用关系之上。但是,经典一阶逻辑仅仅刻画了量词之间的依赖关系,而忽视了量词之间的相对独立,严重限制了它的表达力。亨迪卡(J. Hintikka)、桑杜(G. Sandu)等建构独立友好的一阶逻辑(independence-friendly first-order logic,IF 一阶逻辑②)的初衷正是要充分"释放"一阶逻辑的全部能量,彻底"解除"经典一阶逻辑的人为束缚,使之成为真正的基本逻辑(basic logic),完成弗雷格、罗素、怀特海的逻辑主义还原计划未竟的事业。随着博弈论语义学的不断完善和广泛应用,IF 逻辑的研究范围从量词独立扩展到更一般意义上的独立关系,更加充分地刻画各种逻辑表达式之间的依赖与独立模式,不仅包括量词之间的依赖与独立,而且还包括量词与语句联结词、模态词、时间词、命题态度词等其他算子之间的依赖与独立。其中,量词独立只不过是众多独立现象的一个特例而已。由此,形成了以 IF 一阶逻辑为基础,包含 IF 命题逻辑、IF 模态逻辑、IF 时态逻辑、IF 认知逻辑、IF 多值逻辑,以及斜杠逻辑(slash logic, SL)、依赖逻辑(dependence logic, DL)、团队逻辑(team logic, TL)等在内的形形色色的扩展的 IF 逻辑(extended IF logics, EIF 逻辑)或者类 IF 逻辑(IF-*like* logics)③。

---

① 罗素.我们关于外间世界的知识[M].陈启伟译,上海:上海译文出版社,1990:45.

② 亦称信息友好的逻辑(information-friendly logic)。参见:J. van Benthem. "The Epistemic Logic of IF Games", in R. Auxier and L. Hahn(eds.), *The Philosophy of Jaakko Hintikka*, Library of Living Philosophers, Vol.30, Chicago: Open Court, 2006: 481.

③ 由此,可以区分"IF 逻辑"的两种用法:狭义上,仅指 IF 一阶逻辑;广义上,泛指所有刻画信息独立关系的逻辑。相应地,"EIF 逻辑"也存在两种用法:狭义上,仅指在 IF 一阶逻辑基础之上添加矛盾否定而得到的逻辑;广义上,泛指所有以 IF 一阶逻辑为基础的扩展与变体。在不加说明的情况下,本书主要在狭义上使用"IF 逻辑"和"EIF 逻辑"。为了表述简洁,经典一阶逻辑通常简称经典逻辑。

研究表明,IF 逻辑拥有许多新奇的特性,显示出强劲的表达力和良好的适用性,不仅为逻辑学带来了许多新的研究课题,而且为解决数学基础问题、自然语言理解、计算机并行处理甚至量子力学、概率推理等提供了新的表征工具和分析框架,有助于促进逻辑学、哲学、语言学、数学以及计算机科学等相关领域的发展,具有重要的理论价值和现实意义。

从研究动机看,IF 逻辑源于对分枝量词(branching quantifiers)①的讨论,其最初目的是为了解决数学中的“无穷”问题,试图为数学重新奠基。而自然语言中量词辖域的模糊性和语境敏感性是触发 IF 逻辑产生的语言学根源。研发高效的计算机并行处理器是促进 IF 逻辑快速发展的强劲动力。但归根结底,皆是出于对经典逻辑的不满。众所周知,经典逻辑存在许多限制,例如二值原则、排中律、双重否定律、组合原则等。经典逻辑之所以比传统逻辑具有更强的表达力和推演能力,主要原因就在于经典逻辑对量词的处理比传统逻辑更为灵活。尽管如此,经典逻辑仅仅考虑了量词之间的严格线性依赖关系(即非自反、反对称且可传递关系),却忽视了量词之间可能存在的相对独立性和其他类型的依赖模式,是一种受限的、弱的逻辑。相比之下,分枝量词刻画了量词之间的独立关系,而 IF 逻辑则更一般地刻画了不同逻辑算子之间的依赖与独立。由于 IF 逻辑打破了经典逻辑对量词及其他逻辑算子组合关系的限制,是一种更自由、更强的逻辑,导致许多有趣的结果。

句法上,IF 一阶语言只不过是经典一阶语言的温和扩充,即仅添加了表示独立关系的斜杠符“/”及相应的斜杠公式集。IF 逻辑仍然是一阶的,因为量词仅仅约束个体变元。语义上,IF 逻辑采用博弈论语义学(game-theoretical semantics, GTS)。量词之间的依赖与独立关系可以通过玩家(players)的信息状态来加以刻画。量词依赖与独立可以借助信息独立(informational independence)与信息依赖(informational dependence)概念来形式化②。甚至可以说,凡是能够用博弈论语义学来融贯解释的逻辑,都有

---

① 在文献中,分枝量词又称为“亨金量词”(Henkin's quantifiers, 简称 H)、“收敛量词”(convergent quantifiers)、“有穷偏序量词”(finite partially ordered quantifiers,简称 FPO)、“独立量词”(independent quantifiers)等。不同的称呼体现了对分枝量词的不同理解和偏好。严格来说,分枝量词并不是单个量词(从该术语的复数即可看出),而是多个量词的组合或者量词串,属于广义量词的特例。它比标准量词更充分地刻画了量词之间的依赖与独立模式。

② “信息独立”源于博弈论,表示玩家所处的一种非完美信息(imperfect information)状态,即当玩家在某个位置(position)采取行动时,若他不知道或不完全知道之前(包括己方和对方)已经采取的行动,那么他所玩的博弈就是“信息独立”型博弈。反之,若他在采取行动时清楚地知道之前已经采取的所有行动,那么他处于完美信息状态,他所玩的博(转下页)

可能导致IF逻辑的诞生。① 与经典的塔斯基语义学相比较，博弈论语义学具有策略化、程序化、反证法（反模型）等特点。它不仅适用于形式语言和完美信息情形，具有塔斯基语义学相同的“真”定义功能，而且还可以适用于自然语言和非完美信息情形，能够为各种独立现象提供更直观、更统一的语义解释框架。元性质上，尽管IF逻辑不可完全公理化，其有效的公式类不是递归可枚举的，但它存在反证程序，可递归枚举所有不一致的公式以及不一致的有穷公式集。此外，IF逻辑的某些片段可实现公理化。例如，我们可以借助Cirquent演算方法证明添加矛盾否定的扩展的IF命题逻辑的可靠性和完全性。② 表达力上，IF逻辑相当于二阶逻辑（亨金（L. Henkin）意义上的标准解释，下同）的存在片段，而添加矛盾否定的扩展的IF逻辑甚至相当于整个二阶逻辑。IF逻辑采用强的对偶否定，允许真值间隙，从而导致排中律、双重否定律等失效。从博弈论语义学的角度看，经典逻辑相当于完美信息博弈，IF逻辑相当于非完美信息博弈。正如完美信息博弈可视为非完美信息博弈的特例，经典逻辑亦可视为IF逻辑的特例。

尽管IF逻辑比经典逻辑更为复杂，具有不可完全公理化和语义不完全性等特征，但并不妨碍它的可理解性和良好的适用性。例如，IF逻辑可

（接上页）弈就是一种“信息依赖”型博弈。我们可以很自然地把信息独立和信息依赖概念运用到博弈论语义学之中。因为在经典逻辑中，句法与语义一一对应，在进行语义解释时，根据句法结构，遵循从左至右的原则，即句法上域窄的量词（主要针对存在量词）的语义解释（函项性地）依赖于域宽的量词的语义解释，具有此类特性的量词可称为依赖量词（dependent quantifiers）。与之不同，在IF逻辑中，句法与语义并不一一对应，量词之间的语义赋值允许彼此独立而不完全受所处的句法结构及其辖域约束关系的影响。例如，设Q_1x、Q_2y为量词，φ为不含量词和自由变元的经典一阶公式，斜杠“/”表示“……独立于……”。对于量化公式$Q_1x(Q_2y/Q_1x)\varphi$，即使Q_2y句法上位于Q_1x的辖域范围之内，但由于Q_2y独立于Q_1x，所以在进行语义解释时，Q_2y的语义解释不受Q_1y的语义解释影响。换言之，被Q_2y所约束的变元y的值不是被Q_1x所约束的变元x的值的函数。具有此类特性的量词就是所谓的独立量词，可用直观的分枝式来刻画。实际上，信息独立概念还可以推广至其他算子，从而得到更加一般的信息独立概念以及相应的独立算子。

① A. Pietarinen. “Independence-Friendly Logic and Games of Incomplete Information”, in J. van Benthem et al (eds.), *The Age of Alternative Logics: Assessing the Philosophy of Logic and Mathematics Today*, Dordrecht: Springer, 2006: 245.

② Cirquent演算是可计算性逻辑中一种新近由G. Japaredze提出的证明理论，具体可参见：G. Japaredze. “Introduction to Cirquent Calculus and Abstract Resourse Semantics”, *Journal of Logic and Computation*, 2006, 16(4): 489 – 532; G. Japaredze. “Cirquent Calculus Deepened”, *Journal of Logic and Computation*, 2008, 18(6): 983 – 1028; G. Japaredze. “From Formulas to Cirquents in Computability Logic”, *Logical Methods in Computer Science*, 2011, 7(2): 1 – 55; G. Japaredze. “The Taming of Recurrences in Computability Logic Through Cirquent Calculus”, *Archive for Mathematical Logic*, 2013(52): 173 – 259.

用来表达无穷公式,为解决数学中的“无穷”问题提供新思路,为理解无穷深度语言提供了某种可能性,能够更好地处理辖域歧义、代词回指照应、WH-结构等疑难问题,为自然语言提供更合适的表征工具和语义框架。另外,博弈论语义学对语句真假的“验证”与直觉主义逻辑奉行的“构造”思想之间、非完美信息博弈与部分逻辑(partial logic, PL)的“部分模型”之间有异曲同工之妙。依赖与独立关系不仅针对量词和联结词,而且还可以进一步扩展至模态词、时间词、命题态度词等其他逻辑表达式或逻辑词汇(logical terms),将IF逻辑与模态逻辑、时态逻辑、认知逻辑、问句逻辑等相结合,从而发展出它们的IF化(IF*ing*)版本:IF模态逻辑、IF时态逻辑、IF认知逻辑、IF问句逻辑等一大类扩展的IF逻辑或类IF逻辑。

IF逻辑通常被视为经典逻辑的替代者,引发了许多哲学争论,主要集中在独立量词的合法性、本体论承诺问题、语义组合原则、“真”的可定义性、数学的逻辑基础等方面。这些问题背后渗透着对逻辑、语言与实在关系的重新理解,进而反思现代逻辑的基本假定和构造方式。对此,我们应该正确看待IF逻辑带来的诸多“变革”和新奇特性。不可否认,IF逻辑更加充分地刻画了量词间的依赖与独立关系,是对经典逻辑的实质修正,具有重要的理论价值和现实意义。但这并不意味着IF逻辑必定面临更多的本体论负担和必须放弃组合原则。因为本体论承诺与语义解释有关,而与量词本身无关。无论采用博弈论语义学解释,抑或司寇仑函数解释,IF逻辑与经典逻辑都将面临相同的本体论承诺。实际上,通过改变博弈方式,重新调整组合原则的适用条件,由单项赋值博弈改为团队(team)赋值博弈,亦可为IF逻辑匹配组合语义。不过,由此付出的代价是,不得不承诺高阶语义实体。严格来说,亨迪卡、桑杜等以博弈论语义学为桥梁并且假定选择公理成立,借助IF逻辑与二阶逻辑之间的互译,间接地定义了IF逻辑自身的“真”谓词,与塔斯基关于“真”的不可定义性断言并无实质性冲突。因为两者所依据的逻辑法则和基本假定不同。此外,IF逻辑加深了对否定的理解,严格区分了对偶否定和矛盾否定,以及真、假、不真、不假、既不真又不假等概念,巧妙地避免了悖论的产生。由于IF逻辑具有经典逻辑许多良好的元性质,同时极大地增强了表达力,促使我们重新审视逻辑学与数学(集合论)之间的关系以及逻辑主义还原计划的可行性。

总之,IF逻辑构思巧妙、观点新颖、方法独特,是当今逻辑学研究炙手可热、发展迅猛的前沿领域。本书拟对IF逻辑做一番系统深入的专题研究。通过梳理IF逻辑的发展历程,揭示IF逻辑的产生机理与演变脉络,进一步完善 IF 逻辑的句法和语义,充分挖掘 IF 逻辑的表达力和重要特性,深入比较 IF 逻辑与其他逻辑之间的关联与区别,积极探索 IF 逻辑的扩展与应用,并且回应相关的哲学争论,澄清不必要的含混与误解,客观公允地看待 IF 逻辑带来的诸多“变革”,为 IF 逻辑的合理性提供哲学辩护。

第一章　IF 逻辑的历史与现状

从历史的角度看，IF 逻辑起步于 20 世纪 50～60 年代对分枝量词的讨论。伴随着博弈论语义学的不断成熟，20 世纪 80～90 年代亨迪卡与桑杜等人共同创建了 IF 一阶逻辑的句法和语义，初步讨论了 IF 一阶逻辑的基本性质。此后，IF 逻辑进入快速发展阶段，涌现出形形色色的扩展的 IF 逻辑或者类 IF 逻辑，更加充分地彰显了 IF 逻辑强劲的表达力和良好的兼容性。尽管 IF 逻辑发展势头迅猛，但毕竟创建时间不长，迄今为止仍然处于百家争鸣的状态，亟待进一步完善。

第一节　IF 逻辑的研究缘起

IF 逻辑试图破除经典逻辑中各种人为的束缚，建立更加强大、更加稳健的一阶逻辑。从理论渊源与思想脉络来看，IF 逻辑直接导源于分枝量词的引入和博弈论语义学的建构，面临多方面的理论机缘与现实动力，主要受到数学、语言学、逻辑学和计算机科学等因素的牵引。

1. *数学动机*

发展 IF 逻辑的最初动机是为了克服经典逻辑有穷方法的局限性，为数学提供新的方法甚至重新奠基。犹如发展经典逻辑的初衷是为了解决数学危机相类似，亨金、A.莫斯托夫斯基（A. Mostowski）等引入分枝量词同样是基于数学方面的考虑，利用分枝量词来表达无穷公式，为解决数学中的“无穷”问题寻找新方法。而亨迪卡、桑杜等更是尖锐地批判经典逻辑没有为数学提供合适的基础，面临描述能力严重不足等问题，强调 IF 逻辑将会给数学基础领域带来一场杰弗逊意义上的“革命”，可以超越甚至取代经典逻辑，为数学重新奠定更加坚实的一阶基础。

众所周知，现代逻辑构造形式演算系统的初衷是为了研究演绎有效性，试图为数学奠定可靠的逻辑基础，从而解决数学危机。经典逻辑采用了有穷构造的方法。任意公式皆由有限符号串递归生成，系统中定理的证明程序亦要求在有限步骤内完成。但是，随着数学的发展，遭遇了一些原来没有考虑到的新问题。例如，各种“无穷”问题：形式系统含有无穷的推理规则，或者含有不可数的符号，或者含有无穷深度的公式等。这些问题是经典逻辑所不能处理的，需要新的解决办法和新的逻辑工具，由此导致了无穷方法的引入。亨金认为，我们不仅要考虑无穷多个变元之间的析取或合取，而且还要考虑无穷多个量词及其相互依赖关系；不仅要考虑前置量词之间的线性序，同时也要考虑可能的偏序（即自反、可传递且反对称关系）；既要注意到量词之间的依赖性，也要考虑量词之间可能的独立性。标准量词具有线性特征，可称其为“依赖量词”①。与之相对，分枝量词具有非线性特征，亦称为“独立量词”。据亨金考证，之所以长期忽视分枝量词，部分原因竟然是不便于排版印刷。②

分枝量词比标准量词具有更强的表达力，可以定义无穷公式。例如：$\forall x \exists y \exists z$(z 仅依赖于 y 而独立于 x)($y \neq c$ 且 $z = x$)，其司寇仑函数等价式为：$\exists f \forall x \exists y$($y \neq c$ 且 $f(y) = x$)。不难理解，上述公式不能用经典一阶公式来刻画，但可以用分枝量化式来表达：

$$\left.\begin{matrix}\forall x \exists y \\ \forall y' \exists z\end{matrix}\right\rangle (y = y' \rightarrow y \neq c \text{ 且 } z = x)$$。③

1996 年，亨迪卡出版了一部雄心勃勃的书——《数学原理再探》(*The Principles of Mathematics Revisited*)，详细阐述了他发展 IF 逻辑的动机。他试图继承和弘扬罗素、怀特海的逻辑主义精神，希望为数学奠定更为坚实的逻辑基础。因为亨迪卡发现，罗素、怀特海在弗雷格基础上建构起来的经典逻辑面临太多的限制，存在许多不必要甚至错误的教条，不适合充当数学的基础，更不能实现逻辑主义还原计划。亨迪卡区分了逻辑的描述功能（模型论）和演绎功能（证明论），认为经典逻辑演绎功能强大，但描述功能严重不足。因此，他主要从模型论角度，试图建构一种新的更加稳健的 IF 一阶逻

---

① L. Henkin. “Some Remarks on Infinitely Long Formulas”, in *Infinitistic Methods*, Proceedings of the Symposium on the Foundations of Mathematics, Warsaw: Pergamon Press, 1961: 180.

② 同上，p.181。

③ H. Enderton. “Finite Partially-Ordered Quantifiers”, *Zeitschrift für Mathematische Logik und Grundlagen der Mathematik*, 1970(16): 394. 为了便于讨论，假定全部量词都置于公式前面并且公式中不含任何自由变元（即前束范式），而所有的否定都位于原子公式之前（即否定范式），下同。这样做的好处是可以简化一些技术问题，但缺点是不能以组合方式处理否定。

辑(亦称为超经典逻辑(hyperclassical logic)),以取代经典逻辑的基础地位。所以,不至于产生歧义的话,他乐意把书名叫作《数学原理校正(再探)》①。

普遍流行的观点认为,经典逻辑是基本的(basic)逻辑②,并且断言基本的逻辑必须完全公理化。但亨迪卡指出,这是一个不必要的教条。因为包含初等算术的一阶数学理论本身就是不完全的。所以,没有强制的理由要求我们必须为数学寻求演绎公理。此外,经典逻辑无法有效刻画数学中许多的概念和推理,譬如数学归纳法、无穷、等势(equicardinality)、良序、幂集等。数学中包含许多二阶概念,譬如集合、类、关系、谓词等。因此,在经典逻辑基础上处理数学,不得不借助高阶实体,面临过多的本体论负担。另外,经典模型论(譬如塔斯基语义学)主张语言分层,恪守组合原则和二值原则,将否定的涵义限制为弱的矛盾否定,不能在经典逻辑内部定义自身的"真"谓词,而必须诉诸"本质上更丰富"的元语言(譬如集合论或其他二阶语言);只定义了语句与事态之间抽象的对应关系,而没有进一步阐明或证实语句何以为真。

亨迪卡发展新逻辑的主要动机在于,放弃上述教条的限制,彻底"解放"一阶逻辑,使数学可以在"自由的"IF一阶逻辑上来处理。③ 亨迪卡的"解放"策略主要是从哲学上重新阐释逻辑学和数学中的核心概念。例如,量词、辖域、逻辑依赖、真、否定、完全性等。通过对这些概念的哲学分析,可以发现许多被逻辑学家和数学家所忽视的新内涵,有助于澄清逻辑学和数学的本质及其相互关系。所以,他有时甚至想把书名改为《数学中的语言、真理和逻辑》。④ 因为严格来说,这是一本数学哲学著作,而不是纯逻辑或纯数学著作。

当然,IF逻辑比经典逻辑更复杂,具有许多新奇的特性。例如,它不可完全公理化、有效的公式类不是递归可枚举的、排中律失效等。其中,"语义

---

① 亨迪卡用了一个双关语"revis(it)ed"。参见:J. Hintikka. *The Principles of Mathematics Revisited*, Cambridge: Cambridge University Press, 1996: vii.

② 当然,也不乏反对声音。例如,相干逻辑学家里德(S. Read)认为相干逻辑才是唯一正确的逻辑。而直觉主义者布劳威尔(J. Brouwer)声称数学是逻辑的基础,逻辑只不过是对数学有效推理规则的描述,并且这种描述既不充分,也无必要。分别参见:S. Read. "Monism: The One True Logic", in D. Devidi and T. Kenyon (eds.), *A Logical Approach to Philosophy*, Netherlands: Springer, 2006: 193-209; J. Brouwer. *Philosophy and Foundations of Mathematics*, Amsterdam: North-Holland Publishing Company, 1975.

③ J. Hintikka. *The Principles of Mathematics Revisited*, Cambridge: Cambridge University Press, 1996: x.

④ 同上。

不完全性是这一新逻辑最深刻的革命性特征。"①尽管如此，这并不意味着IF 逻辑不值得深入研究。恰恰相反，它有效地扩展了逻辑的范围，加深了我们对逻辑和数学关系的理解。正如 A.莫斯托夫斯基所说，"构造形式演算系统并非符号逻辑唯一的、甚至不是最重要的目标"②。因为 IF 逻辑的不完全性至少开辟了一种新的可能性："即对于各种足道的一阶数学理论，我们或许能够表述描述（模型论）完全的公理系统，却不违背哥德尔的不完全性定理。"③

2. 语言学动机

如果说亨金最早从形式语言层面提出一种量词偏序结构和发展一种新逻辑的可能性，主要是为了刻画无穷公式，解决数学中的"无穷"问题，那么亨迪卡、巴威斯（J. Barwise）等进一步从自然语言的角度论证了引入分枝量词和建构 IF 逻辑的现实必要性。因为"信息独立"是自然语言中无处不在的现象，而不仅仅是某些边缘的猎奇，不局限于量词或联结词之间的独立，而且还广泛涉及模态词、时间词、命题态度词等其他语言表达式之间的独立。或者说，对独立关系的全面刻画是 IF 逻辑作为自然语言普遍解释框架最为关键的创新。

历来有学者声称他们的量词理论，譬如经典一阶逻辑、转换生成语法、蒙太古语法等，为自然语言中的量词（亦称为自然量词）提供了"正确的"句法和语义，是对它们的"准确"翻译。然而，事实情况并非如此。自然量词与标准量词（即 ∀、∃）之间存在着显著差异。实际上，罗素和蒙太古（R. Montague）早已注意到了这一点。例如，罗素在《数学原理》中试图刻画"all""every""any""some""a"之间的细微差异，而这些差异并未在经典一阶语言中得到应有的体现。后期蒙太古同样注意到自然量词的某些特性，他将自然语言中的量词短语等价于单称词项。他颠倒了通常对谓述语句所做的解释。例如，"张三是绝顶聪明的"通常的理解是："张三"包含于"绝顶聪明的人"之中。而蒙太古认为，正确的解释应该是："绝顶聪明"包含于"张三的属性"之中。在亨迪卡看来，尽管罗素和蒙太古都觉察到了自然量词的某些特性，但并未真正提供强有力的解释，他们的处理方案均存在严重不足。因为自然量词与单称词项不同，它们并不严格指称恒常的个体，而具有某种随机性、任意性。此外，自然量词甚至不严格遵守同一律。例如，"张三昨天在图

---

① J.亨迪卡，G.桑朵. 逻辑学中的一场革命？［J］. 陈波译，哲学译丛，1999(4)：47.

② A. Mostowski. "On a Generalization of Quantifiers", *Fundamenta Mathematicae*, 1957, 44(2)：12.

③ J.亨迪卡，G.桑朵. 逻辑学中的一场革命？［J］. 陈波译，哲学译丛，1999(4)：47.

书馆看到了一个小偷并且李四也看到了一个小偷"。其中,"一个小偷"前后出现两次,但不一定指称同一个体。因此,令人满意的自然量词语义学不仅要解释自然量词与单称词项之间的相似性,更要解释两者之间的差异性。即使某些语义学家似乎也注意到了自然量词在指称选择上的任意性,但问题的关键恰恰在于如何解释这种任意性。这是传统语义学所忽视或没有很好处理的问题。相比之下,博弈论语义学能够很好地处理这种现象,从而弥补了传统语义学的不足。

自然语言除了量词种类繁多、表达力千差万别,不能被标准量词完全涵盖和恰当刻画之外,还存在着辖域模糊、非连续辖域、句法与语义不对称等各种"异常"或"不规则"现象。换言之,自然语言与形式语言之间一个重要差别在于,形式语言中量词辖域是十分明确的,即紧挨量词之后的子公式(subformula),通常可以用括号直接标示出来。然后,根据句法结构匹配相应的语义解释,句法和语义一一对应。经典逻辑及其塔斯基语义学便是如此建构起来的。但是,自然语言中通常没有明确的辖域标记,有时需要借助特定词条的涵义及其语境等因素,采取语义优先策略才能确定语句的句法结构。

1973 年,亨迪卡在《量词与量化理论》一文中通过大量实例表明,某些类型的自然量化语句,例如著名的"亨迪卡语句"(Hintikka sentences),不宜用标准量词来刻画,而应该用分枝量词来表达。以下便是典型的"亨迪卡语句"①:

(1) Every writer likes a book of his almost as much as every critic dislikes some book he has reviewed. 每位作家都喜欢自己的一本书,就像每位评论家都不喜欢他评论过的某本书一样。

(2) Some relative of each villager and some relatives of each townsman hate each other. 每位村民的某些亲戚与每位市民的某些亲戚彼此憎恨对方。

(3) Some book by every author is referred to in some essay by every critic. 每位作者的某本书都被每个评论家的某篇文章提及过。

(4) Some family member of some customer of each branch office of every bank likes some product of some subdivision of each subsidiary of every conglomerate. 每家银行各分行的某位客户的某位家庭成员喜欢每家集团各子公司的某些细分的某些产品。

以(2)为例,设 V 表示村民,T 表示市民,R 表示亲戚,H 表示憎恨。很

① J. Hintikka. "Quantifiers vs. Quantification Theory", *Dialectica*, 1973(27): 350.

显然，它不能用经典逻辑刻画为（2a）或者（2b）：

（2a）$\forall x\exists y\forall z\exists w[Vx\wedge Tz\rightarrow Ryx\wedge Rwz\wedge Hyw\wedge Hwy]$；

（2b）$\forall x\forall z\exists y\exists w[Vx\wedge Tz\rightarrow Ryx\wedge Rwz\wedge Hyw\wedge Hwy]$。

因为这样处理会增添不必要的依赖关系，与原意明显不符。例如，在（2a）中，w不仅依赖z而且还依赖x；在（2b）中，y、w同时受到x、z的影响。所以，例（2）的正确形式应该用分枝量化式表示为：

（2c）$$\left.\begin{array}{l}\forall x\exists y\\ \forall z\exists w\end{array}\right\rangle[Vx\wedge Tz\rightarrow Ryx\wedge Rwz\wedge Hyw\wedge Hwy]$$。

在（2c）中，y仅依赖x而独立于z，w仅依赖z而独立于x，与原意一致。

1979年，巴威斯在亨迪卡的基础上进一步主张，不仅某些与标准量词相对应的自然量词具有分枝特性，而且种类繁多的含有广义量词（亦称为非标准量词）的自然语句具有更加典型的分枝特性。例如：

（5）The richer the country, the more powerful one of its officials. 国家越富裕，其官员的权力就越大。

（6）Most relatives of each villager and most relatives of each townsman hate each other. 每位村民的大部分亲戚与每位市民的大部分亲戚彼此憎恨对方。

（7）Few relatives of each villager and few relatives of each townsman hate each other. 每位村民的很少亲戚与每位市民的很少亲戚彼此憎恨对方。

（8）Quite a few boys in my class and most girls in your class have all dated each other.① 我们班不少男生与你们班大部分女生都相互约会过。

巴威斯认为，分枝量词为我们处理多重名词短语、量词辖域等问题提供了十分有用的分析工具。② 在自然语言中揭示出广义分枝量化结构，有利于推动分枝量词的模型论研究。③ 它促使我们重新审视组合原则以及句法和语义之间的关系，重新评估自然语言构造的本体论承诺等问题。

总之，经典逻辑只刻画了量词之间的依赖关系，完全忽视了量词（以及其他表达式）之间的相对独立性，对自然语言的刻画既不充分（如亨迪卡语句）也无必要（如组合原则）。所以，为了准确理解自然语言的逻辑

---

① J. Barwise. "On Branching Quantifiers in English", *Journal of Philosophical Logic*, 1979(8): 60.

② 同上，p.48。

③ 同上，p.78。

结构和语义关系，需要建构比经典逻辑更为强大的理论工具，例如 IF 逻辑。

3. 逻辑学动机

尽管我们可以从不同角度来分别阐述 IF 逻辑的发展动机，但严格来说各种动机往往是交织在一起的，很难截然分开。例如，亨金引入分枝量词的初衷在于经典逻辑无法有效解决数学中的“无穷”问题，因而需要更加强大的新逻辑。亨金不仅最早讨论了分枝量词的形式表征（整体表示法和分枝表示法）和语义解释（博弈论语义解释和司寇仑函数解释），而且还提出了两个重要问题：① 分枝量词能否还原为标准量词（以及语句联结词）？② 如果不能，那么能否在经典逻辑的基础上添加分枝量词，构造一个完全的公理化形式演算系统？[1] 研究表明，两个问题的答案都是否定的。

首先，分枝量词不可还原为标准量词并且不适用于塔斯基语义学。从表达力上来说，含分枝量词的 IF 逻辑相当于二阶逻辑的存在片段，而经典逻辑可视为 IF 逻辑的特例。分枝量词所表征的独立关系可以等价转换为相应的司寇仑范式，其中函数 f、g 的论元标明了对应的变元依赖关系[2]。

例如：

$$\left.\begin{matrix}\forall x\exists z\\ \forall y\exists w\end{matrix}\right\rangle \Phi(x, y, z, w)\Leftrightarrow \exists f\exists g\forall x\forall y\Phi(x, y, f(x), g(y))。$$

很显然，上述公式不能还原为经典一阶公式，否则会增添不必要的依赖

---

① L. Henkin. “Some Remarks on Infinitely Long Formulas”, in *Infinitistic Methods*, Proceedings of the Symposium on the Foundations of Mathematics, Warsaw: Pergamon Press, 1961: 181.

② 要注意区分司寇仑函数（Skolem function）、司寇仑化（skolemization）和司寇仑范式（Skolem normal form）。简要地说，司寇仑函数是一类选择函数，用以取代原公式中的存在量词，从而刻画变元之间的依赖关系，其论元包括该存在量词所依赖的全称量词变元。不受全称量词约束的存在量词可视为司寇仑函数的特例，即 $f(0)=a$，a 表示个体常元。司寇仑化就是把语句中的存在量词统统用司寇仑函数来表达，前束量词仅保留全称量词。设 φ 为一阶语句（具有否定范式形式），sk[φ] 为 φ 的司寇仑化。例如，$\forall x\exists y\forall z\exists w\Phi(x, y, z, w)\Leftrightarrow\forall x\forall z\Phi(x, f(x), z, g(x, z))$，$\forall x\exists y\forall z(\exists w/\forall x)\Phi(x, y, z, w)\Leftrightarrow\forall x\forall z\Phi(x, f(x), z, g(z))$，$\exists x\forall y\exists z\Phi(x, y, z)\Leftrightarrow\forall y\Phi(a, y, f(y))$。为了便于讨论，通常假设 Φ 中不含量词和自由变元，下同。要注意，sk[φ] 仍为一阶语句，只不过它在原一阶语言基础之上添加了若干函数符号 f、g 等。与之不同，司寇仑范式是一类二阶存在语句，即允许存在量词约束关系符号和函数符号。设 φ 为一阶语句，SK[φ] 为 φ 的司寇仑范式。例如，若 $\varphi=\forall x\exists y\forall z\exists w\Phi(x, y, z, w)$，则 $SK[\varphi]=\exists f\exists g\forall x\forall z\Phi(x, f(x), z, g(x, z))$。$\varphi$ 的真值条件相当于断定存在相应的司寇仑函数集 $\{f, g\}$。因此，一阶逻辑的真概念可以通过它的二阶翻译来解释。

关系。以排中律、组合原则等经典逻辑法则为预设的塔斯基语义学对此无能为力，而博弈论语义学可以利用玩家的非完美信息状态来解释量词之间的独立关系。

记法上，我们不仅可以用分枝式来表达量词间的依赖与独立关系，而且还可以用斜杠符“/”来表示左边的逻辑表达式独立于右边的逻辑表达式。例如，$\forall x(\exists y/\forall x)$表示$\exists y$独立于$\forall x$，尽管$\exists y$句法上位于$\forall x$的辖域范围之内。斜杠表示法比分枝表示法更为简洁、便利，不仅保持了水平书写习惯和句法辖域的线性特征，而且可以很自然地将独立关系推广至联结词、模态词、时间词、命题态度词等其他算子。例如，$\forall x(S_1(x)(\vee/\forall x)S_2(x))$表示析取“$\vee$”独立于量词“$\forall x$”，它等价于$\forall xS_1(x)\vee\forall xS_2(x)$。所以，IF 一阶语言不过是经典一阶语言的温和扩张，即仅添加了斜杠符“/”，其余保持不变。反之，经典逻辑相当于 IF 逻辑的子逻辑（sub-logic）或特例（即不含斜杠符）。

其次，含分枝量词的 IF 逻辑不可完全公理化，具有语义不完全性等特征。恩德滕（H. Enderton）分析指出，经典逻辑之所以坚持线性序的部分原因可能在于，经典逻辑学家把形式语言视为对自然语言的刻画，而自然语言是一种会话语言，在实际的时空中被说出、谈论和交流，由于时间具有前后相继的线性特征，所以形式语言也应该具有线性特征。① 但问题在于，形式语言是一种理想化的（idealized）语言，并非实际工作的（working）语言，是对自然语言的规范化处理而非直接描述。特别是，自然语言具有复杂多样性，经典逻辑只是刻画自然语言的众多方式之一而绝非唯一选择，更不能说就是对自然语言的“正确”描述。所以，我们无须固执于时间的线性特征而持有偏狭的逻辑观念。

正如亨迪卡所言，经典逻辑的真正秘密不在于揭示了量词（$\forall$或者$\exists$）的意义，而在于揭示了量词之间的依赖关系。② 我们可以借助量词之间的依赖关系来表征变元之间的函数关系。但是，弗雷格并没有完成这项工作，而是留下了一个“严重缺陷”③，犯下了一个“基本错误”④，亨迪卡称之为

---

① H. Enderton. “Finite Partially-Ordered Quantifiers”, *Zeitschrift für Mathematische Logik und Grundlagen der Mathematik*, 1970(16): 393.

② J. Hintikka. “Defining Truth, the Whole Truth and Nothing but the Truth”, in *Lingua Universalis vs. Calculus Ratiocinator: an Ultimate Presuppostition of Twentieth-Century Philosophy*, Dordrecht: Kluwer Academic Publishers, 1997: 49.

③ J. Hintikka. “IF Logic, Definitions and the Vicious Circle Principle”, *Journal of Philosophical Logic*, 2012(41): 505.

④ J. 亨迪卡，G. 桑朵. 逻辑学中的一场革命？[J]. 陈波译，哲学译丛，1999(4): 43.

"弗雷格谬误"①,即完全忽视了量词之间可能存在的相对独立关系或者部分依赖关系。因为标准量词的辖域要么相互嵌套,要么完全排斥,不允许部分重叠(即部分依赖或者部分独立)。这个"缺陷"或者"错误"给后世带来了不可估量的影响。然而,"这个限制完全是任意的"②,是"不必要的且人为的限制",纯属"历史的偶然"。③ 因为量词依赖与量词独立是一对孪生范畴,犹如一枚硬币的两面,不可截然分离,更不可偏废。要理解量词依赖就必须同时理解量词独立,反之亦然。如前所述,量词独立不仅在形式语言层面是可行的,更是自然语言中普遍存在的现象。所以,"真正的量化逻辑,换句话说逻辑大厦的真正基础,不是普通的一阶逻辑,而是 IF 一阶逻辑。"④

在经典逻辑中,叠置的量词之间具有线性序特征,句法和语义一一对应,域窄的量词受制于域宽的量词⑤。例如:

$$\forall x\exists y\forall z\exists w\Phi(x, y, z, w),$$

它的真值条件可用司寇仑范式表示为:

$$\exists f\exists g\forall x\forall z\Phi(x, f(x), z, g(x,z))。$$

如果放松线性要求,允许量词独立,那么就得到了分枝量化式(或者用斜杠记法表示)。例如,$\exists w$ 仅受制于 $\forall z$ 而独立于 $\forall x$:

$$\begin{matrix}\forall x\exists y \searrow \\ \qquad\qquad \Phi(x, y, z, w) \\ \forall z\exists w \nearrow\end{matrix} \Leftrightarrow \forall x\exists y\forall z(\exists w/\forall x)\Phi(x, y, z, w)$$ ⑥,

它的真值条件可用司寇仑范式表示为:

---

① J. Hintikka. *The Principles of Mathematics Revisited*, Cambridge: Cambridge University Press, 1996: 46.

② J. Hintikka. "Defining Truth, the Whole Truth and Nothing but the Truth", in *Lingua Universalis vs. Calculus Ratiocinator: an Ultimate Presuppostition of Twentieth-Century Philosophy*, Dordrecht: Kluwer Academic Publishers, 1997: 49.

③ J. Hintikka. "What is Elementary Logic? Independence-friendly Logic as the True Core Area of Logic", in K. Gavroglu et al (eds.), *Physics, Philosophy and the Scientific Community*, Dordrecht: Kluwer Academic Publishers, 1995: 308.

④ J. 亨迪卡, G. 桑朵. 逻辑学中的一场革命?[J]. 陈波译, 哲学译丛, 1999(4): 44.

⑤ 真正受影响的实际上只有域窄的存在量词。因为全称量词的取值遍历每个个体,而不管其他量词的取值如何。另外,为了方便比较,我们采用前束范式形式。根据前束范式存在定理可知,任何经典一阶公式都有与之等价的(但不是唯一的)前束范式。

⑥ 严格来说,应该等价于 $\forall x\exists y\forall z(\exists w/\forall x, \exists y)\Phi(x, y, z, w)$,下同。因为 $\exists y$ 依赖于 $\forall x$,如果不禁止 $\exists w$ 独立于 $\exists y$ 的话,那么 $\exists w$ 仍然有可能从 $\exists y$ 那里获得关于 $\forall x$ 的信息。换言之,$\exists w$ 实际上有可能间接地通过 $\exists y$ 而依赖于 $\forall x$。亨迪卡似乎默认存在量词之间不会发生依赖关系。但这是错误的。例如,$\exists x\exists y(x=y)$ 就是一条基本的数学(自然数)真理。进一步的讨论参见第四章第一节。

$\exists f \exists g \forall x \forall z \Phi(x, f(x), z, g(z))$。

很显然,上述分枝量化公式不可还原为经典一阶公式,也不适用于恪守组合原则的塔斯基语义学。因为它们对应的司寇仑函数明显不同。在经典量化式中,函数论元必须包含所有域宽的全称量词变元,在分枝量化式(或IF一阶公式)中没有这个限制。

除司寇仑函数解释外,博弈论语义学可以更直观地解释两者(经典量化式与分枝量化式或IF一阶公式)之间的差异,给出相应的真值条件。假设两个理想玩家(players,简称P,其中每个玩家 $p \in P$),按照亨迪卡的惯用语,分别把它们叫做"我方"(Myself)和"自然"(Nature),或者形象地称为"埃洛伊丝"(Eloise)和"阿伯拉尔"(Abelard)①。霍奇斯(W. Hodges)有时也把两个玩家分别称为女方和男方,桑杜则更直接地称为玩家Ⅰ($p_{Ⅰ}$,简称为Ⅰ)和玩家Ⅱ($p_{Ⅱ}$,简称为Ⅱ)。这样称呼有助于避免混淆玩家和玩家所扮演的角色(roles)——证实者(verifier,简称为V)或证伪者(falsifier,简称为F)。"我方"(或埃洛伊丝、女方、玩家Ⅰ)对 $\exists y$、$(\exists y/\forall x)$ 以及 $\vee$、$(\vee/\forall x)$ 做出选择(choice),试图证明公式为真,所以"我方"亦称为初始证实者(the initial verifier)。恰好相反,"自然"(或阿伯拉尔、男方、玩家Ⅱ)对 $\forall x$ 和 $\wedge$ 做出选择,试图证明公式为假,所以"自然"亦称为初始证伪者(the initial falsifier)。"否定"就是玩家互换角色及其胜负约定。换言之,若玩家集合 $P=\{Ⅰ, Ⅱ\}$,角色集合 $N=\{V, F\}$,那么角色分配 ρ 是一个双射函数:$N \rightarrow P$。特别地,初始角色分配 ρ_0 如下:$\rho_0(V)=Ⅰ$ 并且 $\rho_0(F)=Ⅱ$。"否定"实际上就是角色切换函数 $\rho*$:$\rho*(V)=\rho(F)$ 并且 $\rho*(F)=\rho(V)$。

从博弈论语义学的角度看,标准量词的线性序实质上表达的就是信息依赖关系,可视为一场完美信息博弈:即玩家在某个位置(position)②上采取行动时都清楚地明白或记得(see 或 recall)对方(以及己方)之前做出的所有选择。也就是说,玩家把之前已经做出的选择当作自己的论元(arguments)。与之不同,分枝量词的非线性组合实质上表达的就是信息独立,可视为一场非完美信息博弈:即玩家在某个位置上采取行动时并不(或不完全)清楚对方(甚至己方)之前做出的所有选择,即并非所有之前的选择都是当前选择的论元。换言之,当玩家在斜杠左边的位置上采取

---

① 皮特·阿伯拉尔(即正文中的阿伯拉尔)是中世纪著名的逻辑学家,埃洛伊丝是他的学生兼情人。

② 在公式 φ 的语义博弈 $G(\varphi)$ 中,它的一个位置是一个四元组 (ψ, M, s, ρ)。其中,ψ 是 φ 的子公式,M 为模型,s 为赋值函数,ρ 是角色分配函数。

行动时,斜杠右边的元素信息是不可见或不可用的。斜杠符扮演着屏蔽或隐藏信息的功能。① 例如,独立量词(∃w/∀x)表示"我方"对 w 进行选值时,信息上独立于或不知道"自然"对 x 已做出的选值。② 另外,在博弈论语义学中,语句的真假与取胜策略有关,而与博弈规则无关。但这并不意味着玩家必定存在取胜策略,"我方"没有取胜策略并不意味着"自然"就拥有取胜策略,反之亦然。因为博弈论语义学中的否定是强的对偶否定,而不是弱的矛盾否定,由此导致经典二值原则、排中律、双重否定律等失效。

4. 计算机动机

除了上述三个方面的理论动机之外,IF 逻辑的迅速发展还受到了计算机程序设计方面的应用驱动,即利用 IF 逻辑设计高效的"并行处理器",以提升计算机的信息处理能力和算法验证效率。

众所周知,经典逻辑建立在诸多假定之上,例如二值原则、组合原则、实无穷抽象法等。弗雷格在创建现代逻辑时,利用了数学中的函数方法,用函数关系表达变元之间的依赖关系。组合原则实际上就是函数思想在逻辑中的应用。这不仅体现在句法生成方面,同样也体现在语义解释方面。它可以由简入繁地实现从原子语句递归生成复合语句,同时又可以化繁为简地根据原子语句的真假逐次判定复合语句的真假,并且句法与语义一一对应。可以说,递归函数是经典逻辑句法和语义所依赖的基本假定。也正因为如此,经典逻辑在可计算方面具有独特优势。利用句法递归与语义组合,可以实现从有穷公式推广到无穷公式。

但问题在于,递归算法的验证效率并不理想。特别是对于复杂的量化公式,使用嵌套技术,需要反复调用函数及至原子公式,程序语言往往比较复杂,占用较多资源。此外,经典逻辑不能刻画量词之间的独立关系,不能处理某些类型的自然语句(如"亨迪卡语句"),表达力有限。基于经典逻辑的计算程序,同样具有线性特征,仅限于有穷模型,对于无穷模型束手无策。相比之下,利用 IF 逻辑设计并行处理器,不仅可以改进计算机对自然语言

① A. Pietarinen. "Independence-Friendly Logic and Games of Incomplete Information", in J. van Benthem et al(eds.), *The Age of Alternative Logics: Assessing the Philosophy of Logic and Mathematics Today*, Dordrecht: Springer, 2006: 244.

② 博弈中的信息类型不局限于完美信息和非完美信息,常见的区分还有完全的(complete)和非完全的(incomplete)信息、确定的(certainty)和非确定的(uncertainty)信息、对称的(symmetric)和非对称的(asymmetric)信息等。相关定义及案例可参见: E. Rasmusen. *Games and Information: An Introduction to Game Theory*, 4th Edition, New York: Wiley-Blackwell, 2007: 47-51.

的处理能力，而且还可以极大地提升算法的验证效率，为设计更加高效、表达力更强的计算机处理器提供理论支撑。例如，函数公式 $f_1(x)$ 和 $f_2(x)$ 可以嵌套组合成：$f_2(f_1(x))$，也可以并行组合成：$f_0(f_1(x), f_2(x))$。设 $f_1(x)$ 和 $f_2(x)$ 分别对应于经典一阶公式：$\forall x \exists y H(x, y)$ 和 $\forall z \exists w H(z, w)$。上述组合分别是：(1) $\forall x \forall z \exists y \exists w H(x, y, z, w)$；(2) $\forall x \forall z (\exists y / \forall z)(\exists w / \forall x) H(x, y, z, w)$。很显然，IF 逻辑是一种并行处理的逻辑。

设 U_1、U_2 是两个计算单元，"→"表示信息流。在 U_1 中 x 是输入变元，y 是输出变元；在 U_2 中 y 是输入变元，z 是输出变元：

$x \rightarrow \boxed{U_1} \rightarrow y = f_1(x)$，对应的经典一阶公式为：$\forall x \exists y \Psi_1(x, y) \Leftrightarrow \exists f_1 \forall x \Psi_1(x, f_1(x))$；

$y \rightarrow \boxed{U_2} \rightarrow z = f_2(y)$，对应的经典一阶公式为：$\forall y \exists z \Psi_2(y, z) \Leftrightarrow \exists f_2 \forall x \Psi_2(y, f_2(y))$。①

U_1、U_2 的线性组合结构可用经典一阶公式表示如下：

$$\forall x \exists y \exists z (\Psi_1(x, y) \wedge \Psi_2(y, z))。$$

它等价于二阶的司寇仑范式：

$$\exists f_1 \exists f_2 \forall x (\Psi_1(x, f_1(x)) \wedge \Psi_2(f_1(x), f_2(f_1(x))))。$$

那么，U_1、U_2 的并行结构该如何表示呢？为了便于比较和讨论，假设在 U_1 中 x 是输入变元，y 是输出变元，在 U_2 中 z 是输入变元，w 是输出变元。由于 U_1、U_2 是并行的，不能按照线性序那样从左到右地逐个计算，而必须同时输入两个独立的 x、z，输出一个二元有序组 <y, w>，然后再在 U_0 中计算子公式 H(x, y, z, w)。这种并行结构可以表示为：

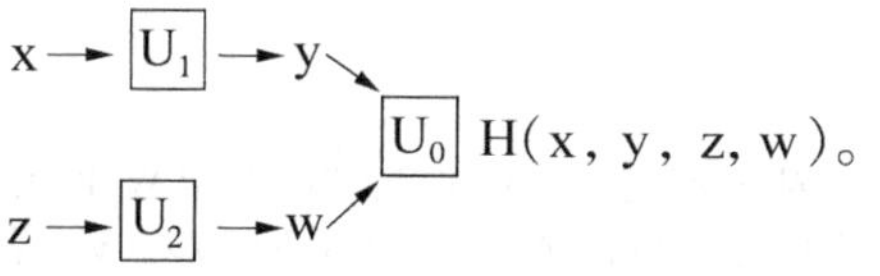

很显然，上述结构非常适合用分枝量词或 IF 一阶公式来刻画：

$$\begin{array}{l} \forall x \exists y \searrow \\ \qquad\qquad H(x, y, z, w) \Leftrightarrow \forall x \forall z (\exists y / \forall z)(\exists w / \forall x) H(x, y, z, w)。\\ \forall z \exists w \nearrow \end{array}$$

它的真值条件等价于二阶的司寇仑范式：$\exists f_1 \exists f_2 \forall x \forall z H(x, f_1(x), z, f_2(z))$。不难理解，这个公式不可还原为经典一阶公式。

---

① J. Hintikka and G. Sandu. "What is the Logic of Parallel Processing?", *International Journal of Foundations of Computer Science*, 1995, 6(1): 35 – 36.

我们还可以讨论一个更复杂的例子来阐明并行处理系统的逻辑结构：

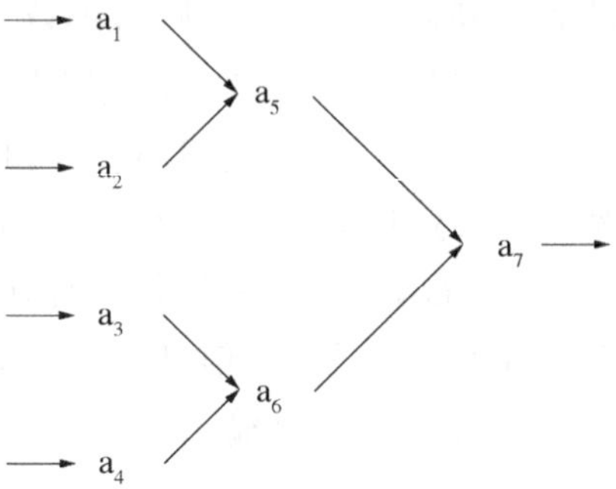

在上述结构中，共有 7 个处理单元，其中 a_1-a_4是各自独立的，a_5与 a_6也是彼此独立的。它的逻辑结构不仅涉及量词之间的独立，而且还涉及量词与联结词之间的独立。所以，它不宜用经典一阶公式来刻画，甚至也不宜用分枝量词来刻画，但可以用 IF 一阶公式来刻画：

$\forall x \forall y \forall z \forall w(S_1(\vee/\{z, w\})S_2) \vee ((S_3(\vee/\{x, y\})S_4))$。①

此外，由于并行结构允许信息独立，导致恪守线性组合的塔斯基语义学不再适用。而二阶函数解释又会导致过多的本体论负担，使用复杂的嵌套技术，验证效率欠佳。于是，更具灵活性和普适性的博弈论语义学便成了一个自然的替代选择。它不局限于逐个地、递归地为变元赋值和验证语句的真假，而且能够基于信息分区进行团队博弈，大大提高了计算效率。不仅如此，它还可以采取混合策略，表达 NP-完全问题②，处理非确定公式，计算获胜概率，充分模拟认知主体实际的思维和推理过程。总之，刻画计算机并行结构的恰当工具不是经典逻辑，而必须是某种表达力更强的逻辑，例如 IF 逻辑。

---

① 为了表达简洁，在不导致混淆的情况下，对于斜杠公式(Δ/W)，我们只保留 W 中的约束变元(或索引)。例如，将($\exists y/\forall x$)简写成($\exists y/\{x\}$)或($\exists y/x$)，($\exists z/\forall x, \forall y$)简写成($\exists z/\{x, y\}$)，($\vee/\forall x, \forall y$)简写成($\vee/\{x, y\}$)，依此类推，下同。但要注意的是，亨迪卡与桑杜实际上要求独立关系只能出现在不同类型的逻辑表达式之间，特别是存在量词变元独立于全称量词变元，不允许存在量词变元之间出现独立关系，即($\exists y/\exists x$)是不合法的。而霍奇斯允许独立关系更一般地出现在任何逻辑表达式之间，因此在霍奇斯的斜杠逻辑中($\exists y/\exists x$)也是合法的。如果说亨迪卡与桑杜的 IF 逻辑相当于非完美信息博弈，那么霍奇斯的斜杠逻辑则相当于非完美记忆博弈(a game of *imperfect recall*，即允许“忘记”自己之前已做出的选择)。本书的简写仍然沿用亨迪卡和桑杜的做法(即默认独立关系只出现在不同类型的逻辑表达式之间)，只在个别地方(例如讨论非确定的 IF 公式和团队博弈语义时)才采纳霍奇斯的建议。

② J. Hintikka and G. Sandu. “What is the Logic of Parallel Processing?”, *International Journal of Foundations of Computer Science*, 1995, 6(1): 42; A. Blass and Y. Gurevich. “Henkin Quantifiers and Complete Problems”, *Annals of Pure and Applied Logic*, 1986(32): 1-16.

第二节 IF 逻辑的主要发展阶段

从 IF 逻辑的发展历程来看,大致可分为三个阶段:准备阶段、建构阶段和扩展阶段。尽管亨迪卡和桑杜于 1989 年才正式确立"IF 逻辑"这个名称,但 IF 逻辑的核心思想和理论基础可以溯源至 20 世纪 50 年代末 60 年代初,即对分枝量词和博弈论语义学的研究。而 IF 一阶逻辑被建构之后,又朝多个方向发展,独立关系从量词进一步延伸至联结词、模态词、时间词、命题态度词等其他算子,由此产生了为数众多、形形色色的扩展的 IF 逻辑或者类 IF 逻辑,更加彰显出 IF 逻辑强劲的表达力、良好的适用性和诱人的发展潜力。

1. 准备阶段

如前所述,IF 逻辑直接导源于对分枝量词的讨论。1961 年,亨金在《关于无穷长公式的几点评论》①中首次提出分枝量词,最早注意到可用分枝量词来定义无穷公式,从形式语言层面探讨了引入分枝量词的可行性,立即引发了学界的普遍关注与激烈讨论。研究表明,分枝量词具有较强的表达力,可用来定义"无穷多""小于或等于""逻辑等势"等其他非标准量词。分枝量词技术通常用于实现一阶逻辑与二阶逻辑之间的互译。含分枝量词的一阶逻辑是不可公理化的,本质上等价于二阶逻辑的存在片段。亨金在刻画量词间独立关系时,采用了两种表征方式:整体表示法和分枝表示法,整体表示法非常简洁,而分枝表示法更为直观。语义解释上,也讨论了两种可能方案:博弈论语义解释和司寇仑函数解释,两种方案各有优点与缺点。

亨金偏爱司寇仑函数解释,认为司寇仑函数解释可以统一处理线性(标准)量词和偏序(分枝)量词,它比"直观"的博弈论语义解释更"自然"②。亨迪卡、桑杜等更看好博弈论语义学,其实质是司寇仑函数的一般化和系统化。实际上,两者都必须假定选择公理方能发挥作用。此外,司寇仑函数解释主要针对标准分枝量词(即标准量词之间的依赖与独立),而不适用于广义分枝量词(即广义量词之间的依赖与独立),不得不诉诸高阶逻辑,承诺二

① 该文的大部分内容最早在 1956 年的一次关于"无穷长公式"的研讨会上公开报道过,后来被收录在 1961 年公开出版的论文集中。参见:L. Henkin. "Some Remarks on Infinitely Long Formulas", in *Infinitistic Methods*, Proceedings of the Symposium on the Foundations of Mathematics, Warsaw: Pergamon Press, 1961: 167 - 183.

② 同上,p.179。

阶语义实体，带来过多的本体论负担。同样，博弈论语义学也存在自身局限性，它不能处理形如这样的无穷公式：$\cdots \exists x_5 \forall x_4 \exists x_3 \forall x_2 \exists x_1 \Phi(x_1, x_2, x_3, x_4, x_5 \cdots)$，因为找不到博弈的起点。

更让逻辑学家和语言学家感兴趣的是，自然语言中是否存在以及如何刻画类似的分枝量化结构。如果说亨金最早从形式语言层面探讨了引入分枝量词的必要性与可行性，那么亨迪卡首次考证了自然语言（如英语）中确实存在大量的分枝量化结构，它们不宜用经典量化式来刻画，否则会增加不必要的依赖关系。巴威斯进一步捍卫了亨迪卡的洞见，严格区分了实质型分枝量化式和非实质型分枝量化式并且提供了一种检验方法，首次提出了广义分枝量词，并且根据单调性（单调递增和单调递减）分门别类地给出相应的真值条件。范本申（J. van Benthem）则进一步研究了非单调的广义分枝量词及其语义性质，魏达格（Dag Westerståhl）、谢尔（G. Sher）等试图给出分枝量化式的一般定义而不考虑其单调性。

尽管如此，仍然有部分学者对分枝量词持反对意见。例如，富考尼尔（G. Fauconnier）、斯坦纽斯（E. Stenius）、戴维斯（M. Davies）和卡彭特（B. Carpenter）等。N. Gierasimczuk & J. Szymanik［2009］注意到，分枝量化式是一种并行结构，可以用双向的一阶语言来刻画，而不必诉诸高阶技术。但此种方案仅限于简单的分枝量化式，不宜处理复杂的分枝量化式。因为不是所有亨迪卡语句或者分枝量化式都具有对称性。

另一种反对意见主要来自形而上学的考量。例如，蒯因和帕顿（T. Patton）指责分枝量词是“怪异量词”，其语义解释必定会导致过多的本体论负担。其实，这是一种误解。分枝量词确实比标准量词更复杂，但表达力也更强。标准量词可以视为伪装的分枝量词。此外，本体论承诺与语义解释有关，而与量词本身无关。博弈论语义学既可适用于标准量词，亦可适用于分枝量词，两者面临完全相同的本体论承诺。所以，蒯因、帕顿的指责是不能成立的。

总之，哲学讨论（包括赞同和反对）有助于加深对分枝量词的理解，澄清不必要的误解，扫除 IF 逻辑的发展障碍。

2. 建构阶段

分枝量词是对量词间独立关系的刻画，而博弈论语义学为量词独立乃至一般的信息独立提供了非常贴切的解释。两者相互促进、共同发展，为 IF 逻辑的建构提供了充分的理论准备。自 20 世纪 70 年代以来，亨迪卡与其学生桑杜等致力于建构含有分枝量词的 IF 一阶逻辑及其博弈论语义学，全面拉开了对 IF 一阶逻辑的句法、语义和元性质的研究。1989 年，亨迪卡与桑杜设计出IF一阶语言,使用斜杠符"/"表示独立关系①,在经典一阶语言的基础上添加斜杠公式"Δ/W",其余保持不变。这样既避免了亨金整体表示法的晦涩,也避免了二维分枝表示法的笨拙。斜杠符不仅直观大方、清晰自然,保持了公式的表达习惯,可以从左至右地水平书写,便于排版,而且对经典一阶语言调整幅度较小,可以很方便地在经典一阶公式甚至任何逻辑表达式中添加或删除斜杠符"/"。

有了表示独立关系的句法之后,还需要相应的语义解释。由于塔斯基语义学是建立在经典逻辑基础之上,恪守组合原则,默认量词依赖,因而不适用于 IF 逻辑,无法合理解释量词独立。如何准确解释包含信息独立的公式,历来是 IF 逻辑研究的重点和争论的焦点,代表性理论主要有:司寇仑函数解释、博弈论语义学、关系语义学、动态语义学、均衡语义学(equilibrium semantics)、团队语义学(team semantics)或王牌语义学(trump semantics)、彩票语义学(lottery semantics)等。亨金、蒙太古等主张通过引入司寇仑函数,采用二阶量词来约束函数变元,将分枝量化式转换成线性逻辑式,然后根据语义组合原则由内至外地逐层解释。司寇仑函数解释的优点在于保留了组合原则,缺点在于技术上过于复杂、直接承诺高阶语义实体并导致所谓的巨核(massive nucleus)结构②。

亨迪卡认为,亨金、蒙太古的方法并不理想,我们不必诉诸高阶逻辑技术,也不必恪守组合原则,只须在一阶层面就可以解释量词依赖与独立,主张采用更为直观的博弈论语义学。博弈论语义学与经典语义学的进路相反,它是由外至内地解释量化语句,无须事先确定量词的辖域,而是在解释过程中逐步确立量词间的逻辑依赖关系及其相对辖域。尽管博弈论语义学较为自然,但同样会导致巨核结构和潜在地承诺高阶语义实体。归根结底,博弈论语义学实质上就是司寇仑函数的一般化和系统化。两者都是程序化的验证型真值语义学,需要逐一替换个体变元③,单个地验证句子真假。如果论域为无穷集,将导致验证无法完成。即使面对有穷集,其验证效率也不

① 实际上,亨迪卡在 1988 年的一篇文章中已经开始使用斜杠符来表示量词独立,甚至早在 1982 年关于认知逻辑的讨论中就已经提出了一种用于表示独立关系的更具一般性的记号。分别参见:J. Hintikka. "On the Development of the Model-theoretic Viewpoint in Logical Theory", *Synthese*, 1988(1):22; J. Hintikka. "On Games, Questions and Strange Quantifiers", in J. Pauli(ed.), *Philosophical Essays Dedicated to Lennart Åquest on His Fiftieth Birthday*, Department of Philosophy, Uppsala: University of Uppsala, 1982: 164.

② G. Fauconnier. "Do Quantifiers Branch?", *Linguistic Inquiry*, 1975(6): 560.

③ 这里所说的情形仅针对单项赋值型博弈论语义学而不包括团队赋值型博弈论语义学。进一步讨论参见第四章第二节"IF 逻辑的博弈解释"。

佳。团队语义学或王牌语义学、均衡语义学、彩票语义学等皆可视为博弈论语义学的精细版本,试图在博弈论框架下为 IF 逻辑提供某种组合语义解释,计算 IF 逻辑中不确定公式的获胜概率。

巴威斯、范本申、魏达格、谢尔等在讨论广义分枝量词时,也注意到司寇仑函数方法的局限性,即仅适用于标准分枝量词①。为此,他们提议采用关系语义学来解释广义分枝量化式。在有穷的标准分枝量词层面,关系语义学和司寇仑函数解释可以相互转换,彼此等价。当然,我们也可以通过扩展司寇仑函数,即所谓的广义司寇仑函数,使之适用于广义量词的语义解释。这样一来,广义司寇仑函数和关系语义学具有相同的解释力。

与之不同,动态语义学强调语言的动态特征以及上下文对句子语义的影响,其研究对象随表达阶段的不同而表现出不同的特征,伴有相应的适用规则,并且针对某个表达阶段可以同时实施几条规则而无严格的次序,较好地弥补了司寇仑函数解释和博弈论语义学的不足。代表性的动态语义学理论主要有:坎普(H. Kamp)提出的会话表征理论、巴威斯与佩里(J. Barwise & J. Perry)提出的情境语义学以及格罗伦戴克与斯托克夫(J. Groenendijk & M. Stokhof)提出的动态谓词逻辑等。

20 世纪 80 年代末期,竹内(G. Takeuti)、M.莫斯托夫斯基(M. Mostowski)等开启了分枝量词逻辑的证明论研究。实际上,早在亨金提出分枝量词之初,就已经指出分枝量词不可还原为标准量词,具有更强的表达力,因而需要构造新的逻辑。而埃仑托伊希特(A. Ehrenfeucht)根据 A.莫斯托夫斯基[1957]的研究结果,进一步证明了在经典逻辑中添加分枝量词是不可完全公理化的。如果在(带等词的)经典一阶谓词演算中添加分枝量词,那么我们可以定义(无穷)量词 R:(Rx)Φ(x)为真当且仅当存在无穷多个 x 的值使得 Φ(x)为真。所以,含分枝量词的一阶谓词演算系统是不可公理化的。② 1970 年,恩德滕进一步研究了分枝量化式的复杂性以及有效的分枝量化式集的复杂性。③ 同年,沃克(W. Walkoe)也讨论了类似的情况,考察了

① 实际上,博弈论语义学也主要针对标准分枝量词。尽管亨迪卡强调博弈论语义学可以推广至自然语言,但面向广义量词的博弈论语义学迄今为止没有完全建构起来,远不如广义司寇仑函数和关系语义学那么成熟。

② 严格来说,应该是不可递归公理化的,即含分枝量词的有效公式集不是递归可数的。A.莫斯托夫斯基在讨论广义量词的完全性问题时就已经初步得出了否定性的结论。埃仑托伊希特只不过把这个结论推广至分枝量词。具体参见:A. Mostowski. “On a Generalization of Quantifiers”, *Fundamenta Mathematicae*, 1957, 44(2): 12 – 36. 特别是其中的定理 2、定理 9。

③ H. Enderton. “Finite Partially-Ordered Quantifiers”, *Zeitschrift für Mathematische Logik und Grundlagen der Mathematik*, 1970(16): 393 – 397.

分枝量化式的表达力与复杂性①。1987 年，M.莫斯托夫斯基建构了含分枝量词的自然演绎系统 LB(logic of branched quantifiers，简称 LB)，并从关系语义学角度证明了 LB 的可靠性和完全性。由于分枝量词逻辑是 IF 逻辑的子逻辑，所以上述关于分枝量词逻辑的研究结论同样适用于 IF 逻辑。

3. 扩展阶段

近年来，IF 逻辑朝多方面延伸，独立关系从量词、联结词进一步拓展至模态词、时间词、命题态度词等其他算子，这一过程称为“独立友好化”(IF*ing*)或者“斜杠化”(Slash*ing*)。由此，发展出了 IF 命题逻辑(如G. Sandu & A. Pietarinen [2001；2003]、M. Sevenster[2006])、IF 模态逻辑(如 J. Hintikka [1996]、J. Bradfield[2000]、J. Bradfield & S. Fröschle[2002]、A. Pietarinen [2003；2005]、T. Tulenheimo[2003；2004；2009]、T. Tulenheimo & M. Sevenster[2006；2007])、IF 认知逻辑(如 J. van Benthem[2006]、M. Rebuschi[2006])、IF 不动点逻辑(如 J. Bradfield[2004])、IF 概率逻辑(如 A. Mann, G. Sandu and M. Sevenster[2011])等扩展的 IF 逻辑，甚至还发展出所谓的斜杠逻辑、团队逻辑、依赖逻辑、独立逻辑、包含逻辑(inclusion logic)、排除逻辑(exclusion logic)②等五花八门的类 IF 逻辑。

第三节　IF 逻辑的研究现状及问题

从研究内容来看，主要包括四个方面：

(1) 量词(以及其他逻辑算子)之间独立关系的形式刻画与语义解释。常用的形式刻画方法主要有：亨金表示法、分枝表示法、司寇仑函数表示法、斜杠表示法、加标表示法等③。其中，分枝表示法最为直观，斜杠表示法

---

① W. Walkoe. “Finite Partially-Ordered Quantification”, *The Journal of Symbolic Logic*, 1970 (35)：535－555.

② 例如：P. Galliani. “Inclusion and Exclusion Dependencies in Team Semantics：On Some Logics of Imperfect Information”, *Annals of Pure and Applied Logic*, 2012, 163(1)：68－84.

③ 刻画量词(以及其他逻辑算子)之间的独立关系的进路多种多样，除了正文中提及的这几种常用方法之外，还有反斜杠表示法，以及括号表示法、加下标表示法等。另外，也可以采取加上标表示法。例如：$\exists x^{W}\varphi$，其中 W 表示依赖集，即 x 所依赖的变元集合。这实际上是依赖逻辑公式的记法变体。当然，我们也可以把 W 理解为 x 所独立的变元集合。这样就成了 IF 逻辑公式的记法变体。很显然，$\forall x^{\varnothing}\exists y^{\varnothing}Rxy \Leftrightarrow \forall x(\exists y/x)Rxy \Leftrightarrow \forall x\exists y(=(y)\wedge Rxy)$。后两者分别是 IF 逻辑公式和依赖逻辑公式。加上标表示法及更多例子可参见：P. Galliani and A. L. Mann. “Lottery Semantics：A Compositional Semantics for Probabilistic First-Order Logic with Imperfect Information”, *Studia Logica*, 2013(101)：293－322.

最为简便。语义解释方案主要有：司寇仑函数解释、博弈论语义学及其各种精细化版本、关系语义学和动态语义学等。不同的解释方案各有利弊。

（2）IF 逻辑的句法、语义与元性质。句法上，IF 一阶语言是经典一阶语言的温和扩张，独立关系主要针对存在量词和析取算子。语义上，目前最为流行的仍然是博弈论语义学及其变体。值得一提的是，霍奇斯建构了所谓的斜杠逻辑，主张将独立关系扩展至全称量词和合取算子，试图为 IF 逻辑匹配组合语义。C. Fermüller & O. Majer[2017]等从动态角度为 IF 逻辑给予均衡语义学解释。元性质上，IF 逻辑具有不可完全公理化、语义不完全等特征，但紧致性定理、洛文海姆-司寇仑定理、分离定理等依然成立。

（3）IF 逻辑的表达力与适用性。恩德滕、沃克研究了分枝量化式的表达力与复杂性等问题。现在越来越多学者注意到 IF 逻辑与经典逻辑、二阶逻辑之间的联系与区别，而 IF 命题逻辑、IF 模态逻辑、IF 时态逻辑等进一步拓展了 IF 逻辑的应用范围。特别是，韦内宁（J. Väänänen，又译作魏纳能）在经典逻辑基础上，通过添加依赖概念和原子依赖公式，发展出所谓的“依赖逻辑”以及“依赖友好逻辑”（dependence friendly logic，DF 逻辑）①。与独立友好逻辑利用斜杠符来阐明哪些量词变元的值是不可知的进路不同甚至相反，依赖逻辑使用反斜杠符来阐明哪些量词变元的值是可知的，进而刻画博弈玩家的不完美或者完美信息状态。韦内宁认为，依赖逻辑与 IF 逻辑在语句层面上可等价互译，表达力都相当于二阶逻辑的存在片段，但依赖逻辑比 IF 逻辑更具一般性，因为它能够刻画原子公式层面的依赖关系并且不限于约束变元，而 IF 逻辑在原子公式层面与经典逻辑无异，依赖关系只针对约束变元，所以从某种意义上说 IF 逻辑可以视为依赖逻辑的一个片段。

（4）IF 逻辑相关哲学问题的讨论。自亨金首次提出分枝量词以来，就立即引发了激烈争论。主要围绕本体论承诺、组合原则、“真”的可定义性以及分枝量词的合法性、逻辑主义还原计划等问题，形成了两种针锋相对的立

---

① 韦内宁仿照亨迪卡的做法，建构了与独立友好逻辑相对的依赖友好逻辑。依赖友好逻辑只须在依赖逻辑的基础上做一出点改变，即删去原子依赖公式$=(t_1,\cdots,t_n)$，这个公式表示t_n仅仅依赖于$t_1,\cdots,t_{n-1}$；同时添加反斜杠量词$\exists x_n \backslash \{x_1,\cdots,x_{n-1}\}$来表达依赖关系，即$x_n$仅仅依赖于$x_1,\cdots,x_{n-1}$。依赖逻辑与依赖友好逻辑只是记法不同，表达力完全相同，无论在语句层面，还是在公式层面。后来，格雷德尔（E. Grädel）和韦内宁在依赖逻辑基础之上建构了一阶独立逻辑（first-order independence logic），即用原子独立公式取代原子依赖公式：$x\perp_z y$，表示相对于 z 的固定值，x 的值完全独立于 y 的值。不难理解，依赖原子公式可用独立原子公式来定义，因此依赖逻辑是一阶独立逻辑的子逻辑。分别参见：J. Väänänen. *Dependence Logic: A New Approach to Independence Friendly Logic*, Cambridge: Cambridge University Press, 2007: 44 - 45; E. Grädel and J. Väänänen. “Dependence and Independence”, *Studia Logica*, 2013(101): 399 - 410.

场：① 保守派。例如，蒯因、帕顿等视分枝量词为“怪异量词”，会导致过多的本体论负担；N. Gierasimczuk 与 J. Szymanik 则主张用双向的一阶线性公式来刻画“亨迪卡语句”而无须诉诸分枝量词。② 乐观派。例如，亨迪卡、巴威斯、桑杜等极力捍卫分枝量词的合法性，亨迪卡更是声称 IF 逻辑会造成逻辑和数学基础领域的一场“革命”。两种观点针锋相对、各有偏颇，正确的态度应该是谨慎地乐观。一方面，信息独立确实是一个值得重视的普遍现象，有必要改进经典逻辑的构造方式和解释方式，建构更加强大的 IF 逻辑。另一方面，应该辩证地看待 IF 逻辑带来的许多新奇的特性，例如语义不完全性等。因为对于经典逻辑来说，语义完全性毕竟是非常重要的优点。

国内对 IF 逻辑的研究方兴未艾。主要有：陈波[1998；2000]、蒋严与潘海华[1998]、王路[2002]等对 IF 逻辑做过译介或评述；郭美云[2003]初步分析了 IF 逻辑与经典逻辑之间的关系；戴细华[2006]、陈招万[2012]等研究了 IF 多值逻辑；文学锋与鞠实儿[Xuefeng Wen and Shier Ju, 2013]等探讨了 IF 命题逻辑与部分逻辑之间的关系；杨帆[Fan Yang, 2014]等研究了依赖逻辑在一阶、命题和模态层面的扩展与变异；徐文艳[2015]等证明了扩展的 IF 逻辑命题演算系统 EIF_P 的可靠性和完全性。

综上所述，经过半个多世纪的酝酿和发展，IF 逻辑已经取得了一系列重要成果，呈现许多新奇的特性和强劲的表达力，极大地拓展了逻辑研究的范围，丰富了逻辑的构造方式和解释方式，具有十分重要的理论价值和应用潜力。主要问题在于：① IF 逻辑的句法和语义均须进一步完善。例如：用“/”来刻画“独立关系”是否必要？是否存在其他更好的刻画方式？“独立关系”能否以及如何从量词扩展其他任意逻辑表达式？用非完美信息博弈解释“独立关系”是否恰当？有哪些可替代的方案？② IF 逻辑的表达力与适用性有待进一步评估。例如：尽管 IF 逻辑是不可完全公理化的，但它的某些片段能否公理化？IF 逻辑与其他逻辑是何种关系？IF 模态逻辑是通常意义上的模态逻辑吗？IF 时态逻辑比经典时态逻辑更优越吗？③ 对 IF 逻辑缺乏系统总结和批判性反思，整体上仍处于百家争鸣的状态。例如：分枝量词到底具有怎样的逻辑特性？刻画量词间独立关系一定要诉诸分枝量词吗？如何看待 IF 逻辑带来的诸多“变革”？IF 逻辑及其博弈论语义学存在哪些局限性？能否为数学重新“奠基”？等等。这些既是 IF 逻辑亟待解决的重要问题，也是本课题研究的出发点。

第二章　IF 逻辑的理论基础 I：分枝量词

量词及其量化结构历来都是逻辑学和语言学至关重要的研究对象。众所周知，经典逻辑主要研究了全称量词和存在量词（亦称为狭义量词或标准量词），而未涉及广义量词（亦称为非标准量词）。例如，“大部分”“有一点”“几乎没有”“半数以上”“恰好五个”“少数几个”“无穷多个”“三分之二”等自然语言和数学语言中普遍存在的量词或量化短语。此外，经典逻辑仅揭示了量词之间的依赖关系，而忽视了量词之间的相对独立性。实际上，量词依赖与量词独立是不可偏废的两个方面。在标准量词的语义解释过程中严格遵循组合原则，嵌套量词之间具有线性序关系，域窄的量词（主要针对存在量词）受到域宽的量词的约束和影响，这种现象称为逻辑依赖（logical dependency）。如果允许域窄的量词的语义解释不完全依赖域宽的量词的语义解释，那么就会导致逻辑独立（logical independency）。分枝量词便是对这种独立关系的刻画，属于广义量词的特例，是建构 IF 逻辑的重要理论基础。

第一节　从传统量词到分枝量词

普遍认为，逻辑学是一门精确的形式科学。但不无讽刺的是，逻辑学自身的许多概念并不是期待般那么精确。例如，到底什么是量词？量词有多少种类？它们具有怎样的性质（包括共性和个性）？量词如何发挥它的作用？我们又应该如何刻画它们？以及如何解释它们？在某种意义上讲，逻辑学的发展史可以概括为量词的发展史，因为量词理论的发展集中体现了逻辑学的发展。

英语中的“量词”（quantifier）源自拉丁文“quantitas”（即 quantity，表示“量”），与 qualifier（源自拉丁文 qualitas，即 quality，表示“质”）相对。它与

限定词相似，可用于修饰那些能够分配的语词（即可数名词）。例如，“人”（person/people）、“汽车”（car）、“动物”（animal），可直接添加量词构成复合词“两个人”（two persons/people）、“三辆车”（three cars）、“四只动物”（four animals）①；或直接添加限定词构成另一类复合词，例如“肥胖的人”（fat people）、“红色的汽车”（red car）、“能飞的动物”（volant animal）等。对于那些不能够分配的语词（即不可数名词），通常不可以用量词直接修饰。例如，“水”（water）、“空气”（air）等，我们不能说“a water”“a air”，而只能说“一瓶水”（a bottle of water）、“一罐空气”（a can of air）。量词直接修饰单位词“瓶”“罐”。

从逻辑学发展史的角度看，亚里士多德最早探讨了四个量词“所有”（all）、“某些”（some）、“没有”（no）、“并非所有”（not all）及其逻辑性质，将直言命题归结为A、E、I、O四种类型。尽管皮尔士最早提出了全称量词和存在量词概念，但弗雷格最先创建了包含全称量词和存在量词的谓词演算系统。所以，在现代逻辑文献中，更习惯于称其为弗雷格量词或标准量词。尽管弗雷格量词是对亚里士多德量词（或传统量词）的修正、提炼与概括，但它的表达力仍然非常有限。例如，它不能刻画无穷公式，不能表达“三分之二”“无穷多”“绝大多数”“极少数”等其他类型的量词，仅揭示了量词之间的相互依赖，完全忽视了量词之间的独立关系。

自1957年A.莫斯托夫斯基率先提出“广义量词”（generalized quantifiers）以来，经过半个多世纪的发展，广义量词理论已成为逻辑学、语言学、数学、计算机与人工智能等领域的标准分析工具。然而，“广义量词”概念及其中文翻译存在某种程度的含混，容易引起误解。因为它至少有三种不同的含义或用法：① 与标准量词相对，专指除∀、∃及相应的“all”“some”之外的非标准量词，如“most”“few”“偶数个”“恰好五个”等；② 包括标准量词与非标准量词在内的所有量词；③ 表示一般性的量词，它不仅涵括了更多量词类型，而且具有更高程度的抽象性与概括性。②

从某种意义上说，所有的逻辑量词都可以看作是“广义量词”，皆是对自然量词不同程度的抽象与概括，大致经历了传统量词—标准量词—非标准量词三个主要发展阶段。整体而言，量词研究越来越深入，表达力越来越

① 不难发现中英文之间的差异。在英语中，量词可以直接与可数名词结合使用，翻译成汉语时则需要添加相应的单位词（如个、块、条、颗、辆、只等）。

② 在中文语境里，“广义”有时还表示“宽泛地”（broadly）、“非严格地”（not strictly）。但“广义量词”并无此种含义。

强，也越来越复杂和抽象，从中可以窥见逻辑学的演变脉络和发展趋势。

1. 亚里士多德对自然量词的初步概括

亚里士多德基于主-谓式分析进路，探讨了四个二元的、具有二阶特性的量词："all""some""no""not all"，由此构成了四类直言命题：全称肯定命题、全称否定命题、特称肯定命题和特称否定命题，中世纪逻辑学家分别用A、E、I、O来表示。设A、B表示个体集，all(A, B)表示"所有A的个体都是B的个体"，即 $\text{all}\ (A,\ B) \Leftrightarrow A \subseteq B\ \&\ A \neq \varnothing$；some(A, B)表示"某些A的个体是B的个体"，即 $\text{some}\ (A,\ B) \Leftrightarrow A \cap B \neq \varnothing\ \&\ A \neq \varnothing$；no(A, B)表示"所有A的个体都不是B的个体"，即 $\text{no}\ (A,\ B) \Leftrightarrow A \cap B = \varnothing\ \&\ A \neq \varnothing$；not all (A, B)表示"并非所有A的个体都是B的个体"，即 $\text{not all}\ (A,\ B) \Leftrightarrow A \not\subseteq B\ \&\ A \neq \varnothing$。

设Q表示四个量词"all""some""no""not all"中的任意一个，X、Y、Z表示任意个体集（即通名或一元谓词变元），三段论的四个格可分别表示如下：

$$
\begin{array}{cccc}
Q_1ZY & Q_1YZ & Q_1ZY & Q_1YZ \\
Q_2XZ & Q_2XZ & Q_2ZX & Q_2ZX \\
\hline
Q_3XY & Q_3XY & Q_3XY & Q_3XY
\end{array}
$$

由于Q有四种可能选择并且每个三段论皆有四个格，故而共有 $4^4 = 256$ 种可能的三段论推理模型。① 四个亚里士多德量词之间具有如下熟知的对当关系：

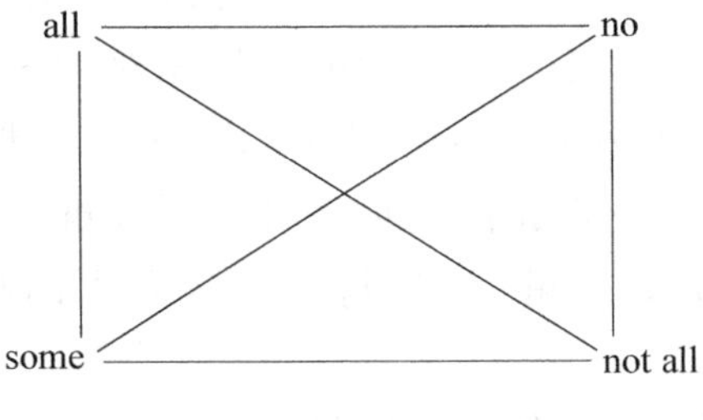

概括起来，亚里士多德量词具有以下重要特征：① 它是二元的，即每个

① 由于历史的原因，亚里士多德对三段论的刻画并不十分精确。例如，忽视了第四格，要求主词非空。但是，亚里士多德的有效性概念与现代模型论观念基本一致，即在前提为真的任意解释下，结论必然为真；否则就是无效的，即存在反例或反模型。此外，亚里士多德已经注意到，其他有效的三段论都可以化归为第一格的AAA式或EAE式。换言之，三段论相当于一个公理系统：AAA和EAE是该系统的两条初始公理，而其他有效三段论皆可由此得以证明。

量词约束两个变元；② 它是二阶的，即量词约束个体集（通名或一元谓词变元），表达了两个个体集之间的关系；③ 每次只能使用一个量词且位于句子最前端，像 allsome(A, B)或者 all(A, some(B))等都是不允许的；④ 含有存在预设，即全称肯定性量词 all 蕴含着特称肯定性量词 some。

亚里士多德量词可视为对自然量词的第一次抽象与概括，为传统词项三段论奠定了基础，首次构造了关于量化语句的推理模型。但亚里士多德的分析存在明显的局限性。譬如，它过分依赖语法结构，含有不必要的存在预设，不符合自然语言使用习惯，不能刻画多重量化语句和复杂的依赖关系等①。

2. 弗雷格对亚里士多德量词的改造

弗雷格采用函数-论元式分析进路，用一元量词和语句联结词对亚里士多德量词做了重新概括，将 all(A, B)定义为 $\forall x(A(x) \rightarrow B(x))$，将 some(A, B)定义为 $\neg\forall x(A(x) \rightarrow \neg B(x))$。这样可以由简入繁地逐步构造复杂的多重量化式，由繁化简地逐步给出相应的真值条件，从而极大地增强了表达力②。弗雷格研究专家、当代著名逻辑学家达米特分析指出，弗雷格不仅明确区分了涵义与指称、函数与对象，而且还进一步区分了形式系统的句法与语义，潜在地提出了完全性、可靠性、语义后承等关键概念。③

现代词项逻辑导源于弗雷格，对自然语句做了更为细致的解析与抽象：个体常元、个体变元、谓词变元（或概念词）、语句联结词等。例如，“张三是人”可表示为 F(a)。其中，F 表示“人”，a 表示个体常元“张三”。同理，F(x)表示“x 是 F”，$\forall xF(x)$表示“所有 x 是 F”。“所有人都是动物”可表

---

① 亚里士多德量词其实是一种关系量词。只不过它仅限于通名之间的二元关系，而不能表达更为复杂的关系类型。

② 罗素曾断言亚里士多德逻辑建立在错误的基础之上，即对语句做主-谓式分析。这大概是现代逻辑中主-谓形式消失不见的缘故。然而，罗素的评价并不完全恰当。因为亚里士多德量词的局限性与其主-谓式分析进路并无必然联系。换言之，我们可以改进亚里士多德量词，但保留主-谓式分析方式，在传统对当关系基础上构造适用于广义量词的现代对当关系。同理，弗雷格的函数-论元式分析也与其量词表达力并无必然联系。尽管弗雷格量词比亚里士多德量词表达力更强，但这并不意味着函数-论元式分析可以替代主-谓式分析，也不意味着函数-论元式分析就完美无缺。相关评论可参见：D. Westerståhl. “Quantifiers in Formal and Natural Languages”, in D. Gabbay and F. Guenthner (eds.), *Handbook of Philosohical Logic*, 2nd Edition, Vol.14, Dordrecht: Kluwer Academic Publishers & Springer, 2007: 223 - 338; D. Westerståhl. “The Traditional Square of Opposition and Generalized Quantifiers”, *Studies in Logic*, 2008, 1(3): 1 - 18; 罗素. 逻辑与知识[M]. 苑莉均译，北京：商务印书馆，1996: 157, 250, 277.

③ M. Dummett. *The Interpretation of Frege's Philosophy*, London: Duckworth, 1981: 82.

示为$\forall x(F(x) \to H(x))$。其中，F 表示“人”，H 表示“动物”。[①]

基于弗雷格思想的标准量词具有如下特点：① 严格区分了句法与语义，量词∀、∃在句法上是一阶的，即直接约束个体变元，但它们在语义上仍然是二阶的。因此，量词相当于高阶谓词，表达了低阶谓词的非空性(nonemptiness)或者无例外性(exceptionlessness)。以最简单的$\forall xF(x)$为例，它相当于一个作用在 F(x)之上的二阶函数，$f^{\forall}: F(x) \to \{T, F\}$。② 舍弃了全称量词的存在预设，更加符合自然语言的表达习惯。例如，“凡杀人者须偿命”并不预设存在杀人者。③ 将否定统一处理为矛盾(contradictory)否定，取消了内部否定或反对(contrary)否定，将亚里士多德的四个量词归约为两个标准量词，甚至只须一个(如∀)即可。这使得量词逻辑系统更为简洁、方便，并且允许构造复杂的多重量化式，表达力大为增强。④ 假定每个量词只约束一个变元，量词之间是辖域嵌套和线性依赖的，句法构造和语义解释都严格遵循组合原则。

尽管如此，标准量词仍然面临诸多限制和不足。例如：① 仅限于全称量词和存在量词，没有考虑种类繁多、涵义丰富的其他非标准量词。② 每个量词仅约束一个变元(monadic quantifiers，亦称为一元量词)，量词之间严格地遵循线性依赖关系，完全忽视了多元量词(polyadic quantifiers，亦称为关系量词)和量词之间可能的独立性。③ 个体域由全体对象组成，而且是一次给定的、不变的、静态的，没有考虑个体域的动态性和逻辑量词的跨域运算。④ 标准量词对自然语言中的实际推理的刻画并不充分，因为不是所有的量化结构都可以用一元量词及其线性关系来表达。

3. 广义量词对标准量词的拓展

我们可以从多个方面对标准量词进行拓展。1957 年，A.莫斯托夫斯基在《论量词的一种普遍化》中把量词视为论域子集到真值的基数函数(cardinality function)，这样的广义量词称为基数量词或者莫斯托夫斯基量词。

设 D 为个体域，X 为 D 的子集，|X|表示 X 的基数，两个标准量词可表示为：

$\exists_D \Leftrightarrow \{X \subseteq D: |X| > 0\}$；

$\forall_D \Leftrightarrow \{X \subseteq D: |X| = |D|\}$。

---

① 若严格地遵循弗雷格的分析，概念词是不饱和的句子成分，在转换成函数时须带有一个或多个空位，如“F( )”表示“( )是人”。当空位被合适的论元填充时，从而获得相应的值(value)。若论元为个体，则形成一个一阶函数，如 F(x)；若论元为谓词，则形成一个二阶函数，如 F(H(x))；依此类推，可构造任意高阶的函数。

从集合基数看，标准量词实质上是二阶的一元基数谓词。依此进路，我们可以刻画传统量词和标准量词不能刻画的其他量词。

设 D 为个体域，S、P 为 D 的子集，$|S|$、$|P|$分别表示 S、P 的基数，一些常见的关系量词可用基数量词表示如下：

大部分 S 是 P$\Leftrightarrow\{<S, P>\in D^2: |S\cap P|>|S-P|\}$

至少 n 个 S 是 P$\Leftrightarrow\{<S, P>\in D^2: |S\cap P|>n\}$

至多 n 个 S 是 P$\Leftrightarrow\{<S, P>\in D^2: |S\cap P|\leqslant n\}$

恰好 n 个 S 是 P$\Leftrightarrow\{<S, P>\in D^2: |S\cap P|=n\}$

有穷多个 S 是 P$\Leftrightarrow\{<S, P>\in D^2$：$|S\cap P|$是有穷的$\}$

不可数多个 S 是 P$\Leftrightarrow\{<S, P>\in D^2$：$|S\cap P|$是不可数的$\}$

除了有穷多个外，所有 S 是 P$\Leftrightarrow\{<S, P>\in D^2$：$|S-P|$是有穷的$\}$

除了 n 个外，所有 S 是 P$\Leftrightarrow\{<S, P>\in D^2: |S-P|=n\}$

1966 年，林德斯特仑（P. Lindström）对莫斯托夫斯基量词做了进一步推广，试图涵括所有类型的一阶谓词和一阶量词（即二阶谓词），①不仅可以刻画传统量词、标准量词和基数量词，而且还可以对各种类型的量词（甚至包括语句联结词）做出统一处理。与标准量词相比，这种广义量词可以表达个体域中任何个体或个体子集之间的关系甚至关系的关系。

设 D 为个体域，量词 Q_D表示 D 的子集 $P(D)$之间的 n 元关系：$Q_D\subseteq(P(D))^n$。二元关系相当于 D 的两个子集之间的关系：$P(D)\times P(D)$；三元关系相当于 D 上的三个子集之间的关系：$P(D)\times P(D)\times P(D)$。

因此，可以将标准量词定义为$<1>$型量词，即量词仅约束一个公式的一个变元，表示个体域上的性质或者子集。而亚里士多德量词是$<1, 1>$型量词，即量词同时约束两个公式中的一个变元（被约束的变元可以彼此不同），表示个体域子集的二元组。依此类推，可以构造$<n_1,\cdots,n_k>$型量词（其中 n_i表示任意正整数，k 表示公式的数目，n_i对应于第 i 个公式的被约束变元数量），表示个体域任意子集间 m 元关系的 n 元组，$m\geqslant1$，$n\geqslant0$。当 $n=0$ 时，实际上就是不含量词的命题。或者说，它用广义量词来刻画语句联结词②。$<0>$表示一元联结词，例如“否定”；$<0, 0>$表示二元联结词，例如 $\vee$、$\wedge$、$\rightarrow$、$\leftrightarrow$。

除此之外，我们还可以从另一个角度对标准量词加以拓展。如前所述，

① P. Lindström. “First-Order Predicate Logic with Generalized Quantifiers”, *Theoria*, 1966, 32(3): 186－195.

② 同上，p.187。

经典逻辑假定量词之间具有线性特征，域窄的量词总是在域宽的量词辖域内得以解释①。如果放弃线性假定，允许量词之间存在某种偏序关系，那么就得到了分枝量词（亦称偏序量词、亨金量词）②。分枝量词更充分地揭示出了量词之间的独立与依赖关系，比标准量词具有更强的表达力和普适性。例如：

$$(1)\quad \begin{array}{l} \forall x \exists y \searrow \\ \qquad\qquad\quad \Phi(x, y, z, w) \Leftrightarrow \forall x \exists y \forall z (\exists w/x) \Phi(x, y, z, w)。 \\ \forall z \exists w \nearrow \end{array}$$

由于 y 的选值仅依赖于 x，而 w 的选值仅依赖于 z，所以（1）不宜用经典量化式来表示，否则会增加不必要的依赖关系。例如：

$$(2)\quad \begin{array}{l} \forall x \exists y \searrow \\ \quad\ \searrow \qquad\quad \Phi(x, y, z, w) \Leftrightarrow \forall x \exists y \forall z \exists w \Phi(x, y, z, w)。 \\ \forall z \exists w \nearrow \end{array}$$

（1）与（2）之间的差异是显而易见的。因为在（1）中，w 仅受制于 z 而不受 x 的影响。它相当于<2, 2>型量词③。

实际上，所有量化公式都可以用分枝式来表示。只不过，有些可以还原为经典量化式（如（2）），有的不能还原（如（1）以及下文的（3′））。借用巴威斯的术语来说，前者是非实质型分枝量化式，后者是实质型分枝量化式④。因此，标准量词可以看作分枝量词的特例。当然，广义量词之间也允许存在某种偏序关系，从而导致广义分枝量词。

例如：

（3）Most boys in your class and most girls in my class have all dated each other。你班的大部分男生和我班的大部分女生都彼此约会过。

可用分枝式表示为

$$(3')\quad \begin{array}{l} Most_x A(x) \searrow \\ \qquad\qquad\qquad Date(x, y)。 \\ Most_y B(y) \nearrow \end{array}$$

---

① 真正受影响的只有域窄的存在量词，因为全称量词遍历个体域中的每一个个体。当然，位于公式最前端的存在量词亦不受影响。标准量词的依赖关系可以通过转换成司寇仑函数而得到更为直接的体现。

② 分枝量词也是一种关系量词，只不过是偏序而非线性序。

③ 亨金将前置的分枝量词视为一个整体，例如最简单的四元关系广义量词 H_{xyzw}，它相当于<4>型量词。因为小于四个量词的偏序组合通常可以改写为等价的一阶线性公式。参见：M. Krynicki and M. Mostowski. “Henkin Quantifiers”, in M. Krynicki et al (eds.), *Quantifiers: Logics, Models and Computation*, Vol.1, Dordrecht: Kluwer Academic Publishers, 1995: 196.

④ J. Barwise. “On Branching Quantifiers in English”, *Journal of Philosophical Logic*, 1979(8): 54.

它的直观含义是：设 A(x)表示“你班男生”组成的集合，X 表示 A(x)的子集并且由大多数 x 组成；B(y)表示“我班女生”组成的集合，Y 表示 B(y)的子集并且由大多数 y 组成，那么每个序对<x, y>(其中 $x \in X, y \in Y$)，都有 Date(x, y)成立。它相当于<1, 1>型量词。如果把它当作一个整体，亦可视为<2>型量词。

总之，分枝量词比标准量词更为抽象，更具一般性，涵括了更多量词类型，具有更强的表达力，有效地拓展了逻辑学的研究范围。但问题在于：分枝量词是否必要？如何解释分枝量词？它与标准量词的根本区别是什么？含分枝量词的逻辑具有怎样的特性？将带来怎样的后果？

第二节　分枝量词与信息独立

如前所述，经典逻辑仅仅刻画了量词依赖而忽视了量词独立。但是，量词依赖与量词独立是不可分割的孪生范畴。要真正理解量词依赖，就必须同时理解量词独立，反之亦然。分枝量词实质上就是对量词独立关系的刻画，从而弥补了经典逻辑的不足，具有重要的理论价值和现实意义。

1. 量词依赖与量词独立

实际上，量词依赖与独立在数学语言中早已司空见惯。例如，在定义一致连续(uniformly continuous)函数时就要用到这样的表达式：“对任意的实数 a 和任意的正实数 ε，存在正实数 δ 依赖于 ε 而独立于 a，使得……”。这里的关键词是“……依赖于……而独立于(或不依赖于)……”。

同样，要深入比较经典逻辑与 IF 逻辑之间的异同，首先就要理解和区分“量词依赖”与“量词独立”概念。众所周知，在经典逻辑中，变元之间的依赖关系通过量词之间的依赖关系来表达，而量词之间的依赖关系可以通过量词辖域之间的关系得到体现。但是要注意，“依赖”是语义概念，而“辖域”是语法概念。只不过，在经典逻辑中，两者是彼此对应、完全重合的。换言之，在经典逻辑中，句法与语义一一对应，量词(及其约束变元)之间的依赖关系，直接体现在量词的辖域关系之中，通常用括号来表示。经典逻辑要求量词的嵌套辖域具有非自反性、传递性和反对称性，域窄的量词依赖于域宽的量词。

但是，经典逻辑并没有穷尽所有类型的量词组合模式，忽视了量词之间可能存在的独立关系。在 IF 逻辑中，句法上的辖域关系与语义上的依赖关系并不一一对应。例如,在$\forall x \forall y (\exists z/x) \Phi(x, y, z)$中,尽管$\exists z$在句法上位于$\forall x$、$\forall y$的辖域范围之内,但它在语义上仅依赖于$\forall y$而独立于$\forall x$。换言之,在IF逻辑中,量词之间的依赖与独立关系是通过辖域和斜杠符两个句法手段来刻画的。另外,量词之间的依赖关系也可表现为约束变元之间的函数依赖关系。因此,例句的真值条件可用司寇仑范式表示为:$\exists f \forall x \forall y \Phi(x, y, f(y))$。

简要地说,所谓"量词依赖"是指,在给定模型下,对线性书写的重叠量词进行语义解释时,域窄的量词及其约束变元的取值需要根据域宽的量词及其约束变元的取值来确定。具有这种特性的量词称为依赖量词。

例如,经典量化式:

(1) $\forall x \exists y \forall z \exists w \Phi(x, y, z, w)$。

其中,y的取值受制于x的取值选择的影响,而w的取值不仅受到z的影响,同时还受到x的影响。① 因此,(1)可翻译为等价的司寇仑范式:

(2) $\exists f \exists g \forall x \forall z \Phi(x, f(x), z, g(x, z))$。

函数f、g的论元标明了对应的y与w所受制的变元。对于经典一阶公式来说,前置量词之间的排序直接显示了量词及其约束变元之间的(函数)依赖关系。

在记法上,我们还可以采用其他方式来表示依赖关系,不同记法之间可以等价互译。例如,亨迪卡曾提议用反斜杠("\")来表示"依赖":

(3) $\forall x (\exists y \backslash x) \forall z (\exists w \backslash \{x, z\}) \Phi(x, y, z, w)$。

其中,$\exists x_n \backslash \{x_1, \cdots, x_{n-1}\}$表示$x_n$仅仅依赖于$x_1 \cdots x_{n-1}$。② 所以,依赖量词又称为反斜杠量词(backslashed quantifiers)③。

除此之外,韦内宁在建构依赖逻辑DL时采用另一种表示方式:

(4) $\forall x \exists y \forall z \exists w (=(x, y) \wedge =(x, z, w) \wedge \Phi(x, y, z, w))$。

其中,$=(x, y)$表示y仅仅依赖于x,$=(x, z, w)$表示w仅仅依赖于x和z。因此,$=(x_1, \cdots, x_{n-1}, x_n)$表示$x_n$仅仅依赖于$x_1 \cdots x_{n-1}$。④ 或者更一般

---

① 为了简洁起见,在不导致混淆的情况下,我们直接把被量词约束的某变元简称某变元。例如,$\forall x$简称x,$\exists y$简称y,下同。

② J. Hintikka. "Hyperclasscial Logic (a.k.a IF Logic) and Its Implications for Logical Theory", *Bulletin Symbolic Logic*, 2002, 8(3): 404-423.

③ J. Väänänen. *Dependence Logic: A New Approach to Independence Friendly Logic*, Cambridge: Cambridge University Press, 2007: 44. 对于标准量词来说,这种记法似乎是冗余的,但它可以更充分地表达变元之间的依赖关系。在后文讨论量词独立时,就立即显示出它的独特价值和普遍意义。

④ 同上,p.45。

地，设 $t_1 \cdots t_n$ 是项，DL 的原子公式 $=(t_1, \cdots, t_n)$ 表示 t_n 仅仅依赖于 $t_1 \cdots t_{n-1}$。①

相应地，所谓“量词独立”是指，在给定模型下，对线性书写的重叠量词进行语义解释时，域窄的量词及其约束变元的取值不受制于或不完全受制于域宽的量词及其约束变元的取值影响。具有这种特性的量词称为独立量词。

分枝量化式的特别之处在于，它将重叠量词的线性序改写为非线性序，从而整体上（即不同分枝上）体现出量词之间的独立性，但局部（即各分枝内部）量词之间仍然具有依赖性：

$$(5)\quad \begin{matrix} \forall x \exists y \searrow \\ \\ \forall z \exists w \nearrow \end{matrix} \Phi(x, y, z, w)。$$

不难发现(5)与(1)之间的差异。在(5)中，w 的取值仅受制于 z，而不受 x 的影响。所以，(5)不能翻译为(2)。因为这样会增加不必要的依赖关系。它可等价翻译为司寇仑范式：

(6) $\exists f \exists g \forall x \forall z \Phi(x, f(x), z, g(z))$。

当然，我们也可以采用线性记法来刻画独立关系，不同记法之间是等价互译的。例如，亨迪卡提议用斜杠“/”表示“独立”：

(7) $\forall x \exists y \forall z (\exists w/x) \Phi(x, y, z, w)$。

其中，$\exists x_n / \{x_1, \cdots, x_{n-1}\}$ 表示 x_n 独立于 $x_1 \cdots x_{n-1}$。故而，独立量词又被称做斜杠量词（slashed quantifiers）②。实际上，“独立”与“依赖”可以相互转换。x_n 独立于 $x_1 \cdots x_{n-1}$，意味着 x_n 依赖于除 $x_1 \cdots x_{n-1}$ 之外的其他变元。③

为了简洁起见和将修改幅度降至最低，我们限定反斜杠量词或原子依赖公式只用于刻画部分依赖关系或部分独立关系，其余情况与经典逻辑保持一致。因此，例(5)可以改用反斜杠记法来表示：

(8) $\forall x \exists y \forall z (\exists w \backslash z) \Phi(x, y, z, w)$；

或者采用韦内宁的记法表示为：

---

① 同上，p.17。

② 同上，p.45。

③ 要注意，“其他变元”可能是原公式实际出现的变元，也可能是不属于原公式而属于赋值团队 X 的论域中的变元。这种多出的变元可能会影响原公式的真值。例如，在 $(\exists x/y)(x=y)$ 中，只知道 x 独立于 y，但并不知道 x 到底依赖什么。假设 x 实际上依赖于 z，尽管 z 不是公式 $(x=y)$ 中的变元，但原公式可改写成 $(\exists x \backslash z)(x=y)$。z 扮演的角色相当于给 x 传递信号的信使。所以，“从这个角度来看，DF 逻辑比 IF 逻辑更易于操作”。参见：J. Väänänen. *Dependence Logic: A New Approach to Independence Friendly Logic*, Cambridge: Cambridge University Press, 2007: 47.

(9) $\forall x \exists y \forall z \exists w(=(z, w) \wedge \Phi(x, y, z, w))$。

另外,量词之间的依赖与独立关系实际上只针对域窄的存在量词。因为域宽的存在量词相当于一个常项,而全称量词不受辖域影响,遍历个体域中的每个个体。例如:

(10) 所有人都犯过一个错误。

(11) 有一个所有人都犯过的错误。

这两句话的含义明显不同,它们分别等价于:

(10′) $\forall x \exists y \Phi(x, y)$。

(11′) $\exists y \forall x \Phi(x, y)$。

前者的存在量词出现在全称量词的辖域范围之内,因而取值受其影响,"一个错误"相对于不同的人而言可能是不同的,可用司寇仑函数表示为$f(x)$。后者不同。尽管全称量词"所有"位于存在量词"一个错误"之后,但取值并不受存在量词的影响。反之,存在量词也不受全称量词影响,其司寇仑函数是一个常项,例如论域中某个恒常的个体 a。这说明,量词之间不可随意变换位置,量词位置不同可能导致逻辑语义不同。设 x 为论域中任意个体,a 为某个个体常项,它们的语义条件分别等价于:

(10″) $\exists f \forall x \Phi(x, f(x))$;

(11″) $\forall x \Phi(x, a)$。

综上所述,量词依赖与量词独立是一对孪生范畴,两者不可偏废。要准确理解量词之间的依赖关系,就必须同时理解量词之间的相对独立性,反之亦然。经典逻辑只刻画了量词之间的依赖关系而忽视了其相对独立性,在对重叠量词进行语义解释时呈现线性序特征,句法与语义一一对应。达米特将其"归功于"弗雷格①。因为弗雷格发现,我们只需要反复操作逻辑算子(如联结词、量词),就可以从一个简单的(量化)语句逐步构造复合的(量化)语句,并且根据递归式的句法构造方法,对应地进行组合式的语义解释,逐步地给出公式的真值条件。由繁化简的解释路径,依赖于由简入繁的句法构造。这种处理方式,可以将复杂多元的量化关系逐步化归为一元的量化关系,从而获得解释。弗雷格的这些思想在塔斯基的模型论语义学中得到了更加淋漓尽致的发挥。因此,可以说经典逻辑的真正秘密就在于量词之间的依赖关系。但是,弗雷格犯了一个"基本错误"并且传染到了之后的所有版本,即完全忽视了量词之间的独立关系。

---

① M. Dummett. *Frege: Philosophy of Language*, New York: Harp & Row, 1973: 8–33.

2. 分枝量词的可行性与必要性

1961 年，亨金在论文《关于无穷长公式的一些评论》中首次提出了标准的分枝量词，即仅含有标准量词的分枝量化结构，探讨了形式语言层面引入分枝量词以扩展标准量词的可行性，初步揭示了分枝量词的句法结构和语义解释，为刻画无穷公式提供了新方法。分枝量词最先由亨金提出，故而又称之为“亨金量词”①。

亨金认为，现代逻辑构造形式演算系统的目的就是研究演绎有效性，从而为数学奠定基础，解决数学危机。但是，经典逻辑方法是有穷的、可构造的。随着数学的发展，面临一些原来没有预计到的新问题，例如“无穷”问题。由此导致了无穷方法的引入。例如，形式系统含有无穷的推理规则，或者含有不可数的符号，或者含有无穷深度的公式。这样一来，我们不仅需要考虑无穷多个变元之间的析取或合取，而且还需要考虑无穷多个量词。除此之外，前置的重叠量词之间密集排序，不仅要考虑线性序，同时也要考虑偏序（即自反、可传递且反对称关系）；既要注意量词之间的相互依赖，也要考虑量词之间可能的独立性。这些问题是经典逻辑所不能处理的。据说，之所以长期忽视分枝量词，部分原因竟然是出于排版印刷的不便利。②

亨金初步讨论了分枝量词的句法结构和语义解释，认为分枝量词不可还原为经典一阶公式，需要构造一种新逻辑。由于“一阶谓词逻辑的语义解释过程呈线性展开，……域窄的存在量化式须在域宽的全称量化式的辖域中解释，所以存在量化式的取值就必须依赖于其左边的全称量化式的取值。”③但是，如果允许域窄的存在量词的取值不依赖于或不完全依赖于域宽的全称量词的取值，那么我们就得到了与经典逻辑不同的句法结构和语义解释。这种独立关系既可以用亨金量词来表示，也可以用更直观的分枝量词来表示，两种记法是等价的。

亨金量词可定义如下：

(12) $H_{xyzw}\Phi(x, y, z, w) =_{df} \exists f \exists g \forall x \forall z \Phi(x, f(x), z, g(z))$。

---

① 鉴于“分枝量词”这个术语容易招致混淆和误解，有学者建议称之为“收敛量词”。参见：J. D. 麦考莱. 语言的逻辑分析：语言学家关注的逻辑问题[M]. 王维贤等译，杭州：浙江大学出版社，2011：242. 因为问题的关键不在于是否具有分枝结构，而在于量词之间的依赖关系是否是线性的。严格来说，为了避免不必要的分歧与争议，直接称之为“独立量词”或“有穷偏序量词”更为妥当。

② L. Henkin. “Some Remarks on Infinitely Long Formulas”, in *Infinitistic Methods*, Proceedings of the Symposium on the Foundations of Mathematics, Warsaw: Pergamon Press, 1961: 181.

③ 蒋严，潘海华. 形式语义学引论[M]. 北京：中国社会科学出版社，1998：163.

亨金注意到,除了用司寇仑函数来定义独立量词外,还可以用二维的分枝式来刻画这种独立关系。它由一个“母式”和若干(有穷多个)“分枝”组成。

例如,(12)可以更直观地表示为:

$$(12')\quad \left.\begin{matrix}\forall x\exists y \\ \forall z\exists w\end{matrix}\right\rangle \Phi(x,\ y,\ z,\ w)。$$

我们可以将(5)或(12′)一般化而得到分枝量化式的通用模式:

$$(13)\quad \left.\begin{matrix}\forall x_{1_1}\cdots\forall x_{1_n}\ \exists y_1 \\ \forall x_{2_1}\cdots\forall x_{1_n}\ \exists y_2 \\ \cdots\quad\cdots\quad\cdots \\ \forall x_{k_1}\cdots\forall x_{k_n}\ \exists y_k\end{matrix}\right\rangle \Phi(x_{1_1},\ x_{1_2},\ \cdots,\ x_{k_n};\ y_1,\ y_2,\ \cdots,\ y_k)。$$

当然,量词之间的依赖与独立关系可能更为复杂,例如:

(14) 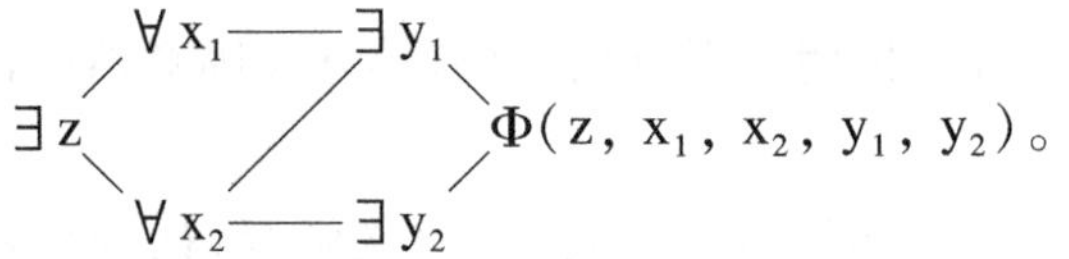

分枝表示法要比用司寇仑函数刻画量词间独立关系更为恰当①,因为它至少句法上仍然是一阶的(量词仅约束个体变元),并且它更为直观、更接近自然语言的使用习惯。因为在自然语言中,“和”“与”“and”很多时候不是作为语句联结词,而是作为语句内部的量词短语联结词。例如,“亨迪卡语句”:

(15) Some relative of each villager *and* some relative of each townsman hate each other. 每个村民的某些亲戚与每个市民的某些亲戚彼此憎恨对方。

分枝量化式实际上就是把“和”“与”“and”当作量词短语联结词。各分枝之间是一种并行关系,通常具有对称性。也就是说,如果“和”“与”“and”在句子中作为量词短语联结词出现,那么该句子就是非线性的。

与亨金不同,亨迪卡为二维的分枝量词提供了一种新的简便记法,即在经典一阶语言的基础上添加独立符“/”。例如,(5)或(12′)可改写成某种具有水平方向的量化式:

(16) $\forall x\forall z(\exists y/z)(\exists w/x)\Phi(x,\ y,\ z,\ w)$。

① G. Sher. “Ways of Branching Quantifiers”, *Linguistics and Philosophy*, 1990(13): 406.

其中，$(\exists y/z)$表示$\exists y$独立于$\forall z$（或直接说y独立于z，下同），$(\exists w/x)$表示w独立于x。斜杠记法很容易推广至联结词等其他逻辑算子，例如：

(17) $\forall x \exists y \forall z(A(x, y, z)(\vee/x))B(x, y, z)$。[①]

这样就获得了更具一般性的IF逻辑。因此，分枝量词逻辑仅仅是IF逻辑的子逻辑[②]。

除斜杠记法之外，亨迪卡还给出了另一种记法——使用“更为简便”的括号（辖域）规则。因为我们可以利用括号来明确量词之间的独立与依赖关系。例如，(5)或(12′)可以改写为：

(18) $\forall x[\exists y \forall z]\exists w[\Phi(x, y, z, w)]$。

其中，两个方括号表示$\forall x$两个非连续的辖域。不过，亨迪卡在自己创立的IF逻辑中并未使用这种记法。因为“在更复杂的情形下，简便的括号记法结果是不直观以至是难以认读的，所以为了实用起见我们偏爱斜杠记法。”[③]

尽管亨金揭示了分枝量词在形式语言层面的可行性，但更令人感兴趣的是，自然语言中是否存在类似的分枝量化结构？或者说，分枝量词是否具有现实的必要性？亨迪卡、巴威斯、范本申、谢尔等人的研究表明，在自然语言（如英语）中引入分枝量词是非常必要的。因为存在不少语句确实需要用分枝量化式来刻画，而不宜表示为经典量化式。例如，“亨迪卡语句”(15)。这个例句的逻辑结构应该是(5)而不是(1)。因为“村民的某些亲戚”依赖于“村民”的选值，而不受“市民”的影响；类似地，“市民的某些亲戚”仅针对“市民”而言，与“村民”无关。如果用(1)来表征(15)，会增添不必要的依赖关系。

为了避免不必要的误解和无谓的争论，巴威斯严格区分了实质型（真正的）分枝量化式和非实质型（伪装的）分枝量化式，进一步捍卫了亨迪卡的洞见[④]。伪装的分枝量化式可以很自然地改写成线性的经典量化式，而实质型分枝量化式不能还原为经典量化式。例如，(5)不能还原为(1)，因为它们彼此并不等价。但下列分枝式是非实质的或伪装的：

---

① J.亨迪卡，G.桑朵. 逻辑学中的一场革命？[J]. 陈波译，哲学译丛，1999(4)：44.

② G. Sandu. “On the Logic of Informational Independece and Its Applications”, *Journal of Philosophical Logic*, 1993(22)：44.

③ J. 亨迪卡，G. 桑朵. 逻辑学中的一场革命？[J]. 陈波译，哲学译丛，1999(4)：45.

④ J. Barwise. “On Branching Quantifiers in English”, *Journal of Philosophical Logic*, 1979(8)：54.

$$(19)\quad \begin{matrix} \exists x \exists y \\ \forall z \forall w \end{matrix} \Phi(x, y, z, w)。$$

不难看出,它等价于经典量化式:

$$(19')\quad \exists x \exists y \forall z \forall w \Phi(x, y, z, w)。$$

总之,引入分枝量词不仅是可行的,而且还具有现实的必要性。虽然我们可以采用多种方式来刻画量词间的独立关系,并且这些方式是彼此等价的,但不同记法偏好背后往往反映了不同的解释策略和本体论立场。

第三节　分枝量词的语义解释

随着研究的不断深入,分枝量词自身也经历了从标准分枝量词到广义分枝量词的发展过程,而恰当的语义解释已成为制约分枝量词理论发展的瓶颈和亟待解决的问题。因为它违背了通常的组合原则,不能直接对其进行替换解释。

1. 形式语言层面的标准分枝量词及其司寇仑函数解释

如前所述,亨金最早从形式语言层面讨论了标准量词之间偏序组合的可能性,认为分枝量词不可还原为经典一阶公式,需要构造新的逻辑。亨金的解释进路是,将一个不可还原的实质型分枝量化式定义为等价的二阶司寇仑范式。亨金认为,司寇仑函数解释可以统一处理标准量词和分枝量词,比"直观"的博弈论语义学更"自然",具有更强的解释力和适用性。① 因为博弈论语义学只能处理下列形式的无穷公式:$\exists x_1 \forall x_2 \exists x_3 \forall x_4 \cdots \Phi(x_1, x_2, x_3, x_4 \cdots)$,而不能处理这样的无穷公式:$\cdots \exists x_5 \forall x_4 \exists x_3 \forall x_2 \exists x_1 \Phi(x_1, x_2, x_3, x_4, x_5, \cdots)$。不难理解,前者的量词组合是递增的,博弈双方可以依次、逐步地消去所有(甚至无穷)量词;而后者的量词组合是非递增的,找不到博弈的起点。尽管博弈论语义学不像塔斯基语义学那样需要事先确定原子语句的真假,然后再由内至外地进行赋值,但是博弈论语义学却需要事先要确定复合语句(即便是无穷公式),必须要有一个博弈起点,然后才能由外至内地抵达(或接近)原子语句(如果能找到的话)。所以,博弈论语义学也有自身局限性和基本假定,博弈论语义学与塔斯基语义学一样,都

---

① L. Henkin. "Some Remarks on Infinitely Long Formulas", in *Infinitistic Methods*, Proceedings of the Symposium on the Foundations of Mathematics, Warsaw: Pergamon Press, 1961: 179.

需要一个始基或起点。

亨金的解释方案是间接的：先将分枝量词转换成等价的司寇仑范式，然后再赋予熟知的二阶语义学。要注意的是，线性量词在改写成司寇仑函数时，要求域宽的函数论元本质地包含在域窄的函数论元之内，如 $\forall x\exists y\forall z\exists w\Phi(x, y, z, w)$ 可等价转换为 $\exists g\exists h\forall x\forall z\Phi(x, g(x), z, h(x, z))$。而分枝量词改写时并无此种要求，如 $\forall x\exists y\forall z(\exists w/x)\Phi(x, y, z, w)$ 可等价转换为 $\exists g\exists h\forall x\forall z\Phi(x, g(x), z, h(z))$。

亨金偏爱二阶的司寇仑函数解释，认为它可以对任意类型的标准量词（无论偏序抑或线性序）做统一处理，是一种简单而无争议的解释方法，较之博弈论语义学具有更强的适用性。这种方法恪守了组合原则，便于计算。但问题在于：司寇仑函数只能处理形式语言中的标准量词，而不能处理非标准量词或广义量词，解释力仍然有限①。此外，递归算法的验证效率并不理想，特别是对于复杂的量化公式，使用嵌套技术，需反复调用函数及至原子公式，程序语言往往比较复杂，占用较多资源。此外，司寇仑函数解释方案会必定导致所谓的“巨核结构”，承诺复杂的语义实体，增添过多的本体论负担。

2. *自然语言层面的标准分枝量词及其博弈论语义学解释*

1973 年，亨迪卡通过大量实例论证了不仅在形式语言层面引入分枝量词是可行的，而且对于解释某些自然语句（如英语）也是必要的，进一步拓展了分枝量词的研究范围。例如：

（1）Some relative of each villager and some relative of each townsman hate each other. 每位村民的某些亲戚与每位市民的某些亲戚彼此憎恨对方。

由于两个量词短语“每位村民的某些亲戚”与“每位市民的某些亲戚”的论域是相互独立的，所以上述例句不宜用经典一阶公式来刻画，否则会增添不必要的依赖关系。这就是所谓的“亨迪卡论题”②。当然，量词短语之间不一定处于并列关系（即“[QP] and [QP]<谓词>”形式），也可以是其他形式，例如“[QP]<谓词>[QP]”形式：

（2）Some reviewer of every newspaper admires some book of every publisher. 每份报纸的某位评论家欣赏每个出版社的某本书。

此外，亨迪卡还揭示出二维分枝量化式的一般形式：

---

① 当然，我们可以把司寇仑函数进一步推广，即用所谓的广义司寇仑函数来表达广义量词之间的依赖关系。

② N. Gierasimczuk and J. Szymanik. “Branching Quantification v. Two-way Quantification”, *Journal of Semantics*, 2009(26): 369.

$$(3)\quad \begin{array}{l} \forall x_1 \cdots \forall x_i \exists y_1 \cdots \exists y_j \\ \forall z_1 \cdots \forall z_m \exists w_1 \cdots \exists w_n \end{array} \begin{array}{c} \searrow \\ \nearrow \end{array} \Phi(x_1 \cdots x_i,\ y_1 \cdots y_j;\ z_1 \cdots z_m, w_1 \cdots w_n)。$$ ①

在语义解释方面,亨迪卡采用博弈论语义学来解释分枝量词。因为分枝量词是对量词独立关系的刻画,博弈论语义学可以用非完美信息博弈来解释量词之间的独立性。在分枝量化结构中,每个量词仅依赖于它所在的分枝,而不受其他分枝影响。这就相当于,在对某个量词采取博弈行动时,只须考虑同一分枝之前的行动,而不必考虑(或者独立于)其他分枝的行动。所谓“x 信息上独立于 y”是指,玩家对 x 进行选值时,并不知道(或者忘记了)y 的值。例如,经典一阶公式 $\forall x \forall z \exists y \exists w \Phi(x,\ y,\ z,\ w)$ 与分枝量化公式 $\forall x \forall z(\exists y/z)(\exists w/x)\Phi(x,\ y,\ z,\ w)$ 就分别对应于完美信息博弈和非完美信息博弈。在前者的博弈中,y 和 w 同时依赖 x 和 z。在后者的博弈中,y 只依赖 x 而独立于 z,w 只依赖 z 而独立于 x。由于塔斯基语义学不能刻画信息独立,所以无法对分枝量词提供合理解释。如前所述,信息独立现象无处不在,依赖与独立是对孪生范畴,不仅量词之间可能存在独立性,其他逻辑常项甚至任何语句成分之间亦可能存在独立性。对此,经典逻辑及其塔斯基语义学无能为力,司寇仑函数方法也不能处理所有类型的独立现象。这就需要建构更为强大、更具普适性的一阶语言和语义学理论,IF 一阶语言及其博弈论语义学因此应运而生。

相比而言,博弈论语义学的优势在于它用信息独立来表征量词独立,无须假定组合原则,不仅适用于形式语言,而且还可推广至自然语言,比司寇仑函数解释更为直观、灵活,适用范围更广。博弈论语义学实质上是司寇仑函数的一般化、系统化,只不过把选值函数改换成策略函数。它与司寇仑函数一样,都必须假定选择公理才能发挥效用。但选择公理是否成立以及能否作为逻辑公理,历来存在争议②。另外,博弈论语义学同样会导致所谓的“巨核结构”,承诺“策略函数”这样的二阶语义实体。尽管并行处理技术比嵌套技术验证效率更高,但不能有效处理形如“$\cdots \forall x_4 \exists x_3 \forall x_2 \exists x_1 \Phi(x_1,\ x_2,\ x_3,\ x_4,\cdots)$”的无穷公式,因为找

---

① J. Hintikka. “Quantifiers vs. Quantification Theory”, in E. Saarinen(ed.), *Game-Theoretical Semantics*, Dordrecht: D. Reidel Publishing Company, 1979: 60.

② 例如,亨迪卡坚信“选择公理不仅是有效的,而且是一条有效的逻辑原则”。M.莫斯托夫斯基认为“在数学基础中选择公理或许可以成立,但作为逻辑公理绝对是错误的”。分别参见:J. 亨迪卡, G. 桑朵. 逻辑学中的一场革命?[J]. 陈波译, 哲学译丛, 1999(4): 50; M. Mostowski. “The Relational Semantics for Branched Quantifiers”, in D. Skordev(ed.), *Mathematical Logic and Its Applications*, London: Plenum Press, 1987: 316.

不到博弈的起点。

总的来说，亨迪卡的讨论范围局限于标准的∀、∃及其相对应的自然量词，例如"all""each""any""every""some"等，而未深入探索更具分枝特性的非标准量词①。虽然"all""each""any""every""some"与标准的∀、∃不完全等同，在语义解释上也存在一定程度的争议，但基本上仍可视为标准量词在自然语言中的对应物。实际上，亨迪卡关注的焦点并不在分枝量词，而是更为一般意义上的信息独立。他很快就将信息独立从量词扩展至联结词以及其他逻辑算子。他和桑杜在经典一阶语言的基础上新增独立算子"/"，从而建构了所谓独立友好的 IF 逻辑。他们的目标是建立比经典逻辑更稳健、更具一般性和基础性的通用逻辑②。

3. 广义分枝量词的单调性及其关系语义学解释

如果将量词间的独立关系从标准量词扩展到广义量词，例如"most""few""恰好五个""无穷多个"等，那么我们就得到了广义分枝量词。广义分枝量词的语义解释比标准分枝量词更为复杂，面临诸多棘手的问题。

1979 年，巴威斯率先注意到了广义分枝量词及其语义解释问题，揭示了标准量词与某些非标准量词之间的相似性，认为分枝量词的意义与单调性有关，进一步加深了对分枝量词的理解③。在捍卫亨金、亨迪卡关于分枝

---

① 实际上，亨迪卡已经简要地提到某些含有非标准量词的自然语句更具有分枝特征。例如："I told three of the stories to many of the men."令人遗憾的是，他没有展开进一步讨论。参见：J. Hintikka. "Quantifiers vs. Quantification Theory", in E. Saarinen (ed.), *Game-Theoretical Semantics*, Dordrecht: D. Reidel Publishing Company, 1979: 68.

② J.亨迪卡，G.桑朵.逻辑学中的一场革命？[J].陈波译，哲学译丛，1999(4)：44.

③ 单调性是量词非常重要的性质。设 H、F 为任意谓词，Q 为任意量词：

(1) 如果 $QxH(x) \wedge \forall(x)[H(x) \to F(x)] \to QxF(x)$，那么 Q 是单调递增的；

(2) 如果 $QxF(x) \wedge \forall(x)[H(x) \to F(x)] \to QxH(x)$，那么 Q 是单调递减的。

除∀、∃外，肯定性量词如"most""many""some""every""more than half""at least two"等是单调递增的，否定性量词如"few""quite a few""at most two"等是单调递减的，而"恰好 n 个""半数""三个或五个"等是非单调的。设 D 为个体域，Q_D 是 D 的子集，量词的单调性可语义解释如下：

(1) 如果 Q 是单调递增的，那么 Q_D 满足：如果 $X \in Q_D$ 并且 $X \subseteq Y \subseteq D$，那么 $Y \in Q_D$；

(2) 如果 Q 是单调递减的，那么 Q_D 满足：如果 $Y \in Q_D$ 并且 $X \subseteq Y \subseteq D$，那么 $X \in Q_D$。

特别地，对于单调递增的∃和∀来说，$\exists_D = \{X \in D \mid X \text{ 非空}\}$；$\forall_D = \{D\}$。$QxH(x)$ 在 D 中为真可定义为：$\{x \mid H(x) \text{ 在 D 中为真}\} \in Q_D$。因此，对于单调量词来说，其实质上就是断定了存在一个满足其属性的个体集合的集合。换言之，含单调量词的公式等价于一个相应的二阶公式：

(1) 如果 Q 是单调递增的，那么 $QxH(x) = \exists X[Qx(x \in X) \wedge \forall x(x \in X \to H(x))]$；

(2) 如果 Q 是单调递减的，那么 $QxH(x) = \exists X[Qx(x \in X) \wedge \forall x(H(x) \to x \in X)]$。

量词的洞见基础之上，巴威斯深入考察了广义分枝量词的类型及其特性，主张分门别类地给出相应的真值条件。

设 Q 为任意量词，D 为个体域，X 为 D 的子集，$\|Qx\|$ 表示 D 的子集的集合，则有

$\|\forall x\| = \{D\}$；

$\|\exists x\| = \{X \subseteq D \mid X$ 非空$\}$；

$\|Most_x\| = \{X \subseteq D \mid X$ 由 D 的大部分个体组成$\}$；

$\|Few_x\| = \{X \subseteq D \mid X$ 由 D 的很少数个体组成$\}$；

$\|Half\ of_x\| = \{X \subseteq D \mid X$ 由 D 的半数个体组成$\}$；

$\|Two_x\| = \{X \subseteq D \mid X$ 由 D 的两个个体组成$\}$。

根据上述分析，例句(4)(5)：

(4) Most men walk to work. 大部分人走路去上班。

(5) Few men walk to work. 很少人走路去上班。

可分别刻画为(4′)(5′)：

(4′) $\exists X[Most_x(x \in X) \wedge \forall x(x \in X \rightarrow x$ walk to work$)]$。

(5′) $\exists X[Few_x(x \in X) \wedge \forall x(x$ walk to work $\rightarrow x \in X)]$。

巴威斯倾向于用关系语义学来解释广义分枝量词。设 Q_1、Q_2是单调递增的广义量词，则有：

$$\begin{matrix} Q_1x \\ \\ Q_2y \end{matrix} \Big\rangle \Phi(x, y) =_{df} \exists X \exists Y[Q_1xX(x) \wedge Q_2yY(y) \wedge \forall x \forall y(X(x) \wedge Y(y) \rightarrow \Phi(x, y))]。$$

当 Q_1、Q_2为标准量词时，巴威斯的定义等价于亨金的定义①，并且也将面临亨金定义类似的“巨核结构”。②

不难理解，标准分枝量词的亨金定义可改写为等价的巴威斯关系语义定义：$\exists R \exists S[\forall x \exists y R(x, y) \wedge \forall z \exists w S(z, w) \wedge \forall x \forall y \forall z \forall w(R(x, y) \wedge S(z, w) \rightarrow \Phi(x, y, z, w))]$。这种改写是必要的。因为广义量词在经典逻辑中找不到等价的对应物，无法给出一个恰当的递归定义，不能像亨金那样转换成等价的司寇仑范式。用“关系”替代“函数”，可以兼容标准分枝量词与广义分枝量词，整合各种函数的或非函数的、实质的或非实质的依赖关

① 注意在转换的过程中，n 元函数对应于 n+1 元关系。存在量词相当于 1 元函数，在转换时对应于 2 元关系。全称量词相当于 0 元函数，在转换时对应于 1 元关系。量词的依赖程度表现为相应的关系元数。

② G. Sher. “Partially-Ordered (Branching) Generalized Quantifiers: A General Definition”, *The Journal of Philosophical Logic*, 1997, 26(1): 18.

系，从而获得统一解释①。另外，关系语义学无须预设选择公理，避免了不必要的争议。

类似地，若 Q_1、Q_2是单调递减的广义量词，那么：

$$\begin{matrix} Q_1x \\ \\ Q_2y \end{matrix} \Big\rangle \Phi(x, y) =_{df} \exists X \exists Y[Q_1xX(x) \wedge Q_1yY(y) \wedge \forall x \forall y(\Phi(x, y) \rightarrow X(x) \wedge Y(y))]。$$

依据巴威斯的分析，单调递增的分枝量词具有 each-all 复杂量化关系，相当于谢尔所谓的复杂量词，而单调递减的分枝量词具有 each-some 或 some-each 量化关系，相当于谢尔所谓的独立量词②。但巴威斯的分析存在明显的局限性：① 仅限于简单的偏序结构；② 仅给出了广义分枝量词的部分定义，即同质型单调递增量词或单调递减量词③，忽视了非单调型分枝量词；③ 否定了混合型单调分枝量词，认为混合型分枝量化式尽管在句法上是可行的，语义上却是不可解的或者无意义的④。所以，巴威斯的解释方案并不理想。

4. 广义分枝量词的统一处理及其主要困境

1987 年，魏达格试图给出一种解释方法以整合分枝量词的单调性⑤。但他仍然主张应根据量词的不同单调性赋予不同的真值条件，局限于最简单的分枝量化类型，不能解释混合型分枝量化式，甚至不能解释含有“偶数个”“三个或七个”这类非单调的同质型分枝量化式。⑥ 所以，魏达格并未实现对所有类型的分枝量词给出真正的统一解释。

给出广义分枝量词统一解释的主要困难之一在于它违反了组合性原则。特别是，广义量词的分枝结构不能像亨金那样将其直接转化为司寇仑函数式，赋予通常的二阶语义解释。因为广义量词在经典逻辑中没有等价的对应物，无法给出一个恰当的递归定义，而亨迪卡提议的

---

① 同上，p.16。

② 谢尔注意到分枝量词的两种用法：1. 作为并行结构，各个分枝是彼此独立的，她称之为独立量词；2. 将前置的分枝量词当作一个整体，她称之为复杂量词。参见：G. Sher. “Ways of Branching Quantifiers”，*Linguistics and Philosophy*，1990(13)：414.

③ 所谓同质型单调分枝量词是指，分枝量化结构中的每个量词都是单调递增的，或者都是单调递减的，或者都是非单调的，否则就是混合型单调分枝量词。

④ J. Barwise. “On Branching Quantifiers in English”，*Journal of Philosophical Logic*，1979(8)：66.

⑤ D. Westerståhl. “Branching Generalized Quantifiers and Natural Language”，in Peter Giirdenfors (ed.)，*Generalized Quantifiers*，Dordrecht：D. Reidel Publishing Company，1987：269－298.

⑥ G. Sher. “Partially-Ordered (Branching) Generalized Quantifiers：A General Definition”，*The Journal of Philosophical Logic*，1997，26(1)：3.

博弈论语义学主要针对标准量词及其对应的自然量词，同样也不适用于广义量词。

与巴威斯、魏达格不同，谢尔坚信存在一个普遍的观念和定义，可以涵括所有类型的分枝量化式，而无论其单调性如何①。在她看来，既然线性量词的单调性不会引起语义解释的变化，为什么分枝量词的单调性就会引起语义变化呢？她说："尽管这个定义在通常意义上不是组合性的，但它包含了一种算法，可以在有穷步骤内将一阶的广义分枝量化式翻译为二阶的线性量化式。"②当然，这并不意味着定义的方式是唯一的，更不等于说谢尔的定义是绝对正确的。谢尔的定义的主要特点是，在巴威斯的定义基础上新增了一个极大性条件（maximality condition，简称 MAX）。

设 φ 是经典一阶语言 L 中的公式，Q 为任意量词，$Cl_1 \cdots Cl_m$表示量词串，$C_1 \cdots C_n$ 表示量词条件（quantifier conditions），IN 表示包含性条件（inclusion condition），那么广义分枝量词可定义为：

$$Q\varphi =_{df} \exists X_1^{r_1} \cdots X_n^{r_n} [C_1 \wedge \cdots \wedge C_n \wedge IN \wedge MAX(Cl_1) \cdots \wedge MAX(Cl_m)]$$③。

设 Q_1-Q_4为任意的广义量词，根据谢尔的定义可知：

$$\begin{matrix} Q_1xQ_3y \searrow \\ \qquad\qquad \Phi(x, y, z, w) \\ Q_2zQ_4w \nearrow \end{matrix}$$

$\Leftrightarrow \exists X \exists Y \exists Z \exists W\{C_1: Q_1xX(x) \wedge C_2: Q_2zZ(z) \wedge C_3: \forall x(X(x) \rightarrow Q_3yY(x, y)) \wedge C_4: \forall z(Z(z) \rightarrow Q_4wW(z, w)) \wedge IN: \forall x \forall z \forall y \forall w(Y(x, y) \wedge W(z, w) \rightarrow \Phi(x, z, y, w)) \wedge Max(X/C_3)$: X 是满足 C_3的极大集 $\wedge Max(Z/C_4)$: Z 是满足 C_4的极大集 $\wedge Max(Y, W/IN)$: $\langle Y, W \rangle$ 是满足 IN 的极大有序对$\}$。

比较上述几种解释方案，不难分出优劣：亨金与亨迪卡的定义可以有效地解释标准的分枝量化语句，巴威斯的定义可以解释同质型单调的广义分枝量化语句，而谢尔的定义可以解释非单调型和混合型广义分枝量化语句(6)—(7)：

(6) An even number of dots and an odd number of stars are all connected by lines. 偶数个圆点和奇数个星号都是用线连接起来的。

(7) Most of my friends have all applied to the same few graduate

---

① 同上，p.24。

② 同上，p.4。

③ 同上，p.35。

programs. 我的大多数朋友都申请了同样几个研究生项目。

以及更复杂的广义分枝量化语句(8)：

(8) Two boys have two toys and two friends who don't like their toys. 两个男孩有两件玩具和两个不喜欢他们玩具的朋友。

尽管如此，谢尔坦承广义分枝量词并未穷尽所有的非线性语言，涵括所有分枝量化结构的一般定义仍然没有完成。虽然谢尔整合了亨金、巴威斯等人的研究，但仍局限于最简单的一元广义量词①。她意识到需要进一步扩展到二元广义量词，却没有给出具体方法。除此之外，谢尔的方案不能处理嵌套量词②，亦没有提供句法-语义界面(interface)，限制了其适用性。

5. 广义分枝量词的依赖树语义学及其方法论优势

依赖树语义学(dependence tree semantics, DTS)是新近发展起来的、用于处理量词辖域排歧的部分指定的形式化(under-specified formalism)方案③。实际上，谢尔已经隐约提到了依赖树方法，并且指出弗雷格的线性假定限制了多重量化式的表达力。④ 部分指定语义学(under-specified semantics)与管约型语义学(constraint-based semantics)不同，它并未将歧义句限定为某种具体的语义类型，而是铺陈各种可能的语义关系，提供一种开放式的分析框架，揭示出不同偏好背后的语义条件，具有表达完全性。

DTS建立在表征谓词-论元关系的辖域依赖图之上，由语境、弧线、标记、节点(nodes)、谓词、变元、量词、论域、指称函数、量词函数(**Quantifier**)、限制函数(**Restriction**)、依赖函数等要素组成。节点或者是谓词或者是变元，节点之间用一条加标的弧线连接。同时，每个变元被量词函数约束，每个节点被限制函数约束。为了清晰地刻画量词之间的依赖关系，还需要增加语境(**Ctx**)以及依赖弧(**SemDep** arcs)⑤。以(1)为例：

---

① 如"most""few""exactly three""finitely many"等一元基数量词。

② 即一个量词在句法上(而不是语义上)受制于另一个量词。如：[A representative of [every African country]] arrives. 参见：L. Robaldo. *Dependency Tree Semantics*, PhD Thesis, Turin University, Italy, 2007：133.

③ L. Robaldo and J. Carlo. "Flexible Disambiguation in DTS", in A. Gelbukh (ed.), *Computational Linguistics and Intelligent Text Processing*, Berlin：Springer-Verlag, 2010：258.

④ G. Sher. "Ways of Branching Quantifiers", *Linguistics and Philosophy*, 1990(13)：401.

⑤ 严格定义请参见：L. Robaldo. *Dependency Tree Semantics*, PhD Thesis, Turin University, Italy, 2007：42－43.

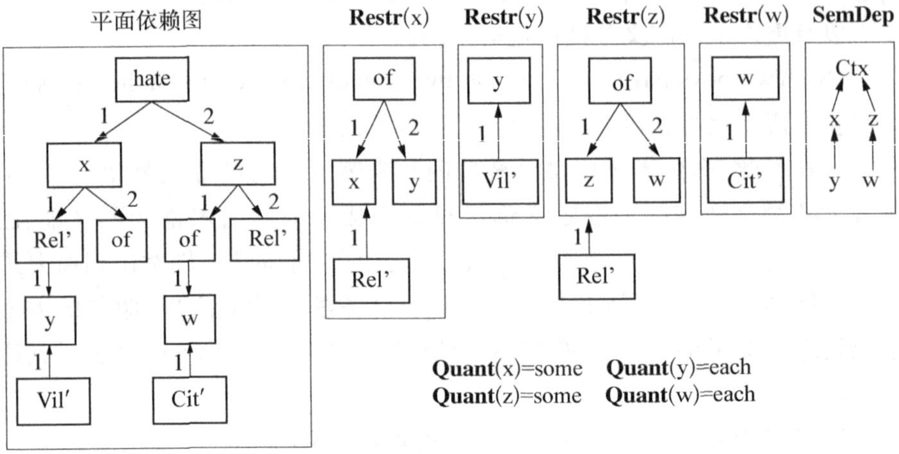

与亨金、巴威斯以及谢尔的方案相比，DTS 不仅非常直观，而且解释力更强。它可以处理任意类型语句，很好地揭示辖域歧义句的语义特征。根据 DTS，语义分歧集中体现在依赖关系上，即 **SemDep** 不同。例如：

(9) Two students study three theorems. 两位同学研究了三个定理。

可分析如下：①

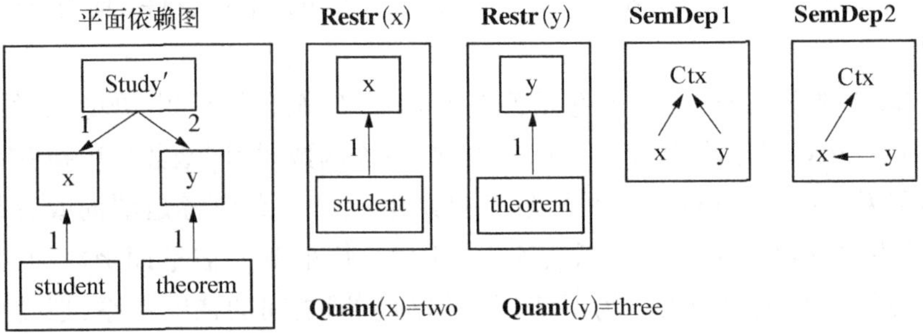

很显然，上述例句至少存在两种可能解释：

(9_a) 两位同学研究的定理本质上可以相同，定理总数至少三个。

(9_b) 两位同学研究的定理本质上各不相同，定理总数至少六个。②

它们的语义特征可分别通过 **SemDep1**、**SemDep2** 体现出来，两者仅在量词依赖关系上不同而在其他方面完全相同：对前者来说，x、y 彼此独立，

---

① 同上，pp.181－182。

② 实际上，还存在一种累积式读法（cumulative readings）。如：甲同学研究了定理 1 和 2，乙同学研究了定理 3。严格来说，累积式读法也是一种分枝式读法，只不过限定了被研究的定理总数恰好为三个。

具有分枝特性；而在后者中，y 依赖于 x，具有线性特征。两者之间的差异可以直观地图示如下：

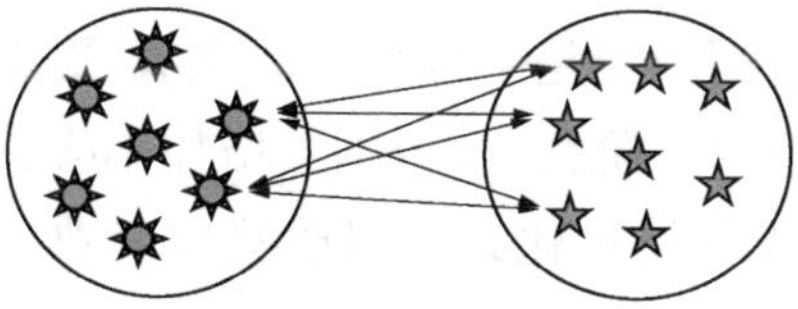

9_a

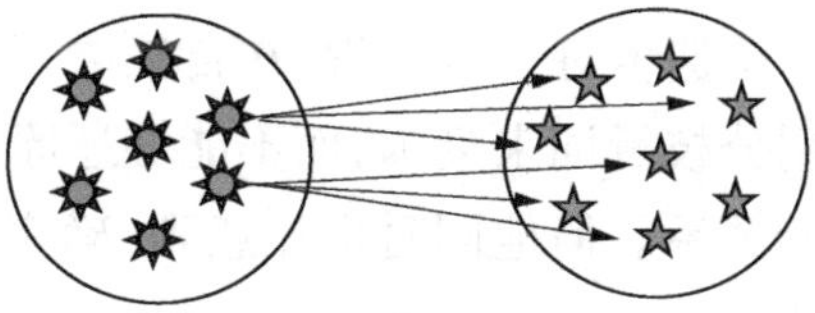

9_b

DTS 另一个突出优势在于，它提供了简洁清晰的句法-语义界面，在依赖语法的基础上给出两条匹配原则：① 链接原则（linking principle），即从语法依赖树中提炼出谓词-论元关系并建构相应的平面依赖图；② 限制原则（restriction principle），即保留依赖树中的内部结构信息，确立限制函数的取值。这样就可以实现语法依赖与语义依赖之间的自由转换，便于计算机信息化处理。①

第四节　分枝量词的逻辑表达力

如前所述，亨金不仅首次引入了分枝量词，初步揭示了分枝量词的句法结构和语义解释，而且还进一步讨论了分枝量词和标准量词之间的关系，以及建构完全公理化的分枝量词逻辑的可能性。研究表明，分枝量词不可还原为标准量词，含有分枝量词的逻辑系统具有语义不完全性等特征，不可完全公理化。既然如此，分枝量词到底具有怎样的表达力？含有分枝量词的逻辑具有怎样的特性？

1. 分枝量词不能还原为标准量词，标准量词可视为分枝量词的特例

亨金援引埃仑托伊希特的研究结果指出，分枝量词不能用标准量词和语句联结词来表达，因为分枝量词可以定义“无穷多”等非标准量词，极大地超出了标准量词的表达力。实际上，亨金引入分枝量词的最初目的是刻画无穷公式。例如：$\forall x \exists y \exists z$（z 仅依赖于 y 而独立于 x）（$y \neq c$ 且 $z = x$）或者其等价的司寇仑范式 $\exists f \forall x \exists y$（$y \neq c$ 且 $f(y) = x$）可以定义无穷公式类。该公式不能还原为经典一阶公式，但可用分枝量化式来表达：

① 具体细节详见：L. Robaldo. *Dependency Tree Semantics*, PhD Thesis, Turin University, Italy, 2007: 45 - 80.

$$\begin{array}{l}\forall x\exists y \searrow\\ \qquad\qquad \Phi(y=y'\rightarrow y\neq c \text{ 且 } z=x)\text{。}①\\ \forall y'\exists z \nearrow\end{array}$$

亨迪卡进一步发现,在自然语言中量词独立是十分普遍的现象,更加需要用分枝量词来刻画,而不能够还原为经典一阶公式,否则会增加不必要的依赖关系。但他同时也注意到,确实有些分枝量化式可以改写成经典一阶公式。

例如:

$$\begin{array}{l}\exists x \searrow\\ \qquad \Phi(x,\ y)\Leftrightarrow\exists x\forall y\Phi(x,\ y)\text{。}②\\ \forall y \nearrow\end{array}$$

$$\begin{array}{l}\forall x\exists y \searrow\\ \qquad\qquad \Phi(x,\ y,\ z)\Leftrightarrow\forall x\exists y\forall z\Phi(x,\ y,\ z)\text{。}\\ \forall z \qquad \nearrow\end{array}$$

这些都是巴威斯所谓的非实质型或者伪装的分枝量化式。实际上,所有经典量化式都可以改写成非实质型分枝量化式而不改变其依赖关系。这意味着标准量词可以用分枝量词来表达。或者更确切地说,标准量词只不过是分枝量词的特例。所以,在不加说明的情况下分枝量词通常等同于实质型分枝量词。

巴威斯不仅严格区分了实质型分枝量化式和非实质型分枝量化式,而且还提出了一种检验办法。因为巴威斯注意到,分枝量词的否定与标准量词的否定不同。设语句 S 是实质型分枝量化式,那么它的否定不能直接移至 S 内部,而必须先转换成二阶存在公式,否则就是一个非实质型分枝量化式。为了书写方便,我们用斜杠记法来刻画分枝量词。试比较:

(1) $\neg\exists x\exists y\forall z\forall w\Phi(x,\ y,\ z,\ w)\Leftrightarrow\forall x\forall y\exists z\exists w\neg\Phi(x,\ y,\ z,\ w)$。

(2) $\neg\forall x\forall z(\exists y/z)(\exists w/x)\Phi(x,\ y,\ z,\ w)$

$\Leftrightarrow\neg\exists f\exists g\forall x\forall z\Phi(x,\ f(x),\ z,\ g(z))$

$\Leftrightarrow\forall f\forall g\exists x\exists z\neg\Phi(x,\ f(x),\ z,\ g(z))$。

这意味着,分枝量化式中否定与经典逻辑不同。它是一种强的对偶否定,而非弱的矛盾否定。它不允许否定直接内移和提升。另外,一般来说,

---

① H. Enderton. "Finite Partially-Ordered Quantifiers", *Zeitschrift für Mathematische Logik und Grundlagen der Mathematik*. 1970(16): 393.

② 要注意,两者并不完全相同。从博弈论语义学的角度看,等价式左边的分枝式对应的是非完美信息博弈,当论域中的个体元素为 2 个及以上时,该博弈是非确定的;而等价式右边的经典一阶公式对应的是完美信息博弈,其博弈是确定的。

设Q为分枝量词，¬Q¬不再是分枝量词①；设 Q 为标准量词，¬Q¬仍然是标准量词。例如：

(3) $\neg\exists x\exists y\forall z\forall w\neg\Phi(x, y, z, w)\Leftrightarrow\forall x\forall y\exists z\exists w\Phi(x, y, z, w)$。

(4) $\neg\forall x\forall z(\exists y/z)(\exists w/x)\neg\Phi(x, y, z, w)\Leftrightarrow\forall f\forall g\exists x\exists z\Phi(x, f(x), z, g(z))$。

如前所述，每个分枝量化公式都等价于一个二阶存在公式 $\sum_1^1$，反之亦然。而每个分枝量化公式的否定却等价于一个二阶全称公式 $\prod_1^1$。②

尽管如此，仍然有一些学者声称可以用线性公式来刻画"亨迪卡语句"，拒斥分枝读法。例如，富考涅尔（G. Fauconnier[1975]）指出亨迪卡语句的分枝读法通常会导致巨核结构，承诺过多的语义实体，并且辖域独立的量词不一定要求分枝读法，也可能具有线性读法，需要视语境而定。由于富考涅尔所谓的线性读法，实际上是一类伪装的分枝量化式，可直接用一阶线性公式来刻画也就不足为奇了。其次，并非所有的分枝量化式都会导致巨核结构。一般来说，只有那些具有 each-all 关系的语句才会导致巨核结构，而 each-some 关系通常不会。所以，富考涅尔的观点是站不住脚的。

此外，N. Gierasimczuk & J. Szymanik[2009]试图根据某些特定类型的"亨迪卡语句"的对称性、分枝量词的计算复杂性以及日常习惯来反对分枝量词，提议一种所谓对称性的、可计算的、双向的经典线性读法③，其理由同样是不充分的，从根本上来说是误入歧途的。因为并非所有的"亨迪卡语句"都具有对称性，同时并非所有具有对称性的语句都是分枝式的。亨迪卡确实发现，如果语句内部具有"<NP>and<NP>"结构，两个量词短语是彼此

---

① A. Blass and Y. Gurevich. "Henkin Quantifiers and Complete Problems", *Annals of Pure and Applied Logic*, 1986(32): 15.

② $\sum_n^m$ 是层级理论中的常用术语。前置的量词序列如果满足以下条件则是 $\sum_n^m$ 的：① 它的第一个量词是存在量词∃；② 它的变元最高阶是 m+1；③ 它有 n 个（含第一个）不同于其直接后继的量词。$\prod_1^1$ 的定义与 $\sum_n^m$ 相似。分枝量化公式与 $\sum_1^1$ 之间的等价性，可参见：W. Walkoe. "Finite Partially-Ordered Quantification", *The Journal of Symbolic Logic*, 1970(35): 541 - 543. 特别是定理 4.3 及其推论 4.4 和 4.6。另外，根据司寇仑范式定理可知，每个 $\sum_1^1$ 公式 φ 都逻辑等价于一个司寇仑范式：$\exists f_1\cdots\exists f_n\forall x_1\cdots\forall x_m\psi$，其中 ψ 不含量词，$f_1\cdots f_n$ 为函数符号。具体证明可参见：J. Väänänen. *Dependence Logic: A New Approach to Independence Friendly Logic*, Cambridge: Cambridge University Press, 2007: 94 - 95.

③ N. Gierasimczuk and J. Szymanik. "Branching Quantification v. Two-way Quantification", *Journal of Semantics*, 2009(26): 367 - 392.

独立的，似乎具有语义对称性，①但反之不然。也就是说，并非所有的分枝结构都具有“<NP>and<NP>”结构。例如，在不同的嵌套“of-短语”中出现的量词也通常需要用分枝结构来刻画。② 另外，并非所有具有语义对称性的语句都必定是分枝式。

例如，下列语句也具有对称性，但是一个伪装的分枝式，它等价于经典线性公式：

$$\left.\begin{matrix}\exists x \\ \exists y\end{matrix}\right\rangle \Phi(x, y) \Leftrightarrow \exists x \exists y \Phi(x, y) \text{ 或 } \exists y \exists x \Phi(x, y)\text{。}$$

$$\left.\begin{matrix}\forall x \exists y \\ \times \\ \forall z \exists w\end{matrix}\right\rangle \Phi(x, y, z, w) \Leftrightarrow \forall x \forall z \exists y \exists w \Phi(x, y, z, w) \text{ 或 } \forall z \forall x \exists y \exists w \Phi(x, y, z, w)\text{。}$$

所以，对称性仅仅是某些分枝量化式的表面现象。分枝量词的本质特征在于量词之间的独立性而非对称性。计算复杂性亦不是衡量理论优劣的唯一标准，表达力增加往往会导致计算复杂性增加，两者难以兼顾。语言使用习惯同样不具有强制性意义，逻辑学家或理论语言学家的任务不是简单地描述语言现象，而是建构语言规范，无须处处遵守语言习惯。实际上，语言习惯不仅是可以更改的，而且很多时候是见仁见智的。因为“量词的运用可能是逻辑上有效的而语言上不自然的。”③

2. 虽然分枝量词逻辑不可完全公理化，但在关系语义学中可证明其弱完全性

既然分枝量词不能用经典一阶公式来定义，那么能否在经典一阶语言的基础上添加分枝量词作为初始符号，建立一个完全的公理化系统呢？亨金认为，从直觉上来看，这个问题应该是肯定的。他初步构想了一个含有分枝量词（即亨金量词）的公理：$\neg H_{xyzw}\Phi(x, y, z, w) \rightarrow \exists x \exists y \neg \Phi(x, y, f(x), g(y))$，其中 f、g 为任意函数变元。④ 但他没有进一步研究它的可行性，而埃仑托伊希特根据 A.莫斯托夫斯基[1957]的研究结果认为结论应该

① J. Hintikka. “Quantifiers vs. Quantification Theory”, in E. Saarinen (ed.), *Game-Theoretical Semantics*, Dordrecht: D. Reidel Publishing Company, 1979: 64.

② 同上，p.69。

③ J. Barwise. “On Branching Quantifiers in English”, *Journal of Philosophical Logic*, 1979(8): 54.

④ L. Henkin. “Some Remarks on Infinitely Long Formulas”, in *Infinitistic Methods*, Proceedings of the Symposium on the Foundations of Mathematics, Warsaw: Pergamon Press, 1961: 181.

是否定的。①

此外，对于一个不可公理化的系统，我们可以采取近似于公理化的方法来研究它，同样可以获得一些重要性质。这种方法便是大家熟知的自然演绎方法。例如，M.莫斯托夫斯基建立了所谓的分枝量词逻辑的自然演绎系统 LB，并在关系语义学下证明了它的弱完全性。

如前所述，亨金首次提出分枝量词时，将其解释为存在相应的二阶司寇仑函数，亨迪卡所提议的博弈论语义学实质上也是司寇仑函数的系统化和一般化。两种解释背后都必须假定选择公理，而选择公理历来存在诸多争议。例如，M.莫斯托夫斯基认为选择公理或许可以作为一条数学公理，但绝对不是一条逻辑公理②。因此，M.莫斯托夫斯基提出了一种既适用于分枝量词，但又不依赖选择公理的新型二阶语义学，即关系语义学（relational semantics）。设 f 表示函数，R 表示关系，试比较下列两个等价式：

（5）$\forall x\exists y\Phi(x, y)\Leftrightarrow\exists f\forall x\Phi(x, f(x))$；

（6）$\forall x\exists y\Phi(x, y)\Leftrightarrow\exists R(\forall x\exists yR(x, y)\wedge\forall x\forall y(R(x, y)\rightarrow\Phi(x, y)))$。

前者需要假定选择公理成立，而后者无须依赖选择公理，只需要设定 $R=\{(x, y): \Phi(x, y)\}$，R 就是那些满足 Φ 性质的序对集。我们再看分枝量化式：

$$(7)\quad \begin{matrix}\forall x\exists y\\ \forall z\exists w\end{matrix}\Big\rangle\Phi(x, y, z, w)\Leftrightarrow\exists f\exists g\forall x\forall z(x, f(x), z, g(z))。$$

$$(8)\quad \begin{matrix}\forall x\exists y\\ \forall z\exists w\end{matrix}\Big\rangle\Phi(x, y, z, w)\Leftrightarrow\exists S\exists R(\forall x\exists yS(x, y)\wedge\forall z\exists wR(z, w)\wedge \forall x\forall y\forall z\forall w(S(x, y)\wedge R(z, w)\rightarrow\Phi(x, y, z, w)))$$ ③。

司寇仑函数方法是将域窄的存在量词变元改写成一个函数，例如(5)和(7)式中的 $f(x)$、$g(z)$。函数论元对应于约束它的域宽的全称量词变元。它表明了变元之间或量词之间的依赖关系。这种解释方法断定了存在相应的选值函数。而关系解释方法是将存在依赖关系的量词二元组改写成一个二元有序对，即变元之间的某种关系。它断定了存在相应的二元关系。因此，关系语义学与函数语义学皆属于二阶语义学。但是，两者的解释力不

---

① 同上，p.182。

② M. Mostowski. "The Relational Semantics for Branching Quantifiers", in D. Skordev (ed.), *Mathematical Logic and Its Applications*, London: Plenum Press, 1987: 316.

③ 同上。原文有多处印刷错误，此处做了更正。

同。假定选择公理成立，司寇仑函数解释与关系语义学解释是彼此等价的。如果选择公理不成立，那么凡在司寇仑函数解释下为真的公式，关系语义学解释亦为真，但反之不然。换言之，关系语义学可以替代司寇仑函数解释，两者的有效公式集不同。①

M.莫斯托夫斯基首先定义了一个弱的语义模型，即仅考虑可用 LB 语言表达的依赖关系，然后依次定义了弱 LB-满足、弱 LB-结构、弱 LB-重言式等概念。这样为形式系统提供了正确性标准。在此基础上，他给出了一个 LB 的自然演绎证明系统。最后，他在关系语义学中证明了系统 LB 的弱完全性。

LB 的句法（公式及其形成规则）：

设 k 表示某个一阶谓词演算语言，k_i是谓词 P_i的元数。公式集 F 定义如常，只不过增加一个归纳条件：如果 Q 是前置量词，α 是公式，并且 α 中的约束变元（如果有的话）都不在 Q 中出现，那么 Qα 也是公式。

前置量词集 PREF 可定义为如下的最小集合 X：

（i）如果 x 是变元，那么 $\forall x \in X$，$\exists x \in X$；

（ii）如果 $Q \in X$，$Q' \in X$，且 Q 与 Q′无任何共同的变元，那么 $(QQ') \in X$，$(Q/Q') \in X$。②

概言之，前置量词的组合可分为三种情形：① 水平组合，从左至右；② 垂直组合，上下并列；③ 空组合，即不含前置量词。不难理解，分枝量词可以通过前置量词来定义，因为分枝量词只不过是前置量词的情形之②。

再设 FE 为另一个公式集，其归纳定义的方式与 F 相同，但它需要更多的原子公式，并且新增所谓的自由谓词（即对任意可数元，存在许多新谓词）。

LB 的一个语义理论（semantical theory，ST）定义如下：

一阶谓词演算语言 k 的语义理论语言有多种类型 U、U_1、U_2……。其中，U 相应于一阶谓词演算语言 k；U_i相应于 U 上的 i 元关系。所有基于 k 上的关系都以 U 为论元。设 i=1，2，3…，那么有谓词 E_i，它的前 i 个论元来自U，最后一个论元来自U_i，所以它的论元数是 i+1，并且只在 U 中定义等词。③

① 同上。

② 为了书写方便，我们把 Q 与 Q′之间的垂直排列（即二维的分枝记法）改用水平的斜杠记法。

③ M. Mostowski. “The Relational Semantics for Branching Quantifiers”, in D. Skordev (ed.), *Mathematical Logic and Its Applications*, London: Plenum Press, 1987: 317 – 318.

设 FST 为上述多类型一阶语义理论语言中的公式集，对于任意公式 $\alpha \in FE$，可以归纳定义 $\alpha^* \in FST$ 如下：

（i）如果 P 是自由谓词，i 是 P 的元数，P_i 即 i 元的自由谓词，并且 t 是项，$\underline{t}$ 是项串，那么 $(P(\underline{t}))^* = E_i(\underline{t}, P_i)$。

（ii）如果 α、β 是原子公式，¬、∧、∨、→、↔是联结词，∀、∃分别是全称量词和存在量词，那么：$\alpha^* = \alpha$，$(\neg\alpha)^* = \neg(\alpha^*)$，$(\alpha \wedge \beta)^* = (\alpha^* \wedge \beta^*)$，$(\alpha \vee \beta)^* = (\alpha^* \vee \beta^*)$，$(\alpha \to \beta)^* = (\alpha^* \to \beta^*)$，$(\alpha \leftrightarrow \beta)^* = (\alpha^* \leftrightarrow \beta^*)$，$(\forall x\alpha)^* = (\forall x\alpha^*)$，$(\exists x\alpha)^* = (\exists x\alpha^*)$。

（iii）如果 $Q、Q' \in X$ 且无共同变元，α 是原子公式，i、j 分别是 Q、Q′中的变元个数，$\underline{x}$、$\underline{y}$ 分别是 Q、Q′中的变元组成的符号串，P_i、P_j 分别是 i 元、j 元自由谓词，E_i、E_j 分别是 i+1 元、j+1 元自由谓词，那么 $(Q/Q'\alpha)^* = \exists P_i \exists P_j((QE_i(\underline{x}, P_i))^* \wedge Q'E_j(\underline{y}, P_j)) \wedge \forall x \forall y(E_i(\underline{x}, P_i)) \wedge E_j(\underline{y}, P_j) \to \alpha^*))$。①

由此，我们可以定义一个语义理论 ST，它拥有刻画所有公式的公理模式：

$\exists P_i \forall x_1 \cdots \forall x_i(E_i(x_1, \cdots, x_i, P_i) \equiv \alpha^*)$，其中 $\alpha \in FE$，$i = 1, 2, 3\cdots$。

不难证明，对于任意公式 $\alpha \in FE$，α 在分枝量词逻辑 LB 中是语义有效的（记为$\vDash_{LB}\alpha$），当且仅当 α^* 在 ST 中是语义有效的（记为$\vDash_{ST}\alpha^*$）。由于 FE 是 F 的扩展，所以 F 中的有效公式，在 ST 中对应的公式也是有效的，但反之不然。

LB 的证明系统如下：

除了通常的演绎规则之外，LB 还需要另外两条规则 LB_1（引入规则）和 LB_2（消去规则）②：

$$LB_1 \quad \frac{Q_1\alpha_1, \cdots, Q_n\alpha_n, \ \forall \underline{x}(\alpha_1 \wedge \cdots \wedge \alpha_n \to \beta)}{Q_1/\cdots/Q_n\beta}$$

注：$n = 1, 2, 3\cdots$，$\underline{x}$ 是 $Q_1\cdots Q_n$ 中的变元组成的符号串，并且对于任意的 $i = j$，Q_i 与 Q_j 没有共同的变元。

---

① 同上。

② M.莫斯托夫斯基后来对 LB_1 和 LB_2 的表述略有不同，并且增加了一条新规则 LB_0：$QQ'\varphi \leftrightarrow Q(Q'\varphi)$。实际上，在之前的版本中同样默认了 LB_0。参见：M. Mostowski. "Quantifiers Definable by Second Order Means", in M. Krynicki et al (eds.), *Quantifiers: Logics, Models and Computation*, Vo1.2, Dordrecht: Kluwer Academic Publishers, 1995: 198.

$$LB_2 \quad \frac{Q/Q'\alpha}{QP(\underline{x}) \wedge Q'\forall \underline{x}(P(\underline{x}) \rightarrow \alpha)}$$

注：$\underline{x}$ 是 Q 中变元组成的符号串，P 是自由谓词变元，Q、Q′可以为空集。

根据上述规则，我们就可以在 LB 在进行定理证明。例如：

定理 1　$Q/Q'\alpha \rightarrow Q'/Q\alpha$

① $Q/Q'\alpha$	假设
② $QP(\underline{x}) \wedge Q'\forall \underline{x}(P(\underline{x}) \rightarrow \alpha)$	① LB_2
③ $QP(\underline{x})$	② $\wedge^-$
④ $Q'\forall \underline{x}(P(\underline{x}) \rightarrow \alpha)$	② $\wedge^-$
⑤ $\forall \underline{x} \forall \underline{y}(\forall \underline{x}(P(\underline{x}) \rightarrow \alpha) \wedge P(\underline{x}) \rightarrow \alpha)$	重言式①
⑥ $Q'/Q\alpha$	③④⑤LB_1

一个公式 $\alpha \in F$ 在 LB 中是可证的（记为 $\vdash_{LB}\alpha$），就等于说它在系统中拥有一个证明序列，根据前提和推理规则在有穷步骤内可推出，如定理 1。最后，可以证明 LB 的弱完全性：$\vDash_{LB}\alpha \leftrightarrow \vdash_{LB}\alpha, \alpha \in F$。②

3. 分枝量词逻辑的表达力相当于二阶逻辑存在片段，能够表达 NP-完全问题

亨金在首次提出分枝量词时就已经注意到，标准分枝量化式等价于二阶的司寇仑范式，可用来定义无穷公式。因为存在一个递归程序，使得每个标准分枝量化式都可以改写成等价的二阶司寇仑范式，函数论元对应于存在量词所依赖的全称量词变元，反之亦然。所以，“分枝量词逻辑的表达力比标准一阶逻辑强，但比二阶逻辑弱。”③它相当于二阶逻辑的存在片段，可以表达 NP-完全问题④。借助博弈论语义学，它还可以定义自身的真谓词（见第六章第三节）。

由司寇仑范式定理可知，经典一阶公式逻辑上也等价于二阶的司寇仑范式。但是，它的逆定理并不成立。换言之，二阶司寇仑范式并不一定存在对应的经典一阶公式。这取决于函数变元之间的依赖关系。若允许变元之间相互（或相对）独立，那么就不能转换成经典一阶公式。非线性量化式转

---

① 不难理解，$\forall \underline{x}(P(\underline{x}) \rightarrow \alpha) \wedge P(\underline{x}) \rightarrow \alpha$ 是重言式。所以，根据全称概括规则，$\forall \underline{x} \forall \underline{y}(\forall \underline{x}(P(\underline{x}) \rightarrow \alpha) \wedge P(\underline{x}) \rightarrow \alpha)$ 也是重言式。其中 $\underline{x}$、$\underline{y}$ 分别表示 Q、Q′中的变元组成的符号串。

② 具体证明过程详见：M. Mostowski. “The Relational Semantics for Branching Quantifiers”, in D. Skordev (ed.), *Mathematical Logic and Its Applications*, London: Plenum Press, 1987: 319－321.

③ R. Cook. *A Dictionary of Philosophical Logic*, Edinburgh: Edinburgh University Press, 2009: 36.

④ A. Blass and Y. Gurevich. “Henkin Quantifiers and Complete Problems”, *Annals of Pure and Applied Logic*, 1986(32): 1－16.

化成司寇仑范式的步骤与线性量化式转化成司寇仑范式的步骤大同小异。两者的主要差别在于：对于线性公式来说，位于左边的函数论元必须出现在位于其右边的函数论元之中；而非线性量化公式在转换的过程中，允许论元相对独立。例如：

(9) $\forall x \exists y \forall z \exists w \Phi(x, y, z, w) \Leftrightarrow \exists f \exists g \forall x \forall z \Phi(x, f(x), z, g(x, z))$；

(10) $\forall x \exists y \forall z (\exists w/x) \Phi(x, y, z, w) \Leftrightarrow \exists f \exists g \forall x \forall z \Phi(x, f(x), z, g(z))$。

尽管分枝量词逻辑在句法上仍然是一阶的（量词仅仅约束个体变元），但语义上却比经典逻辑强得多。这促使我们反思“一阶逻辑”或者“基本逻辑”这个概念本身是否适当。因为普遍流行的观念认为，一阶逻辑等于经典逻辑，作为科学语言（甚至于自然语言）基础的逻辑，就是经典一阶逻辑。这也迫使我们反思蒯因的本体论承诺问题。因为分枝量词逻辑也是一阶的，面临经典逻辑相同的本体论承诺，但它的表达力却与二阶逻辑相当。所以，从本体论角度划分一阶逻辑与二阶逻辑，或者以此辩护一阶逻辑而拒斥二阶逻辑，都是不恰当的。

实际上，分枝量词不仅可以定义标准量词以及前文已经提到的“无穷多”，它还可以用来定义其他类型的广义量词。例如，二元量词 Q_L、等词 Q_I、Q_C（Chang's quantifier），①以及“most”“more”“plurality”和基数量词 Q_0 等。② 研究表明，含一元谓词符号的亨金量词逻辑片段是可判定的，而含二元谓词符号的分枝量词逻辑片段是不可判定的。此外，分枝量词不能定义基数量词 Q_α（“存在 $\geqslant \aleph_\alpha \cdots$”，其中 $\alpha>0$），不满足贝思定理、插补定理和 Karp 性质，其 Hanf 和 Skolem 数与二阶逻辑（标准解释下）相同，两者的判定问题是递归同构的。

最后需要强调的是，分枝量词只不过是众多独立现象的一种类型，仅仅刻画了量词之间的独立关系，可用斜杠记法在 IF 语言中重新定义。所以，分枝量词逻辑只不过是 IF 逻辑的子逻辑，IF 逻辑是分枝量词逻辑的进一步拓展和一般化。正如亨迪卡与桑杜所指出的那样：“这一逻辑（即分枝量词逻辑——笔者注）并不完全代表一般的概念情境。首先，命题联结词能够表

---

① M. Krynicki and A. Lachlan. “On the Semantics of the Henkin Quantifiers”, *The Journal of Symbolic Logic*, 1979, 44(2): 184 - 185.

② D. Westerståhl. “Quantifiers in Formal and Natural Languages”, in D. Gabbay and F. Guenthner (eds.), *Handbook of Philosophical Logic*, 2nd Edition, Vol.14, Dordrecht: Kluwer Academic Publishers & Springer, 2007: 250.

现出与量词相同的独立现象。其次,即使量词的依赖与独立可以用偏序的方式来处理,但对于其他概念来说并非如此。因为一般来说,没有理由认为逻辑概念之间的相互依赖必须是传递的。此外,独立量词语境比偏序量词理论更多地关注对否定的处理。”①“尽管含亨金量词的逻辑有一个清晰的否定概念,但实际上它在经典否定下是封闭的。这种逻辑缺乏 IF 逻辑之前提到的元逻辑性质(即紧致性、洛文海姆-司寇仑性质和分离定理)。”②这正是亨迪卡、桑杜等进一步建构 IF 逻辑的原因。

① J. Hintikka and G. Sandu. “A Revolution in Logic?”, in J. Hintikka. *Language, Truth and Logic in Mathematics*, Dordrecht: Springer Science & Business Media, B.V., 1998: 30.

② J. Hintikka and G. Sandu. “What is the Logic of Parallel Processing?”, *International Journal of Foundations of Computer Science*, 1995, 6(1): 41.

第三章　IF逻辑的理论基础Ⅱ：博弈论语义学

博弈论语义学是20世纪50~60年代发展起来的新型逻辑语义学，其渊源可以追溯至苏格拉底式的对话活动和亚里士多德的论辩术。实用主义鼻祖皮尔士（C. S. Peirce）曾用说者与听者之间的博弈来阐释量词的语义，可视为博弈论语义学的理论先驱。后期维特根斯坦试图用语言游戏来弥补逻辑图像与实在世界之间的鸿沟，寻找沟通两者的桥梁，直接影响了亨迪卡及其博弈论语义学的创立。20世纪50年代，随着博弈论日渐成熟，博弈论与逻辑学相互影响，导致两个重要的研究趋向：① 逻辑博弈化，即用博弈论的方法来解释逻辑公式，试图为形式语言乃至自然语言提供更为动态、精细的（fine-grained）语义模型，其典型成果就是博弈论语义学；② 博弈逻辑化，即用抽象、精确的（precise）逻辑语言来刻画博弈活动，由此导致了所谓的博弈逻辑、对话逻辑等一大类非经典逻辑。博弈论语义学就是用博弈论的方法来重新诠释“真”“有效性”等经典语义概念。它将公式获得“真”的过程视为一场“证实者”与“证伪者”之间的二人零和博弈。证实者试图证明公式为真，而证伪者试图证明公式为假。博弈双方按照规则依次采取行动，逐步将复杂公式简化为原子公式。如果最后的原子公式为真，则证实者取胜；如果最后的原子公式为假，则证伪者获胜。如果证实者有取胜策略，则该公式为真；反之，如果证伪者有取胜策略，则该公式为假。如果玩家在采取行动时知晓之前的所有（包括己方和对方）已经做出的选择，则称完美信息语义博弈，例如经典逻辑的语义博弈就是一种完美信息博弈；否则就是非完美信息语义博弈，例如IF逻辑、对话逻辑等。由于博弈论语义学贴近现实、构思巧妙、方法独特并且具有良好的解释力，已广泛应用于逻辑学、语言学、计算机与人工智能等领域，具有十分重要的理论价值和现实意义。

第一节　博弈论语义学的思想渊源

语言与实在之间到底具有怎样的关系，如何阐明语言的意义，特别是自然语言的意义，是长期困扰哲学家、逻辑学家、语言学家和人工智能学家的共同难题。以塔斯基语义学为代表的经典语义学给出了一阶语言的解释模型，但不能作为自然语言合适的分析框架。亨迪卡在吸收康德、皮尔士关于逻辑与数学深刻洞见的基础上，进一步发展了维特根斯坦的语言游戏论，系统地建构了博弈论语义学①。尽管博弈论语义学的最初设计主要是作为一种替代语义，为分枝量词提供恰当的语义解释，但进一步的发展表明，它能够处理各种独立现象，是一种十分灵活方便、普遍适用的解释工具。与塔斯基语义学由内至外的赋值方向相反，博弈论语义学的赋值是由外至内。它不仅适用于完美信息情形，与塔斯基语义学具有相同的真理定义功能；而且还适用于非完美信息情形，进而揭示出量词（以及其他逻辑表达式）之间的独立性。它既适用于形式语言，可以实现一阶语言与高阶语言之间的互译，显示出许多非经典逻辑特性；其最大特色还在于它能够为自然语言提供更为合理的解释，例如非标准量词、回指代词、限定词、辖域模糊现象等，具有广阔的应用前景和发展潜力。

尽管博弈论语义学是20世纪中叶才逐渐发展起来的一种新型逻辑语义学，但实际上语义博弈思想由来已久。自然语言中的“存在”（there is）意味着“能够找到”（one can find）②。例如，“这个房间里存在一只猫”就相当于说在这个房间里能够找到一只猫。如果找到了，那么该语句为真。如果没有找到，那么该语句为假。类似地，数学中的连续统函数和司寇仑函数相当于告诉我们如何对变元进行选值。皮尔士曾将量词的语义解释为一场说者（utterer/speaker）与听者或解释者（hearer/interpreter）之间的二人零和博弈，可视为博弈论语义学的理论先驱。后期维特根斯坦试图通过语言游戏来理解语言表达式的意义，从而搭建起沟通语言与实在之间的桥梁。受到上述思想进路的启发，亨迪卡将博弈论方法运用于语言理解，将维特根斯坦

---

① 为了便于比较和区分，我们遵循通常的译法，把维特根斯坦的“language game”译作“语言游戏”，把亨迪卡的“game-theoretical semantics”译为“博弈论语义学”。另外，博弈论语义学有不同的版本和变体，此处仅阐述由亨迪卡等人创立的博弈论语义学，亦称为经典的博弈论语义学。

② J. Hintikka. *The Principles of Mathematics Revisited*, Cambridge: Cambridge University Press, 1996: 24.

的语言游戏论进一步严格化、形式化，制订了相应的博弈规则，建构出真正意义上的博弈论语义学。他把理解语言的过程看作以目标为导向、受规则制约的、以语言为媒介的人类认知活动，将“真”与“取胜策略”关联起来，揭示了语言表达式的语境依赖性，强调认知主体建构“真”之条件的动态性、过程性，论证了“真”的可定义性，将一致的“真”概念从形式语言推广至自然语言，甚至无穷深度语言。总之，博弈论语义学具有许多新奇的特性和巨大的应用潜力，为我们理解语言与实在的关系提供了一个全新的视角，具有重要的方法论价值和哲学意蕴。

1. 语言、实在与行动交叉领域中的“荒原狼”①

亨迪卡长期在语言、实在与行动交叉领域辛勤耕耘，系统地提出了博弈论语义学，试图从博弈角度揭示语言与实在之间的关系，进而阐明自然语言的意义。在回顾其学思历程时，亨迪卡认为他的思想受到了两种不同动力的牵引：一方面，他在思想气质上是一匹独自寻觅的“荒原狼”。尽管深受凯拉（E. Kaila）、冯 · 赖特（G. H. von Wright）、蒯因、贝思（E. W. Beth）、维特根斯坦等先哲的影响，但“塑造我思想的绝大多数哲学影响来自阅读，而不是个人接触。……如果要找什么线索的话，我的大多数思想源自我试图发展我自己更早的思想。”②另一方面，外在动力主要来自对他人工作的报道与批评。但这种情况仅仅是偶尔发生的，并且只有在时机成熟时才会起到思想催化剂的作用。

亨迪卡是一位极富创意的哲学家，广泛涉猎逻辑学、哲学史、认识论、语言哲学、科学哲学、数学哲学等领域，取得了举世瞩目的成就。在逻辑领域，他被公认为认知逻辑和博弈论语义学的创始人，甚至比克里普克更早提出了模态逻辑可能世界语义学，形成了所谓“归纳逻辑的芬兰学派”。他对分枝量词、无穷深度语言、分配范式等做了新的尝试，进一步发展了贝思的表列语义方法，与其学生桑杜一起共同创建了 IF 逻辑，认为它将引起逻辑和数学基础研究的一场革命。在哲学领域，亨迪卡继承了芬兰哲学传统，特别重视哲学史方面的考据工作，被公认为研究亚里士多德、笛卡尔、康德、皮尔士以及维特根斯坦等哲学家的权威。鉴于在逻辑与哲学领域的显著成就，特别是对模态概念的分析，以及对知识和信念概念的独特贡献，亨迪卡于 2005 年获得了罗尔夫 · 肖克奖（Rolf Shock Prize），从而跻身世界一流哲学

---

① 本节以及本章第二节、三节部分内容已发表：颜中军. 亨迪卡博弈论语义学评析［J］. 湖南科技大学学报（社科版），2016（5）：25 - 29.

② 陈波. 在逻辑和哲学之间——访亨迪卡教授［J］. 哲学动态，1998（7）：39.

家行列。

整体观之，亨迪卡哲学“所关注的是人的行为和人的思想的结构以及逻辑、语言与世界的关系。”①实际上，他的逻辑研究同样具有深刻的哲学意蕴。因为“逻辑不仅是知识性的东西，而且会对我们的智力方式和兴趣方向产生影响。最重要的是，这种影响往往是根本性的，因为由此会带来哲学问题的重要发现和发展。”②许多哲学家的思想表面上看起来不是那么系统化，好像是在不同的主题之间转移，感觉他们的观点似乎发生了重大改变。但是，如果仔细研究其思想发展轨迹，我们还是能够发现其内在的一致性和连贯性。例如，莱布尼茨、维特根斯坦等。同样，亨迪卡的哲学思考大部分是对早期工作的继续，而不仅仅是受到了别人的启发。如果说，他早期对模型集（又称为亨迪卡集）、分配范式以及可能世界语义学的研究，旨在（比经典逻辑更好地）通过语言来表征实在；那么后期提出的博弈论语义学则试图进一步阐明这种表征关系是如何建构起来的。总之，语言、实在与行动之间的关系是亨迪卡思考的核心问题。其间，逻辑的、哲学的、历史的线条相互交织，不可截然分离。

2. 语义博弈是沟通语言与实在之间的桥梁

在亨迪卡正式提出博弈论语义学之前，它的许多思想实际上在数学家和逻辑学家那里早就耳熟能详了。例如，常用的数学表达式：“给定 x 的值，我们能找到 y 的值，使得……”，特别是连续统函数和司寇仑函数，其精神实质都可以看作是对约束变元进行一场“寻找且找到”（seeking and finding）的选值博弈。在自然语言中，“存在某个对象”实际上意味着“能够找到如此这般的对象”。每当塔斯基语义学遇到不能解决的困难时，数学家和逻辑学家常常自发地诉诸博弈论语义学。例如，有关分枝量词、博弈量词以及无穷深度语言的研究已经初步显示出博弈论语义学良好的适用性和强劲的解释力。总之，“参照形式的一阶（量化）语言，就能够极其自然地引进博弈论语义学的基本思想。”③

究其根源，亨迪卡的博弈论语义学主要受到了维特根斯坦语言游戏论的影响，同时也受到康德、皮尔士关于数学和逻辑深刻洞见的启发。

（1）博弈论语义学的先验演绎。康德的先验哲学，特别是其数学哲学，

---

① 同上，p.40。

② 王路. 逻辑的创新与应用——辛梯卡教授访谈录[J]. 世界哲学，2002(5)：78.

③ J. Hintikka. *The Game of Language: Studies in Game-Theoretical Semantics and Its Applications*, Dordrecht: D. Reidel Publishing Company, 1983: 2.

是亨迪卡哲学思想（包括博弈论语义学）的重要来源①。因为康德发现数学方法的本质在于“构造”，即按照先验法则来寻找特定对象，类似于经典一阶逻辑中的例示规则（instantiation rules）。先验哲学最重要的思想之一，就是“强调通过人类活动来获取我们的知识以及这些活动对于人类知识整体结构的贡献”。② 先验哲学特别关注人类活动及其对信息的搜集，而传统哲学基本上局限于处理既有的知识或信息。但令人困惑的是，康德把数学对象的来源和获取途径诉诸感性直觉。这与康德本人的先验哲学进路明显不符。“因为它忽视了在我们获取关于个体存在的知识过程中的活动要素。”③我们不能仅仅凭借被动的感性直觉而必须通过“寻找且找到”的活动来获取认识对象。换言之，感性直觉只不过是“寻找且找到”活动的构成要素，或者把它当作某种特殊类型的“寻找且找到”活动。因此，亨迪卡对康德的先验论证加以改造和完善，将其推广至经典一阶逻辑甚至各种非经典逻辑，即逻辑刻画了“寻找且找到”语义博弈的结构和规则，逻辑之所以能够适用于经验，就在于这些经验对象恰恰就是我们按照既定规则“寻找且找到”的对象。亨迪卡称之为“博弈论语义学的先验演绎”④，认为它才是康德先验论证的正确形式。

（2）缺乏策略概念的语义博弈。皮尔士首次对量词做出了博弈论语义学解释，成为该领域的理论先驱。皮尔士不仅区分了命题（proposition）和对命题的断定（assertion），而且从说者和听者（或解释者）角度进一步区分了不同的断定类型。他认为所有命题都可以进行主-谓式分析。主词是一个索引性指号，引导解释者指向某个或某些个体；谓词是一个象征性指号，表示对象的性质。主词可以是简单的专名，也可以是复杂的通名。前者是确定性指号，指向说者和听者共知的对象或确定对象；后者是不确定性指号，可能引导听者指向某个未知的对象或者不确定对象。通名常常用量词来修饰，例如“某些人”“所有人”。这样的量词短语并不指向任何确定的单个对象（singular object），而更像一条规则（precept）以引导说者和听者去寻找那些能够适用于谓词的对象。因此，主词的不确定性又可根据量词的类型分为两种：无定性（indefiniteness）和一般性（generality）。存在量词表达了对象的无定性，而全称量词表达了对象的一般性。无定性的反面是明确性

---

① R. Bogdan. *Jaakko Hintikka*, Dordrecht：D. Reidel Publishing Company, 1987：27.

② J. Hintikka. *Logic*, *Language-Games and Information*, Oxford：Oxford University Press, 1973：98.

③ R. Bogdan. *Jaakko Hintikka*, Dordrecht：D. Reidel Publishing Company, 1987：29.

④ 同上，p.30。

(definiteness),一般性的反面是个体性(individuality)。单个对象既是明确的又是个体化的。所以,理解复杂量化语句的问题关键就在于,说者和听者如何根据不确定性主词或者规则去寻找这样的具体对象。皮尔士把它构想成一场说者(辩护方)和听者(解释者、反对方)的二人零和博弈:"说者本质上是其所主张的命题的辩护者,旨在解释该命题使之能够得到辩护。而解释者对此不那么感兴趣,如果不考虑该命题所能达到的极端情况,他就不能够给予完全的解释。并且他持有相对敌意的态度,他寻求的是最不可辩护的解释。"①说者和听者分别作为辩护方和反对方,在博弈中分别扮演证实者和证伪者的角色。存在量词相当于让说者自由选择个体以使命题成立;全称量词恰好相反,相当于让听者自由选择个体以使命题不成立;否定的作用在于调换双方的角色。如果说者能够成功抵御听者的任何攻击,那么命题就得到了辩护,因而是真的,否则命题就是假的。

不难看出,"皮尔士对量词短语意义的解释,基于他对断定中使用命题的说明,类似于现代博弈论对量词的解释。"②不过,皮尔士仅注意到了量词依赖的情形(即完美信息博弈)而忽视了量词独立(即非完美信息博弈)。尽管皮尔士的解释方法可以推广至语句联结词、模态算子等其他情形,但皮尔士没有明确提出博弈论中最重要的策略概念,而是"使用习惯(habit)概念来达到策略概念的某些目标"③。所以,皮尔士最终没有建立起真正的博弈论语义学。"在策略的一般性博弈论概念尚未被冯·诺依曼提出之前(或者至少在这个概念以司寇仑函数作为特例可以被运用之前),几乎没有明显的模型可以充分地发展皮尔士关于量词的博弈论解释。"④

(3)不可言说的"语言游戏"。亨迪卡多次强调,他的博弈论语义学与维特根斯坦的语言游戏论是一脉相承的,同时又是严格意义上的数学博弈。不少学者将维特根斯坦的思想分为前后两个阶段,认为提出了两种截然不同的主张。这实际上是一种误解。因为贯穿于维特根斯坦哲学始终的主题是语言与实在之间的关系。如果说图像论刻画了语言与实在之间的对应关系,那么语言游戏论则试图进一步阐明此种对应关系是如何形成的。

---

① 转引自:R. Hilpinen. "On C. S. Peirce's Theory of the Proposition: Peirce as a Precursor of Game-Theoretical Semantics", *Monist*, 1982, 65(2): 185.

② 同上。

③ J. Hintikka. "What Is Abduction? The Fundamental Problem of Contemporary Epistemology", *Transactions of the Charles S. Peirce Society*, 1998(34): 515.

④ J. Hintikka. *Lingua Universalis VS. Calculus Ratiocinator: An Ultimate Presupposition of Twentieth-Century Philosophy*, Dordrecht: Springer, 1997: 148.

亨迪卡发现，维特根斯坦的图像论和经典逻辑的真值条件语义学之间具有惊人的相似性，但也存在着不可忽视的根本分歧。维特根斯坦设想语言与实在之间具有逻辑的同构性。语言表达式的逻辑结构代表了它所表达的实在的结构。语言之间的逻辑关系代表了它所表征的实在之间的关系。不同的逻辑类型代表了不同的事态。原子语句为真当且仅当它符合实在，而复合语句的真是原子语句真的函数，可由真值表刻画。维特根斯坦关于语言与它所表征的实在世界之间的对应关系，十分类似于塔斯基的 T 等式："雪是白的"为真当且仅当雪是白的。我们可以将 T 等式的左边看作一个原子语句，而右边是该句子所表征的内容。图像论与模型论至少在以下方面是相似的：① 都假定了语言与实在之间存在对应关系；② 都将原子语句的真定义为语言与实在之间的符合；③ 都将复合语句的真定义为原子语句真的函数；④ 都预设了某种基础主义。此外，还有一个常常被人忽略、更深层次的相似性：⑤ 都未阐明初始语句到底是如何表征实在的。在《逻辑哲学论》中，维特根斯坦认为基本的表征关系是命名。他说："对象只能够被命名。指号表征对象。我只能言说对象：我不能把对象塞进语词之中。命题只能表示事情是怎样的，而不能表示它们是什么。"[①]但维特根斯坦没有阐明现实世界中的命名关系到底是如何确立的。类似地，在模型论语义学中，其基本概念"赋值""解释"等，也缺乏进一步的说明。它仅告诉我们个体常元的赋值就是在个体域中选择一个个体替代它，对 n-元关系常元代之以 n 元关系个体即可，而不再追问我们该如何选择个体或个体之间的关系。因此，两者均具有神秘性。

不过，维特根斯坦曾在《蓝皮书》中建议，可以通过实指定义来确定语词与对象之间的投射关系。譬如，语句"国会大厦着火了"表征了国会大厦着火这一事实，我们可以通过指称一个对象（例如某栋建筑物）说"这是国会大厦"，指着一堆火说"这是火"。然而，这个方案并不理想。它能够适用的最佳情形是包含专名的语句，因为专名严格指称个体。这大概是为什么维特根斯坦在《逻辑哲学论》中特别喜欢谈论专名的原因。但世界并不仅仅由个体组成，还有个体之间的关系、个体的属性等。关系和属性是无法通过实指定义来确立的。因此，维特根斯坦在《逻辑哲学论》中所依赖的指称关系难以自圆其说。

另外，维特根斯坦的图像论与经典模型论语义学之间存在重大差异。

---

① L. Wittgenstein. *Tractatus Logico-Philosophicus*, Translated by D. Pears and B. McGuinness, London and New York: Routledge & Kegan Paul, 1974: 15.

因为维特根斯坦的图像论把逻辑理解为语言的形式结构或者本质，而经典模型论语义学更多地把逻辑理解为一种演算，一种递归可计算的数学结构。① 严格来说，“图像论”是一个错误的称谓。因为图像关系或语言与实在之间的对应关系本身不是语言的组成部分，它们不能够被言说(saying)，只能够被显示(showing)。语言本身预设了一个表征方式或逻辑结构。我们不能人为地设计出一个图像或表征方式，更不可能存在不同的图像或表征方式。与之不同，模型论语义学允许不同的赋值关系。例如，一个全称量化语句为真，当且仅当它在任何可能的不同世界中赋值都是真的。除此之外，它还允许语言分层和语义上溯。这些都是维特根斯坦所反对的，他不允许不同的世界及其表征关系。对于维特根斯坦来说，世界只有一个，就是我们所处的这个世界。它具有绝对性、唯一性，甚至神秘性。

总之，维特根斯坦前后期思想具有内在的一致性和连续性。前后期呈现出来的兴趣转移并不是对图像论的抛弃，语言游戏论所要解决的问题恰恰就是图像论中所忽视的或没有解决的元层次问题。换言之，语言游戏论实际上是为图像论奠基，搭建语言与实在之间的桥梁，阐明图像关系的形成和表征关系的确立。虽然维特根斯坦与皮尔士一样，十分强调语言表达式的意义就在于语言使用者对它的实际使用，在复杂的语言游戏活动中根据语词所扮演的角色而获得相应的意义，然而，维特根斯坦始终持有某种普遍主义立场和特殊的意义整体论。他把语言视为表征世界的普遍结构和思维演算的工具。虽然语言游戏的目的旨在搭建意义关系网络，但没有进一步阐明我们应该如何理解、维系和实际使用这些关系。尽管他注意到语言游戏在观念上受规则指导，但他认为这些游戏规则是不可学习的(learning)，即我们不能通过掌握规则来学会游戏。反之，我们只能在游戏中来理解和把握规则。由于维特根斯坦强调语言游戏是不可言传的，所以游戏规则也只能够在游戏中默会了。从根本上来说，维特根斯坦的语言游戏是静态的、缄默的，而不是活生生的、具有对抗性的博弈论，他只是隐晦地、粗略地描述了语言游戏的功能，而未能详细阐明游戏的规则以及如何使用规则，始终没有给出一个令人满意的分析案例。严格来说，语言游戏论和图像论一样，都不构成一个实际的理论。因为无论游戏抑或图像都是不可言说的，而只能被显示或玩耍(playing)。

(4) 从室内博弈到户外博弈。亨迪卡的博弈论语义学继承和发展了维

---

① J. Hintikka. “Language-Games”, in E. Saarinen (ed.), *Game-Theoretical Semantics*, Dordrecht: D. Reidel Publishing Company, 1979: 6.

特根斯坦的语言游戏论，使之成为数学意义上严格的博弈论。维特根斯坦否定了逻辑常项的存在，忽视了对逻辑推理的分析，而亨迪卡不仅肯定逻辑常项存在，并且把逻辑常项等价于博弈规则，制订了详细的语言游戏规则，使之成为具有可操作性的、形式化的对抗性博弈。尽管两者都持有语义表征主义，但具体进路不同。语句(语言)与事态(实在)之间的同构关系被基于取胜策略的博弈论所取代。我们不能仅仅凭借观察语言或世界来获得它们之间对应关系，而必须通过以语言为媒介、以规则为导向的游戏活动来建构和维系这种关系。游戏规则不仅包括必要的限定规则，而且还包括策略规则。游戏活动不局限在语言范围之内，而是以语言为交流对话的媒介。因为在语言游戏中，除了语言要素之外，还有玩家、外在对象以及活动本身等非语言要素。

与维特根斯坦把语句与事态之间的表征关系视为图像不同，亨迪卡把它们看作模型集中的“真”。模型集是对可能世界的部分描述，模型集中的语句仍然是一种图像。如果一个语句在模型集中为真，那么它就是一个图像。不过，它不是世界的直接图像，而是从模型集中派生出来的图像。因为语言与实在之间的图像关系不是直接了当地、瞬间就建立起来的，而是通过受规则指导的人类活动逐步建立起来的，不仅需要建构原子语句的图像，而且还需要推广至其他类型语句的图像。换言之，我们需要一套指导原则，以便建构和比较语言与实在之间的图像关系。模型论进路比图像论进路具有更强的解释力和适用性。因为一般来说，复合语句的同构表征关系通常是令人困惑的，而模型集方法可以很方便地将原子语句的“真”推广至复合语句甚至语句集。不仅如此，模型集方法还给出了图像建构的具体条件。因为语句自身并不是一幅既定的静态图像，而仅仅为图像建构提供某种指导。只有通过对语句的博弈，才能动态地建构起语言与实在之间的图像。

尽管如此，模型集方法仍然是一种室内博弈，而不是户外博弈。因为它把语言当作处理对象，而不是交流和会话的媒介，忽视了人类活动在博弈中不可或缺的地位。亨迪卡汲取了维特根斯坦的语言游戏论思想的精华，即语词的意义在于使用。此处的“使用”不局限于句法意义上使用语词来构造句子，更指通过在特定语境下使用该语词的活动而获得相应的意义。语言游戏强调了语言活动在获得语词意义过程中扮演的重要角色。语言游戏不仅是一项认知活动，甚至还是人类生活方式的重要组成部分。不过，与维特根斯坦隐喻性地描述语言游戏不同，亨迪卡试图把语言博弈进一步精确化、形式化、系统化，使之成为数学意义上的博弈论和具有普适性的语义学理论。

第二节　形式语言层面的语义博弈

那么到底该如何进行语义博弈呢？思路大致如下：首先，需要两个对抗性的玩家，分别扮演证实者和证伪者的角色。这里所讨论的语义博弈仅限于二人零和博弈。其次，需要一个被解释过的语言（例如经典一阶语言），以确保每个原子语句都有确定的真假。同时，为了方便博弈，还需要添加有限个个体名称。然后，针对每个逻辑常项制订相应的博弈规则。但是，"规则"仅仅是游戏的一部分，我们还需要"策略"概念。最后，根据"策略"来定义真假。备齐了上述概念装置，我们就可以进行语义博弈了。

设L′为经典一阶语言L的扩充（即添加了有穷多个个体名称而得到的语言）①，M为L′的模型，D为非空个体域。语义博弈是在被解释过的语言中进行的，即L′中所有的非逻辑常项（谓词）都在M中得到解释。这意味着，每个原子语句在M中都有确定的真值（真或假）。于是，L′中每个公式S均可看作一场二人零和博弈G(S)②。玩家是由"我方"（myself）和"自然"（nature）构成的集合N，分别扮演初始证实者和初始证伪者的角色。"我方"总是试图"寻找且找到"某个或某些合适的个体，使得最终的原子语句为真；而"自然"恰好相反，总是试图"寻找且找到"某个或某些合适的个体，使得最终的原子语句为假。所以，整场博弈实质上就是一场"寻找且找到"合适个体的博弈。

关于G(S)的博弈规则可定义如下：

(1) $G(S_1 \vee S_2)$：由"我方"选择某个S_i，博弈以$G(S_i)$继续，$i \in \{1, 2\}$。

(2) $G(S_1 \wedge S_2)$：与$G(S_1 \vee S_2)$相似，只不过由"自然"选择某个S_i，博弈以$G(S_i)$继续，$i \in \{1, 2\}$。

(3) $G(\exists xH(x))$："我方"从个体域中选择某个个体。如果该个体没有名称，我们就给它一个名称（例如b），博弈以$G(H(x/b))$继续。

(4) $G(\forall xH(x))$：与$G(\exists xH(x))$相似，只不过由"自然"选择某个个体，博弈以$G(H(x/b))$继续。

---

① 这并不意味着L中的每个个体原来就有名称，而是说在博弈过程中进行选值时，如果某个被选中的个体原来没有名称的话，那么玩家就会赋予它一个名称，从而使得L因添加了有穷多个个体名称而得以扩充。

② 为了便于分析和讨论，我们假定S具有范式形式。根据范式存在定理可知，任意公式S都存在与之等值的范式。

(5) G(~S)：与G(S)相似，只不过调换“我方”与“自然”的角色。①

(6) G(A)：设S为原子语句(或等式)A。如果A在M中为真，则“我方”胜而“自然”负；反之，若A在M中为假，则“自然”胜而“我方”负。②

以上(1)—(6)分别定义了语义博弈的析取规则、合取规则、存在量词规则、全称量词规则、否定规则以及原子语句规则(即胜负规则)。G(S)的一局(play)博弈就是根据上述规则而做出的系列选值，最后终止于原子语句。不难理解，任意给定的有穷公式，我们总可以根据上述博弈规则，逐步地消去公式中所包含的逻辑常项，在有穷步骤内终止于某个不含任何逻辑常项的原子语句，从而决出胜负。例如，经典一阶公式$\forall x \exists y \forall z \exists w R(x, y, z, w)$在M中的博弈可按照如下方式进行：首先，“自然”从个体域中选择一个个体a，然后“我方”从个体域中选择一个个体b，接着“自然”再从个体域中选择另一个个体c，最后“我方”从个体域中选择一个个体d，此时博弈结束，从而得到一个不含任何量词与变元的原子公式R(a, b, c, d)。若原子公式在M中为真(记为$M \vDash_{GTS} R(a, b, c, d)^{+}$)，那么“我方”获胜；若原子公式在M中为假(记为$M \vDash_{GTS} R(a, b, c, d)^{-}$)，那么“自然”获胜。

但要注意，公式的真假与博弈规则没有直接联系。或者说，我们不能根据逻辑常项的博弈规则来定义真假。因为这些规则只是一类限定规则或者语法规则，即根据公式的句法结构得到的。它仅仅告诉我们如何根据公式的句法结构决定依次由谁来挑选个体，而没有进一步告诉玩家到底应该挑选哪些个体以确保他能够胜出。换言之，公式S在M中的真假不取决于玩家在博弈的某个位置的某一次可能的胜负，而取决于他在所有位置上所有可能的胜负；不仅要考虑某种可能的选值，而且要考虑所有可能的选值。所以，仅有逻辑常项的博弈规则是远远不够的，还需要用到博弈论中最重要的概念——策略，才能够使得关于S的博弈G(S)与S的真假联系起来，使之成为真正意义上的逻辑语义学。因此，我们先给出策略和取胜策略的定义，然后再给出博弈论语义学中的真假定义。

策略：是一个函数集$F_p = \{f^C\}$。其中，$p \in N$，p表示玩家，即“我方”或者“自然”。C表示对应的逻辑常项，即∨、∧、∃、∀、~。f^C的作用在于告诉p在博弈的C阶段如何采取行动以确保他最终能够胜出，分为三种情形：

---

① 为了区别和对照，我们把博弈论语义学中否定记为~，经典否定记为¬。前者是一种强的对偶否定，后者是一种弱的矛盾否定。

② J. Hintikka and G. Sandu. “Game-Theoretical Semantics”, in J. van Benthem and A. ter Meulen (eds.), *Handbook of Logic and Language*, 2nd Edition, London: Elsevier B.V., 2011: 416.

(1) 当C为∃、∀时，f^C的作用在于挑选出合适个体，即f^C：N→D；

(2) 当C为∨、∧时，f^C的作用在于挑选出合适支命题，即f^C：$N \to S_i$；

(3) 当C为~时，f^C的作用在于切换双方所扮演的角色，即f^C：N→N。

取胜策略：指无论对方采取何种策略，玩家在每一局中总能胜出的策略。①

例如，在关于$\forall x \exists y \forall z \exists w R(x, y, z, w)$的博弈中，"我方"的策略是函数集$\{f, g\}$，因为$\forall x \exists y \forall z \exists w R(x, y, z, w) \Leftrightarrow \exists f \exists g \forall x \forall z R(x, f(x), z, g(x, z))$。如果按照此策略进行博弈，无论对方如何选择，例如∀x、∀z分别选择任意的a、c，最终使得$M \vDash_{GTS} R(a, f(a), c, g(a, c))^+$总是成立，那么它就是一个取胜策略。

需要说明的是，尽管策略也可以看作一类规则，但它与逻辑常项规则不同。逻辑常项规则是限定规则或者构成规则，每个逻辑常项对应一条限定规则或者选值函数，根据句法结构逐次(step-by-step)采取行动，决定某个行动是否正确。与之不同，策略关注的是整体行动，要考虑所有可设想的情形。它建立在逻辑常项规则之上，是选值函数的集合，关乎整场博弈的输赢。所以，策略是一个二阶概念，它是规则的规则、函数的函数(二阶函数或高阶泛函)，或者更应该称之为原则(principle)。而取胜策略是一类特殊的策略，即无论对方采取何种策略都能够胜出的策略。

换言之，构成规则仅仅告诉我们博弈该如何玩(playing)或者选择(choice)，而策略原则进一步告诉我们怎样才能够在博弈中获胜(win)。②另外，还要注意区分博弈中单局的胜负和所有可能的胜负。例如，关于$\forall x \exists y(x<y)$的博弈，在某种情形下(如x=5，y=9)，x<y(即5<9)成立。但这并不能担保对任意的x，必定存在y，使得x<y必然成立。也就是说，为了确保公式为真，我们必须要考虑x的所有可能取值。假设取值范围是自然数，那么"我方"有一个明显的取胜策略：若x=m，那么y=m+1。③ 此时，原公式为真。假设取值范围限定为{0, 1}，那么"自然"就有一个取胜策略：x=1。此时，原公式为假。这样就把博弈的取胜策略与语句的真假联系起来了，我们可以用博弈论的概念来解释逻辑公式，由此导致了博弈论语义学。

由于策略函数是二阶的，所以从博弈论语义学的角度看，一阶语句S的

① 这并不意味着玩家实际知道取胜策略是什么或者必定存在取胜策略，而仅仅从原则上定义取胜策略。

② 这种仅考虑纯策略选择的博弈称为正规形式的博弈，暂不考虑概率性博弈等其他类型的博弈。

③ 当然，取胜策略可能不止一个，例如：若x=m，y=2m或y=m+2等。

真假可以用它的二阶翻译（司寇仑范式）S^*来表达，反之亦然。换言之，S 与S^*等价。这种等价性实际上是选择公理的变体。博弈论语义学以及司寇仑函数都必须假定选择公理才能发挥效用。在亨迪卡看来，选择公理是一条非常正确的、纯逻辑公理，它的正确性恰恰可以通过博弈论语义学的正确性显示出来。

真假：语句 S 在 M 中为真（记为$M \vDash_{GTS} S^+$）可定义为：$M \vDash_{GTS} S^+$当且仅当"我方"有取胜策略。相应地，语句 S 在 M 中为假（记为$M \vDash_{GTS} S^-$）可定义为：$M \vDash_{GTS} S^-$当且仅当"自然"有取胜策略。

根据博弈真假的定义，我们还可以进一步定义"不真""不假"以及"真值间隙"：

（1）如果"我方"没有取胜策略，那么 S 在 M 中不真（记为$M \nvDash_{GTS} S^+$）；

（2）如果"自然"没有取胜策略，那么 S 在 M 中不假（记为$M \nvDash_{GTS} S^-$）；

（3）如果双方都没有取胜策略，那么 S 在 M 中既不真也不假，允许真值间隙。①

此外，我们还可以将真假（包括真值间隙）的定义推广至布尔联结词：

$M \vDash_{GTS} (\sim S)^+$当且仅当$M \vDash_{GTS} S^-$；

$M \vDash_{GTS} (\sim S)^-$当且仅当$M \vDash_{GTS} S^+$；

$M \vDash_{GTS} (S_1 \vee S_2)^+$当且仅当$M \vDash_{GTS} S_1^+$或者$M \vDash_{GTS} S_2^+$；

$M \vDash_{GTS} (S_1 \vee S_2)^-$当且仅当$M \vDash_{GTS} S_1^-$并且$M \vDash_{GTS} S_2^-$；

$M \vDash_{GTS} (S_1 \wedge S_2)^+$当且仅当$M \vDash_{GTS} S_1^+$并且$M \vDash_{GTS} S_2^+$；

$M \vDash_{GTS} (S_1 \wedge S_2)^-$当且仅当$M \vDash_{GTS} S_1^-$或者$M \vDash_{GTS} S_2^-$。

根据上述定义，我们可以重新解释经典逻辑原则，例如二值原则、排中律、矛盾律等。二值原则无非是说，在每场博弈中，玩家之一必定拥有取胜策略。类似地，排中律无非是说，在每场博弈中，要么"我方"拥有取胜策略，要么"自然"拥有取胜策略。而矛盾律则是说，在每场博弈中，不可能双方同时拥有取胜策略。经典逻辑的博弈不仅是二人零和博弈，即一个玩家的所失恰好就是另一个玩家的所得，反之亦然；而且还是完美信息博弈，即每个玩家在每个位置都清楚地知道之前已经做出的所有选择。否则，就是非完美信息博弈。从博弈论语义学角度看，变元之间的依赖与独立关系表现为信息依赖与独立关系。完美信息博弈只能刻画信息依赖，进而只能表征变元依赖，这正是经典逻辑的特征。非完美信息博弈恰好表达了信息的独立

---

① 原子语句除外。因为根据假定，所有原子语句都具有确定的真假。

性：玩家在博弈的某个位置采取行动时，并不依赖或不完全依赖之前所做出的选择，即他“独立地”做出了自己的选择。完美信息博弈与非完美信息博弈能够借用司寇仑函数或策略函数而得到清晰刻画。对比下面两个公式便可一目了然：

(1) $\forall x \exists y \forall z \exists w R(x, y, z, w) \Leftrightarrow \exists f \exists g \forall x \forall z R(x, f(x), z, g(x, z))$；

(2) $\forall x \exists y \forall z (\exists w/x) R(x, y, z, w) \Leftrightarrow \exists f \exists g \forall x \forall z R(x, f(x), z, g(z))$。

确定性：一个语句 φ 在模型 M 中是确定的（determined），如果 $M \vDash_{GTS} \varphi^{+}$ 或者 $M \vDash_{GTS} (\sim\varphi)^{+}$。否则，它在 M 中是非确定的（non-determined）。如果 φ 在任何模型下都是确定的，那么它是一个确定性语句。否则，它是一个非确定性语句。

根据 Gale-Stewart 定理可知，任意有穷的完美信息零和博弈都是确定的。① 不难证明，经典一阶语句都是确定性语句。反之，每个确定性语句都逻辑等价于经典一阶语句。然而，一般来说，在博弈论中，通常不会预先假定玩家必定拥有取胜策略。当“我方”没有取胜策略时，并不意味着“自然”就一定拥有取胜策略，反之亦然。所以，存在一种非确定性情形，即博弈双方都没有取胜策略。这就使得二值原则和排中律都失效了，因为允许既不真亦不假。可以说，“它是整个语义理论（GTS）基本假设的结果。不确定性对应于一种结构性质：某些类型的函数在所考虑的模型上不存在。”②

例如，在 $\forall x (\exists y/x)(x = y)$ 的博弈中，假定论域为 {0, 1}。由于“我方”不知道“自然”对 x 的选值，所以“我方”在对 y 选值时不能直接参照 x 的值，无法保证 x = y 必然成立。同样，“自然”也没有取胜策略，因为“我方”也有可能猜对了 x 的值，或者“我方”对 y 的选值有可能恰好与 x 的值相同。这意味着，在非完美信息状态下，需要引入除真假之外的第三种可能③。在

① D. Gale and F. M. Stewart. “Infinite Games with Perfect Information”, in H. W. Kuhn and A. W. Tucker (eds.), *Contributions to the Theory of Games*, Vol. 2, Princeton: Princeton University Press, 1953: 245 - 266.

② T. Tulenheimo. “Independence Friendly Logic”, *The Stanford Encyclopedia of Philosophy* (Fall 2020 Edition), Edward N. Zalta (ed.), URL = <https://plato.stanford.edu/archives/fall2020/entries/logic-if/>.

③ 除了可以把非确定性语句处理为第三值或真值间隙外，我们还可以进一步计算非确定性语句博弈双方的获胜概率，由此导致 IF 概率逻辑。针对非确定性语句的语义博弈方案主要有：基于混合策略（mixed strategies）的均衡语义学（equilibrium semantics）、基于行为策略（behavioral strategies）的概率语义学（probabilistic semantics）以及基于彩票增强策略（lottery-augmented strategies）的彩票语义学（lottery semantics）等，它们均可视为（转下页）

后文第四章第四节关于 IF 逻辑与部分逻辑的比较中将看到，IF 逻辑实际上可以看作是一种克林尼型三值逻辑（Kleene's 3-valued logic）。

在博弈中，玩家双方不可能同时拥有取胜策略，但可能都没有取胜策略，也可能某方同时拥有几个不同的取胜策略。除此之外，还存在这样的情况：玩家关于 $G(\varphi)$ 的每个取胜策略都是 $G(\psi)$ 的取胜策略，反之亦然，即 $M \vDash_{GTS} \varphi^{\pm} \leftrightarrow M \vDash_{GTS} \psi^{\pm}$。① 这意味着 $\varphi \leftrightarrow \psi$。

另外需要注意的是，对于经典量化公式来说，它是否被满足仅仅取决于公式中自由变元的赋值，通常不允许空约束（如 $\forall x \exists y \exists z \Phi(x, y)$）和重复约束（如 $\forall x \forall x \exists y \Phi(x, y)$）。或者说，对于经典量化式而言，空约束变元和重复约束变元均可直接删除而不影响原公式的真值。例如：$\forall x \exists y \exists z \Phi(x, y) = \forall x \exists y \Phi(x, y)$，$\forall x \exists x \exists y \Phi(x, y) = \forall x \exists y \Phi(x, y)$。在语句层面幂等律成立：$S \vee S = S$，$S \wedge S = S$。但 IF 一阶公式与经典一阶公式不同，公式的值可能受新增变元（该变元不在公式中出现）或重复约束变元的影响，具有语境敏感性。例如，在公式 $\forall x \exists z (\exists y/x)(x=y)$ 中，z 不是公式 $(x=y)$ 的变元。但是，从博弈论的角度看，由于 z 的值受制于 x，所以可以把 z 当作潜在的 x，或者说 z 携带并传递了 x 的信号（signal）。因此，在某种意义上，$\forall x \exists z (\exists y/x)(x=y)$ 与 $\forall x \exists y (x=y)$ 是相同的。类似地，在 $\forall x \exists y (\exists y/x)(x=y)$ 的博弈中，“我方”需要对 y 进行两次选择。尽管第二次选择独立于 x，但由于 y 的第一次选择直接依赖于 x，使得“我方”在对 y 进行第二次选择时，借助 $\exists y$ 传递的信号间接地知道了 x 的值②。如果要想阻止或限制“我方”有任何途径泄露或知道 x 的值，可以将 $\forall x \exists y (\exists y/x)(x=y)$ 改写为 $\forall x (\exists y/x)(\exists y/x)(x=y)$ 或者 $\forall x \exists y (\exists y/\{x, y\})(x=y)$。③

（接上页）博弈论语义学的精细版本。相关文献可参见：M. Sevenster and G. Sandu. “Equilibrium Semantics of Languages of Imperfect Information”, *Annals of Pure and Applied Logic*, 2010 (161): 618－631; A. Mann, G. Sandu and M. Sevenster. *Independence-Friendly Logic: A Game-Theoretic Approach*, Cambridge: Cambridge University Press, 2011: 150－184; P. Galliani. *Game Values and Equilibria for Undetermined Sentences of Dependence Logic*, MSc Thesis, ILLC Publications, MoL－2008－08, 2008; P. Galliani and A. L. Mann. “Lottery Semantics: A Compositional Semantics for Probabilistic First-Order Logic with Imperfect Information”, *Studia Logica*, 2013(101): 293－322.

① $M \vDash_{GTS} \varphi^{\pm} \leftrightarrow M \vDash_{GTS} \psi^{\pm}$ 表示 $M \vDash_{GTS} \varphi^{+} \leftrightarrow M \vDash_{GTS} \psi^{+}$ 并且 $M \vDash_{GTS} \varphi^{-} \leftrightarrow M \vDash_{GTS} \psi^{-}$，下同。

② 这实际上要求玩家具有完美记忆，即清楚地记得之前（包括对方和自己）已经做出的每个选择。

③ A. Mann, G. Sandu and M. Sevenster. *Independence-Friendly Logic: A Game-Theoretic Approach*, Cambridge: Cambridge University Press, 2011: 65－66. 注意，斜杠右边的 y 是指第一个 $\exists y$ 中的 y，而不是斜杠左边的 y。这相当于“忘记”或不允许利用之前的已有选择。

实际上，信号传递不仅可以在量词之间产生，而且还可以通过联结词来实现。例如，在(∃y/x)(x=y) ∨ (∃y/x)(x=y)的博弈中，“我方”可以根据 x 的值而分别给析取支中的 y 赋值。也就是说，“我方”在 G(∨)中选择某个析取支时，“我方”已经知道了 x 的值，使得在后续关于(∃y/x)(x=y)的子博弈中，“我方”实际上可以参考 x 的值来给 y 赋值。但是，这对于公式(∃y/x)(x=y)不成立。因为在(∃y/x)(x=y)的博弈中，y 的值并不依赖于 x，“我方”不知道 x 取值如何。① 这说明，在 IF 逻辑中幂等律不再成立。

博弈论语义学根据策略来定义真假，而不是直接根据逻辑常项的博弈规则来定义真假，这与塔斯基语义学借道“满足”概念来定义真假，有异曲同工之妙。但博弈论语义学与塔斯基型语义学持有两种不同的语言学立场。前者把语言(包括形式语言和自然语言)视为交流会话的媒介，是以目标为导向的博弈过程。其中，限定规则只不过是达成目标的基本手段和环节，而非博弈的全部。后者通常把语言(仅限于形式语言)视为一种规范化的结构，具有精确的形式，严格根据限定规则来递归生成语句和赋予语义解释，是以规则为导向的博弈过程。博弈论语义学更加强调博弈策略，而塔斯基语义只考虑限定规则。

此外，两者的处理方式也不同，甚至相反。博弈论语义学的赋值是从外至内，“我方”和“自然”根据博弈规则做出相应的选择，逐个地消除量词和联结词，直到某个不含任何逻辑常项和变元的原子语句。原子语句具有确定的真值，或真或假。如果原子语句为真，那么“我方”胜，“自然”负；否则，“自然”胜，“我方”负。归根结底，博弈论语义学仍然是一种真值条件语义学。语句 S 为真可定义为“我方”拥有取胜策略，即无论“自然”如何选择，“我方”都能够获胜。相应地，当“自然”拥有取胜策略时，S 为假。如果信息是完美的，即玩家的每一次选择都清楚地知道之前双方已经做出的所有选择，那么博弈论语义学与塔斯基语义学在真理定义功能方面是等价的。但是，“如果放弃这个要求(即完美信息)，那么我们得到的语义学不仅针对普通量化逻辑，而且还可处理所谓有穷偏序量词逻辑。”②

在语义博弈中，量词最为关键。量词的语义博弈实际上就是在相应的个体域中“寻找且找到”某个个体。“因此，语义博弈本质上不同于所谓的

---

① 同上，pp.85－86。

② J. Hintikka. “Quantifiers in Logic and Quantifiers in Natural Languages”, in E. Saarinen (ed.), *Game-Theoretical Semantics*, Dordrecht: D. Reidel Publishing Company, 1979: 36.

对话博弈（dialogical games），后者的行动（moves）是说出或用别的办法提出句子。这就把博弈论语义学的语义博弈与例如洛仑岑（Paul Lorenzen）的对话博弈区别开来了。"[①]由于博弈论语义学改变了经典语义学的处理方式，从而具有许多新的特点。例如，排中律在博弈论语义学中失效了。因为我们并不事先知道两个玩家哪一方必定具有取胜策略；否则博弈就变成确定性的了，博弈也就失去了意义。

这里涉及博弈论语义学对否定的独特处理。这也是博弈论语义学比塔斯基语义学不同或更具优势的地方之一。因为博弈论语义学不仅定义了"真""假"概念，仍然承认真假之间的对称性：S 为真当且仅当 ~S 为假，~S 为真当且仅当 S 为假，S 不确定当且仅当 ~S 不确定，而且还进一步区分了"不真"（即"我方"没有取胜策略）和"不假"（即"自然"没有取胜策略），并且"真" ≠ "不假"，"不真" ≠ "假"。所以，在博弈论语义学中，否定具有对偶性而非矛盾性。

以上讨论的情形仅限于简单的形式语言。为了充分挖掘博弈论语义学的潜力，我们还可以进一步扩张得到高阶的形式语言、无穷深度语言和处理内涵算子的模态语言。第一，博弈论语义学可以实现从一阶语言向高阶语言的翻译。例如，我们可以将 $\forall x \exists y \forall z \exists w \Phi(x, y, z, w)$ 翻译成 $\exists f \exists g \forall x \forall z \Phi(x, f(x), z, g(x, z))$。函数 f、g 分别告诉我们如何选择 y 和 w 的值。这意味着，博弈的取胜策略实际上就是断定存在相应的司寇仑函数。因此，司寇仑函数可以在博弈论语义学中得到解释和运用，或者说博弈论语义学可以看作是司寇仑函数的系统化和一般化。第二，博弈论语义学允许将整场博弈分解成若干子博弈。例如，关于条件句的博弈可以分解为前件的子博弈和后件的子博弈。"因此，体现在全部博弈中玩家策略的那些函数，取决于在子博弈中整合玩家策略的函数。换言之，它们是高阶函数（泛函）。"[②]第三，亨迪卡注意到，如果把这些体现玩家策略的函数局限于可计算函数，那么将偏离经典逻辑。但是，如果要保留经典逻辑，那么将不得不包含复杂的非可计算函数。这种差异大体上相当于高阶逻辑在亨金意义上的非标准解释与标准解释之关系的一个特例。第四，博弈论语义学还开启了研究无穷深度语言逻辑的可能性。按照塔斯基语义学，可从底层向上递归地给真语句下定义。但它依赖底层语句的真，否则定义无法进行。与此

---

① J. Hintikka. *The Game of Language: Studies in Game-Theoretical Semantics and Its Applications*, Dordrecht: D. Reidel Publishing Company, 1983: 26. 注释 8。

② 同上，p.6。

不同，博弈论语义学并不要求或预设所谓的底层语句的真，因而有可能引向一种无穷深度的语言。历史上，莱布尼茨第一次对无穷深度逻辑做了初步尝试。当然，这种逻辑能否如期所愿，以及具有多大的价值，另当别论。但无论如何，这种新的发展前景和潜在的可能性还是值得期待的。此外，以可能世界语义学为中间步骤，还可以把博弈论语义学推广至内涵逻辑（例如刻画知道、相信等命题态度词的逻辑）。“主要新奇之处在于，在每一次行动中，玩家现在要考虑的不仅仅是一个句子 S′，还有一个世界 w_0，它是框架（frame）的组成要素，相对于该框架，原子语句将获得解释。在每一对相互关联的内涵算子之中，强者（必然性、知识、信念、义务等）标志着自然的行动，弱者（可能性、认知可能性、与某人的信念相容、许可等）标志着我方的行动。一次行动意味着选择一个接替 w_0 的世界，比方说 w_1。到了下一次行动，玩家将会考虑 w_1，而不再考虑 w_0。简言之，内涵算子是遍历择代世界之上的量词。”①这导致一些有趣的结果。例如，量词之间可能存在信息独立，甚至量词之间的信息依赖关系也可能不是传递的。要处理这些问题，通常的分枝量词技术是不够的，需要更加强大的逻辑，例如 IF 模态逻辑（参见第五章第一节）。

最后要特别注意，语义博弈（以博弈论语义学为典范）与形式证明博弈、问答探询博弈、模型构造博弈、对话博弈等不同。大部分博弈经过适当调整可以看作语义博弈的应用特例，或者说博弈论语义学是其他类型博弈的基础。语义博弈旨在定义相对于某个模型的某个解释下的真句子，而形式证明博弈旨在定义逻辑真，即在任意模型和任意解释下的真句子。语义博弈是以语言（包括形式语言和自然语言）为交流媒介的实际活动（户外博弈），而形式证明博弈仅限于形式语言内部（室内博弈）。问答探询博弈则是一类认知博弈，主要有两种博弈行动：提问与推演。它比语义博弈具有更多的认识论成分，不仅需要定义“真”，而且还要知道“真”，其目标是获取“知识”。语义博弈是一场“寻找且找到”的博弈，通常不要求证实者必须知道取胜策略具体是什么，甚至不要求取胜策略到底是否存在。模型构造博弈目前受到越来越多学者的关注，其主要特征是尝试构造反模型。但模型构造博弈将策略函数限制为递归函数，而语义博弈的策略函数往往是非递归的。语义博弈与对话博弈也不相同，前者始终是在个体域上进行的选值博弈，而后者则是说出或者用别的办法提出一个句子。

---

① 同上，p.9。

第三节 自然语言层面的语义博弈

亨迪卡认为，“尽管博弈论语义学在形式语言研究方面如此富饶多产，但其最引人注目的应用还是在自然语言领域。”①可是，自然语言中没有所谓的变元，如何进行语义博弈呢？一种可能的进路是：个体专名置换的不是约束变元（因为自然语言中没有）而是整个量词短语。这些量词短语起着与形式语言中变元相同的作用。例如，Some X who Y（某个是 Y 的 X）、Any X who Y（任意是 Y 的 X）等。② 当然，此处的“who”可以是其他类型的 WH-短语，如“where”“when”等。其次，与形式语言不同的是，在自然语言中个体选择是动态的或者语境敏感的，例如代词的回指照应现象。因此，玩家在博弈过程中需要一个动态的个体选集 I_s（set of choice individual，简称 I_s），即由被选中的个体组成的集合。

与形式语言相似，自然量化语句 S 的语义博弈也是一场“寻找且找到”量词短语替换对象的博弈。从某种意义上可以说，量词短语代表了那些被选中的个体。因此，量词短语的语义类似于单称词项特别是专名的语义。但是，两者之间的差异也是显而易见的。专名的指称并不因人而异，严格地指称恒常的个体；而量词短语的语义取决于相应的博弈，对于不同的玩家来说，选择的个体可能不同，甚至个体域也不同。因此，从博弈论的角度来看，量词短语指称某个被选定的个体，但并不恒常地指称该个体。其次，如果 S 的博弈是一个由若干子博弈组成的复合博弈，论域亦被划分为若干子论域，那么量词短语的语义将取决于某个子论域上的子博弈，而不取决于 S 的复合博弈。换言之，只有相对于某个子论域中的子博弈，量词短语才指称被选中的个体。但对于 S 的复合博弈而言，量词短语并不恒常指称该个体，所以具有“任意性”或“随机性”。当然，如果玩家试图赢下关于 S 的语义博弈，那么每个量词短语的替换对象就不再是任意的了，而必须是精心挑选的。③

仿照形式语言博弈，我们可以设计出自然语言相应的博弈规则。设 S 为自然语句，M 为模型，D 为个体域，那么 G(S) 的常用规则可定义如下：

---

① 同上。

② 为了讨论方便，暂时假定这些博弈规则中“who”在“who Z”中处于主词的位置，并且“who Z”中的主要动词为单数。

③ J. Hintikka. “Quantifiers in Logic and Quantifiers in Natural Languages”, in E. Saarinen (ed.), *Game-Theoretical Semantics*, Dordrecht: D. Reidel Publishing Company, 1979: 33.

(1) G(some)：如果博弈 G(S)进行到了表达式：X-some Y who Z-W，那么“我方”从 D 中选择一个个体，例如“b”（如果该个体原来没有名称，我们就赋予它一个名称，并且把 b 添加到个体选集 I_s之中），b 是 Y 并且 b（是）Z，博弈以下列形式继续：G(X-b-W)。①

(2) G(an)：与 G(some)类似，只要把“some”替换为“an”即可。

(3) G(every)：与 G(some)类似，但 b 由“自然”来选择个体。

(4) G(any)：与 G(some)类似，但 b 由“自然”来选择个体。②

(5) G(or)：与形式语言的博弈规则 G(∨)相同。

(6) G(and)：与形式语言的博弈规则 G(∧)相同。③

(7) G(negation)：如果博弈 G(S)进行到否定式 P^{-}，那么玩家互换角色，博弈以下列形式继续：G(P)。

值得注意的是，自然语言中的否定与形式语言中的否定并不完全相同。尽管在自然语言中，否定规则的基本功能仍然是角色转换，但在自然语言中，既有外部否定（即作为语句联结词出现），又有内部否定（即作为语句成分出现）。例如，在下列语句中，(1)—(2)是外部否定，(3)—(4)是内部否定：

(1) 孙权并非真心将妹妹嫁给刘备 = 并非孙权真心将妹妹嫁给刘备。

(2) 诸葛亮不可能在十日之内造出十万支箭 = 并非诸葛亮可能在十日之内造出十万支箭。

(3) 所有江东儒生都不是诸葛亮的对手 ≠ 并非所有江东儒生都是诸葛亮的对手。

(4) 有些将士不相信初出茅庐的诸葛亮 ≠ 并非有些将士相信初出茅庐的诸葛亮。

不难看出，在自然语言中，否定扮演着两种不同的角色或者存在两种不同的用法：外部否定和内部否定。它们大体上对应于形式语言中的矛盾否定和对偶否定。所以，G(negation)实际上同时涵盖了两种否定，因而与

---

① 这里只不过是把“who”作为特例来分析，可以推广至其他 WH-结构，例如“where”“when”“what”“why”等。与形式语言博弈不同，当 who 占主词位置时，所选择的个体实际上是从由人组成的子域而非从全域中进行选择，其他 WH-结构与之类似。由此导致多范畴类型的量化。

② 亨迪卡把“any”处理为全称量词，而戴维森坚持认为“any”具有存在意义。分别参见：J. Hintikka. “Quantifiers in Natural Languages: Some Logical Problems”, in E. Saarinen (ed.), *Game-Theoretical Semantics*, Dordrecht: D. Reidel Publishing Company, 1979: 84; D. Davidson. “Any an Universal or Existential?”, in J. Auwera (ed.), *The Semantics of Determiners*, London: Croom Helm, 1982: 11 – 40.

③ 此处“and”用作语句联结词，而非短语联结词。

G(~)不同。

形式语言博弈与自然语言博弈还存在其他重要差异。例如，在形式语言（如经典一阶语言）中，每个逻辑常项都有各自明确的辖域范围，一般可用括号清晰地标示出来。不同的逻辑常项对应着不同的博弈规则，通常可以根据辖域范围的大小依次进行博弈，遵循从左至右的原则。众所周知，在经典一阶语言中，不同逻辑常项的辖域或者相互嵌套，或者彼此排斥，不允许部分重叠。与此不同，在自然语言中，没有明确的辖域标记，不仅同一个语句可以使用不同的博弈规则，甚至同一个语句的不同成分可能使用完全相同的博弈规则。总之，自然语句不如形式语言的句法结构那样精确、规范，充满了语境敏感、辖域歧义、辖域重叠等“异常”现象。经典逻辑对这些“问题”力不从心，而IF逻辑及其博弈论语义学可以很好地处理它们。

除此之外，在自然语言中，量化短语的种类繁多，差别很细微。例如，如何区分“any”与“every”“each”？它们的博弈规则是一样的吗？除了通常的标准量词外，还存在数量庞大的广义量词，如“most”“many”“much”“few”等。它们若在同一个语句中出现，应该优先哪一个？如何对自然语言中的博弈规则进行排序？为此，需要区分两类情况：首先，对于那些结构清晰的自然语句，可以直接根据句法结构来进行排序；其次，对于结构上有歧义的自然语句，则可以根据特定词条来确定优先序。同时，还需要区分两类不同的辖域概念：优先辖域（priority scope）和约束辖域（binding scope）①。优先辖域是一个语义概念，亦称为语义辖域或逻辑辖域②，指语句中不同逻辑成分（例如量词与其他算子之间）的优先级别，它规定了博弈顺序。约束辖域是一个句法概念，亦称为句法辖域，指语句中逻辑成分的约束范围（例如量词对变元的约束），即紧跟其后的语句片段或子公式。在不含信息独立的经典一阶语言中，优先辖域和约束辖域是重合的或一一对应的，即域宽的优先。但在允许信息独立的IF一阶语言和自然语言中，两者常常是不一致的，句法和语义并不一一对应，域宽的不一定优先，反之亦然。例如，在IF一阶公式$\forall x(H(x) \vee (\exists y/x)G(x, y))$中，尽管句法上$\forall x$的约束辖域涵括了$H(x)$和$G(x, y)$中的x，但斜杠量词$(\exists y/x)$表明$\forall x$逻辑上并不优先于子公式$(\exists y/x)G(x, y)$。

---

① 除了博弈论语义学之外，动态谓词逻辑也区分了两类辖域概念。

② T. Tulenheimo and M. Sevenster. “Approaches to Independence Friendly Modal Logic”, in J. van Benthem, D. Gabbay and B. Löwe (eds.), *Interactive Logic*, Amsterdam: Amsterdam University Press, 2007: 249.

再例如,著名的驴子句:

(5) If Peter owns a donkey, he beats it. 如果皮特有一头驴,他会抽它。

对(5)的"标准"分析一般是这样的:

(6) $\forall x((Donkey(x) \wedge Own(Peter, x)) \rightarrow Beat(Peter, x))$。

这样处理的问题在于:它把原句中的存在短语"a donkey"中的"a"解释成了全称量词,并且把代词理解为约束变元,与原意明显不符。

假设用花括号"{ }"表示优先辖域,圆括号"( )"表示约束辖域,那么(5)可以改写为:

(7) $\exists x\{(Donkey(x) \wedge Own(Peter, x)\} \rightarrow Beat(Peter, x))$。[①]

不难理解,(7)与(6)在逻辑上是等价的,但(7)保留了(5)的原意,将 a 解释为存在量词。也就是说,尽管存在量词的约束范围延伸至句尾,但在博弈时优先考虑的范围却仅仅是前半句。这样既保留了原意,又准确地刻画了句子中回指代词的共指关系[②]。在博弈时,只需要选出前一个 x 的所指即可。假设 b 是前一个 x 的博弈选择个体,那么可以直接从个体选集 I_s 中将 b 代入后一个 x 而无须做出第二次选择。

在经典一阶语言中,我们可以直接根据语句的句法结构和相应的博弈规则从左至右依次采取行动。或者说,它只需要一条原则,即从左至右原则(O. LR)。但是,为了更好地处理自然语言的辖域歧义和句法-语义的非对称等现象,我们(至少)需要两类原则。因为影响排序的因素,部分取决于语句的句法结构,部分取决于它所使用的某些特定词条。第一类原则为一般性原则,依据句法结构而定,主要包括两条:从左至右原则(O. LR)和就高不就低原则(O. Comm)(即:如果一条规则可用于高层子句,那么就不用于低层子句)[③]。第二类原则为特殊性原则,主要依据语句所使用的特殊词条而定,以便确定与词条相应的博弈规则的相对序。特殊性原则实质上是语义优先原则,它可以废止一般性原则。这意味着,有时候需要根据特定词条的语义规则来确定语句的句法结构,从而揭示出语境依赖性和句法-语义的

---

① J. Hintikka and G. Sandu. "Game-Theoretical Semantics", in J. van Benthem and A. Meulen (eds.), *Handbook of logic and Language*, London: Elsevier B.V., 2011: 436.

② 这并不是说所有的回指代词都与先行词具有共指关系。例如,"一对夫妻坐在长椅上,他突然站了起来。"很显然,"一对夫妻"与"他"的指称并不完全相同。"一对夫妻"指称两个对象:丈夫甲和妻子乙;代词"他"指称由先行词"一对夫妻"所产生的个体选集中的"丈夫甲"而不是"妻子乙",因为"他"表示"男性",相当于限定摹状词。所以,回指代词"他"所面临的个体选集实际上仅仅是先行词所产生的个体选集的子集(subset)。

③ J. Hintikka and G. Sandu. "Game-Theoretical Semantics", in J. van Benthem and A. Meulen (eds.), *Handbook of logic and Language*, London: Elsevier B.V., 2011: 437.

非对称性。这不仅证明了自然语句并不是完全依据句法递归生成的，而且还再次说明了组合原则在自然语言层面是行不通的。

例如，语句中若同时包含"any"、否定、析取、条件关系等要素，那么在博弈时"any"优先于否定、析取和条件关系。类似地，"each"优先于其他量词短语和语句联结词。尽管这样的特殊性原则到底有哪些，迄今并无完整的清单，但这种分析进路颇具启发性，与自然语言的使用习惯更为接近。譬如：

(8) We haven't got any bananas. 我们没有得到任何香蕉。

按照从左至右原则，我们似乎应先考虑"not"，然后再考虑"any"。但是，根据特殊性原则，应先考虑"any"，然后才考虑"not"。比较下列两个语句更能体现出上述分析的合理性。

(9) If everybody comes to the party, I'll be surprised. 如果每个人都来参加派对，我会感到惊讶。

(10) If anybody comes to the party, I'll be surprised. 如果有人来参加派对，我会感到惊讶。

由于"any"优先于"if"，而"every"不具有这样的优先性，设P(x)表示"x参加派对"，S表示"我会感到惊讶"，那么(9)(10)应该分别表示为：

(9′) $\forall xP(x)\rightarrow S$。

(10′) $\forall x(P(x)\rightarrow S)\Leftrightarrow\exists xP(x)\rightarrow S$。

这样处理不仅能够清晰地比较"any"与"every"之间的差异，而且还可以看出"any"如何具有存在量词的意义。

另外，与通常把代词处理为约束变元不同，博弈论语义学把代词当作隐秘的限定摹状词。例如，人称代词"he""他"表示男性，"she""她"表示女性。此外，代词遍历的不是初始的个体集，而是在博弈过程中动态形成的个体选集I_s。由于个体选集I_s是动态变化的，当博弈进行到代词时，在此之前已经形成了一个个体选集I_s，所以可以直接从个体选集I_s而不是从整个个体域中去为代词选值，这样就极大地缩小了选值范围。

例如，假设博弈进行到：X-he-Y，那么证实者从个体选集I_s中选择某个个体b作为"he"的值，而证伪者从I_s中选择个体d。如果b是男的并且d也是男的，那么b=d，博弈以X-b-Y继续。① 条件句"如果b是男的并且d也是男的，那么b=d"旨在确保代词的值具有唯一性。

我们可以对其他代词做类似的处理。例如：诸葛亮火速召见赵云并且

① 同上，p.439。

授予他锦囊妙计。当博弈进行到“他”时，个体选集 I_s = {诸葛亮，赵云}。此时，证实者只须从个体选集 I_s 中选择个体（例如“赵云”）作为代词“他”的值即可。那为什么不选择“诸葛亮”呢？原因在于，在进行语义解释时，还要遵从良构原则（principle of well-formedness，WF 原则），即：如果被解释的语句是良构的，那么解释之后的语句仍然是良构的。① 所以，语句“诸葛亮火速召见赵云并且授予赵云锦囊妙计”是保持良构的，而“诸葛亮火速召见赵云并且授予诸葛亮锦囊妙计”违背了良构原则。这样就排除了个体选集中一些不合规范的个体。不过，这主要针对一般的或者规范的代词，而反身代词情况又有所不同。虽然反身代词的选值同样也是在个体选集中进行，但恰恰要选择前面被排除掉的那些个体。例如：“诸葛亮火速召见赵云并且他自己赶往荆州督战。”在该例句中，“他自己”（himself）就是典型的反身代词，必须从个体选集中选择“诸葛亮”而不是“赵云”作为“他自己”的值，否则就违背了良构原则。概言之，对于不同的代词，我们需要两条对应的规则：

（1）反身代词与处于同一子句的名词性短语必须指称相同（即共指）。

（2）如果反身代词和非反身代词在语句中处于相同的位置，那么它们的值必须来自两个不同的个体选集。②

通过上述分析不难发现，形式语言博弈与自然语言博弈之间存在明显的差异。例如，自然语言中无明确的辖域标记，因此需要增加排序原则和良构原则等，以便规定不同的范畴对应于哪些不同的博弈规则，以及如何使用这些规则。此外，自然语言中的范畴类型很多，除了量词短语、合取词、析取词、否定词之外，还包括代词、专名、限定摹状词等等。更为棘手的是，有些范畴之间的差别很细微，甚至同一个范畴可能存在不同的涵义，具有语境依赖性。所以，自然语言的语义博弈比形式语言的语义博弈要复杂得多。

总之，博弈论语义学比传统语义学多出许多东西，具有更强的解释力。“博弈论进路为我们提供了一个强大的、富有弹性的自然量词语义学理论。”③它不仅能够解释辖域歧义、非标准量词、回指代词、反身代词、指示代词、惰性代词、时态语句等经典语义学不能处理或者不能很好处理而在自然语言中普遍存在的现象，而且还可以很容易地将句子语义推广到语篇语义，从而获得统一的处理。它在本质上与维特根斯坦的语言游戏论是一脉相承

① 同上，p.437。

② 同上，p.442。

③ J. Hintikka. “Quantifiers in Logic and Quantifiers in Natural Languages”, in E. Saarinen (ed.), *Game-Theoretical Semantics*, Dordrecht: D. Reidel Publishing Company, 1979: 46.

的，都是以语言为媒介、以规则为指导的人类认知活动，旨在沟通语言与实在之间的关系。它的解释力可以与二阶司寇仑函数相媲美，但它始终是在个体域上进行博弈，保持了良好的直观性和现实性，并没有比塔斯基语义学增添更多的本体论负担，不必诉诸"集合""类"等高阶语义实体，从而规避了蒯因、帕顿等人的本体论指责。

第四节　博弈论语义学的方法论特征[①]

通过与塔斯基语义学相比较，博弈论语义学为我们理解"真"概念提供了一个全新的视角，具有重要的方法论特征。以塔斯基语义学为代表的经典逻辑语义学将可定义"真"的语言局限于精确的、可计算的形式化语言，预设逻辑形式刻画了语言的内部结构，可以赋予不同的解释，使得语句S在本质上包含S的元语言L和模型M中具有确定的真假。换言之，经典逻辑把语言当作思维演算的工具，而非信息交流的媒介。"在通常的逻辑语义学中，大多对于联结语言和现实的关系本身不加分析，并把这种关系看成是静态的。"[②]因此，如何打破塔斯基的"魔咒"，把真概念扩展至自然语言，准确把握语言与实在之间的关系，历来是逻辑语义学研究的焦点问题和主要目标。

与塔斯基语义学不同，博弈论语义学把理解语言的过程看作以求真为目标、受规则制约的、以语言为媒介的思维游戏活动，将"真"与取胜策略关联起来，揭示了语言表达式的语境依赖性，强调认知主体建构"真"之条件的动态性、过程性，论证了"真"的可定义性，将一致的真概念从形式语言推广至自然语言，甚至无穷深度语言。博弈论语义学具有许多新奇的特性、巨大的应用潜力和重要的方法论价值。

1. "真"与"取胜策略"相关联

鉴于策略在博弈论语义学中的突出作用，博弈论语义学亦可称为策略语义学。从策略的角度看，逻辑推理作为以语言为媒介的思维游戏，其本质是以目标为导向的(goal-directed)活动，旨在区分好的(good)或坏的(bad)推理，不仅包含限定规则，而且还包含策略规则[③]。经典逻辑只强调限定规

---

① 本节大部分内容已发表：颜中军. 博弈论语义学视域下的"真"概念[J]. 湖北大学学报(哲社版)，2019(6)：44－50.

② J.欣迪卡. 逻辑哲学[J]. 倪鼎夫译，哲学译丛，1982(6)：67.

③ J. Hintikka and G. Sandu. "What is Logic?", in D. Jacquette(ed.), *Philosophy of Logic*, London：Elsevier B.V., 2006：20.

则，而忽视了策略规则，将逻辑的目标定格为区分有效或无效的推理，或者将好的或坏的推理等同于有效或无效的推理。限定规则是一类底线规则，着眼于某个具体操作，违反了它们就会犯错误，但不能告诉我们到底应该如何进行推理。而策略规则关注整体行动，是对一系列行动的选择，即在某种给定情况下，采取何种行动才能够获胜，通常是非递归可计算的。策略规则体现了主体智慧和实际的推理能力，而限定规则只不过是达成这一目标的手段。① 博弈策略具有整体性、动态性和可优化性等特征。“因此，它们也许应该称为原则(principles)而不是规则(rules)。”②

首先，博弈论语义学最显著的特征之一是关于“真”的定义。博弈论语义学与塔斯基语义学类似，都试图将真概念从原子语句推广至全体非原子语句。但两者的处理方法不同，甚至相反。塔斯基试图把握亚里士多德关于真概念的直觉，给出一个令人满意的实质性充分而且形式上正确的真定义③，大体分为三步：首先，给出语句 S 真的实质性充分条件——以所有 T 等式为逻辑后承；然后，给出形式上正确的条件——严格区分对象语言和元语言，拒斥语义封闭的语言，技术上借助“满足”概念给出“真”概念定义；最后，由内至外、从最底层的原子语句开始，递归地定义复合语句的真。与之不同，博弈论语义学把语句 S 的真假与一场二人零和博弈 G(S)相联系。为了顺利进行博弈，我们需要扩张一阶语言 L，即添加有穷多个个体名称，从而得到 L′。设 M 为 L′的模型，D 为个体域，其中 L′的所有非逻辑常项都在 M 中得到解释。这意味着所有原子语句都有确定的真假。博弈双方——“我方”与“自然”——分别扮演初始证实者和初始证伪者角色：“我方”总是试图证明 S 为真，而“自然”总是试图证明 S 为假。

其次，语义博弈始终是在个体域上进行的，博弈策略实质上相当于选值函数，即为变元“寻找且找到”相应的个体。语句的真假与取胜策略有关。根据博弈论语义学，语句 S 在模型 M 中为真可定义为：$M \vDash_{GTS} S^+$ 当且仅当“我方”有取胜策略。相应地，语句 S 在模型 M 中为假可定义为：$M \vDash_{GTS} S^-$ 当且仅当“自然”有取胜策略。如果双方都没有取胜策略，那么 S 既不真也不假，允许真值间隙。博弈论语义学可以判定任意有穷语句的真假。因为每一次博弈行动都将消去一个逻辑符号，直至不含任何逻辑符号的原子语句。如果语句 S 的长度是有限的，那么 G(S)总会在有穷步骤之内结束并决

① 亚科·欣蒂卡. 关于哲学的教育使命[J]. 李红霞译. 第欧根尼(中文版)，2003(2)：5.

② J. Hintikka. “Is Logic the Key to All Good Reasoning?”, *Argumentation*, 2001(15)：39.

③ A. Tarski. “The Semantic of Truth and the Foundations of Semantics”, *Philosophy and Phenomenological Research*, 1944(3)：341.

出胜负。

此外，博弈论语义学严格区分了"真""假""不真""不假"四个概念，并且强调"不真"≠"假"，"不假"≠"真"。因为"不真"只是意味着"我方"没有取胜策略，并不意味着"自然"就有取胜策略；类似地，"不假"只是意味着"自然"没有取胜策略，不等于说"我方"就拥有取胜策略。双方不能同时拥有 G(S) 的取胜策略，但可以同时都没有取胜策略。因此，经典排中律和双重否定律都失效了。博弈论语义学中的否定是一种强的对偶否定，它不同于经典逻辑中弱的矛盾否定。但是，很容易在 L′中添加矛盾否定¬，并且限定¬只能出现在语句最前端而不能出现在语句内部。¬S 的真假可定义如下：

(i) $M \vDash_{GTS} (\neg S)^{+}$ 当且仅当"我方"没有取胜策略（记为 $M \nvDash_{GTS} S^{+}$）；

(ii) $M \vDash_{GTS} (\neg S)^{-}$ 当且仅当"自然"没有取胜策略（记为 $M \nvDash_{GTS} S^{-}$）。

根据上述定义，我们不难得到下列结果：

(1) 假定选择公理，以下两条定理成立：① 任何一阶语句 S 和模型 M，塔斯基语义学解释下的真语句与博弈论语义学解释下的真语句重合，即 $M \vDash_{Tarski} S$ 当且仅当 $M \vDash_{GTS} S^{+}$。① ②存在一个递归的转换程序，使得任何一阶语句 ψ 等价于相应的二阶存在语句 SK[ψ]。② 定理①告诉我们，博弈论语义学具有塔斯基语义学相同的真理定义功能（针对经典一阶语言）。定理②告诉我们，博弈论语义学可以实现一阶语句与二阶存在语句之间的等价互译（针对 IF 一阶语言）。因为前文已经揭示，每个二阶存在语句都等价于一个分枝量化语句，而分枝量词逻辑是 IF 逻辑的子逻辑，所以二阶存在语句可翻译为 IF 一阶语句。

(2) 博弈论语义学可以看作司寇仑函数的系统化和一般化，取胜策略实际上相当于司寇仑函数。例如，公式 $\forall x \exists y M(x, y)$ 可翻译成 $\exists f \forall x M(x, f(x))$。$\forall x \exists y \forall z \exists u M(x, y, z, u)$ 可翻译成 $\exists f \exists g \forall x \forall z M(x, f(x), z, g(x, z))$。博弈的取胜策略实际上就相当于断言了存在相应的司寇仑函数，例如 f、g。由于全称量词遍历个体域中的每一个个体，因此真正

---

① 要注意，博弈论语义学只针对闭公式即语句，而塔斯基语义学可以解释所有公式（包括开公式和闭公式）。塔斯基语义学符合组合原则的要求，即复合表达式的意义是其构成部分（以及构成方式）的意义的函数。换言之，如果复合表达式有意义，那么它的每个构成部分也有意义。很显然，博弈论语义学违背了通常的组合原则。关于组合原则的进一步讨论可参见第四章第二节和第六章第二节。

② 具体转换过程详见：J. Hintikka and G. Sandu. "Game-Theoretical Semantics", in J. van Benthem and A. Meulen (eds.), *Handbook of Logic and Language*, London: Elsevier B.V., 2011: 417.

需要做出个体选择的是存在量词。如何挑选被存在量词约束的变元的值，才是博弈论语义学的关键之所在。对于量化公式来说，取胜策略实际上就是选值策略，特别是存在量词的选值策略。

（3）某些博弈还可以进一步分解为若干子博弈。例如，条件句 G(X→Y)的博弈，可以分解为前件博弈 G(X)和后件博弈 G(Y)两个子博弈。所以，整个条件句博弈的策略函数取决于各个子博弈的策略函数，因而是高阶函数（泛函）。

2. “真值条件”的动态建构

博弈论语义学仍然是一种真值条件语义学，强调在博弈行动中来理解和把握“真”的意义。“从认识论上说，GTS 是把语句 S 的真值条件与确证 S 的真或假的过程关联起来。与塔斯基由里到外、由简单到复杂定义语句真的做法相反，GTS 是反方向的，即由外到里、由复杂到简单定义语句的真。”①塔斯基语义学只适用于有穷的、可计算的形式化语言，对于无穷深度语言并不适用。“因为有时候递归定义赖以立足的底层并不存在”②，而博弈论语义学无须事先假定原子语句的真假，至少为无穷深度语言的语义分析提供了某种可能性。

博弈论语义学与塔斯基语义学之间的差别主要体现在复合语句层面，并非原子语句层面。塔斯基语义学严格遵守组合原则，从原子语句出发，把复合语句当作其组成部分及其构成方式的真值函数，递归地定义复合语句的真假。在塔斯基语义学中，每个语句或真或假，因而满足了排中律的要求。尽管博弈论语义学最终也要诉诸原子语句的真假来判定博弈的胜负，但它并不一开始就预设原子语句的真假。对复合语句进行语义博弈时，每运用一次博弈规则，就消去了一个逻辑常项。因此，总会在有穷步骤内到达不含任何逻辑常项并且个体变元已经被相应个体名称替代的原子语句。最后，诉诸原子语句的真假即可判定博弈的胜负。但是，这并不意味着每一场博弈必定能够分出胜负。也就是说，当“我方”没有取胜策略时，对方也可能没有取胜策略，反之亦然，从而导致经典排中律失效。所以，博弈论语义学允许存在真值间隙。

与塔斯基语义学静态地分析语句 S 的真值条件不同，博弈论语义学凸出了真值条件的动态建构。语义博弈实质上是一场确证真值的问答游戏。

① 陈波. 亨迪卡的 IF 逻辑述评[J]. 自然辩证法通讯，2000(3)：22.

② J. Hintikka. *The Game of Language: Studies in Game-Theoretical Semantics and Its Applications*, Dordrecht: D. Reidel Publishing Company, 1983: 8.

确证语句真假的过程，类似于一个问题求解的过程，即语句 S 在什么条件下为真（或假）？一个策略就相当于问题的一个答案。有的问题可能有答案，甚至多个答案，有的问题可能没有答案。类似地，关于 S 的语义博弈，有时存在取胜策略，甚至多个取胜策略，有时可能没有取胜策略。

设想最简单的情形：S_1、S_2、H(a)、H(b)皆为原子语句，$i \in \{1, 2\}$。确证 $S_1 \vee S_2$ 为真，就相当于问"哪个 S_i 是真的？""我方"只须"寻找且找到"某个为真的析取支 S_i 即可，由此就给出了问题的答案。类似地，确证 $S_1 \wedge S_2$ 为假，就相当于问"哪个 S_i 为假？""自然"只须"寻找且找到"某个为假的合取支 S_i 即可。同样，对于存在量化句 $\exists xH(x)$，"我方"只须"寻找且找到"相应个体使得原子语句（如 H(a)，a 为个体名称）为真即可证明 $\exists xH(x)$ 为真。对于全称量化句 $\forall xH(x)$ 来说，"自然"只须"寻找且找到"相应个体使得原子公式（如 H(b)，b 为个体名称）为假即可证明 $\forall xH(x)$ 为假。"否定"就是玩家互换角色。例如，$G(\sim(S_1 \vee S_2))$，就相当于"自然"来"寻找且找到"某个为真的析取支 S_i。很显然，如果"自然"果真找到了为真的析取支 S_i，那么就确证了 $\sim(S_1 \vee S_2)$ 为假。

根据上述分析可知，关于 S 的语义博弈实质上就是"寻找且找到"语句 S 为真或假的条件。真值条件实际上就是这样一些个体的集合，即把它们代入相应约束变元后，使得原子公式为真或假。当然，个体选择不是随意的，而是精心挑选的。证实者的目的是挑出相应的个体使得原子公式为真，而证伪者恰好相反。博弈策略相当于选值函数，它把特定的个体按照博弈规则逐一挑选出来，取代公式中的约束变元，从而建构起语言与实在之间的联系。

但这种联系并不是一一对应的静态映射关系，而是允许句法和语义之间的非对称性和信息独立性。因为在博弈过程中，局中人采取的行动与其所处的博弈阶段所拥有的信息（或知识）状态有关。如果在博弈的每个阶段，玩家都清楚地知道对方（包括自己）已经做出的选择，那么就是完美信息博弈，否则就是非完美信息博弈。经典逻辑的语义博弈就是一种完美信息博弈。这正是经典逻辑的秘密之所在。如果放松这个要求，即允许博弈选择并不完全依赖之前的博弈选择，那么就是非完美信息博弈，从而揭示信息独立性。独立性不仅可以出现在量词之间，而且也可以出现于联结词甚至其他任何逻辑表达式之间。分枝量词逻辑及其更一般化的 IF 逻辑就是刻画这种信息独立现象的逻辑。塔斯基语义学不适用于分枝量词逻辑或 IF 逻辑，而博弈论语义学畅通无阻。因此，博弈论语义学比塔斯基语义学更基本，具有更强的适应性和解释力。

此外,博弈论语义学不仅告诉我们一个语句 S 为真或为假的条件是什么,而且还进一步说明如何找到它们。与塔斯基语义学静态分析语言与实在之间的关系,把语言当作物化对象不同,博弈论语义学把语言当作信息交流的媒介,旨在使用语言的过程中理解和把握语言表达式的意义。亨迪卡反复强调他所创建的博弈论语义学直接源于维特根斯坦的语言游戏思想,并且指出维特根斯坦的语言游戏论绝非完全否定之前的图像论,而是要弥补图像论的不足,进一步阐明语言与实在之间的关系。语言表达式的意义不是外在地赋予的,语言与实在之间的关系也不是先验地对应的,而是认知主体在交互使用语言的过程中逐步获得和建构起来的。所以,博弈论语义学持有与塔斯基语义学不同的语言哲学立场:博弈论语义学凸出了认知主体的在场性、能动性,意义的整体论与建构论;以塔斯基语义学为代表的经典语义学往往忽视认知主体或者假定了绝对的理性主体,恪守组合原则和意义原子论。塔斯基语义学适用的对象局限于精确可计算的形式化语言。对于那些违背组合原则、不可计算的形式化语言,以及非形式化的自然语言来说,塔斯基语义学不再适用也就不足为奇了。

3. “真”与“信息独立”

亨迪卡和桑杜认为,博弈论语义学与塔斯基语义学的根本差异在于后者符合组合原则要求,而前者违背了组合原则。[①] 组合原则又常常称为弗雷格原则。大体意思是说,复合表达式的意义是其组成部分及其构成方式的意义的函数。这就预设了每个组成部分必须具有独立的意义,并且对复合表达式的意义具有实质性贡献。塔斯基的“满足”与“真”概念皆依赖这一原则及其预设。

但问题是,组合原则潜在地要求每个组成部分具有独立的意义,不受它所出现的表达式的影响(即语境独立),与弗雷格本人所坚持的语境原则相冲突,并且确实存在许多违反组合原则的情形,例如分枝量化语句。因为在分枝量化语句中,每一个分枝上的存在量词仅依赖于同一分枝上左边的全称量词,而独立于另一分枝上的其他量词。塔斯基的得意门生、著名语言逻辑学家蒙太古在处理分枝量词时,为了保留组合原则,不得不诉诸二阶逻辑,使用复杂的嵌套技术,承诺抽象的高阶实体。与此不同,亨迪卡和桑杜更倾向于放弃组合原则,以一种更为直观、自然的方式处理分枝量词以及其他独立现象。

---

① J. Hintikka and G. Sandu. “Game-Theoretical Semantics”, in J. van Benthem and A. Meulen (eds.), *Handbook of Logic and Language*, London: Elsevier B.V., 2011: 422.

在原子语句层面，博弈论语义学与塔斯基语义学并无差异，都具有确定的真假。但在复杂的量化语句层面，博弈论语义学允许真值间隙。当然，信息独立不仅可以出现在量词之间，也可以出现在其他逻辑常项之间。亨迪卡把这种刻画信息依赖与独立关系的逻辑称为独立友好的一阶逻辑。它是经典一阶逻辑的正规扩充（添加了独立算符“/”及其相应的独立公式集），但不可递归地公理化，[①]因而具有形式系统的不完全性。每个 IF 一阶语句都等价于二阶的存在语句（假设具有司寇仑范式形式），反之亦然。换言之，IF 一阶逻辑相当于二阶逻辑的存在片段。其中，紧致性定理、插补定理、分离定理等皆成立。但是，经典逻辑的组合原则、量词的代入解释（各分支之间不可逐个依次地代入，而必须同时进行解释）、排中律、双重否定律等皆失效了。

从博弈论语义学的角度看，经典逻辑与 IF 逻辑的博弈规则相同，唯一的区别在于玩家的信息状态不同，前者是完美信息博弈而后者是非完美信息博弈。例如，经典一阶语句：

（1）$\forall x \exists y(x=y)$。

按照前文给出的博弈规则及相关定义，假设 $D=\{a, b\}$，博弈分两步进行：首先，“自然”对全称量词约束的变元 x 进行选值。“自然”可以选择 a 或 b 中的任意一个。接着“我方”对存在量词所约束的变元 y 进行选值，同样可以选择 a 或 b 中的任意一个。有以下四种可能：

自然	我方	结果
a	a	$a=a$（我方胜）
a	b	$a\neq b$（自然胜）
b	a	$b\neq a$（自然胜）
b	b	$b=b$（我方胜）

不难看出，“我方”拥有一个取胜策略，即总是选择与“自然”相同的个体。因此，该公式在给定的模型下是真的。但在非完美信息状态下，情况就不同了。例如，IF 一阶语句：

（2）$\forall x(\exists y/x)(x=y)$。

同样，假定 $D=\{a, b\}$。由于“我方”并不知晓“自然”的选值，所以不能像之前那样去找一个与之相同的个体。这导致“我方”没有取胜策略，“自

① 同上，p.421。

然”也没有取胜策略。因为结局可真可假，没有确定的真值。不过，存在一种特例，即当个体域仅有一个元素时(如 D = {a})，该语句为真。故而，“我方”似乎有取胜策略(尽管他不一定知道)。实际上，这已经与非完美信息状态无关。

4. 评论与反思

塔斯基深受弗雷格、罗素和早期维特根斯坦的影响，极富创意地在精确可计算的形式化语言中给出了实质性充分且形式上正确的“真”概念。塔斯基语义学充分体现了组合原则的要求，秉持意义原子论和语言图像论。毋庸置疑，塔斯基语义学已经成为逻辑语义学的经典内容并且产生了广泛而深远的影响。但同样不可忽视塔斯基语义学背后的理论预设。它无法刻画信息独立关系，不适用于非递归可计算的形式语言和自然语言，具有鲜明的局限性。相比之下，博弈论语义学不仅具有与塔斯基语义学相同的真定义功能，而且还能很好地处理塔斯基语义学不能处理的问题，将真概念从信息依赖的语言扩展到信息独立的语言，从精确可计算的形式化语言扩展到辖域歧义、非精确可计算的自然语言，为我们提供了一个更加完全且一致的真概念。通过比较，至少可以得到如下几点启示：

(1) 从语言与实在之间的静态映射到语言与实在之间关系的动态建构。塔斯基语义学把语言当作分析的客观对象，逻辑形式刻画了语言的本质结构，逻辑形式与世界结构之间是一种静态映射关系，犹如早期维特根斯坦的图像与实在之间的表征关系。它不考虑主体的认知状态和博弈双方的对抗性，恪守组合原则，由里至外、递归地定义复合语句的真，为语言理解提供了理想化的模型。而博弈论语义学继承和弘扬了后期维特根斯坦的语言游戏论，试图建构起图像与实在之间的沟通桥梁，从而弥补了经典语义学的不足。它把语言当作交流会话的媒介，把语言理解的过程视为以目标(证实或证伪)为导向、受规则(包括限制规则和策略规则)制约的二人零和博弈。语句的真值条件实际上就是对其采取相应的证实或证伪策略。语言表达式的意义并不是先验地、外在地赋予的，而是在具体的博弈行动中逐步获得的，意义的理解具有经验性、交互性和建构性。

(2) 从推理形式的有效/无效到推理本身的好/坏。经典逻辑把研究目标定格为区分有效或无效的推理形式，而不管推理本身的好坏，或者把推理形式的有效/无效等同于推理的好/坏。有效的推理形式在任意的模型和解释下都为真，否则就是无效的推理形式。换言之，推理形式的真值条件是绝对的、二元的。与之不同，博弈论语义学不仅刻画推理形式的有效/无效，而且还允许存在真值间隙，进一步刻画了推理本身的好坏。因为我们并不能先验地确定局中人一定存在取胜策略，"我方"没有取胜策略并不意味着对方有取胜策略，反之亦然。此外，博弈策略存在优劣之分，需要不断优化。这充分模拟了人类借助语言来认识实在世界的行为，强调了认知过程的动态性和可修正性。

（3）从意义原子论与信息依赖到意义整体论与信息独立。塔斯基语义学诉诸意义原子论，恪守组合原则，强调句法与语义一一对应并且句法优先，由里至外地定义复合语句的真。在解释量化语句的过程中遵循从左至右原则，假定量词之间的线性依赖关系，即域窄的量词受到域宽的量词的影响。博弈论语义学强调意义整体论和句法-语义之间的非对称性，不事先预设原子语句的真假，能够更好地解释量词之间的依赖与独立关系。例如，在无穷深度语言中，不可能像经典逻辑那样递归地构造和组合地解释"无穷公式"，因为根本就不存在位于底层的原子语句。在分枝量词的语义解释中，语言表达式仅与其所出现的分枝有关，而与其他分枝无关。在自然语言中，语句形式并不十分清晰，存在辖域模糊等现象，有时需要根据语境来确定特定语词的涵义，并由此判定语句的形式结构和博弈顺序（例如"any"）。

总之，博弈论语义学作为一种语义解释模型给我们带来了一个全新的视角，重新审视了语言与实在之间的关系，将信息、策略等纳入语义范畴，更加突显了人类作为语言使用者的主体地位，更加契合日常思维实际。博弈论语义学不仅可代替塔斯基语义学为经典逻辑提供合理解释，而且还可应用于直觉主义逻辑、广义模态逻辑（例如刻画知道、相信、断定等内涵算子的逻辑）、问答逻辑、偏序逻辑等，不仅适用于形式语言，而且还可推广至自然语言，具有广泛的应用价值和巨大的发展潜力。

第四章　IF 逻辑及其基本性质

亨迪卡建构 IF 逻辑的初心，是要继承和弘扬罗素、怀特海的逻辑主义精神，为数学重新奠基。在他看来，罗素、怀特海并没完成这个任务。因为经典逻辑存在许多不必要甚至错误的教条，不适合充当数学的基础。他一方面批判经典逻辑的不足，另一方面试图建构更加稳健的一阶逻辑，即独立友好的 IF 逻辑，以取代经典逻辑的基础地位。普遍流行的观点认为，经典逻辑是基本的逻辑，并且基本的逻辑必须完全公理化。但首先，众所周知，包含初等算术的一阶数学理论本身是不完全的。所以，没有强制的理由要求我们必须为数学寻求演绎公理。其次，经典逻辑无法有效刻画数学中许多概念和推理。例如，数学归纳法、无穷、等势、良序、幂集等。数学中包含大量的二阶概念，如集合、类、关系、谓词等。在经典逻辑基础上处理数学，不得不借助高阶实体。所以，公理集合论顺理成章地成为了数学的理论框架。另外，经典逻辑只能在句法层面刻画推理规则。因为语义上不能定义自身的真而必须诉诸更丰富更强大的元语言，例如集合论或其他二阶语言。所以，经典逻辑的语义学更加接近数学而非逻辑，只定义了语句与事态之间抽象的对应关系，没有进一步阐明语句何以为真。

亨迪卡发展 IF 逻辑的目的就是要放弃上述教条的限制，彻底“解放”一阶逻辑，使数学可以在“自由的”一阶逻辑上来处理。① 亨迪卡的解放策略主要是从哲学上重新阐释逻辑和数学中的核心概念，譬如量词、辖域、逻辑依赖、真(假)、否定、完全性等，而不是技术层面创新。通过对这些概念的哲学分析，可以发现许多被逻辑学家和数学家所忽视的新内涵，有助于澄清逻辑与数学的本质，从而为建构 IF 逻辑的句法和语义做好理论准备。但是，IF 逻辑的句法和语义历来存在争议。例如，亨迪卡、桑杜把策略函数等价于

---

① J. Hintikka. *The Principles of Mathematics Revisited*, Cambridge: Cambridge University Press, 1996: x.

司寇仑函数,量词独立关系主要针对存在量词与全称量词之间,只考虑(∃y/∀x)而不考虑(∃y/∃x)。与之不同,霍奇斯严格区分了司寇仑函数与策略函数,将独立关系一般化为(∃y/x),其中 x 是某个位于 ∃y 之前的量词约束变元,它兼容(∃y/∀x)和(∃y/∃x)。为了便于理解,我们先按照亨迪卡、桑杜的方法来刻画 IF 逻辑,再在适当的地方比较和讨论霍奇斯的修改及其意义。①

第一节　IF 一阶语言 L′

桑杜[1993]不仅分析了发展 IF 逻辑的语言动机和逻辑动机,而且还详细阐述了 IF 逻辑的句法和语义,初步讨论了 IF 逻辑的基本性质、表达力和应用价值,可视为 IF 逻辑的奠基之作。为了更好地比较经典逻辑与 IF 逻辑之间的联系与区别。我们先给出经典一阶语言 L,然后再给出 IF 一阶语言 L′。

1. 经典一阶语言 L

1）符号表

（1）个体变元符号：x_1, x_2, …, x_i, …($i \geqslant 1$)；

（2）个体常元符号：a_1, a_2, …, a_i, …($i \geqslant 1$)；

（3）谓词符号：P_i^n(i, $n \geqslant 1$)；

（4）函数符号：f_i^n(i, $n \geqslant 1$)；

（5）等词符号：=；

（6）量词符号：∀、∃；

（7）联结词符号：¬、∧、∨；

（8）括号和逗号：(、)、,。

其中,(1)(5)(6)(7)(8)为逻辑符号,(2)(3)(4)为非逻辑符号。几点说明：① P_i^n 表示第 i 个 n 元谓词, f_i^n表示第 i 个 n 元函数。函数关系是一种特殊的关系,给出它是为了使用上的方便。② 联结词只给出¬、∧和

① 由于 IF 逻辑尚处于迅猛发展之中,真可谓日新月异、见仁见智,在文献中可以找到本质不同的表述方式,它们都被称为"IF 逻辑"。为了避免不必要的争议和纠缠,本书采用了亨迪卡和桑杜的表述方式,这也是 IF 逻辑中主流的、经典的表述方式。在合适的地方以注释或评论的方式补充和比较其他观点。参见：T. Tulenheimo. "Independence Friendly Logic", *The Stanford Encyclopedia of Philosophy*(Fall 2020 Edition), Edward N. Zalta(ed.), URL= <https://plato.stanford.edu/archives/fall2020/entries/logic-if/>. 特别是注释 17。

∨,因为{¬,∧,∨}是完全集。如有需要,我们可以通过定义引入→、↔。③ 在不导致混淆的情况下,为了表达简便,用小写英文字母 x、y、z…表示个体变元,a、b、c…表示个体常元,大写英文字母 F、G、H…表示谓词符号,小写的斜体英文字母 *f*、*g*、*h*…表示函数符号,大写字母 Q(即量词 quantifier 的首字母大写)表示量词∀或∃,用同心圆◎表示∧或∨。

2) 项

"项"是比"个体词"更丰富的概念,相当于自然语言中的语词或短语,例如"张三""张三的父亲""张三的父亲的父亲",诸如此类。当我们对项进行解释时,它代表的仍然是那些作为个体域组成元素的个体。

(1) 个体变元是项;

(2) 个体常元是项;

(3) 如果 $t_1, t_2, \cdots, t_n$是项,则$f_i^n(t_1, t_2, \cdots, t_n)$是项;

(4) 项仅由有限次使用(1)—(3)构成。

3) 原子公式

谓词与项的结合可构成原子公式。如果 $t_1, t_2, \cdots, t_n$是 L 的项,则称 $P_i^n(t_1, t_2, \cdots, t_n)$为 L 的原子公式。例如,F(x, y)、G(x, *f*(y), *g*(z, w))都是 L 的原子公式。在原子公式基础上,通过添加联结词和量词即可形成复合公式。

4) 合式公式

由全体原子公式和复合公式构成的集合即为 L 的合式公式集 Γ。合式公式相当于自然语言中合语法的句子。

(1) L 的原子公式是合式公式;

(2) 若 A 是 L 的合式公式,则(¬A)也是合式公式;

(3) 若 A、B 是 L 的合式公式,则(A◎B)也是合式公式;

(4) 若 A 是 L 的合式公式,则 Qx_iA 也是合式公式($i\geqslant 1$);

(5) 合式公式仅由有限次使用(1)—(4)构成。

例如,∀xF(x)、∀xF(x)∨¬∀yH(x,y)都是 L 的合式公式。(¬A)的括号以及任意合式公式的最外层括号皆可省去。合式公式可简称为公式。

5) 子公式(subformula)

设 A 是 L 的公式,A 的子公式 Subf(A)可递归定义如下:

(1) 若 A 是 L 的原子公式,则 Subf(A)={A};

(2) 若 A 是(¬φ),则 Subf(¬φ)={¬φ}∪Subf(φ);

(3) 若 A 是(φ◎ϕ),则 Subf(φ◎ϕ)={φ◎ϕ}∪Subf(φ)∪Subf(ϕ);

(4) 若 A 是($Qx_i\varphi$),则 $Subf(Qx_i\varphi)=\{Qx_i\varphi\}\cup Subf(\varphi)$ $(i\geq 1)$。

6) 辖域

辖域(scope)即作用范围。每个量词都有自己的辖域,一般为紧随量词之后的最短子公式。例如,在公式 Qx_iA 中,Q 表示任意的量词,x_i 表示任意的个体变元,A 即为量词 Qx_i 的辖域。量词的辖域标明了公式中量词所能约束的范围,通常可以用括号标示出来。例如,在公式 $\exists x(F(x)\wedge\forall y(G(y)\to H(x,y)))$ 中,$\exists x$ 的辖域为紧随其后的子公式 $(F(x)\wedge\forall y(G(y)\to H(x,y)))$,而 $\forall y$ 的辖域为紧随其后的 $(G(y)\to H(x,y))$。当多个量词连续出现,其间无括号分隔时,根据定义可知:右边的量词在左边量词的辖域之中。例如,在 $\forall x\exists yF(x,y)$ 中,$\forall x$ 的辖域为 $\exists yF(x,y)$,$\exists y$ 的辖域为 $F(x,y)$。公式 $\forall xF(x)\to\exists xG(x)$ 中两个量词各有自己的辖域,互不影响。总之,在经典一阶语言中,不同辖域之间或者相互嵌套,或者相互排斥。

7) 约束变元与自由变元

在含量词的公式中,作为量词的个体变元和在量词辖域中与该个体变元相同的变元,其出现皆为约束出现,故称之为约束变元。凡是不以约束出现的变元,则是自由出现的,故称其为自由变元。例如,在 $\forall x(F(x)\wedge G(x)\to H(y))$ 中,x 的 3 次出现都是约束的,y 是自由的。在 $\exists xG(x,y)\wedge H(x,z)$ 中,x 有 2 次约束出现,1 次自由出现,y 和 z 都是自由的。

归结起来,变元的自由出现有三种可能情形:① 在不含量词的公式中,所有个体变元都是自由出现的。② 在含量词的公式中,凡与量词不相同的个体变元,无论是否处在该量词的辖域之内,都是自由出现的。③ 在含量词的公式中,在量词辖域之外的个体变元也是自由出现。上述这些自由出现的变元都是自由变元。含自由变元的公式称为开公式(open formula),而不含自由变元的公式称为闭公式(closed formula)或语句(sentence)。例如,在 $F(x)$、$\exists y(F(x)\wedge R(x,y))$ 和 $\forall y(F(x)\to F(y))$ 中,所有 x 都是自由出现的,因而都是自由变元,所以它们都是开公式。在 $\forall x\exists y(F(x)\wedge G(y)\to H(x,y))$ 中,x、y 都是约束出现的,因而都是约束变元,所以它是闭公式。当对个体变元的值域不做规定时,自由变元可在任一个体域中取值。因而,自由变元的值是不确定的。

接下来,进一步讨论在公式中用项代入(substitute,又译作“替换”)个体变元的问题。我们约定:如果 x_i 在公式 A 中自由出现,则记为 $A(x_i)$,$i\geq 1$;如果用项 t 替换在 $A(x_i)$ 中所有自由出现的 x_i 记作 $A(x_i/t)$,代入后的结果记作 $A(t)$。

8）项是代入自由的

令 $A(x_i)$ 是 L 的任意公式，其中 x_i 在 A 中是自由出现的，$i \geq 1$。我们可以用项 t 去替换 $A(x_i)$ 中自由出现的 x_i。如果项 t 中有个体变元 x_j，x_i 不出现在 Qx_j 的辖域之内，则称项 t 对 $A(x_i)$ 中的 x_i 是代入自由的，$i、j \geq 1$。这意味着，项 t 替换每个自由出现的 x_i 之后不会引起原公式中量词和辖域之间的关系发生变化，即不改变原公式的逻辑性质。但是，它通常会引起赋值的变化，即满足原公式的赋值通常不再满足新公式的赋值。例如，公式 $\exists x(x+y=0)$。很显然，当 $x=1$、$y=-1$ 时，即对变元 x、y 的赋值 $\sigma(x, y)=(1, -1)$ 时，原公式成立。若将原公式中自由出现的 y 进行代入，例如 2z，从而得到新公式 $\exists x(x+2z=0)$。此时，原赋值不满足新公式。因为当 $\sigma(x, z)=(1, -1)$ 时，$x+2z \neq 0$。不难看出，当另一个赋值 $\sigma'(x, z)=(1, -1/2)$ 时，新公式成立。很显然，$\sigma(y)=\sigma'(2z)$。

9）约束变元易字

为了确保代入顺利，有时候我们需要事先对约束变元进行易字（renaming），即改换约束变元符号。令 $A(x_i)$ 是 L 的任意公式，其中 x_i 在 A 中是自由出现的，$i \geq 1$。如果 x_j 不在 $A(x_i)$ 中自由出现，并且 x_j 对 $A(x_i)$ 中的 x_i 是代入自由的，那么 $\forall x_j A(x_i/x_j)$、$\exists x_j A(x_i/x_j)$ 分别是对 $\forall x_i A(x_i)$、$\exists x_i A(x_i)$ 的易字，$i、j \geq 1$。不难理解，约束变元符号的变化并没有实质性改变原公式的逻辑性质。易字后得到的公式与原公式是逻辑等价的。例如，对公式 $\exists x(x>y)$ 中自由出现的 y 可以进行代入，例如 m，由此得到 $\exists x(x>m)$。但是，我们不能对 y 代入 x，否则原公式就变成了 $\exists x(x>x)$，从而改变了原公式的逻辑性质。为了避免这一点，我们可以先对原公式中的约束变元 x 进行易字，例如 u，从而得到新公式 $\exists u(u>y)$。这样处理之后，我们就可以对 y 代入 x 了，即 $\exists u(u>x)$。①

为了更好地进行比较和讨论，我们规定：① 公式中的变元不能既是自由的又是约束的；② 每个量词对应于不同的变元。满足这两个条件的经典一阶公式称为规范的（regular）公式。

2. IF 一阶语言 L′

IF 一阶语言 L′是经典一阶语言 L 的扩张，即仅添加表示独立关系的斜杠符“/”，其非逻辑符号由个体（个体常元）名称和谓词字母组成。IF 一阶公式是在规范的经典一阶公式基础之上做出如下改变而形成的。

（1）如果 $\exists x$ 位于 $\forall y_1 \cdots \forall y_k$ 的辖域范围之内，那么就用（$\exists x/\forall y_1 \cdots$

① 后文将看到，在 IF 逻辑中不允许变元易字。这是 IF 逻辑与经典逻辑的诸多差异之一。

$\forall y_k$)来代替;

(2) 如果$\exists x$位于$\wedge_1 \cdots \wedge_k$的辖域范围之内,那么就用($\exists x / \wedge_1 \cdots \wedge_k$)来代替;

(3) 如果$\vee$位于$\forall y_1 \cdots \forall y_k$的辖域范围之内,那么就用($\vee / \forall y_1 \cdots \forall y_k$)来代替;

(4) 如果$\forall x$位于$\exists y_1 \cdots \exists y_k$的辖域范围之内,那么就用($\forall x / \exists y_1 \cdots \exists y_k$)来代替;

(5) 如果$\forall x$位于$\vee_1 \cdots \vee_k$的辖域范围之内,那么就用($\forall x / \vee_1 \cdots \vee_k$)来代替;

(6) 如果$\wedge$位于$\exists y_1 \cdots \exists y_k$的辖域范围之内,那么就用($\wedge / \exists y_1 \cdots \exists y_k$)来代替;

(7) 将弱的经典否定或矛盾否定$\neg$代之以强的博弈否定或对偶否定~;

(8) 如果$\forall x$位于~的辖域范围之内,那么就用($\forall x/$~)来代替;

(9) 如果$\exists x$位于~的辖域范围之内,那么就用($\exists x/$~)来代替;

(10) 上述(1)—(9)的改变可同时进行。①

不难看出,IF 一阶语言比经典一阶语言只不过多出了一个表示独立关

---

① G. Sandu. "On the Logic of Informational Independence and Its Applications", *Journal of Philosophical Logic*, 1993(22): 33-34. 除了上述五个常见的联结词外,亨迪卡还提到了"=",但"="如何表示独立关系,他没有给出具体的说明。参见: J. Hintikka. "Defining Truth, the Whole Truth and Nothing but the Truth", in *Lingua Universalis vs. Calculus Ratiocinator: an Ultimate Presuppostition of Twentieth-Century Philosophy*, Dordrecht: Kluwer Academic Publishers, 1997: 51. 另外,这里确实存在一些争议性问题,值得进一步思考。例如,霍奇斯指出(2)是不妥的,因为它会导致悖论,即玩家$\exists$在关于($\exists x / \wedge_1 \cdots \wedge_k$)的博弈过程中实际上间接地知道它所处的阶段(stage)或者选择点(choice points),从而与所谓的"独立"相冲突。而图仑海默指出(8)(实际上还有(9))也是不妥的,即把($\forall x/$~)解释为($\forall x$)的个体选择"独立于"(~)的个体选择是不恰当的。因为在博弈论语义学中,否定只是扮演角色切换的作用,玩家并不选择任何个体。所以,图仑海默在刻画 IF 一阶公式时只保留了(1)(2)(4)(6),同时要求经典一阶公式为否定范式,即否定符号仅出现在原子公式之前。亨迪卡同样做出了进一步的简化,他也要求经典一阶公式为否定范式,但只保留(1)和(3)。此外,图仑海默还注意到,当公式是可满足的或语句为真时(相关定义参见本章第二节),形如($\forall x / \exists y_1 \cdots \exists y_k$)是没有必要的;而当公式是不可满足的或语句为假时(定义同前),形如($\exists x / \forall y_1 \cdots \forall y_k$)也是没有必要的。因为它们所谓的"独立"实际上都是无意义的或者虚化的(vacuous),可以删除相应的斜杠符而不会影响原公式或原语句的性质。分别参见: W. Hodges. "Compositional Semantics for a Language with Imperfect Information", *Logic Journal of IGPL*, 1997(4): 546-548; T. Tulenheimo. "Independence Friendly Logic", *The Stanford Encyclopedia of Philosophy* (Fall 2020 Edition), Edward N. Zalta (ed.), URL = <https://plato.stanford.edu/archives/fall2020/entries/logic-if/>. 特别是注释 22; J. Hintikka. *The Principles of Mathematics Revisited*, Cambridge: Cambridge University Press, 1996: 52.

系的斜杠符“/”及相应的斜杠公式。① 当然，否定符号的涵义也发生了改变，即用强的对偶否定(~)代替弱的矛盾否定(¬)。上述改变，无非是为了确保在所有产生“依赖关系”的地方，允许存在相应的“独立关系”，使得 IF 一阶逻辑成为真正的信息独立的逻辑。为了避免不必要的争议，我们可以定义一个相对简单的 IF 一阶语言及其公式集，即只保留前述改变中的(1)(3)(4)(6)(7)。

斜杠集(slash set)W 是一个由变元组成的有穷集合，它出现在斜杠符之后，如(Δ/W)，②我们称 Δ 独立于 W。这意味着，当博弈进行到 Δ 时，玩家不知道(忘记或不可利用)W 中的变元取值。但是，一般来说 W 随着 Δ 的不同而不同。例如，$(\exists x/\forall y_1\cdots\forall y_k)$表示 x 独立于 $y_1\cdots y_k$，我们称 $y_1\cdots y_k$相对于 x 是独立出现的。很显然，若 $W=\varnothing$，$(\exists x/\varnothing)=\exists x$，$(\forall x/\varnothing)=\forall x$。类似地，$(\vee/\varnothing)=\vee$，$(\wedge/\varnothing)=\wedge$。所以，经典一阶公式可以看作是 IF 一阶公式的特例或者退化情形，即不含斜杠符和独立变元。

另外，独立关系不仅可以出现在量词之间，而且还可以出现在量词与联结词之间，例如$(\vee/\forall y_1\cdots\forall y_k)$和$(\wedge/\exists y_1\cdots\exists y_k)$。根据博弈规则可知，当博弈进行到析取(合取)时，由证实者(证伪者)来做出选择。又因为析取(合取)相当于存在(全称)量词的退化情形③，所以在此之前已经由证伪者(证实者)做出了相应选择。这意味着，析取(合取)独立于全称(存在)量词

---

① 实际上，亨迪卡还提议用另一种“更自然的”记法来表达独立关系，即用双斜杠“//”表示“排除”。例如，$(\exists y/\forall x)$可等价改写成$(\forall x//\exists y)$。“//”记法使得公式的形成规则可以独立于语境。其次，“//”记法位于公式前端而不深入公式内部，比“/”调整幅度更小、更直观。例如：

(1) $\forall x\forall y(\exists z/\forall y)(\exists w/\forall x)S(x, y)\Leftrightarrow(\forall x//\exists w)(\forall y//\exists z)\exists z\exists wS(x, y)$；

(2) $\forall x(S_1(x)(\vee/\forall x)S_2(x))\Leftrightarrow(\forall x//\vee)(S_1(x)\vee S_2(x))\Leftrightarrow\forall xS_1(x)\vee\forall xS_2(x)$。

这样能够更加清晰地揭示出 IF 逻辑中$(\forall x//\vee)$的分配律。所以，“/”与“//”不仅仅是记法上的不同，两者在方法论上具有很大差异。亨迪卡多次感慨没有尽早采用“//”表示法，以至于学界普遍流行“/”表示法。参见：J. Hintikka. *The Principles of Mathematics Revisited*, Cambridge: Cambridge University Press, 1996: 53 – 54, 85. 尽管如此，为了便于比较和避免不必要的争议，我们遵循通常的表达习惯，依然采用单斜杠符。

② A. Mann, G. Sandu and M. Sevenster. *Independence-Friendly Logic: A Game-theoretic Approach*, Cambridge: Cambridge University Press, 2011: 60.

③ 按照通常的理解，存在(全称)量词相当于替换实例的析取(合取)。即：$\exists xF(x)=_{df}F(a)\vee F(b)\cdots\vee F(n)$，$\forall xF(x)=_{df}F(a)\wedge F(b)\cdots\wedge F(n)$。但亨迪卡认为，“与此相反，我们应该把这些析取与合取视作存在和全称量化语句的退化情形。”因为从博弈论语义学的观点看，证实量化语句为真实质上就是“寻找且找到”相应个体的过程。$\exists xF(x)$为真相当于至少能够找到一个个体(例如“a”)使得 F(a)成立，$\forall xF(x)$为真相当于能够找到的任意个体(例如“b”)都使得 F(b)成立，从而无须事先对变元进行一一替换，然后再提升至量化语句。参见：J. Hintikka. “On Tarski's Assumptions”, *Synthese*, 2004(142): 357.

可以改写成存在(全称)量词独立于全称(存在)量词。设 A、B 为 L′中的公式,W 为斜杠集,0、1 为常元符号,z 为新的变元符号且 z 不在 A、B、W 中出现,那么 A(∨/W)B,例如 A(∨/ $\forall y_1 \cdots \forall y_k$)B),可改写成(∃x/W)((z=0∧A)∨(z=1∧B)))。其中,z 的选择独立于 W: 如果 z=0,那么博弈以 G(A)继续;如果 z=1,那么博弈以 G(B)继续。类似地,合取独立于存在量词 A(∧/W)B,例如 A(∨/ $\exists y_1 \cdots \exists y_k$)B),可改写成(∀z/W)((z≠0∨A)∧(z≠1∨B)))。其中,z 的选择独立于 W: 如果 z≠0,那么博弈以 G(A)继续;如果 z≠1,那么博弈以 G(B)继续。所以,我们还可以进一步简化 IF 一阶语言,只保留(1)(4)(7),即: 独立关系只出现在量词之间,斜杠仅出现在量词之后。①

根据上述规定和说明,我们可以给出 IF 一阶语言 L′中的公式、子公式的严格定义。

定义 1 设 L 为经典一阶语言并且 L 中的公式都具有否定范式形式(即否定符号仅出现在原子公式之前),IF 一阶语言 L′中的合式公式(简称为 L′-公式)可定义如下:

(1) 若 A 是 L 中的原子公式,则 A、~A 是 L′-公式(亦称为 L′-初始字段);

(2) 若 A、B 是 L′-公式,则(A◎B)也是 L′-公式;

(3) 若 A 是 L′-公式,则(Qx_i/W)A 也是 L′-公式(i≥1);

(4) L′-公式仅由有限次使用(1)—(3)构成。

定义 2 设 A 是 L′-公式,A 的子公式 Subf(A)可递归定义如下:

(1) 若 A 是 L′-初始字段,则 Subf(A)={A};

(2) 若 A 是(φ◎ϕ),则 Subf(φ◎ϕ)={φ◎ϕ}∪Subf(φ)∪Subf(ϕ);

(3) 若 A 是(Qx_i/W)φ,则 Subf(Qx_i/W)φ={(Qx_i/W)φ}∪Subf(φ)(i≥1)。

IF 逻辑的辖域、自由变元、约束变元等定义与经典逻辑大同而小异,更加精细化。在 IF 逻辑中,辖域概念得到了扩展,包括量词在内的所有逻辑常项皆有自己的辖域,②并且严格区分了句法辖域和逻辑辖域。L′-公式的自由变元与经典逻辑稍微不同的地方是,它不仅包含自由出现的变元,而且

① 当然,我们亦可反其道而行之,用析取与合取之间的独立关系来刻画量词之间的独立关系。由此导致所谓的 IF 命题逻辑。

② 其他逻辑常项的辖域类似于量词的辖域定义。例如,否定的辖域即紧挨否定之后的最短子公式。由于析取和合取是二元联结词,所以它们的辖域即紧挨它们的左右边最短的子公式。

还包括独立出现的变元(即 W 中的变元)。因此,$(Qx/W)\varphi$ 的自由变元 = $\{Qx\varphi$ 的自由变元$\} \cup W$,其中 Q 表示任意量词,x 是变元符号,φ 是 L′-公式,W 是斜杠集(即独立变元集)。例如,$(\exists x/\forall y_1 \cdots \forall y_k)\varphi$ 的自由变元 = $\{\exists x\varphi$ 的自由变元$\} \cup \{y_1 \cdots y_k\}$。相应地,如果一个变元既不是自由出现的,也不是独立出现的,那么它就是被约束的。不含任何自由变元的 L′-公式称为闭公式或语句。① 例如,在 $\forall x \forall y(\exists z/x)H(x, y, z)$ 中,x、y、z 都是约束的;在 $\forall x(\exists z/x)H(x, y, z)$ 中,x、z 都是约束的,y 是自由的;在 $\forall x(\exists y/\{x, z\})H(x, y, z)$ 中,x 和 y 是约束的,z 是自由的。

这意味着,在不加限制的情况下,L′-公式可能会出现"多余的"变元、空约束和重复约束等情况。例如,在 $\forall x(\exists y/\{x, z\})H(x, y)$ 中,z 实际上是"多余的"、独立出现的变元;在 $\forall x \exists y(\exists z/x)(x=z)$ 中,$\exists y$ 就是空约束,因此 y 也可以视为"多余的"变元;而在 $\forall x \exists y(\exists y/x)(x=y)$ 中,y 被约束两次。在经典逻辑中,空约束和重复约束是没有意义的,我们可以直接删去那些"多余的"变元及相应的量词而不会对原公式的真值造成任何实质性影响。例如,$\forall x \exists y H(y) \Leftrightarrow \exists y H(y)$, $\forall x \exists y \exists y H(x,y) \Leftrightarrow \forall x \exists y H(x, y)$。但是,在 IF 逻辑的语义博弈中,这些"多余的"或者重复约束的变元可能会对公式的真值产生影响,不能够随便删去②。

例如,在至少由两个个体组成的个体域中,$\forall x(\exists y/x)(x=y)$ 既不真

① 与斜杠逻辑相反,IF 逻辑的句法针对的是 IF 公式,而语义通常只针对 IF 语句。不过,桑杜后来给出了关于任意 IF 公式的语义。参见:G. Sandu. "Appendix", in J. Hintikka, *The Principles of Mathematics Revisited*, Cambridge: Cambridge University Press, 1996: 254 - 270; G. Sandu. "IF-Logic and Truth-Definition," *Journal of Philosophical Logic*, 1998(2): 143 - 164.

② 实际上,在 IF 逻辑中,子公式的重复出现也不能随便简化。例如,$\psi \vee \psi$、$\psi \wedge \psi$ 与 ψ 并不必然等价,从而违背了经典命题逻辑的幂等律。为了防止泄露信息而导致虚假独立,詹森(T. Janssen)建议采取"斜杠约定"(slashing convention),即位于其辖域范围之内的存在量词或析取,要独立于那些"空约束"或"重复"的存在量词。例如,$\forall x \exists u(\exists y/x)H(x,y)$ 要解释为 $\forall x \exists u(\exists y/\{x,u\})H(x,y)$,即把隐性的斜杠算子改写成显性的斜杠算子。在亨迪卡和桑杜的 IF 逻辑及其博弈论语义学中,实际上默认存在量子之间以及存在量词与析取之间没有依赖关系。詹森还提出另一种屏蔽信号的办法,即新增干扰量词(intervening quantifier),从而导致约束变元易字失效。具体参见:T. Janssen. "Independent Choices and the Interpretation of IF Logic", *Journal of Logic, Language and Information* 2002(11): 367 - 387; T. Janssen. "A Compositional Semantics for the Game-Theoretical Interpretation of Logic", in P. Dekker, M. Stokhof, and Y. Venema (eds.), *Proceedings of the Eleventh Amsterdam Colloquium*, ILLC/Department of Philosophy, University of Amsterdam, 1997: 181 - 185; T. Janssen. "IF Logic and Informational Independence", in P. Dekker (ed.), *Proceedings of the Twelfth Amsterdam Colloquium*, ILLC/Department of Philosophy, University of Amsterdam, 1999: 139 - 144.

也不假,因为双方都没有取胜策略。而在 $\forall x \exists y(\exists y/x)(x=y)$ 或者 $\forall x \exists z(\exists y/x)(x=y)$ 的博弈中,“我方”却拥有取胜策略,因为“我方”可以借助“多出的”$\exists y$ 或者 $\exists z$ 而间接地知道 x 的选值。① 以 $\forall x \exists z(\exists y/x)(x=y)$ 为例,“我方”对 $\exists z$ 做出选择时可采取策略: $z=x$。由于 $\exists z$ 没有斜杠,它总是可以知道 x 的值,所以 $z=x$ 是可行的。然后,“我方”在对 $\exists y$ 做出选择时可以采取策略: $y=z$。这里没有出现 x,但是“我方”知道 z 的值,所以 $y=z$ 也是可行的。由于 $z=x$ 并且 $y=z$,所以 $x=y$ 成立。换言之,“我方”有取胜策略使得公式为真。$\forall x \exists y(\exists y/x)(x=y)$ 的情形与之类似。

为了避免空约束和重复约束等现象产生,防止信息泄露,我们可以对 L′-公式做出严格限制。这导致“我方”不能利用(或忘记)之前已经采取的行动(或个体选择),即“我方”处于一种非完美记忆(imperfect recall)状态。

定义 3　设 Q 为量词,若 L′-公式满足以下条件,则它是规范的(regular):

(1) 如果 Qy/W 是量词并且 $x \in W$,那么它只能出现在 Qx/V 之后。

(2) 如果 Qx/W 是量词,那么它之前不能出现 Qx/V。②

这意味着,对于规范的 L′-公式来说,当博弈进行到 $G(Qy/W)$ 阶段,玩家对 y 进行个体选择时,由于 y 独立于 x,要求之前必须已经对 x 做出了个体选择。换言之,x 必须是被约束的,即处于 Qx/V 的辖域范围之内。同时,还要求每个变元只能做出一次个体选择。很显然,含量词 Qx/W 且 $x \in W$ 的 IF 一阶公式是不规范的。因为根据定义条件(1),在它之前必须有 Qx/V,但这与定义条件(2)相冲突。此外,在规范的 L′-公式中,自由变元与经典一阶公式中的自由变元保持一致,而不再包含独立出现的变元。因为独立出现的变元实际上都已经被约束了。满足定义 3 要求的语言称为规范的 IF 一阶语言。由此,我们可以定义规范的 IF 一阶语言中的公式和子公式。

定义 1′　设 L 为经典一阶语言并且 L 中的公式都具有否定范式形式,那么在规范的 IF 一阶语言 L′中的合式公式(简称为 L′-规范公式)可定义

---

① 但是,$\forall x \exists z \forall z(\exists y/x)\Phi(x, y)$ 却不为真,即“我方”没有取胜策略。因为对方已经改写了 z 的值,导致“我方”无法从 z 那里获得关于 x 的赋值信息。类似地,这种信号传递实际上也可以由联结词完成。例如:假设个体域至少由两个个体组成,对于 $(\exists x/y)(x=y)$,“我方”没有取胜策略,但是对于 $(\exists x/y)(x=y) \vee (\exists x/y)(x=y)$ 来说,“我方”却有取胜策略。分别参见:A. Mann, G. Sandu and M. Sevenster. *Independence-Friendly Logic: A Game-theoretic Approach*, Cambridge: Cambridge University Press, 2011: 65-66, 85-86, 103.

② A. Mann, G. Sandu and M. Sevenster. *Independence-Friendly Logic: A Game-theoretic Approach*, Cambridge: Cambridge University Press, 2011: 61.

如下：

(1) 若 A 是 L 的原子公式，则 A、~A 是 L′-规范公式（亦称为 L′-初始字段）；

(2) 若 A、B 是 L′-规范公式，则（A◎B）也是 L′-规范公式；

(3) 若 A 是 L′-规范公式，x_i、y_j 是任意变元且 $x_i \neq y_j$，W 是有穷变元集合且 $W \subseteq \{x_1, \cdots, x_i\}$，则 $(Qx_1 \cdots Qx_i)(Qy_j/W)A$ 也是 L′-规范公式（$i, j \geqslant 1$）；

(4) L′-规范公式仅由有限次使用（1）—（3）构成。

定义 2′ 设 A 是 L′-规范公式，A 的子公式 Subf(A) 可递归定义如下：

(1) 若 A 是 L′-初始字段，则 Subf(A) = {A}；

(2) 若 A 是（φ◎ϕ），则 $Subf(\varphi◎\phi) = \{\varphi◎\phi\} \cup Subf(\varphi) \cup Subf(\phi)$；

(3) 若 A 是 $(Qx_1 \cdots Qx_i)(Qy_j/W)\varphi$，则 $Subf((Qx_1 \cdots Qx_i)(Qy_j/W)\varphi) = \{(Qx_1 \cdots Qx_i)(Qy_j/W)\varphi\} \cup Subf(\varphi)$（$i, j \geqslant 1$）。

根据定义 3 和定义 1′可知，下列公式显然是 L′-规范公式：

(1) $\sim F(x)$；

(2) $\exists x \forall y H(x, y)$；

(3) $\forall x \forall y(\exists z/x) H(x, y, z)$；

(4) $\forall x(\exists y/x) H(x, y) \vee \forall x \exists y R(x, y)$。

而下列公式显然不是 L′-规范公式：

(1) $(\exists x/y) H(x, y)$；

(2) $\exists x(\exists y/x) H(x, y)$；

(3) $\forall x(\forall y/x) H(x, y)$；

(4) $\forall x(\exists y/\{x, z\}) \forall z H(x, y, z)$。

在后文的论述中，在不予以特别说明的情况下，IF 一阶语言通常就是指规范的 IF 一阶语言。

3. IF 一阶语言的表达力

根据前文的分析，不难得出以下结论。

(1) 经典逻辑是 IF 逻辑的子逻辑。因为 IF 一阶语言是经典一阶语言的扩张，经典一阶公式皆可在 IF 一阶语言中得到表达，反之不然。换言之，经典一阶公式实质上就是不含斜杠集的 IF 一阶公式。后文将从不同角度进一步阐明，尽管 IF 逻辑具有经典逻辑的某些重要元性质（参见本章第三节），但是 IF 逻辑比经典逻辑的表达力更强。

(2) 偏序（分枝或独立）量词逻辑是 IF 逻辑的子逻辑。因为分枝量词只不过刻画了量词之间的独立关系，可用 IF 一阶语言来表达，反之不然。前文已知分枝量词逻辑比经典逻辑表达力强，而 IF 逻辑比分枝量词逻辑表达力强，这也说明 IF 逻辑比经典逻辑表达力强。

（3）IF 逻辑与二阶逻辑存在片段的表达力相当。假定选择公理成立，借助司寇仑函数，存在一个递归程序可实现 IF 一阶公式与二阶存在公式之间等价互译。① 据此可知，IF 逻辑具有二阶逻辑存在片段的元性质，例如紧致性、洛文海姆-司寇仑性质、分离定理、NP-完全性等。这再次说明 IF 逻辑比经典逻辑的表达力要强得多。这些结论实际上在前文讨论分枝量词时就已经部分揭示出来了（参见第二章第四节）。另外，这些结果还具有更深层次的、也更具挑战性的意蕴，即二阶逻辑（至少存在片段）似乎可以在一阶层面来表达。如果 IF 逻辑确实（如亨迪卡所言）是一阶的话（即量词仅仅约束个体变元），那么它促使我们重新思考一阶逻辑与二阶逻辑之间的关系，以及数学基础的逻辑主义还原计划的可行性（具体讨论见第六章第五节）。

（4）偏序（分枝或独立）联结词逻辑是 IF 逻辑的子逻辑。偏序联结词最先由桑杜与韦内宁（G. Sandu & J. Väänänen[1992]）提出②。它源自偏序（分枝或独立）量词，只不过将其中一个或多个存在量词改换成析取联结词，是偏序（分枝或独立）量词的一种受限形式。③ 例如 $D_{1,(1)}$：

$$\left.\begin{array}{l}\forall x - \bigvee\limits_{i\in\{0,1\}} \\ \forall y - \exists z\end{array}\right\rangle (H_0(x,\ y,\ z),\ H_1(x,\ y,\ z)) \Leftrightarrow \exists f \exists g \forall x \forall y H_{f(x)}(x,\ y,\ g(y))。$$

其中，函数 f: $D \to \{0,\ 1\}$，而 g 是一个司寇仑函数：$D \to D$。

再如 $D_{1,1}$：

$$\left.\begin{array}{l}\forall x - \bigvee\limits_{i\in\{0,1\}} \\ \forall y - \bigvee\limits_{j\in\{0,1\}}\end{array}\right\rangle (H_{ij}(x,\ y)) \Leftrightarrow \exists f \exists g \forall x \forall z H_{f(x)g(z)}(x,\ y)。$$

其中，函数 f、g：$D \to \{0,\ 1\}$。

桑杜与韦内宁[1992]证明了，$D_{1,(1)}$ 和 $D_{1,1}$ 都不可还原为经典一阶公

---

① 具体转换过程可参见：J. Hintikka and G. Sandu. "Game-Theoretical Semantics", in J. van Benthem and A. ter Meulen(eds.), *Handbook of Logic and Language*, London: Elsevier B. V., 2011: 421. 亦可参见：T. Tulenheimo. "Independence Friendly Logic", *The Stanford Encyclopedia of Philosophy*(Fall 2020 Edition), Edward N. Zalta(ed.), URL = <https://plato.stanford.edu/archives/fall2020/entries/logic-if/>.

② G. Sandu and J. Väänänen. "Partially Ordered Connectives", *Zeitschrift für Mathematische Logik und Grundlagen der Mathematik*, 1992, 38(1): 361 - 372.

③ L. Hella, M. Sevenster and T. Tulenheimo. "Partially Ordered Connectives and Monadic Monotone Strict NP", *J Log Lang Inf*, 2008(17): 326.

式，$D_{1,1}$比分枝量词弱，而$D_{1,(1)}$与分枝量词相当。$D_{1,1}$可用$D_{1,(1)}$来定义，而$D_{1,(1)}$可用分枝量词来定义。若在经典逻辑中添加上述公式，将导致经典逻辑非紧致的、不可完全公理化的正规扩充。其中，克雷格插值定理（Craig interpolation theorem）和贝思可定义性定理（Beth definability theorem）皆不成立。但其一般形式$D_{n_1\cdots n_k(I_1\cdots I_k)}$本质上却是非二阶的，在可数模型下能够还原为无穷逻辑：

$$\begin{matrix} \forall x_{1_1}\cdots\forall x_{1_n} - \bigvee_{i_1}\in I_1 \diagdown \\ \cdots\quad\cdots\quad\cdots \qquad\qquad (\varphi_{i_1\cdots i_k})_{i_1}\in I_{1\cdots i_k}\in I_k \\ \forall x_{k_1}\cdots\forall x_{k_n} - \bigvee_{i_k}\in I_k \diagup \end{matrix}$$

。①

不难看出，偏序析取联结词可在IF一阶语言中得到表达。例如，$D_{1,(1)}$等价于$\forall y\exists z\forall x(\varphi_0(x, y, z)(\vee/y)H_1(x, y, z))$，$D_{1,1}$等价于$\forall x\forall y((H_{00}(x, y)(\vee/x)H_{01}(x, y))(\vee/y)(H_{10}(x, y)(\vee/x)H_{11}(x, y)))$。

那么，如何刻画偏序合取呢？与偏序析取相似，只不过将偏序（分枝或独立）量词中的一个或多个全称量词改换成合取联结词。例如$C_{1,(1)}$：

$$\begin{matrix} \bigwedge_{i\in\{0,1\}} - \exists z \diagdown \\ \qquad\qquad (H_0(x, y, z), H_1(x, y, z)) \Leftrightarrow \\ \forall x - \exists y \diagup \qquad \exists f\exists g\forall x H_i(x, g(x), f(i)). \end{matrix}$$

其中，函数f: $\{0, 1\}\rightarrow D$，g是一个司寇仑函数：$D\rightarrow D$。再如$C_{1,1}$：

$$\begin{matrix} \bigwedge_{i\in\{0,1\}} - \exists x \diagdown \\ \qquad\qquad (H_{ij}(x, y)) \Leftrightarrow \exists f\exists g H_{ij}(f(i), g(j)). \\ \bigwedge_{j\in\{0,1\}} - \exists y \diagup \end{matrix}$$

其中，函数f、g: $\{0, 1\}\rightarrow D$。

但问题在于，含偏序合取的一阶逻辑是否是经典逻辑的正规扩充？它是IF逻辑的子逻辑吗？上述偏序公式能否以及如何在IF一阶语言中表达？不难发现，$C_{1,(1)}$等价于$\exists t_1\exists t_2\forall x\exists y(H_0(x, y, t_1)\wedge H_1(x, y, t_2))$，$C_{1,1}$等价于$\exists t_1\exists t_2\exists t_3\exists t_4(H_{00}(t_1, t_3)\wedge H_{01}(t_1, t_4)\wedge H_{10}(t_2, t_3)\wedge H_{11}(t_2, t_4))$。②这两个等价式并不含任何斜杠符，皆是普通的一阶公式。这意味着偏序合取似乎并无必要。换言之，真正意义上的独立关系实际上只针对存在量词和析取联结词。因此，"非完美信息"实际上只针对证实

---

① G. Sandu and J. Väänänen. "Partially Ordered Connectives", *Zeitschrift für Mathematische Logik und Grundlagen der Mathematik*, 1992, 38(1): 371.

② G. Sandu. "On the Logic of Informational Independence and Its Applications", *Journal of Philosophical Logic*, 1993(22): 46.

者,而证伪者通常属于“完美信息”方。

第二节 IF 逻辑的博弈解释

为某个逻辑提供博弈论语义学,首先需要定义一个语义博弈,然后在此基础上根据取胜策略来定义真假。为了进行语义博弈,IF 一阶语言必须是已经被解释过的语言。IF 逻辑的语义博弈与经典逻辑的语义博弈大体相似。只不过前者是非完美信息型博弈,而后者是完美信息型博弈。

设 L′为 IF 一阶语言,$\varphi_1 \cdots \varphi_n$是 L′-公式,M 为模型或结构,D 为 M 上的个体域,σ 为变元赋值,两个玩家为“我方”和“自然”,分别扮演初始证实者和证伪者的角色,$G(M, \sigma, \varphi_i)$即为 φ_i 的二人零和博弈,$i \in \{1, \cdots, n\}$。$\sigma(x/a)$与 σ 相似,只不过将 x 替换为 a,a 为 D 中的个体元素。

根据前文对 L′-公式的规定,逻辑常项符号共有 13 种可能:$\{\exists x, \forall x, \sim, \wedge, \vee, (\exists x/\forall y_1 \cdots \forall y_k), (\exists x/\sim), (\exists x/\wedge_1 \cdots \wedge_k), (\forall x/\exists y_1 \cdots \exists y_k), (\forall x/\vee_1 \cdots \vee_k), (\forall x/\sim), (\vee/\forall y_1 \cdots \forall y_k), (\wedge/\exists y_1 \cdots \exists y_k)\}$①。这些符号分别对应于一条博弈规则,意味着(触发)一次博弈行动。博弈规则分述如下。

(1) 如果 φ 是 L′-初始字段,那么双方都不采取任何行动;

(2) 如果博弈进行到$(\varphi_1 \wedge \varphi_2)$或者$(\varphi_1(\wedge/\exists y_1 \cdots \exists y_k)\varphi_2)$,那么“自然”选择某个$i \in \{1, 2\}$,博弈以$G(M, \sigma, \varphi_i)$形式继续;

(3) 如果博弈进行到$(\varphi_1 \vee \varphi_2)$或者$(\varphi_1(\vee/\forall y_1 \cdots \forall y_k)\varphi_2)$,那么“我方”选择某个$i \in \{1, 2\}$,博弈以$G(M, \sigma, \varphi_i)$形式继续;

(4) 如果博弈进行到$(\forall x)\varphi$或者$((\forall x/\exists y_1 \cdots \exists y_k))\varphi$或者$(\forall x/\vee_1 \cdots \vee_k)\varphi$,那么“自然”从 D 中选择某个个体,例如 a,博弈以$G(M, \sigma(x/a), \varphi)$形式继续;

(5) 如果博弈进行到$(\exists x)\varphi$或者$(\exists x/\forall y_1 \cdots \forall y_k)\varphi$或者$(\exists x/\wedge_1 \cdots \wedge_k)\varphi$,那么“我方”从 D 中选择某个个体,例如 a,博弈以$G(M, \sigma(x/$

① 如前所述,IF 一阶语言可以简化。这里全部列出是为了更充分地展现 IF 逻辑语义博弈的特点。例如,桑杜要求所有的语句具有标准形式(如量词前束范式),都含有量词,并且否定仅位于原子语句或等式之前而不能出现在原子语句内部或复合语句的其他地方(即具有否定范式形式)。故而,桑杜的表单中没有∨和∧,也没有(∨/~)或(∧/~)。参见:G. Sandu. “On the Logic of Informational Independence and Its Applications”, *Journal of Philosophical Logic*, 1993(22): 35.

a)，φ)形式继续；

(6) 如果博弈进行到~φ,那么玩家互换角色,博弈以 G(M, σ, φ)形式继续；

(7) 如果博弈进行到(∃x/~)φ 或(∀x/~)φ,规则分别与(∃x)φ 和(∀x)φ 相似,唯一的区别在于,遇到~时无须改变角色。

IF 一阶语句的语义博弈实际上就是根据上述规则做出一系列选择,最后终止于 L′-初始字段,即原子公式或原子公式的强否定。

定义 1

与经典逻辑类似,IF 逻辑的博弈胜负可定义如下：

(1) 如果原子公式或者原子公式的强否定为真,那么“我方”获胜；

(2) 如果原子公式或者原子公式的强否定为假,那么“自然”获胜。

博弈策略是一个选值函数集 $\boldsymbol{F}$,其中每个函数 $f \in \boldsymbol{F}$ 对应于一次行动,根据相应的规则做出相应的选值。函数与规则一一对应,可根据符号的规则来递归定义。

要注意的是,独立标记“/”没有对应的博弈规则,独立关系是通过策略得到体现的。IF 逻辑与经典逻辑的博弈大同小异,两者的根本差别在于,前者允许信息独立,而后者只能信息依赖。这意味着,在 IF 一阶语言中,函数 f 的论元仅包含它所依赖的变元,而不包含它所独立的变元。但在经典逻辑中,函数 f 的论元必须包含之前所有的变元。例如：

(1) 假设∃x 位于($\forall y_1 \cdots \forall y_k$)的辖域范围之内,那么函数 f 的论元为($y_1 \cdots y_k$),即对应于 G(∃x)的策略函数为 $f(y_1 \cdots y_k)$。这意味着 x 的值依赖于($y_1 \cdots y_k$)的值；

(2) 假设($\exists x/\forall y_1 \cdots \forall y_k$)位于($\forall y_1 \cdots \forall y_k$; $\forall z_1 \cdots \forall z_m$)的辖域范围之内,那么函数 f 的论元为($z_1 \cdots z_m$),即对应于 G(∃x)的策略函数为 $f(z_1 \cdots z_m)$。这意味着 x 的值依赖于($z_1 \cdots z_m$)的值,但独立于($y_1 \cdots y_k$)的值。

其余情况类似。

很显然,策略函数与司寇仑函数实质是一样的。① 如果每次博弈行动,都清楚地知道之前所采取的行动(包括己方和对方),那么就是完美信息博弈,否则就是非完美信息博弈。IF 逻辑博弈相当于非完美信息博弈,而经典逻辑博弈相当于完美信息博弈。

取胜策略与经典逻辑的定义相同,即无论对方采取何种策略,玩家总能获胜的策略。

① 这里暂不考虑霍奇斯提议的更具一般性的策略函数。

定义 2

设 L′为 IF 一阶语言，φ 为 L′-语句，M 为模型，σ 为 M 上的赋值，φ 在模型 M 的 σ 赋值下的博弈记为 G(M, σ, φ)：

(1) φ 在 M 的 σ 赋值下是可满足的（记作{M, σ}$\vDash_{GTS}$ φ^{+}），当且仅当"我方"在 G(M, σ, φ)中有取胜策略；

(2) φ 在 M 的 σ 赋值下是不可满足的（记作{M, σ}$\vDash_{GTS}$ φ^{-}），当且仅当"自然"在 G(M, σ, φ)中有取胜策略。

定义 3

与经典逻辑相类似，L′-语句（闭公式）的满足或者不满足不受变元赋值影响，因为语句中不含自由变元。所以，L′-语句 φ 的真假可以定义如下：

(1) φ 在 M 中为真（记作 M$\vDash_{GTS}$ φ^{+}），当且仅当"我方"在 G(M, φ)中拥有取胜策略；

(2) φ 在 M 中为假（记作 M$\vDash_{GTS}$ φ^{-}），当且仅当"自然"在 G(M, φ)中拥有取胜策略。①

如前所述，在 IF 逻辑中存在一类既不真亦不假的语句，从而导致二值原则失效。当 φ 在 M 中不为真（记为 M $\nvDash_{GTS}$ φ^{+}）时，并不意味着 M$\vDash_{GTS}$ φ^{-}。类似地，当 φ 在 M 中不为假（记为 M$\nvDash_{GTS}$ φ^{-}）时，并不意味着 M$\vDash_{GTS}$ φ^{+}。这样一来，排中律也失效了，即 M$\nvDash_{GTS}(\varphi\vee\sim\varphi)^{+}$。所以，在 IF 逻辑中需要区分"真""假""不真""不假"四个概念。特别地，不真≠假，不假≠真。

定义 4

设 φ 为 L′-语句，M 为模型，σ 为 M 上的赋值：

(1) 博弈 G(M, φ)是不确定的（non-determinacy），当且仅当双方在博弈 G(M, φ)中都没有取胜策略。

(2) φ 在博弈 G(M, σ, φ)中是不确定的，当且仅当双方在博弈 G(M, σ, φ)中都没有取胜策略。

(3) φ 在 M 中是不确定的，当且仅当 M$\nvDash_{GTS}(\varphi\vee\sim\varphi)^{+}$。

但是，导致二值原则失效的根本原因不在于 IF 逻辑预设了第三值或真值间隙，而在于博弈论语义学自身所具有的一般特性。换言之，不确定性实际上是一种结构性特征，即某类函数在给定的模型中并不存在。

另外，由于二值原则在 IF 逻辑中失效，所以不能像经典逻辑那样定义

① G. Sandu. "On the Logic of Informational Independence and Its Applications", *Journal of Philosophical Logic*, 1993(22): 37.

逻辑等价(logical equivalence),即:任意经典一阶语句 φ 与 ϕ,如果 φ 在模型 M 中为真,当且仅当 ϕ 在模型 M 中为真。根据二值原则即可得到:如果 φ 与 ϕ 是逻辑等价的,那么 φ 在模型 M 中不为真,当且仅当 ϕ 在模型 M 中不为真。换言之,φ 在模型 M 中为假,当且仅当 ϕ 在模型 M 中为假。由于二值原则在 IF 逻辑中失效了,情况比经典逻辑复杂些,我们不能直接从真语句之间的等价来推演假语句之间的等价,反之亦然。所以,在 IF 逻辑中需要区分三种不同的等价概念:真等价(truth equivalence)或弱等价(weak equivalence)、假等价(falsity equivalence)、逻辑等价或强等价(strong equivalence)①。

定义 5

设 φ、ϕ 为任意的 L′-语句:

(1) 如果 φ 与 ϕ 在相同模型下为真,那么 φ 与 ϕ 是真等价的或弱等价的。

(2) 如果 φ 与 ϕ 在相同模型下为假,那么 φ 与 ϕ 是假等价的。

(3) 如果 φ 与 ϕ 既是真等价的又是假等价的,那么 φ 与 ϕ 是逻辑等价的或强等价的。

类似地,后承概念也与经典逻辑有所不同,需要区分两种不同的后承概念:逻辑后承(logical consequence)与强后承(strong consequence)。②

定义 6

设 φ、ϕ 为任意的 L′-语句:

(1) 如果在 φ 为真的任意模型下 ϕ 也为真,那么 ϕ 是 φ 的逻辑后承。

(2) 如果在 φ 不为假的任意模型下 ϕ 为真,那么 ϕ 是 φ 的强后承。

不难理解,当 φ 为不确定性语句(即 φ 在某个模型中既不真也不假)时,φ 仍然是其自身的逻辑后承,但不是其自身的强后承。

---

① 参见:J. Hintikka. *The Principles of Mathematics Revisited*, Cambridge: Cambridge University Press, 1996: 150; F. Dechesne. *Game, Set, Math: Formal Investigations into Logic with Imperfect Information*, PhD Thesis, Eindhoven: University of Tilburg, 2005: 32; T. Tulenheimo. "Independence Friendly Logic", *The Stanford Encyclopedia of Philosophy*(Fall 2020 Edition), Edward N. Zalta (ed.), URL = <https://plato.stanford.edu/archives/fall2020/entries/logic-if/>. 关于 IF 闭公式(或语句)之间逻辑等价的详细讨论请参见:A. Mann, G. Sandu and M. Sevenster. *Independence-Friendly Logic: A Game-theoretic Approach*, Cambridge: Cambridge University Press, 2011: 99 – 126.

② 参见:J. Hintikka. *The Principles of Mathematics Revisited*, Cambridge: Cambridge University Press, 1996: 161; T. Tulenheimo. "Independence Friendly Logic", *The Stanford Encyclopedia of Philosophy*(Fall 2020 Edition), Edward N. Zalta(ed.), URL = <https://plato.stanford.edu/archives/fall2020/entries/logic-if/>.

定义 7

设 φ 为 L'-语句,φ 的对偶 φ^*(具有否定范式形式)可定义如下:

(1) 若 φ 为原子语句,那么 $\varphi^* = \sim\varphi$。

(2) $(\sim\varphi)^* = \varphi^*$。

(3) $((\exists x/\forall y_1 \cdots \forall y_k)\varphi)^* = (\forall x/\exists y_1 \cdots \exists y_k)\varphi^*$。

(4) $((\forall x/\exists y_1 \cdots \exists y_k)\varphi)^* = (\exists x/\forall y_1 \cdots \forall y_k)\varphi^*$。

(5) $(\varphi_1(\vee/\forall y_1 \cdots \forall y_k)\varphi_2)^* = (\varphi_1^*(\wedge/\exists y_1 \cdots \exists y_k)\varphi_2^*)$。

(6) $(\varphi_1(\wedge/\exists y_1 \cdots \exists y_k)\varphi_2)^* = (\varphi_1^*(\vee/\forall y_1 \cdots \forall y_k)\varphi_2^*)$。①

根据上述定义,对任意的 L'-语句 φ 和模型 M,通过结构归纳法不难证明:$M \vDash_{GTS}(\sim\varphi)^{\pm}$ 当且仅当 $M \vDash_{GTS}(\varphi^*)^{\pm}$。

前文已经揭示,在 IF 逻辑中不真的(not-true)语句和假(false)语句并不重合。为了能够表达不真的语句,我们可以在 IF 一阶语言中添加新的否定符号——弱的矛盾否定"¬"——作为语句初始联结词,从而得到扩展的 IF 一阶语言 L''。设 φ 为 IF 一阶语言中的公式,$\neg\varphi$ 则为扩展的 IF 一阶语言中的公式。但是,需要对"¬"的使用施加某些限制,即"¬"只能出现在语句的最前端,而不能出现在语句内部,特别是不能出现在量词的辖域范围之内。例如,$(\forall x)\neg\varphi$ 是不允许的②。因为在博弈论语义学中没有针对"¬"的博弈规则。另外,"¬"也不能出现在原子公式之前,否则"¬"与"~"就没有差别。③

根据前述规定可知,EIF 逻辑的公式集是在 IF 逻辑公式集的基础上得到的,并且在¬、∧、∨下封闭:

(1) 所有的 L'-公式都是 L''-公式;

(2) 如果 φ、ϕ 是 L''-公式,那么 $\neg\varphi$、$\varphi\wedge\phi$、$\varphi\vee\phi$ 也是 L''-公式。

定义 8

设 L'' 为一阶语言,$\neg\varphi$ 为 L''-语句,M 为模型,σ 为赋值,φ 在模型 M 的

---

① J. Hintikka and G. Sandu. "Game-Theoretical Semantics", in J. van Benthem and A. Meulen (eds.), *Handbook of Logic and Language*, 2nd Edition, London: Elsevier B.V., 2011: 426.

② 实际上,亨迪卡还考虑了所谓完全扩展的 IF 一阶逻辑(full extended IF first-order logic),即允许矛盾否定¬出现在任何地方。特别地,如果(Qx/W)位于¬的辖域范围之内,那么 W 中的量词都位于¬的辖域范围之内。参见:J. Hintikka. *The Principles of Mathematics Revisited*, Cambridge: Cambridge University Press, 1996: 148; J. Hintikka. "Negation in Logic and in Natural Language", *Linguistics and Philosophy*, 2002, 25(5): 585 - 600; J. Hintikka. "Truth, Negation and Other Basic Notions of Logic", in J. van Benthem et al (eds.), *The Age of Alternative Logics*, Dordrecht: Springer, 2006: 195 - 219.

③ J. Hintikka. *Lingua Universalis VS. Calculus Ratiocinator: An Ultimate Presupposition of Twentieth-Century Philosophy*, Dordrecht: Springer, 1997: 82.

σ 赋值下的博弈记为 $G(M, \sigma, \varphi)$：

(1) $\neg\varphi$ 在 M 的 σ 赋值下是可满足的（记作$\{M, \sigma\}\vDash_{GTS}(\neg\varphi)^{+}$），当且仅当“我方”在 $G(M, \sigma, \varphi)$ 中没有取胜策略。

(2) $\neg\varphi$ 在 M 的 σ 赋值下是不可满足的（记作$\{M, \sigma\}\vDash_{GTS}(\neg\varphi)^{-}$），当且仅当“自然”在 $G(M, \sigma, \varphi)$ 中没有取胜策略。

定义 9

设 φ 为任意扩展的 IF 一阶语句，M 为模型，$\neg\varphi$ 的真假可定义如下：

(1) $M\vDash_{GTS}(\neg\varphi)^{+}$当且仅当 $M\vDash_{GTS}\varphi^{+}$不成立（可记为 $M\nvDash_{GTS}\varphi^{+}$），即“我方”没有取胜策略。

(2) $M\vDash_{GTS}(\neg\varphi)^{-}$当且仅当 $M\vDash_{GTS}\varphi^{-}$不成立（可记为 $M\nvDash_{GTS}\varphi^{-}$），即“自然”没有取胜策略。

定义 10

排中律（$\vDash_{GTS}(\varphi\vee\sim\varphi)^{+}$）可重新等价表述为确定性假设 DET（determinacy，简称 DET），亦称策梅罗定理（Zermelo theorem）：

设 φ 为任意的 L'-语句，M 为任意模型，要么“我方”有 $G(\varphi)$ 的取胜策略，要么“自然”有 $G(\varphi)$ 的取胜策略。

不难看出，排中律或者 DET 在 IF 逻辑中失效了。因为“我方”没有取胜策略，不等于“自然”就有取胜策略，反之亦然。这意味着，对任意模型 M，存在 IF 一阶语句 φ，它可能既不是 $M\vDash_{GTS}\varphi^{+}$，也不是 $M\vDash_{GTS}(\sim\varphi)^{+}$，而有可能是 $M\nvDash_{GTS}\varphi^{+}$，即 $M\vDash_{GTS}(\neg\varphi)^{+}$。当然，它还可能是$M\nvDash_{GTS}(\sim\varphi)^{+}$。所以，在 IF 逻辑中，尽管存在定义矛盾否定的可能性，但一般来说是不能够定义矛盾否定的。因为排中律在 IF 逻辑中失效只是告诉我们，并非所有对 φ 的否定就必定是$\sim\varphi$，也不能由此断定 φ 的否定就必定是$\neg\varphi$，而仅仅可能是$\neg\varphi$。

除此之外，即使在 EIF 逻辑中，矛盾否定也只能出现在语句前端，语义上却没有针对矛盾否定的博弈规则，只有对偶否定的博弈规则。也就是说，尽管在 EIF 逻辑中矛盾否定是必须的，但它仍然是不够用的。因为矛盾否定实际上是建立在对偶否定基础之上，“$\neg\varphi$”的语义不能通过博弈规则来解释，而只能借助 $G(M, \sigma, \varphi)$ 来确定$\neg\varphi$ 的值。这说明了矛盾否定与对偶否定之间的关系，即：对偶否定是矛盾否定的基础。

定理 1

对于 L'-语句 φ，如果$\neg\varphi$ 在 L'中是可表达的（即在 L'中存在语句 ψ，ψ 与 φ 具有相同的模型：$M\vDash_{GTS}\varphi^{+}$当且仅当 $M\vDash_{GTS}\psi^{+}$），那么 φ 可用经典一

阶语言表达。①

证明：令 ψ=(¬φ)即可。它是分离定理的一个推论（参见本章第三节）。这个定理意味着，对于非扩展的 IF 一阶语言 L′来说，能够表达矛盾语句的，实际上就是那些不含斜杠算子的经典一阶语句。但需要注意的是，句法上的可表达性需要借助语义层面的考虑。换言之，只有那些与 L′-语句真等价的经典一阶语句，方可在 L′中表达矛盾否定。例如，L′-语句 ∀y(∃x/y)(x=y)真等价于经典一阶语句 ∃x∀y(x=y)，所以它的矛盾否定 ∀x∃y(x≠y)能够在 L′中得到表达。

但是，即使矛盾否定在 L′中是可表达的，也不意味着 IF 逻辑就是确定的。例如，尽管 ∀y(∃x/y)(x=y)的矛盾否定 ∀x∃y(x≠y)在 L′中是可表达的，但 ∀y(∃x/y)(x=y)仍然是不确定的。这说明，即使 IF 一阶语句与经典一阶语句是真等价的，也不意味着两者是完全相同的。

由于 IF 逻辑允许信息独立，尽管在句法上是对经典一阶语言的温和扩张，即仅添加斜杠算符及斜杠集，但在语义上却导致许多经典法则失效。例如，排中律、双重否定律、替换解释、组合原则等。前文已经分析了博弈论语义学采取强的对偶否定，会导致排中律和双重否定律等失效。接下来，重点讨论替换解释和组合原则。

替换解释只针对闭公式（即语句）。在经典逻辑中，∃xH(x)为真，当且仅当至少存在一个替换实例（例如 b），使得 H(b)为真；∀xH(x)为真，当且仅当任意一个替换实例（例如 a），使得 H(a)为真。对于含有多个量词的语句，遵循从外至内、从左至右的原则，逐个逐步地进行替换。例如，若 ∀x∃yF(x, y)为真，必须先对 ∀x 进行替换（例如某个任意的 a），从而得到 ∃yF(a, y)，然后再对 ∃y 进行替换（例如某个 b），使得 F(a, b)成立。但是，量词的替换解释对于 L′-语句失效。因为 L′-语句允许量词独立，违背了组合原则，量词的语义解释不能简单地从左至右逐个进行替换，相互独立的量词之间必须同时进行解释。前文第二章在讨论分枝量词时就已经阐明了这一点。IF 逻辑把量词看作是一种选值函数（例如司寇仑函数），而替换解释实际上是把量词当作高阶谓词。

前文已经指出，博弈论语义学与塔斯基语义学之间最根本的区别在于，前者不具有组合性而后者具有组合性。② 组合原则预设了语句的初始构成

① J. Hintikka and G. Sandu. “Game-Theoretical Semantics”, in J. van Benthem and A. Meulen (eds.), *Handbook of Logic and Language*, London: Elsevier B.V., 2011: 427.

② 同上，p.422。

部分是相互独立或语境独立的，而 IF 逻辑允许语境依赖，所以 IF 逻辑违反了组合原则的要求。这也说明了为什么塔斯基语义学不适用于 IF 逻辑。但是，研究表明，任何以有穷方式刻画的语言最终都可以实现组合处理①，并且组合处理有利于系统地计算公式的真值，有助于计算机信息化处理。那么，能否以及如何对 L′-公式赋予组合语义解释呢？答案是肯定的。

一种可能的解决办法是，将前置的量词串当作一个整体，就像亨金量词那样，把它们看作是一类特殊的广义量词。例如：

$H_{xyzw}\Phi(x, y, z, w) =_{df} \forall x \exists y \forall z(\exists w/x)\Phi(x, y, z, w) \Leftrightarrow \exists f \exists g \forall x \forall z \Phi(x, f(x), z, g(z))$。

其中，f、g 都是函数：D→D，即司寇仑函数。

类似地，还可以推广至其他类型的 L′-语句：

$$Q_{xyz}(S_1, S_2) =_{df} \forall x \exists y \forall z(S_1(\vee/x)S_2) \Leftrightarrow$$
$$\exists f \exists g \forall x \forall z S_{g(z)}(x, f(x), z)。$$

其中，f 是函数：D→D，即司寇仑函数；而 g 是函数：D→{1, 2}。

不难看出，这种处理方式非常抽象而且十分笨拙，不得不诉诸高阶语义实体，远不如博弈论语义学那么清晰、自然，因为博弈论语义学至少是一阶的。② 另外，信息独立类型并不局限于量词和联结词，它还可以推广至其他逻辑算子，例如模态算子、时间算子、命题态度词等。这些进一步扩展的 IF 逻辑更加不宜用上述方式进行处理，而博弈论语义学却可以畅通无阻。所以，即使可以对 IF 逻辑进行某种组合语义解释，非组合的博弈论语义学仍然更具优势。换言之，对于建构强大的 IF 逻辑来说，即使组合语义是可能的，也不是必要的。接下来将看到，霍奇斯等人提议的团队赋值博弈也存在类似的问题，因为它同样诉诸类型论提升，直接承诺了高阶语义实体，即个体集。

另一种组合解释办法是改变博弈方式，即采取团队博弈的方式：每次博弈行动不再是选择一个个体（例如 a），因此称为单项赋值博弈；而是选择一组个体 X 或者由个体组成的笛卡尔积（例如 X×Y），因此称为团队赋值博弈。所谓团队 X 是相同论域中的一组赋值或一个赋值集 $\{\sigma_1, \sigma_2, \cdots, \sigma_n\}$，$n \geq 1$。它意味着玩家当前所拥有的信息，即在博弈之前他所知道的那些可能的赋值 $\sigma_i \in X$。

---

① T. Janssen and B. Partee. "Compositionality", in J. van Benthem and A. Meulen (eds.), *Handbook of Logic and Language*, London: Elsevier B.V., 2011: 537.

② J. Hintikka and G. Sandu. "Game-Theoretical Semantics", in J. van Benthem and A. Meulen (eds.), *Handbook of Logic and Language*, London: Elsevier B.V., 2011: 424.

设论域中有n个变元,每个变元各有m个可能的值,那么总共有m^n种不同的赋值。一个团队就是所有可能赋值的一个子集,它相当于一个数据库。在经典命题逻辑中,所有可能的赋值构成了一张真值表,一个团队就相当于真值表中的某一行或某几行。例如,一个满足$x_1=x_2$但不满足$x_2=x_3$的赋值团队$X=\{\sigma_1, \sigma_2, \sigma_3\}$:

赋 值	变 元		
	x_1	x_2	x_3
σ_1	0	0	3
σ_2	0	0	4
σ_3	2	2	5

不难看出,上述团队还满足$x_3>x_1$和$x_1+x_2<x_3$,但不满足$x_1>x_2$或者$x_1>x_3$等其他情形。除此之外,一个团队满足一个公式,那么它的每个赋值都满足该公式,反之亦然,即:一个团队不满足一个公式,那么它的每个赋值都不满足该公式。这个性质将在后文(向下单调性)中得到进一步阐释。

团队赋值博弈凸显了独立量词所蕴含的信息不完美性及其博弈的不确定性。因为赋值团队X不是某个具体的赋值,而是所有可能的赋值,由此生成的不是一颗博弈树(tree)而是一片丛林(forest)。塔斯基语义学和亨迪卡所提议博弈论语义学实际上都属于单项赋值。塔斯基语义学相当于单项赋值的完美信息博弈,它提供了一套递归程序,可根据子公式的子博弈来分析经典一阶语句的整体博弈,体现了组合原则的要求。而亨迪卡所提议的独立量词的语义博弈只针对L′-闭公式,它由外至内地进行单项赋值,违背了组合原则的要求。例如,我们不能直接根据φ的值来确定"~φ"的值,因为"~"只表示角色调换,是一种对偶否定而非矛盾否定。但是,如果引入团队赋值概念,允许将语义博弈扩展至L′-开公式,那么也可根据L′-开公式的子博弈(满足与不满足)来计算L′-闭公式的整体博弈(真或假)。

设M为模型(或结构),D为非空论域,X为M的赋值团队,如果"我方"在博弈G(M, X, φ)中拥有取胜策略,那么X满足公式φ,记为$\{M, X\}\vDash_{\text{Trump}}\varphi^+$,此时X就是一个获胜团队(winning team),霍奇斯称之为"王牌"(trump)。反之,如果"自然"拥有取胜策略,那么X不满足公式φ,记为$\{M, X\}\vDash_{\text{Trump}}\varphi^-$,此时X就是一个失败团队(losing team),霍奇斯称之为"反王牌"(cotrump)。亨迪卡最初设计的博弈论语义学只针对L′-闭公式,而霍奇斯扩展了博弈方式,使之能够对开公式进行语义博弈,并且根据开公式的子博弈来计算闭公式的博弈语义。

定义 11

设 φ、ψ 为 L′-公式,L′-公式的"满足"条件可递归定义如下:

(1) 如果 φ 是 L′-原子公式,那么 $\{M, X\}\vDash_{\text{Trump}}\varphi^{+}$ 当且仅当对每个 $\sigma_i\in X$,都有 $\{M, \sigma_i\}\vDash_{\text{Trump}}\varphi^{+}$。

(2) $\{M, X\}\vDash_{\text{Trump}}(\varphi\vee\psi)^{+}$ 当且仅当存在团队 $X=Y\cup Y'$,使得 $\{M, Y\}\vDash_{\text{Trump}}\varphi^{+}$ 并且 $\{M, Y'\}\vDash_{\text{Trump}}\psi^{+}$。

(3) $\{M, X\}\vDash_{\text{Trump}}(\varphi\wedge\psi)^{+}$ 当且仅当存在团队 X,使得 $\{M, X\}\vDash_{\text{Trump}}\varphi^{+}$ 并且 $\{M, X\}\vDash_{\text{Trump}}\psi^{+}$。

(4) $\{M, X\}\vDash_{\text{Trump}}((\exists x/W)\varphi)^{+}$ 当且仅当存在函数 f: $X\rightarrow D$ 和补充团队(supplement team)$X[x, f]=\{\sigma(x/a): \sigma\in X, a\in f(\sigma)\}$,使得 $\{M, X[x, f]\}\vDash_{\text{Trump}}\varphi^{+}$。

(5) $\{M, X\}\vDash_{\text{Trump}}((\forall x/W)\varphi)^{+}$ 当且仅当 $\{M, X[x, D]\}\vDash_{\text{Trump}}\varphi^{+}$,其中 $X[x, D]=\{\sigma': \text{存在 } \sigma\in X \text{ 使得 } \sigma\sim_x\sigma'\}$,$\sigma\sim_x\sigma'$ 表示两个赋值 σ、σ' 仅对 x 的赋值不同,其他方面完全相同。

定义 12

L″-公式的"满足"只须在上述定义 11 的(1)—(5)基础之上,再增加一条定义即可:

(6) $\{M, X\}\vDash_{\text{Trump}}(\neg\varphi)^{+}$ 当且仅当 $\{M, X\}\vDash_{\text{Trump}}\varphi^{-}$。①

同理,可给出 L′-公式和 L″-公式的"不满足"条件的递归定义。② 由此,再根据公式的"满足"与"不满足"就能够定义 L′-语句(以及 L″-语句)的真与假。L′-语句(以及 L″-语句)的"真"可定义为"我方"在博弈 $G(M, \varphi)$ 中拥有取胜策略,记为 $M\vDash_{\text{Trump}}\varphi^{+}$;反之,L′-语句(以及 L″-语句)的"假"可定义为"自然"拥有取胜策略,记为 $M\vDash_{\text{Trump}}\varphi^{-}$。这样一来,L′-公式(以及 L″-公式)的博弈论语义学也能够容纳组合原则。

下面简要分析团队赋值博弈的一些基本特性与解释力。概括起来,团队博弈语义学具有如下一些基本特性:

---

① A. Mann, G. Sandu and M. Sevenster. *Independence-Friendly Logic: A Game-theoretic Approach*, Cambridge: Cambridge University Press, 2011: 78.

② 详见: W. Hodges. "Compositional Semantics for a Language of Imperfect Information", *Logic Journal of the IGPL*, 1997(4): 539 – 563. 特别是定理 7.5; P. Galliani and A. L. Mann. "Lottery Semantics: A Compositional Semantics for Probabilistic First-Order Logic with Imperfect Information", *Studia Logica*, 2013(101): 293 – 322. 特别是定理 3.1。

（1）保守性（conservativity）。$\{M, X\} \vDash_{Trump} \varphi^+$（团队博弈语义学意义下的满足）当且仅当对于每个 $\sigma_i \in X$，$\{M, \sigma_i\} \vDash_{Tarski} \varphi$（塔斯基语义学意义下的满足）。

（2）驻留性（localtity）。如果 X、Y 是针对 φ 的共同自由变元的两个团队，那么 $\{M, X\} \vDash_{Trump} \varphi^{\pm}$ 当且仅当 $\{M, Y\} \vDash_{Trump} \varphi^{\pm}$。

（3）向下单调性（downward monotonicity）。每个获胜团队的子团队仍然是获胜团队，每个失败团队的子团队仍然是失败团队。设 $Y \subseteq X$，则有：① 如果 $\{M, X\} \vDash_{Trump} \varphi^+$，那么 $\{M, Y\} \vDash_{Trump} \varphi^+$；② 如果 $\{M, X\} \vDash_{Trump} \varphi^-$，那么 $\{M, Y\} \vDash_{Trump} \varphi^-$。

（4）无矛盾性（noncontradiction）。对任意的 M 和 φ，$\{M, X\} \vDash_{Trump} \varphi^+$ 并且 $\{M, X\} \vDash_{Trump} \varphi^-$，当且仅当 $X = \varnothing$。X 是空集意味着玩家没有做出任何选择，博弈没有开始，此时双方都是"获胜者"。反之，若 $X \neq \varnothing$，则双方不可能同时拥有取胜策略。①

几点说明：

第一，团队赋值博弈具有更强的解释力，是博弈论语义学的一般化和升级版，所以团队语义学（team semantics）又称为"王牌语义学"（trump semantics）②。但团队赋值博弈比单项赋值博弈（包括塔斯基语义学和亨迪卡提议的博弈论语义学）更为复杂，不得不借助类型论提升，直接承诺了高阶语义实体，面临更多的本体论负担。因此，对 IF 逻辑来说，即使组合性是可以挽救的，也不是必要的或者最佳选择。"博弈论语义学与王牌语义学之间的联系是含非完美信息的一阶逻辑的研究核心。"③

第二，与单项赋值博弈初始玩家直接从个体域中选择某一个个体、仅生成一棵博弈树不同，团队赋值博弈的初始玩家不确定从个体域中选择哪个个体，允许他做出不同的初始赋值，每个初始赋值都会生成一棵博弈树，不同的初始赋值意味着同时生成了不同的博弈树，结果导致一片博弈丛林。④

---

① A. Mann, G. Sandu and M. Sevenster. *Independence-Friendly Logic: A Game-theoretic Approach*, Cambridge: Cambridge University Press, 2011: 88. 要注意，空团队（empty team）和空赋值（empty assignment）不同。前者表示没有进行任何赋值，而后者表示变元为空集。赋值为空并不意味着团队为空。或者说，含空赋值的团队不同于空团队。参见：F. Engström. "Generalized Quantifiers in Dependence Logic", *J Log Lang Inf*, 2012(21): 303.

② A. Mann, G. Sandu and M. Sevenster. *Independence-Friendly Logic: A Game-theoretic Approach*, Cambridge: Cambridge University Press, 2011: 77.

③ P. Galliani and A. L. Mann. "Lottery Semantics: A Compositional Semantics for Probabilistic First-Order Logic with Imperfect Information", *Studia Logica*, 2013(101): 320.

④ A. Mann, G. Sandu and M. Sevenster. *Independence-Friendly Logic: A Game-theoretic Approach*, Cambridge: Cambridge University Press, 2011: 84.

例如，大家所熟知的扫雷游戏就充分体现了团队赋值博弈思想。一开始，玩家并不确定哪里有雷，哪里是安全的。所以，他的初始动作是随机性的。然后，随着博弈的深入，他根据反馈信息而逐步确定雷的位置。“这可能有助于读者的直觉想象，即在博弈开局之时，初始赋值是由一个公正的第三方（自然）从 X 中选择的，然后埃洛伊丝才开始她的第一步。”①

第三，团队赋值博弈预设了初始赋值的不确定性，初始玩家的一组赋值 X 代表了他当前所知道的信息。集合越大，信息越少，获胜概率越低；集合越小，信息越多，获胜概率越高。若 $Y \subseteq X$，Y 是 X 的子团队（sub-team）。若 X 是一个个体集，则 Y 是 X 的子集。这意味着初始玩家掌握了更多关于个体选择的信息，他可以从更小的范围来选择合适的个体。若 X 是单元素集，意味着玩家对个体选择拥有完美的信息。反之，若 X 是由所有个体组成的集合，意味着玩家没有关于个体的任何信息。

第四，设 X、Y 是针对同一变元的两组不同的赋值（个体集），玩家可能分别拥有 $G(M, X, \varphi)$ 和 $G(M, Y, \varphi)$ 的取胜策略，但可能没有 $G(M, X \cup Y, \varphi)$ 的取胜策略。例如，$\forall x(\exists y/x)(x=y)$。若个体集限制为单元素集，例如 $X=\{a\}$，$Y=\{b\}$，那么“我方”总是获胜。尽管形式上“我方”并“不知道”对方的选择，但由于每个个体集都只有一个元素，所以“我方”的选择实际上都会使 $x=y$ 成立：$\{M, X\} \vDash_{Trump} \varphi^+$ 并且 $\{M, Y\} \vDash_{Trump} \varphi^+$。但是，若个体集为 $X \cup Y=\{a, b\}$，此时双方都无取胜策略。因为“我方”并“不知道”对方的选择，无法确保 $x=y$ 必然成立。“自然”也无取胜策略，因为“我方”也可能碰巧选择了同样的个体使得 $x=y$ 成立。很显然，这与完美信息情形下的经典逻辑不同。因为根据经典逻辑推理的单调性可知：若 $\{M, X\} \vDash_{Trump} \varphi^+$ 并且 $\{M, Y\} \vDash_{Trump} \varphi^+$，那么 $\{M, X \cup Y\} \vDash_{Trump} \varphi^+$；若 $\{M, X\} \vDash_{Trump} \varphi^-$ 并且 $\{M, Y\} \vDash_{Trump} \varphi^-$，那么 $\{M, X \cup Y\} \vDash_{Trump} \varphi^-$。

第五，虽然 $X=\varnothing$ 看起来似乎有点不合规则，但它对于合理解释析取引入和合取引入是必要的：① 如果 $\{M, X\} \vDash_{Trump} \varphi^+$，那么 $\{M, X\} \vDash_{Trump} (\varphi \vee \psi)^+$；② 如果 $\{M, X\} \vDash_{Trump} \varphi^-$，那么 $\{M, X\} \vDash_{Trump} (\varphi \wedge \psi)^-$。因为 $X=X \cup \varnothing$，$\{M, \varnothing\} \vDash_{Trump} \varphi^+$ 并且 $\{M, \varnothing\} \vDash_{Trump} \varphi^-$。对于①，若“我方”在团队博弈 $G(M, X, \varphi)$ 中有取胜策略，那么“我方”只需要选择 φ，继续执行原有的取胜策略即可。同理，对于②，“自然”也只需要选择 φ，继续执行原有的取胜策略即可。换言之，在博弈过程中与 ψ 的取值无关。

① P. Galliani and A. L. Mann. “Lottery Semantics: A Compositional Semantics for Probabilistic First-Order Logic with Imperfect Information”, *Studia Logica*, 2013(101): 298.

第六，前文（第三章第二节）已经指出，在经典逻辑（以及所谓的依赖逻辑和依赖友好的逻辑）公式中新增量词变元，不会改变原公式的值，但在不规范的 IF 一阶公式中，新增量词变元可能会传递信号（signaling），从而影响博弈的结果，改变公式的真值。例如，设 $D=\{a, b\}$，$\forall x \exists z(\exists y/x)\varphi(x, y)$ 与 $\forall x(\exists y/x)\varphi(x, y)$ 的胜负情况不同。对于前者，“我方”拥有取胜策略。因为“我方”可以连续做出两次选择，所以在 $G(\exists y/x)$ 阶段，尽管 y 独立于 x，但在之前的 $G(\exists z)$ 阶段，由于 z 依赖于 x，“我方”实际上已经间接地知道了 x 的选值。多出来的 $\exists z$ 充当了信号传递员的角色，泄露了 x 的选值。与之不同，在后者的博弈中，双方都没有取胜策略。

为了阻止玩家从新增变元中获取信息，我们需要补充下列原则（笛卡尔式扩充）：设 X、Y 是针对不同变元的两组不同的赋值（个体集），由于 X 允许为空集，所以 Y 必须非空；若 $\{M, X\}\vDash_{\text{Trump}}\varphi^{+}$，那么 $\{M, X\times Y\}\vDash_{\text{Trump}}\varphi^{+}$；若 $\{M, X\}\vDash_{\text{Trump}}\varphi^{-}$，那么 $\{M, X\times Y\}\vDash_{\text{Trump}}\varphi^{-}$；反之亦然。① 这意味着，不同赋值组（个体集）的笛卡尔式扩充不会影响博弈的结果（即公式的真假）。换言之，获胜的玩家在博弈过程中，不可利用新增变元所携带的信息。当然，我们也可以采取其他方式来禁止玩家从新增变元中获取信息，即在新增变元的同时，新增相应的斜杠算子“/”。例如，把 $\forall x \exists z(\exists y/x)\varphi(x, y)$ 改写成 $\forall x \exists z(\exists y/\{x, z\})\varphi(x, y)$②。这样做的目的是防止提前或间接地泄露信息，否则“信息独立”就失去了应有的意义。我们在前文中定义规范的 L′-公式就是为了避免此种情况产生。

第三节 IF 逻辑的基本性质③

前文已经阐述了 IF 逻辑的句法和语义，下面考察它的一些基本性质。

---

① 详细证明可参见：A. Mann, G. Sandu and M. Sevenster. *Independence-Friendly Logic: A Game-Theoretic Approach*, Cambridge: Cambridge University Press, 2011: 91－92.

② 当然，改写的方式不止一种。例如，还可以改写成 $\forall x \exists z \forall w(\exists y/\{x, w\})\varphi(x, y)$。由于“自然”在对 $\forall w$ 进行赋值时，已经改写了之前 $\exists z$ 的值，从而有效地阻止了信号的传递。请参见：A. Mann, G. Sandu and M. Sevenster. *Independence-Friendly Logic: A Game-Theoretic Approach*, Cambridge: Cambridge University Press, 2011: 103.

③ 本节的部分引理、定义和定理证明参考了：G. Sandu. “On the Logic of Informational Independence and Its Applications”, *Journal of Philosophical Logic*, 1993(22): 37－39; A. Mann, G. Sandu and M. Sevenster. *Independence-Friendly Logic: A Game-Theoretic Approcach*, Cambridge: Cambridge University Press, 2011: 127－129.

实际上,我们在讨论分枝量词及其博弈论语义学时已经揭示了这种含有信息独立的逻辑的部分特性。例如,它不可完全公理化,不可还原为经典逻辑,等价于二阶逻辑的存在片段,二值原则和排中律失效等。由于分枝量词逻辑是 IF 逻辑的子逻辑,所以这些性质对于 IF 逻辑仍然有效。“IF 一阶逻辑并不容许完全的公理化。它必然是不完全的。有效的 IF 一阶逻辑公式类不是递归可枚举的。……我们的基本逻辑的语义不完全性(这正是 IF 一阶逻辑赖以奠基的东西)是这一新逻辑最深刻的革命性特征。”①但是,分枝量词逻辑对否定的处理与 IF 逻辑并不完全相同,导致它缺乏 IF 逻辑另一些重要的元性质,例如紧致性定理、洛文海姆-司寇仑定理、分离定理等,而这些性质使得 IF 逻辑具有良好的适用性。

引理 1: 设 φ 为任意的 L′-公式,那么博弈双方不可能同时拥有 G(φ)的取胜策略。

证明:直接根据前文关于取胜策略以及博弈真假的定义即可得出。若“我方”拥有 G(φ)的取胜策略,那么 $M\vDash_{GTS}\varphi^{+}$。这就意味着 $M\vDash_{GTS}\varphi^{-}$不成立,即“自然”没有 G(φ)的取胜策略,反之亦然。

引理 2: 设 φ 为任意的 L′-公式,“我方”拥有G(~φ)的取胜策略,当且仅当“自然”拥有 G(φ)的取胜策略。

证明:根据 G(~)的定义,除了玩家互换角色外,G(~φ)与 G(φ)其他方面完全相同。这使得 G(φ)中的“自然”可以直接从 G(~φ)中的“我方”那里“借用”取胜策略,反之亦然。

先证⇒:

设 G(~φ)中的“我方”为证实者,取胜策略为 $\boldsymbol{F}$,博弈终结于原子公式 ψ,根据真假定义可知,$M\vDash_{GTS}\psi^{+}$。在 G(φ)中,“自然”为证实者,采取同样的策略 $\boldsymbol{F}$,同样终结于 ψ,并且 $M\vDash_{GTS}\psi^{+}$。所以,根据真假定义可知,“自然”在 G(φ)中有取胜策略,即 $\boldsymbol{F}$。

设 G(~φ)中的“我方”为证伪者,取胜策略为 $\boldsymbol{F}$,博弈终结于原子公式 ψ,根据真假定义可知,$M\vDash_{GTS}\psi^{-}$。在 G(φ)中,“自然”为证伪者,采取同样的策略 $\boldsymbol{F}$,同样终结于 ψ,并且 $M\vDash_{GTS}\psi^{-}$。所以,根据真假定义可知,“自然”在 G(φ)中有取胜策略,即 $\boldsymbol{F}$。

同理可证⇐。

引理 3: 设 φ 为任意的 L′-公式,“我方”拥有 G(φ)的取胜策略,当且仅当“自然”拥有 G(φ^{*})的取胜策略。

---

① 陈波. 亨迪卡的 IF 逻辑述评[J]. 自然辩证法通讯, 2000(3): 43.

证明：根据对偶公式的定义可知，“我方”在 $G(\varphi)$ 中的行动，实际上就是“自然”在 $G(\varphi^*)$ 中的行动。所以，$G(\varphi^*)$ 的“自然”可以从 $G(\varphi)$ 的“我方”那里“借用”取胜策略。如果 $G(\varphi)$ 终结于 ψ，则 $G(\varphi^*)$ 终结于 $\sim\psi$，反之亦然。

先证⇒：

设 $G(\varphi)$ 中“我方”为证实者，取胜策略为 $\boldsymbol{F}$，博弈终结于原子公式 ψ，根据真假定义可知，$M\vDash_{GTS}\psi^+$。在 $G(\varphi^*)$ 中，“我方”和“自然”的角色并没有发生改变，因为对偶否定仅出现在原子公式之前。“自然”采取同样的策略 $\boldsymbol{F}$，博弈终结于原子公式的对偶否定 $\sim\psi$。由于已知 $M\vDash_{GTS}\psi^+$，所以 $M\vDash_{GTS}(\sim\psi)^-$。根据真假定义可知，“自然”在 $G(\varphi^*)$ 中有取胜策略，即 $\boldsymbol{F}$。

设 $G(\varphi)$ 中“我方”为证伪者，取胜策略为 $\boldsymbol{F}$，博弈终结于原子公式 ψ，根据真假定义可知，$M\vDash_{GTS}\psi^-$。在 $G(\varphi^*)$ 中，“我方”和“自然”的角色并没有发生改变，因为对偶否定仅出现在原子公式之前。“自然”采取同样的策略 $\boldsymbol{F}$，博弈终结于原子公式的对偶否定 $\sim\psi$。由于已知 $M\vDash_{GTS}\psi^-$，所以 $M\vDash_{GTS}(\sim\psi)^+$。根据真假定义可知，“自然”在 $G(\varphi^*)$ 中有取胜策略，即 $\boldsymbol{F}$。

同理可证⇐。

定理2：设 φ 为任意的 L′-公式，“我方”拥有 $G(\sim\varphi)$ 的取胜策略，当且仅当“自然”拥有 $G(\varphi^*)$ 的取胜策略。

证明：假设“我方”拥有 $G(\sim\varphi)$ 的取胜策略，那么根据引理2可知，“自然”拥有 $G(\varphi)$ 的取胜策略。再根据引理3可知，“我方”拥有 $G(\varphi^*)$ 的取胜策略，反之亦然。

定理2无非告诉我们，强的对偶否定可以从公式外面移到公式内部，直至原子公式前面。这与矛盾否定明显不同，因为矛盾否定只能出现在语句最前端，而不能出现在语句内部。

定理3：排中律(DET)成立，当且仅当 $M\vDash_{GTS}(\sim\varphi)^+\leftrightarrow M\vDash_{GTS}(\neg\varphi)^+$。

证明：

(1) 先证：如果排中律(DET)成立，那么 $M\vDash_{GTS}(\sim\varphi)^+\leftrightarrow M\vDash_{GTS}(\neg\varphi)^+$。

假设排中律(DET)成立并且 $M\vDash_{GTS}(\sim\varphi)^+$ 成立。根据定义3可知，“我方”拥有 $G(\sim\varphi)$ 的取胜策略。根据引理2，“自然”拥有 $G(\varphi)$ 的取胜策略。根据引理1，“我方”不能拥有关于 $G(\varphi)$ 的取胜策略。所以，根据定义9可知，$M\vDash_{GTS}(\neg\varphi)^+$ 成立。

再假设排中律(DET)成立并且 $M\vDash_{GTS}(\neg\varphi)^+$ 成立。根据定义9可知，

“我方”没有 G(φ)的取胜策略。根据定义 10 可知,“自然”拥有 G(φ)的取胜策略。根据引理 2,“我方”拥有 G(~φ)的取胜策略。所以,根据定义 3 可知,$M \vDash_{GTS}(\sim\varphi)^{+}$成立。

(2) 再证:如果 $M \vDash_{GTS}(\sim\varphi)^{+} \leftrightarrow M \vDash_{GTS}(\neg\varphi)^{+}$,那么排中律(DET)成立。

假设 $M \vDash_{GTS}(\sim\varphi)^{+} \leftrightarrow M \vDash_{GTS}(\neg\varphi)^{+}$成立,并且两个玩家都没有G(φ)的取胜策略。根据定义 9,由于“我方”没有 G(φ)的取胜策略,所以 $M \vDash_{GTS}(\neg\varphi)^{+}$成立。又因为“自然”没有 G(φ)的取胜策略,所以根据引理 2 可知,“我方”没有 G(~φ)的取胜策略。根据定义 3 可知,$M \vDash_{GTS}(\sim\varphi)^{+}$不成立。由此导致 $M \vDash_{GTS}(\sim\varphi)^{+}$与 $M \vDash_{GTS}(\neg\varphi)^{+}$不等值,与原假设相矛盾。

我们还可以进一步讨论 IF 一阶语言 L′的一个片段,称为受限的(restricted)IF 一阶语言 L'_R。

定义 13

满足以下条件的 IF 一阶语言 L′的一个片段为受限的 IF 一阶语言 L'_R:

(1) IF 一阶语言 L′含有强的对偶否定;

(2) 所有 L′-语句均为否定范式,即没有量词出现在对偶否定的辖域之内;

(3) 信息独立只允许 IF 一阶语言 L′中(1)—(6)种情形。

对于任何受限的 IF 一阶语言 L'_R-公式 φ,存在一个转换程序,使得 φ 可以在有穷步骤内得到它的二阶司寇仑翻译 SK[φ][①]。由此,我们可以得到下述引理。

引理 4:对于受限的 IF 一阶语言 L'_R的任意语句 φ 和模型 M,$M \vDash_{GTS} \varphi^{+} \leftrightarrow M \vDash_{Skolem}(SK[\varphi])^{+}$。

定理 4(克雷格插值定理):假设 K_1和 K_2是两个可由受限的 IF 一阶语言 L'_R定义的、不相交的结构类,那么存在一个基本类 K,使得 K 包含 K_1并且 K 与 K_2不相交。

证明:根据引理 4 以及巴威斯[1976]关于 $\sum^1_1$ 的克雷格插值定理的证明,即可得证。

定义 14

(1) 某种逻辑语言中的一个语句集称为一个理论(theory)。

---

① 具体转换过程可参见:J. Hintikka and G. Sandu. “Game-Theoretical Semantics”, in J. van Benthem and A. Meulen (eds.), *Handbook of logic and Language*, London: Elsevier B.V., 2011: 417.

(2) 设Γ是经典一阶或二阶理论,对每个语句 $\varphi \in \Gamma$, $M \vDash \Gamma$ 当且仅当 $M \vDash \varphi$。

(3) 设Γ是IF一阶理论,对每个语句 $\varphi \in \Gamma$: 如果 $M \vDash \varphi^+$,那么 $M \vDash \Gamma^+$;如果 $M \vDash \varphi^-$,那么 $M \vDash \Gamma^-$。

(4) 设Γ是经典一阶或二阶理论,如果存在模型M,使得 $M \vDash \Gamma$ 成立,那么Γ就是可满足的。

(5) 设Γ是IF一阶理论,如果存在模型M,使得 $M \vDash \Gamma^+$成立,那么Γ就是可满足的。

(6) 设 $\Gamma \cup \{\varphi\}$ 是经典一阶或二阶理论,如果对于每个合适的模型M,使得 $M \vDash \Gamma$ 可推出 $M \vDash \varphi$ 成立,那么 $\Gamma \vDash \varphi$。

(7) 设 $\Gamma \cup \{\varphi\}$ 是IF一阶理论,如果对于每个合适的模型M,使得:① 若 $M \vDash \Gamma^+$可推出 $M \vDash \varphi^+$成立,那么 $\Gamma \vDash \varphi^+$;② 若 $M \vDash \Gamma^-$可推出 $M \vDash \varphi^-$成立,那么 $\Gamma \vDash \varphi^-$。

定理5(紧致性定理):如果IF一阶理论Γ的每个有穷子理论(subtheory)Δ都是可满足的,那么IF一阶理论Γ是可满足的。

证明:由于存在一个递归的转换程序,使得每个IF一阶语句都等价于相应的司寇仑函数式,所以IF一阶理论Γ是可满足的,当且仅当它的司寇仑翻译SK(Γ)是可满足的。因此,Γ的每个有穷子理论是可满足的,当且仅当SK(Γ)的每个有穷子理论是可满足的。根据经典一阶理论的紧致性定理可知,SK(Γ)是可满足的。所以,Γ也是可满足的。

但要注意,紧致性定理的强化版在经典逻辑中成立,却在IF逻辑中不成立。因为IF一阶理论可以表达无穷公式 φ_∞,而无穷公式不能在IF的有穷一阶理论中刻画。这与经典一阶理论不同。如果某个公式在经典一阶理论中为真,那么一定存在某个子理论使得它也为真。由此可以得出IF逻辑是不完全的,即不存在证明系统使得对于IF一阶理论,IF一阶系统中每个可证的公式都是有效的,反之亦然。换言之,不存在证明系统使得对于IF一阶理论,每个有效的公式都在IF一阶系统中可证。由此,我们得到以下两条定理。

定理6:IF逻辑不存在可靠且语义完全的证明系统 $\vdash_{IF}$。即:不存在证明系统 $\vdash_{IF}$,对每个IF一阶理论 $\Gamma \cup \{\varphi\}$,使得 $\Gamma \vdash_{IF} \varphi$ 当且仅当 $\Gamma \vDash \varphi^+$成立。

证明:反证法。如前所述,由于IF逻辑可表达无穷公式 φ_∞,其个体域也必须是无穷的。假设存在这样一个可靠且语义完全的证明系统 $\vdash_{IF}$,使得 $\Gamma \vdash_{IF} \varphi_\infty$ 当且仅当 $\Gamma \vDash {\varphi_\infty}^+$成立。这意味着,无穷公式 φ_∞ 在 $\vdash_{IF}$ 中只需要有穷多个前提即可证明。也就是说,存在一个有穷子理论Δ, $\Delta \vdash_{IF} \varphi_\infty$,并且

$\Delta \vdash_{IF} \varphi_\infty$ 可推出 $\Delta \vDash (\varphi_\infty)^+$，所以 $\Delta \vDash (\varphi_\infty)^+$ 成立。矛盾。

定理 7：IF 逻辑不存在证明系统 $\vdash_{IF}$，对于每个 IF 一阶语句 φ，使得 $\vdash_{IF} \varphi$ 当且仅当 $\vDash \varphi^+$ 成立。

证明：由于 $\vdash_{IF} \varphi$、$\vDash \varphi^+$ 分别是 $\Gamma \vdash_{IF} \varphi$、$\Gamma \vDash \varphi^+$ 的特例，即 $\Gamma = \varnothing$。所以，根据定理 6 即可得证。

定理 8（洛文海姆-司寇仑定理）：设 Γ 是一个可数的 IF 一阶理论，如果存在无穷模型 M，使得 $M \vDash \Gamma^+$ 成立，那么对于任意无穷基数 κ，存在 κ 的模型 M'，使得 $M' \vDash \Gamma^+$ 成立。

证明：假设 Γ 是一个可数的 IF 一阶理论，M 是一个无穷模型并且 $M \vDash \Gamma^+$，κ 是一个无穷基数。如前所述，每个公式 $\varphi \in \Gamma$ 都有对应的司寇仑翻译，记为 SK[φ]。所以，存在 M 的扩张 M^*，使得 $M^* \vDash \{SK[\varphi]: \varphi \in \Gamma\}$。根据经典逻辑中的洛文海姆-司寇仑定理可知，$\{SK[\varphi]: \varphi \in \Gamma\}$ 有一个无穷基数 κ 的模型 $M^{*\prime}$，使得 $M^{*\prime} \vDash \{SK[\varphi]: \varphi \in \Gamma\}$。由于 M^* 是 M 的扩张，$M^{*\prime}$ 是 M' 的扩张，所以 Γ 存在 κ 的模型 M'，使得 $M' \vDash \Gamma^+$ 成立。

定理 9（分离定理）：如果 φ 与 ψ 是两个不可同真的 IF 一阶语句，那么存在经典一阶语句 θ，θ_{IF} 是相应的 IF 一阶语句①，使得 $\varphi \vDash (\theta_{IF})^+$ 并且 $\psi \vDash (\sim \theta_{IF})^+$。

证明：由于 φ 与 ψ 是两个不可同真的 IF 一阶语句，所以不存在模型 M，使得 $M \vDash \varphi^+$ 并且 $M \vDash \psi^+$ 成立。又由于 SK(φ) 与 SK(ψ) 分别是 φ 与 ψ 等价的司寇仑翻译，所以也不存在模型 M，使得 $M \vDash SK(\varphi)$ 并且 $M \vDash SK(\psi)$ 成立。这意味着 $SK(\varphi) \vDash \sim SK(\psi)$ 成立。假设 SK(φ) 与 SK(ψ) 中的司寇仑函数符号完全不同，那么根据经典一阶逻辑的克雷格插值定理可知，存在经典一阶语句 θ，使得 $SK(\varphi) \vDash \theta$ 并且 $\theta \vDash \sim SK(\psi)$ 成立。因此，$SK(\varphi) \vDash \theta$ 并且 $SK(\psi) \vDash \sim \theta$ 成立②。这对应于 IF 一阶语句 φ、ψ、θ_{IF}，则有 $\varphi \vDash (\theta_{IF})^+$ 并且 $\psi \vDash (\sim \theta_{IF})^+$ 成立。

分离定理告诉我们：在 IF 逻辑中，真语句类和假语句类是彼此分离的，互不相干。不难理解，如果 IF 一阶语句是确定的（即要么真要么假），那么它必定等价于经典一阶语句，否则它就是不确定的。③

以上主要讨论了 IF 逻辑的基本性质，下面简要分析 EIF 逻辑的一些特

---

① 如前所述，每个经典一阶公式都可视为 IF 一阶公式的退化情形或者特例。所以，θ 相当于 θ_{IF} 的简写。即：若 $W = \varnothing$，则 $(Qx/W)A = QxA$。

② 这说明分离定理可以有更强的形式，即适用于经典一阶语句，而不局限于 IF 一阶语句。

③ A. Mann, G. Sandu and M. Sevenster. *Independence-Friendly Logic: A Game-theoretic Approach*, Cambridge: Cambridge University Press, 2011: 131.

性。由于 EIF 逻辑添加了矛盾否定,尽管增强了表达力(与整个二阶逻辑相当,二阶公式的有效性可还原为 EIF 一阶公式的有效性),但失去了 IF 逻辑原有的诸多良好的元性质。例如,紧致性定理、洛文海姆-司寇仑定理、分离定理以及"真"的可定义性等。①

在 EIF 逻辑中,同时存在两个否定符号:矛盾否定¬和对偶否定~。对于确定性语句来说,当 φ 为真(或假)时,¬φ 和~φ 皆为假(或真)。这与经典逻辑相同,即对偶否定和矛盾否定是重合的。但是,若 φ 为非确定性语句(φ 既不真亦不假),~φ 仍然是非确定性语句,而¬φ 却为真(因为 φ 不真)。由于¬φ 定义为 φ 不真,所以¬~φ 可定义为 φ 不假②。

鉴于矛盾否定仅出现在语句最前端,所以我们重点讨论 EIF 命题逻辑。它包括四个算子:∧、∨、¬、~。亨迪卡曾在分析 L″-语句之间的真等价时,提出了 EIF 命题逻辑的代数结构问题③。由于∧、∨、¬都会产生一个布尔代数,所以问题的关键在于:加入"~"之后是否仍然会产生一个布尔代数?答案是肯定的。因为我们可以将"~φ"定义为"¬(¬~φ)"。也就是说,由∧、∨、¬、¬~构成的 EIF 命题公式是一个布尔代数,因为"¬~"是一个闭包算子。而 Jónsson & Tarski [1951]已经证明了,任何闭包代数同构于具有自反且传递关系的集合构成的代数系统④。例如,模态命题逻辑 S4。所以,EIF 命题逻辑与 S4 同构,具有相同的代数结构。再根据 Gödel[1933]和 McKinsey & Tarski [1948]的研究结果可知,直觉主义命题逻辑能够在 S4 中得到解释⑤。同理可得,直觉主义命题逻辑亦可在 EIF 命题逻辑中得到解释。

---

① 在 EIF 逻辑中定义真(True,简称 T)会导致条件句:$\forall y(y=\theta \wedge x=\neg\theta \rightarrow [T(x) \leftrightarrow \neg T(y)])$。但问题是,这个语句不是 EIF 逻辑中的合式公式,因为它的矛盾否定位于量词辖域之内。参见:J. Hintikka. *The Principles of Mathematics Revisited*, Cambridge: Cambridge University Press, 1996: 151, 188-191.

② 要注意,~¬φ 不是合法的 L″-语句,因为它违背了矛盾否定只能出现在公式最前端的限定。

③ J. Hintikka. "What is the True Algebra of Logic", in V. Hendricks, F. Neuhaus, S. Pedersen, U. Scheffler and H. Wansing (eds.), *First-Order Logic Revisited*, Berlin: Logos Verlag, 2004: 117-128.

④ B. Jónsson and A. Tarski. "Boolean Algebras with Operators, Part I", *American Journal of Mathematics*, 1951, 73(4): 891-939.

⑤ K. Gödel. "An Interpretation of the Intuitionistic Propositional Calculus", Reprinted and English Translation in S. Feferman (ed.), *Collected Works of Kurt Gödel, Vol. I, 1929-1936*, Oxford: Oxford University Press, 1986: 301-303; J. McKinsey and A. Tarski. "Some Theorems About the Sentential Calculi of Lewis and Heyting," *Journal of Symbolic Logic*, 1948, 13(1): 1-15.

第四节　IF 逻辑与其他逻辑之比较

句法上，IF 逻辑在经典一阶语言的基础上增添了斜杠符“/”及斜杠公式集；语义上，采用非完美信息博弈来解释逻辑表达式之间的独立性，具有许多新颖的特征，同时也使得一些经典逻辑法则不再有效。IF 逻辑允许信息独立和真值间隙，与部分逻辑和构造主义逻辑有异曲同工之妙，但也存在根本的分歧。

1. IF 逻辑与经典逻辑

长期以来，经典逻辑被认为是唯一的、正确的、基本的逻辑。但亨迪卡一针见血地指出，经典逻辑犯了一个根本的错误，他称之为“弗雷格谬误”①，即完全忽视了量词之间的独立性。他认为，“经典一阶逻辑表达力的真实来源不在于量词概念本身，而在于量词依赖观念”②。因为单独来看存在量词和全称量词，只不过是亚里士多德量词的一般化。经典逻辑只不过是亚里士多德三段论（即一元谓词逻辑或类逻辑）的温和扩充，而经典逻辑真正令人感兴趣的地方，在于它可以表达各种各样的关系（即 n 元谓词逻辑），由此需要重叠量词组合。然而，令人困惑的是，弗雷格只考虑了量词之间的依赖性，却完全忽视了可能的独立性。“因此，毫不夸张地说，理解经典一阶逻辑就是理解量词依赖概念。”③塔斯基语义学正是建立在这种依赖关系基础之上。

如前所述，量词依赖与量词独立是不可分割的孪生范畴。经典逻辑及其塔斯基语义学不能处理量词独立。二阶的司寇仑函数可以用来刻画量词之间的依赖与独立关系。当然，也可以用更直观的二维的分枝量词来表达这种独立关系。但这些都不是最好的方式。亨迪卡认为，最好的方式应该是 IF 逻辑④。因为 IF 逻辑只不过在经典逻辑基础上添加了一个斜杠符“/”，以表示任何逻辑表达式之间的独立关系，对经典逻辑的调整幅度最小，而博弈论语义学既可适用于完美信息，亦可适用于非完美信息，同样非常直观、方便。唯一的区别在于玩家所拥有的信息集不同。更具体地说，IF 逻辑在博弈时玩家所依赖的信息集比经典逻辑要小，相应的策略函数的论元也

---

① J. Hintikka. *The Principles of Mathematics Revisited*, Cambridge: Cambridge University Press, 1996: 46.

② 同上，p.47。

③ 同上。

④ 同上，p.50。

比经典逻辑的少。这也可以解释 IF 逻辑为何比经典逻辑更加强大。这种强大并不是新增了逻辑的演绎功能,而是扩大了逻辑的描述功能,即 IF 逻辑能够比经典逻辑刻画更多、更一般的情形。正因为如此,亨迪卡认为,IF 逻辑才是真正的量词逻辑,也是真正的基本逻辑。① 甚至可以说,它是一种超经典逻辑。②

亨迪卡同意,区分一阶逻辑和高阶逻辑唯一合理的标准,就是看量词约束的对象是个体还是高阶实体。一阶逻辑的量词遍历个体,而高阶逻辑的量词涉及个体关系或属性。从这个角度(句法)来衡量,IF 逻辑属于一阶逻辑范畴,因为它的量词仅仅约束个体变元。不过,费弗曼(S. Feferman)对此提出异议③。例如,广义量词在句法结构上也是一阶的,但在语义解释上涉及个体子集以及子集之间的关系,因此从语义角度看广义量词应该是二阶的。独立量词(或分枝量词)是广义量词的特例,所以刻画独立量词的 IF 逻辑语义上也应该是二阶的。一个可能的回应是,从量词的语义博弈看,玩家选择的仍然是个体,并不涉及任何高阶实体。因此,IF 逻辑(以及 EIF 逻辑)与经典逻辑同属于一阶逻辑。但费弗曼认为,这仍然不能令人信服。因为 IF 逻辑具有二阶逻辑相同的复杂性,二阶逻辑的有效公式集可还原为 IF 逻辑的有效公式集,所以 IF 逻辑实际上承诺了整个二阶逻辑。亨迪卡的观点恰恰相反。他认为这正好说明我们可以在 IF 一阶逻辑的基础上来做二阶逻辑④。不仅如此,亨迪卡还进一步断言 EIF 逻辑也同样是一阶的⑤。这样一来,我们可以实现某种新形式的逻辑主义,将数学奠基于 EIF 逻辑基础之上而无须借助集合论(或高阶逻辑),也无须承诺过多本体(例如集合)。这种新逻辑主义不同于旧逻辑主义,它不诉诸任何公理系统,也不是把数学还原为逻辑,而是用 IF 逻辑的词汇来定义数学的核心概念和表征推理模式的有效性。这意味着,数学是关于特定要素的结构的学问,而不是

---

① 同上。

② J. Hintikka. "Hyperclassical Logic (a.k.a. IF Logic) and Its Implications for Logical Theory", *Bulletin of Symbolic Logic*, 2002(8): 404 - 423.

③ S. Feferman. "What Kind of Logic is 'Independence-Friendly' Logic?", in R. Auxier and L. Hahn (eds.), *The Philosophy of Jaakko Hintikka*, Chicago: Open Court, 2006: 453 - 469.

④ J. Hintikka. "Intellectual Autobiography" and Hintikka's Replies to the Contributors in R. Auxier and L. Hahn (eds.), *The Philosophy of Jaakko Hintikka*, Chicago: Open Court, 2006: 476 - 477.

⑤ J. Hintikka. "A Revolution in the Foundations of Mathematics?", *Synthese*, 1997, 111(2): 155 - 170.

关于一般概念的学问①。

但是，这里仍然面临一些争议，特别是如何解释斜杠算符和矛盾否定？因为没有针对斜杠算符和矛盾否定的博弈规则，它们关乎整个博弈的性质，只能根据玩家的全部策略的集合来获得解释。这无论如何都承诺了高阶语义实体。对此，亨迪卡指出，塔斯基语义学也直接使用了“对象序列”之类的概念。所以，如果说塔斯基语义学是一阶的话，那么博弈论语义学也是一阶的。至少，两者面临相同的本体论承诺。

尽管 IF 逻辑中的“/”有时可以省去（例如，伪装的分枝量化式可以改写成等价的经典一阶量化式），但通常来说是不可省去的（例如，实质型分枝量词化式不可还原为经典一阶量化式）。经典逻辑相当于不含斜杠算符的 IF 逻辑片段。假设所有公式都具有否定范式形式，即所有否定仅出现在初始字段（原子公式或者等式）之前，那么在经典逻辑基础上，按照前述的公式形成（替换）规则在有穷步骤内即可得到 IF 一阶公式。例如：

（1）若 $\exists y$ 位于 $\forall x_1 \cdots \forall x_n$ 辖域之内，那么可代之以（$\exists y/\forall x_1 \cdots \forall x_n$）；

（2）若 $\vee$ 位于 $\forall x_1 \cdots \forall x_n$ 辖域之内，那么可代之以（$\vee/\forall x_1 \cdots \forall x_n$）。

要注意，IF 一阶公式的形成规则仅适用于经典一阶逻辑的闭公式，是在经典一阶逻辑闭公式的基础上（仅限于该公式内部）做出局部修改，而不是利用它们作为模块来建构更复杂的公式。另外，哪些地方可以修改，依赖于 $\exists y$ 或 $\vee$ 出现的语境。例如，能否用（$\exists y/\forall x$）来替换 $\exists y$，这取决于 $\exists y$ 是否位于 $\forall x$ 的辖域之内。如果是，则可行；如果不是，则不行。

更为重要的是，在 IF 逻辑中区分了两种辖域概念：优先辖域和约束辖域。经典逻辑将其合二为一，没有严格区分开来。这也是导致弗雷格谬误的深层原因。量词之间的依赖与独立，实际上就是辖域之间的依赖与独立。标准量词辖域相互排斥或嵌套，遵循从左至右的原则，句法和语义严格对应，句法上约束的，语义上也是约束的，域窄的总是受制于域宽的。但在 IF 逻辑中，严格区分了辖域的两种用法或者两种辖域概念，一个仍然是约束辖域，即句法上的约束关系；另一个是优先辖域，即语义上的约束关系。在 IF 逻辑中，句法和语义并不是一一对应关系，从而违背了组合原则的要求。

以 $\forall x(\exists y/x)S(x, y)$ 为例。句法上，$\exists y$ 位于 $\forall x$ 的辖域之内，先构造 $\forall x$，然后再构造（$\exists y/x$）。但是在语义解释时，$\exists y$ 与 $\forall x$ 却是并列关

① J. Hintikka. *The Principles of Mathematics Revisited*, Cambridge: Cambridge University Press, 1996: 207.

系，两者同时进行解释，而无须考虑对方的选值。类似地，$\forall x \forall y(\exists z/y)(\exists w/x)S(x, y, z, w)$在句法上依次构造$\forall x$、$\forall y$、$(\exists z/y)$和$(\exists w/x)$。但在语义解释时，$\exists z$仅受制于$\forall x$，$\exists w$仅受制于$\forall y$。当然，我们也可以用括弧或加下标的方式来标示和区分优先辖域和约束辖域，但这种方法操作起来太笨拙以致于难以辨认。

前文已经证明，IF 逻辑比经典逻辑不仅具有更强的描述能力，同时还拥有许多良好的性质。例如，紧致性定理、洛文海姆-司寇仑定理、分离定理等依然成立。它可以推广司寇仑函数，将司寇仑函数用于量词独立以及联结词独立等其他类型，实现与二阶存在公式之间的互译。虽然经典逻辑也能翻译为二阶存在公式，但反之不然。所以，IF 逻辑比经典逻辑强，相当于二阶逻辑的存在片段。例如，它能刻画无穷公式、量词的非线性组合、NP-完全性等。或者说，经典逻辑是 IF 逻辑的子逻辑或特例，IF 逻辑是经典逻辑的保守扩充。但是，IF 逻辑不可完全公理化，其有效的公式类不是递归可枚举的，二值原则和排中律在 IF 逻辑中失效。由于排中律失效，所以 S 为真的模型 M 与 S 为假的模型 M′不再是互补关系，而是对偶关系。尽管它不允许既真又假的语句，但允许既不真又不假的语句，即允许真值间隙或第三值。IF 一阶语句与其二阶翻译在相同模型下为真，但在不同模型下为假。因为通常的二阶逻辑容纳排中律，而 IF 逻辑拒斥排中律。总之，IF 逻辑具有许多优点，能够很好地克服经典逻辑的不足，比经典逻辑更有资格充当逻辑的核心和数学的基础，甚至为自然语言提供了更为恰当的分析框架。因为在自然语言中信息独立现象无处不在。

众所周知，经典逻辑可实现公理化，即存在一个完全且可靠的证明程序，能够递归地枚举其有效的公式类。IF 逻辑由于其强大的表达力而不能够公理化，具有语义不完全性，并因此遭致一些批评。但是，这些批评背后隐藏着几个错误。例如，混淆了逻辑真（有效性）和语句真。因为逻辑真是绝对的、普遍的真，在任意模型的任意解释下为真；而语句真只是相对的、个别的真，即在某个模型的某种解释下为真。此外，通常错误地认为，必须对系统内的真句子采取递归枚举的方式才能够完整地把握逻辑真。① 对此，亨迪卡明确指出，“一些哲学家，例如蒯因，表达了这样一种恐惧：一个不能公理化的逻辑太过笨拙而不可行。IF 一阶逻辑为这种偏执狂提供了一个反例。正如我们已经看到的，IF 一阶逻辑在概念上是

① 同上，p.67。

可管理的，因为事实证明 IF 一阶逻辑具备普通一阶逻辑所持有的大多数‘好的’元定理。”①另外，IF 逻辑的语义不完全性也并非致命缺陷。相反，许多重要的数学问题可以还原为 IF 公式有效性的判定问题。数学的进步可以看作是不断发现判定 IF 公式有效性的更强规则而不是发现更强的集合论公理。②

IF 逻辑拥有完全的否证程序而缺乏完全的证明程序，这是因为 IF 逻辑的对偶否定与经典矛盾否定不同。在 IF 逻辑中，S 为真意味着 ~S 为假，但 S 为假并不意味着 ~S 为真。在经典逻辑中，S 与 ¬S 是矛盾关系，S 真意味着 ¬S 假，S 假意味着 ¬S 真。也就是说，在 IF 逻辑中否证程序不能转换成证明程序，而在经典逻辑中可以相互转换。为了在 IF 逻辑中得到完全的否证程序，传统的存在例化规则是不适用的，而应代之以函数例化规则，并且适用于函数例化规则的公式禁止使用全称例化规则③。这正是量词的独立性所致。例如，我们不能对 $\forall x_1 \cdots \forall x_n, \forall z_1 \cdots \forall z_m (\exists y / \{x_1 \cdots x_n\}) S(x_1 \cdots x_n, z_1 \cdots z_m, y)$ 直接施加存在例化规则，而应该先把它转换成相应的函数：$\forall x_1 \cdots \forall x_n, \forall z_1 \cdots \forall z_m S(x_1 \cdots x_n, z_1 \cdots z_m, f(z_1 \cdots z_m))$，然后再施加函数例化规则。

所以，弗雷格的观点（即量词是二阶谓词）是不准确或者至少是不充分的，譬如受全称量词制约的存在量词就不是如此（即更应该视为函数）。传统的存在例化规则只不过是函数例化规则的特殊情形。“因此，确切地说，IF 逻辑不仅迫使我们重新考虑基本逻辑的语义，也迫使重新考虑逻辑的推理规则。”④

2. IF 逻辑与部分逻辑

经典逻辑假定论域非空，任何语句非真即假，遵循二值原则，否则就是无意义的。如果放松这些限制，就会导致一些在经典意义上既不真又不假的语句，于是部分逻辑运用而生。导致部分逻辑的具体进路有很多。例如，语句包含无指称单称词项或者部分定义函子，例如项形成函子、谓词、语句联结词等。部分逻辑保留了经典的真假概念，但放弃了二值原则，允许某些语句既不真也不假。

---

① 同上。

② 同上，p. 100；J. Hintikka. “Game-Theoretical Semantics as a Challenge to Proof Theory,” *Nordic Journal of Philosophical Logic*, 2000, 4(2)：135 – 136.

③ J. Hintikka. *The Principles of Mathematics Revisited*, Cambridge：Cambridge University Press, 1996：69.

④ 同上，p.71。

如何理解既不真也不假的语句,历来存在分歧。例如,它们是除真假之外的第三值吗?还是仅仅处于真值间隙或真值待定?另外,不仅非逻辑词项可以产生既不真也不假的语句,例如无指称词项、部分谓词等,更强的部分逻辑还可以根据逻辑词项来产生既不真也不假的语句,例如语句联结词“同型交叉”(interjunction)和“异型结合”(transplication)。

设“T”“F”分别表示“真”和“假”,“#”表示“同型交叉”,“※”表示“异型结合”,它们的真假条件可分别定义如下:①

$$\varphi_1 \# \varphi_2 \begin{cases} \text{T, 当且仅当 } \varphi_1 = \text{T 并且 } \varphi_2 = \text{T;} \\ \text{F, 当且仅当 } \varphi_1 = \text{F 并且 } \varphi_2 = \text{F。} \end{cases}$$

$$\varphi_1 ※ \varphi_2 \begin{cases} \text{T, 当且仅当 } \varphi_1 = \text{T 并且 } \varphi_2 = \text{T;} \\ \text{F, 当且仅当 } \varphi_1 = \text{T 并且 } \varphi_2 = \text{F。} \end{cases}$$

不难看出,同型交叉的真值条件实际上就是∧的T-条件和∨的F-条件的组合;异型结合的真值条件则是∧的T-条件和→的F-条件的组合。然而,#和※只是∧与∨、∧与→的不确定组合:$\varphi_1 \# \varphi_2$要么是$\varphi_1 \wedge \varphi_2$,要么是$\varphi_1 \vee \varphi_2$,但不确定到底是哪一个;类似地,$\varphi_1 ※ \varphi_2$要么是$\varphi_1 \wedge \varphi_2$,要么是$\varphi_1 \rightarrow \varphi_2$(即$\neg \varphi_1 \vee \varphi_2$),同样不确定到底是哪一个。即便$\varphi_1$、$\varphi_2$是或真或假的经典一阶语句,$\varphi_1 \# \varphi_2$和$\varphi_1 ※ \varphi_2$也会导致真值间隙。换言之,引发真值间隙或第三值的不是原子语句,而是联结词#和※本身所具有的特性。因为根据上述真假定义可知:

φ_1	φ_2	$\varphi_1 \# \varphi_2$	$\varphi_1 ※ \varphi_2$
T	T	T	T
T	F	?	F
F	T	?	?
F	F	F	?

其中,“?”表示既不真也不假。更一般地,对于任何语句(不局限于经典一阶语句),它们的真值表如下:

φ_1	φ_2	$\varphi_1 \# \varphi_2$	$\varphi_1 ※ \varphi_2$
T	T	T	T
T	?	?	?

① 为了避免混淆,我们采用了新符号来表示同型交叉和异型结合。参见:S. Blamey. “Partial Logic”, in D. Gabbay and F. Guenthner (eds.), *Handbook of Philosophical Logic*, 2nd Edition, Vol.5, Dordrecht: Kluwer Academic Publishers & Springer, 2002: 261-353.

T	F	?	F
?	T	?	?
?	?	?	?
?	F	?	?
F	T	?	?
F	?	?	?
F	F	F	?

实际上,$\varphi_1 \# \varphi_2$和φ_1 ※ φ_2还可以用一个四元联结词来表达：异型交叉(transjunction)。设 W 是一个四元的异型交叉联结词,它的真值条件可定义如下：

$$W(\varphi_{11}, \varphi_{12}, \varphi_{21}, \varphi_{22})\begin{cases}\text{T,当且仅当}(\varphi_{11}=\text{T 且 }\varphi_{21}=\text{T})\text{或}(\varphi_{12}=\text{T 且 }\varphi_{22}=\text{T});\\ \text{F,当且仅当}(\varphi_{11}=\text{F 且 }\varphi_{12}=\text{F})\text{或}(\varphi_{21}=\text{F 且 }\varphi_{22}=\text{F})。\end{cases}$$ ①

不难看出,$W(\varphi_{11}, \varphi_{12}, \varphi_{21}, \varphi_{22})$实际上等价于 IF 公式：$(\varphi_{11}(\vee/\wedge)\varphi_{12})\wedge(\varphi_{21}(\vee/\wedge)\varphi_{22})$。我们可以用 W 来定义#和※的真值条件：

$$\varphi_1 \# \varphi_2\begin{cases}\text{T,当且仅当 }W(\varphi_1, \varphi_1, \varphi_2, \varphi_2)\vee W(\varphi_2, \varphi_1, \varphi_1, \varphi_2)=\text{T};\\ \text{F,当且仅当 }W(\varphi_1, \varphi_1, \varphi_2, \varphi_2)\vee W(\varphi_2, \varphi_1, \varphi_1, \varphi_2)=\text{F}。\end{cases}$$

$$\varphi_1 ※ \varphi_2\begin{cases}\text{T,当且仅当 }W(\varphi_2, \varphi_2, \varphi_1, \varphi_1)\vee W(\varphi_1, \varphi_1, \varphi_2, \varphi_2)=\text{T};\\ \text{F,当且仅当 }W(\varphi_2, \varphi_2, \neg\varphi_1, \neg\varphi_1)\vee W(\neg\varphi_1, \neg\varphi_1,\\ \quad \varphi_2, \varphi_2)=\text{F}。\end{cases}$$ ②

反之,我们也可以用#和※来定义 W 的真值条件：

$$W(\varphi_{11}, \varphi_{12}, \varphi_{21}, \varphi_{22})\begin{cases}\text{T,当且仅当}((\varphi_{11}\vee\varphi_{12})\wedge(\varphi_{21}\vee\varphi_{22}))\#\\ \quad ((\varphi_{11}\wedge\varphi_{21})\vee(\varphi_{12}\wedge\varphi_{22}))=\text{T};\\ \text{F,当且仅当}((\varphi_{11}\vee\varphi_{12})\wedge(\varphi_{21}\vee\varphi_{22}))\#\\ \quad ((\varphi_{11}\wedge\varphi_{21})\vee(\varphi_{12}\wedge\varphi_{22}))=\text{F}。\end{cases}$$

$$W(\varphi_{11}, \varphi_{12}, \varphi_{21}, \varphi_{22})\begin{cases}\text{T,当且仅当}((\varphi_{11}\vee\varphi_{12})\wedge(\varphi_{21}\vee\varphi_{22}))※\\ \quad ((\varphi_{11}\wedge\varphi_{21})\vee(\varphi_{12}\wedge\varphi_{22}))=\text{T};\\ \text{F,当且仅当}\neg((\varphi_{11}\vee\varphi_{12})\wedge(\varphi_{21}\vee\varphi_{22}))※\\ \quad ((\varphi_{11}\wedge\varphi_{21})\vee(\varphi_{12}\wedge\varphi_{22}))=\text{F}。\end{cases}$$

① G. Sandu and A. Pietarinen. "Partiality and Games: Propositional Logic", *L. J. of the IGPL*, 2001, 9 (1): 103.

② 同上,p.104。

一方面,“部分性”(partiality)可以用非完美信息博弈来刻画,或者说部分性是非完美信息博弈的自然结果①,只须在原有基础上增加相应的新联结词规则即可。例如,

G(#):若博弈进行到 $\varphi_1 \# \varphi_2$,那么随机选择一个联结词 $\circledcirc \in \{\wedge, \vee\}$,博弈以 $G(\varphi_1 \circledcirc \varphi_2)$ 继续。

G(※):若博弈进行到 φ_1 ※ φ_2,那么随机选择一个联结词 $\odot \in \{\wedge, \rightarrow\}$,博弈以 $G(\varphi_1 \odot \varphi_2)$ 继续。

以 $\varphi_1 \# \varphi_2$ 为例。假设 $\varphi_1 = p = T$, $\varphi_2 = q = F$,针对 p#q 的博弈 G(p#q)是非确定性博弈,因为玩家不确定所进行的博弈到底是 $G(p \wedge q)$ 还是 $G(p \vee q)$。若玩家拥有 G(p#q)的取胜策略,除非他同时拥有 $G(p \wedge q)$ 和 $G(p \vee q)$ 的取胜策略。但是,无论哪个玩家(“我方”或“自然”)都不可能同时拥有 $G(p \wedge q)$ 和 $G(p \vee q)$ 的取胜策略。“我方”拥有 $G(p \vee q)$ 的取胜策略,但没有 $G(p \wedge q)$ 的取胜策略;“自然”恰好相反。这与 IF 逻辑中的不确定性公式的博弈情形相似。

由于#和※皆可用 W 来定义,所以实际上只须讨论 G(W)的博弈即可。

G(W):若博弈进行到 $(\varphi_{11}(\vee/\wedge)\varphi_{12}) \wedge (\varphi_{21}(\vee/\wedge)\varphi_{22})$,首先由“自然”选择某个 $i \in \{1, 2\}$,博弈以 $G(\varphi_{i1}(\vee/\wedge)\varphi_{i2})$ 继续。然后,再由“我方”“独立”选择某个 $j \in \{1, 2\}$,博弈以 $G(\varphi_{ij}(\vee/\wedge)\varphi_{ij})$ 继续。②

但要注意,IF 逻辑的非完美信息只出现在复杂量化语句层面(至少含有两个量词,其中一个独立于另一个),而在原子语句层面与经典逻辑无异(即每个原子语句都有确定的真假)。这与部分逻辑的情况不同。因为部分逻辑假定了相对于模型的部分信息,并且从原子语句扩展到任意复杂语句。也就是说,在 IF 逻辑中,真值间隙只出现在复杂语句层面而不会出现在原子语句层面。但在部分逻辑中,从原子语句到复杂语句都允许真值间隙。

另一方面,W 可以用#和※来定义,这意味着我们也可以用部分逻辑来刻画信息独立概念。在联结词层面,IF 逻辑与部分逻辑之间可以等价互译。但在量词层面,添加独立量词的 IF 逻辑表达力相当于二阶逻辑的存在片

---

① 同上,p.102。

② 同上,p.109; Xuefeng Wen and Shier Ju. “Semantic Games with Chance Moves Revisited: From IF Logic to Partial Logic”, *Synthese*, 2013(9): 1615.

段，而添加标准量词的部分逻辑仍然是一阶的。①

此外，由于部分逻辑基于部分模型②，其布尔联结词满足强克林尼(strong-Kleene)赋值模型。它可以编入(encode into)经典逻辑，拥有完全性、紧致性和插值性。如前所述，虽然IF逻辑不具有完全性，但拥有紧致性和插值性，并且同样满足强克林尼赋值模型。

我们可定义IF一阶语句S在M中的真值$\|S\|^M$如下：

$\|S\|^M=1$，如果$M\vDash_{GTS}S^+$；

$\|S\|^M=0$，如果$M\vDash_{GTS}S^-$；

$\|S\|^M=?$，如果$M\nvDash_{GTS}S^+$且$M\nvDash_{GTS}S^-$；

$\|S\|^M=10$，如果$M\vDash_{GTS}S^-$且$M\vDash_{GTS}S^+$。

其中，"?"表示不确定，"10"表示既真又假。由于在IF逻辑中不允许既真又假(即博弈双方同时拥有取胜策略)，所以"10"仅仅是个虚值，不会实际发生。③ 因此，IF逻辑的布尔联结词实际上只有三种可能的值：真、假、不定，从而满足强克林尼赋值模型。

即使添加弱矛盾否定的EIF逻辑也满足强克林尼赋值模型。因为根据定义可知，$M\vDash_{GTS}(\neg S)^+$当且仅当"我方"没有取胜策略，即$M\nvDash_{GTS}S^+$；$M\vDash_{GTS}(\neg S)^-$当且仅当"自然"没有取胜策略，即$M\nvDash_{GTS}S^-$。所以，对于不确定公式S，它的弱矛盾公式$\neg S$就变成了既真又假的公式。

我们可定义EIF一阶语句$\neg S$在M中的真值$\|\neg S\|^M$如下：

$\|\neg S\|^M=1$，当且仅当$\|S\|^M=0$；

$\|\neg S\|^M=0$，当且仅当$\|S\|^M=1$；

$\|\neg S\|^M=?$，当且仅当$\|S\|^M=10$；

$\|\neg S\|^M=10$，当且仅当$\|S\|^M=?$。

由于S在IF逻辑中不会既真又假，所以EIF逻辑中并不会出现$\|\neg S\|^M=?$的情况。④ 因此，EIF逻辑的布尔联结词实际上也只有三种可能的值(相对于它的特征公式$\neg S$)：真、假、既真又假，同样满足强克林尼赋

① Xuefeng Wen and Shier Ju. "Semantic Games with Chance Moves Revisited: From IF Logic to Partial Logic", *Synthese*, 2013(9): 1617.

② 部分模型是一个模型对$M=\langle M^+,M^-\rangle$，其中M^+、M^-是两个不相交的集合，分别指真原子语句集和假原子语句集。如果$M^+\cap M^-=\varnothing$，那么M是一致的，如果$M^+\cup M^-=\Gamma$，Γ为全体原子公式集，那么M是完全的。很显然，经典模型是部分模型的特例，即完全且一致的部分模型。

③ J. Hintikka and G. Sandu. "Game-Theoretical Semantics", in J. van Benthem and A. Meulen (eds.), *Handbook of Logic and Language*, London: Elsevier B.V., 2011: 422.

④ 同上，p.427。

值模型。

3. IF 逻辑与构造主义逻辑[①]

构造主义逻辑(亦称为直觉主义逻辑)根植于数学中的直觉主义思想。直觉主义是 20 世纪三大数学流派之一,创始人为著名的数学家布劳维尔(L. Brouwer)。直觉主义者对数学持有一个不同寻常的观点。他们的观点既有心理主义元素,也有构造主义元素。[②] 首先,数是精神实体。依布劳维尔之见,它们是根据时间的直觉而被构造出来的。换言之,它们是由经验的时间本性而导致的可分性和多元性(布劳维尔称为"二一原则")构造出来的。[③] 因此,数学是一种精神活动。在直觉主义者看来,形式系统对数学来说是非本质的,只对交流实在的精神数学有用。其次,只承认可构造的数学实体,不允许存在实无穷,因为实无穷不是可构造的。并且只承认数学陈述的构造性证明。直觉主义者认为康托尔的集合论不能作为数学的可靠基础,不承认康托尔的实无穷观,主张潜无穷。

构造主义逻辑继承和发展了布劳维尔的思想,把数学中的直觉主义推广到逻辑之中,主要有两个基本信条:

(1) 存在即被构造。这是直觉主义数学的基本信条,同时也是构造主义逻辑的基本信条。直觉主义者认为人们对自然数有先天的直觉,在此基础上通过构造得出的数学才是牢靠的,除此之外都是不可靠的。一个公式 φ 为真,当且仅当存在一个关于 φ 的构造性证明。所谓"构造"是指,存在一种方法能在有穷步内证明出来。构造有两个主要特点:① 构造是主体的精神活动;② 构造是可操作的,即必须在有穷步骤之内完成。

(2) 逻辑是数学推理有效规则的描述。与逻辑主义相反,直觉主义者认为逻辑基于数学,并且数学是主体的精神活动,甚至可以不需要语言,也无须逻辑。例如,海廷(A. Heyting)认为,直觉主义数学不能完全形式化,不能完全用逻辑系统来表达。

上述两个信条表明了直觉主义关于逻辑本质和地位的基本态度。确切地说,直觉主义逻辑实际上就是直觉主义数学基础上的"构造主义逻辑"。因为只有自然数才诉诸直觉,而其他的数学和全部的逻辑都必须通过构造才能确定。换言之,逻辑是在数学基础之上被构造出来的。

---

① 本节部分内容已发表:颜中军. 论直觉主义逻辑对经典逻辑的挑战[J]. 湘潭大学学报(哲社版), 2011(3): 125 - 128.

② S. Haack. *Deviant Logic*, *Fuzzy Logic*, Chicago: Chicago University Press, 1996: 91.

③ 保罗·贝纳塞拉夫, 希拉里·普特南. 数学哲学[M]. 朱水林等译, 北京: 商务印书馆, 2003: 93.

直觉主义者常常把自己描述成经典逻辑的批评者，声称某些经典逻辑原则存在反例。但构造主义逻辑与经典逻辑的根本差异不在于某些经典原则是否有效，而在于逻辑本质与地位的不同。直觉主义者对经典逻辑的批评，其根源就在于他们与众不同的数学观。

直觉主义者主要对经典逻辑的排中律提出了批评。排中律是经典逻辑的三大基本原则之一。这些原则长期以来被人们视为普遍的、必然的、确定无疑的。然而，直觉主义者在批判康托尔集合论的时候，发现经典的排中律不符合构造主义原则。例如，当公式 S 涉及无穷元素时，我们不能确定 S 的真假，从而导致无法断定 $S \vee \neg S$。另外，直觉主义者认为，$\exists xF(x)$ 为真当且仅当存在一个构造性证明程序找到一个对象 x 具有性质 F；$\neg \exists xF(x)$ 为真当且仅当存在这样的构造，即从假设 $\exists xF(x)$ 为真会导致矛盾。所以，当找不到使 $\exists xF(x)$ 为真的构造，也找不到从 $\exists xF(x)$ 出发推出矛盾的构造时，$\exists xF(x)$ 和 $\neg \exists xF(x)$ 都是无法断定的，从而也就不能断定 $\exists xF(x) \vee \neg \exists xF(x)$ 的真假。

此外，直觉主义者认为间接证明法是无效的。经典数学和经典逻辑中普遍使用间接证明法。这种方法十分便利，基本模式是：欲证 S，先假设 $\neg S$，这将导致一个矛盾；因此，有 $\neg\neg S$；所以 S 成立。在直觉主义者看来，$\neg\neg S$ 为真并不表示 S 就为真。因为根据存在即被构造的信条，$\neg\neg S$ 为真，当且仅当，存在这样的构造，即从假设 $\neg S$ 为真导致了矛盾。但这并不意味着 S 本身就已经得到证明。这实质上也是在反对经典逻辑的双重否定律：$\neg\neg S \rightarrow S$。

不难看出，构造主义逻辑与 IF 逻辑及其博弈论语义学有异曲同工之妙。博弈论语义学根据策略来定义真假，而策略相当于一个函数集。尽管理论上策略可以有无穷之多，没有任何限制。但在现实的博弈中，策略函数必须是递归可数的（即可构造的）。只有这样才能够被玩家掌握，否则就失去了意义。因此，如果考虑博弈的可行性和现实性，那么我们必须将策略函数限制为递归函数。例如，维特根斯坦和达米特都十分强调博弈的现实可行性。对于受限的博弈论语义学或者构造主义版本的博弈论语义学来说，S 为真可定义为："我方"拥有递归的取胜策略；S 为假可定义为："自然"拥有递归的取胜策略。

不过要注意的是，尽管构造主义版本的博弈论语义学与一般的博弈论语义学都会导致排中律失效，但是两者的具体进路并不完全相同。构造主义强调的是构造方法的现实性。因为存在一些数学语句尽管是可满足的，但不是递归可满足的。在构造主义者看来，这样的数学语句不能算作真语句。所以,构造主义逻辑的有效公式集比经典逻辑要小,是对经典逻辑的限制。而一般的博弈论语义学或 IF 逻辑是经典逻辑的扩充,它们所强调的是信息独立。如前所述,若允许信息独立,那么排中律同样也会失效。

第五章　IF 逻辑的扩展与应用

独立现象无处不在，从而为 IF 逻辑提供了广阔的用武之地。刻画独立关系的 IF 逻辑不仅在数学（例如拉姆塞理论）、量子力学、计算机并行程序设计等领域发挥越来越重要的影响，而且对问答探询理论、认知逻辑（含“知道”、“可能知道”“相信”“怀疑”等命题态度词的逻辑）、自然语言理解（如 WH-结构）等领域同样具有十分诱人的应用潜力。为此，我们可在 IF 逻辑的基础上，通过添加矛盾否定、扩充斜杠算子集（例如增加偏序联结词）来扩充 IF 逻辑，从而得到扩展的 IF 逻辑。除此之外，我们还可以在 IF 逻辑的基础上继续添加其他新算子，例如模态算子、时间算子、认知算子等，从而衍生出五花八门的类 IF 逻辑，例如 IF 模态逻辑、IF 时态逻辑、IF 认知逻辑、IF 概率逻辑、IF 量子逻辑、IF 多值逻辑、IF 语言逻辑、IF 问句逻辑等。限于篇幅，我们仅选择其中五个案例来分析 IF 逻辑的某些重要扩展及其特性。

第一节　IF 模态逻辑

前文已经揭示，我们可以在经典逻辑的基础上构造 IF 逻辑，即放松对量词依赖的线性要求，允许量词之间相对独立。例如，在经典一阶公式 $\forall x\exists y\forall z\exists wH(x, y, z, w)$ 中，域窄的 $\exists y$ 依赖域宽的 $\forall x$，$\exists w$ 不仅依赖 $\forall x$ 而且还依赖 $\forall z$。假设用斜杠“/”表示“独立”，那么很容易得到它的 IF 版本：$\forall x\exists y\forall z(\exists w/x)H(x, y, z, w)$。尽管句法上 $\exists w$ 仍位于 $\forall x$ 的约束辖域范围之内，但语义上 $\exists w$ 却独立于 $\forall x$ 的选值。借用博弈论的术语来说，当博弈进行到 $G(\exists w/x)$ 时，玩家（“我方”）不知道或者忘记了之前对方关于 $\forall x$ 的选值。这在“我方”的策略函数中体现为函数的论元不包含 x。比较两者的司寇仑范式便一目了然：

(1) $\forall x\exists y\forall z\exists wH(x, y, z, w)\Leftrightarrow\exists f\exists g\forall x\forall zH(x, f(x), z, g(x, z))$；

(2) $\forall x \exists y \forall z(\exists w/x)H(x, y, z, w) \Leftrightarrow \exists f \exists g \forall x \forall z H(x, f(x), z, g(z))$。

类似地,我们也可以对其他逻辑进行 IF 化(IF*ing*)或斜杠化(slash*ing*),即凡是出现依赖关系的地方,允许存在独立关系,从而获得它们的 IF 版本。例如,模态逻辑(modal logic, ML)公式$\Box_1 \Diamond_2 \varphi$ 可以改写为$\Box_1(\Diamond_2/\Box_1)\varphi$ 或者简写为$\Box_1(\Diamond_2/1)\varphi$,斜杠化之后的模态公式表示$\Diamond_2$"逻辑上独立于"$\Box_1$,尽管句法上$\Diamond_2$仍然位于$\Box_1$的辖域范围之内。但是,模态逻辑与经典逻辑不同之处在于,它涉及可能世界(或状态、情境等)及其可及关系。$\Diamond_i\varphi$ 在 w 中为真相当于存在 w 的可及世界 w′且 φ 在 w′中为真,$\Box_i\varphi$ 在 w 中为真相当于 φ 在 w 的任意可及世界 w′中为真。因此,在语义博弈中,由模态算子触发的选值必须要考虑相应的"可及关系"。或者说,赋值行为是受"可及关系"限制和引导的。

IF 模态逻辑(IF modal logic, IFML)不同于 IF 一阶逻辑的地方之一在于,它对斜杠符的理解不同。对 IF 一阶逻辑来说,斜杠表示"逻辑独立"(logical independence),倾向于一种强无知(strong igorance)或强独立性,即:玩家在某个阶段采取行动时,既不知道对方从论域的哪个子集中做出了选择,也不知道对方具体选择了哪个个体。由于模态算子相当于受限的量词($\Diamond_i$相当于受限的存在量词,$\Box_i$相当于受限的全称量词),所以 IF 模态逻辑更倾向于弱无知(weak igorance)或弱独立性,即:玩家虽然知道对方从论域的哪个子集中做出了选择,但不知道具体选择了哪个个体。①

另外,我们可以对独立标记"/"做出不同解释,并由此比较不同模态逻辑之间的表达力。除了标准的统一性解释(uniformity interpretation,亦称为标准解释,斜杠表示对玩家取胜策略的限制,相当于非完美信息博弈)外,可以将"/"解释为"回望算子"(backwards-looking operators,表示对玩家博弈行动的限制,相当于完美信息博弈)。甚至还可以赋予"/"某种代数解释。例如,把"/"解释为一种减法运算(subtraction),从而为 IF 时态逻辑(相对于含交换群运算的一元线性时序结构)提供更恰当的解释(见本章第三节)。

---

① 众所周知,普通模态逻辑可翻译为经典一阶逻辑,因而普通模态逻辑可视为经典一阶逻辑的片段。设 x、y 为不同的变元,R 为二元可及关系,φ 为 ML 的公式,那么$\exists y(R(x, y) \land \varphi)$、$\forall y(R(x, y) \to \varphi)$也是 ML 的公式。它们分别是普通模态逻辑公式$\Diamond\varphi$、$\Box\varphi$ 的经典一阶翻译。由此可知,每个普通模态逻辑公式恰好相当于含有一个自由变元(例如 x)的经典一阶公式,x 表示当前状态(或世界)。另外,模态量词$\exists y$、$\forall y$ 受制于关系 R 并且满足 R(x, y)。这意味着玩家只能挑选当前状态(例如 x)的后继(successors,例如 y)。在 IF 模态逻辑中,强独立性不仅意味着对方所选择的个体是不可知的,甚至连可及关系自身也是不可知的。参见:T. Tulenheimo. *Independencce-Friendly Modal Logic: Studies in its Expressive Power and Theoretical Relevance*, PhD Thesis, University of Helsinki, 2004: 38.

1. IF 模态逻辑的句法和语义

桑杜[1993]最先探讨了如何将信息独立关系扩展至模态词。其中,IF 模态语言 L_{IFM} 是经典一阶模态语言 L_M 的扩充,即在 IF 一阶语言基础上添加模态算子(B_a,例如必然算子 $\Box_i$)及其对偶(B_a^*,例如可能算子 $\Diamond_i$)。L_{IFM}-公式是在经典一阶模态公式基础之上,通过类似于 IF 一阶语言的形成规则,再加上以下三条规则而得到的:

(i) 如果 $\exists x$ 位于模态算子 $B_{a_1} \cdots B_{a_n}$ 的辖域内,那么代之以($\exists x/B_{a_1} \cdots B_{a_n}$);

(ii) 如果 $\forall x$ 位于模态算子 $B_{a_1}^* \cdots B_{a_n}^*$ 的辖域内,那么代之以($\forall x/B_{a_1}^* \cdots B_{a_n}^*$);

(iii) 如果 B_a 位于~的辖域内,那么代之以(B_a/~)。①

L_{IFM} 的模型 M 是一个克里普克-亨迪卡模型,即三元组 $\langle W, R, V \rangle$。其中,W 是可能世界集,$R = \{R_a^w \mid R_a^w \subseteq W \wedge a \in w \wedge w \in W\}$,V 是赋值函数集。

IF 模态公式 φ 在 M 的某个 w 上的博弈受限于相应的可能世界,即 G(M, w, φ)。因此,原来的博弈规则需要做出适当调整和重新定义,并且增添三条新规则(6)—(8):

(1) 如果 φ 是 L_{IFM}-初始字段,相应的可能世界为 w_1,那么双方在 w_1 中不采取任何行动。

(2) 如果博弈进行到($\varphi_1 \wedge \varphi_2$)或者($\varphi_1(\wedge/\exists y_1 \cdots \exists y_k)\varphi_2$),相应的可能世界为 w_1,那么"自然"在 w_1 中选择某个 $i \in \{1, 2\}$,博弈以 $G(M, w_1, \varphi_i)$ 继续。

(3) 如果博弈进行到($\varphi_1 \vee \varphi_2$)或者($\varphi_1(\vee/\forall y_1 \cdots \forall y_k)\varphi_2$),除了由"我方"选择某个 $i \in \{1, 2\}$ 之外,其余与(2)相似。

(4) 如果博弈进行到($\forall x$)φ 或者(($\forall x/\exists y_1 \cdots \exists y_k$))φ 或者($\forall x/\vee_1 \cdots \vee_k$)φ 或者($\forall x/B_{a_1}^* \cdots B_{a_n}^*$),相应的可能世界为 w_1,那么"自然"在 w_1 的个体域中选择某个个体,例如 a,博弈以 $G(M, w_1, \varphi(x/a))$ 继续。

(5) 如果博弈进行到($\exists x$)φ 或者($\exists x/\forall y_1 \cdots \forall y_k$)φ 或者($\exists x/\wedge_1 \cdots \wedge_k$)φ 或者($\exists x/B_{a_1} \cdots B_{a_n}$),除了由"我方"在 w_1 的个体域中选择某个个体之外,其余与(4)相似。

---

① G. Sandu. "On the Logic of Informational Independence and Its Applications", *Journal of Philosophical Logic*, 1993(22): 47.

（6）G(B)：如果博弈进行到 $B_a\varphi$，相应的可能世界为 w_1，那么“自然”选择可能世界 w_2 并且 $w_2 \in R_a^{w_1}$，博弈以 G(M, w_2, φ)继续。

（7）G(B^*)：除了“我方”选择可能世界 w_2 外，其余类似于 G(B)。

（8）G(∃B)：如果博弈进行到 $\exists x B_a \varphi(x)$，相应的可能世界为 w_1，那么“我方”在 w_1 的个体域中选择某个个体，例如 a，博弈以 G(M, w_1, $B_a\varphi(x/a)$)继续。①

（9）如果博弈进行到 ~φ，相应的可能世界为 w_1，那么玩家互换角色，博弈以 G(M, w_1, φ)继续。

（10）如果博弈进行到(∃x/~)φ、(∀x/~)φ 或(B_a/~)，规则分别与(∃x)φ、(∀x)φ、$B_a\varphi$ 相似，唯一的区别在于，遇到~时无须改变角色。

相应地，我们还需要重新定义博弈的胜负。假设 G(M, w′, φ)在可能世界 w′中以原子公式或者它的强否定结束，而此时玩家位于可能世界 w 中，那么：

（i）如果 φ 在 w 中为真，记为 $M \vDash_{GTS} \varphi[w]^+$，则证实者（“我方”）获胜；

（ii）如果 φ 在 w 中为假，记为 $M \vDash_{GTS} \varphi[w]^-$，则证伪者（“自然”）获胜。

策略、取胜策略概念与 IF 一阶逻辑类似，只不过相对于某个可能世界。设 φ 为 L_{IFM}–公式，M 为模型，w 为 M 上的可能世界，博弈真假可定义如下：

（i）φ 在模型 M 的可能世界 w 中为真，记为 $M \vDash_{GTS} \varphi[w]^+$，当且仅当证实者（“我方”）在可能世界 w 中有 G(M, w, φ)的取胜策略；

（ii）φ 在模型 M 的可能世界 w 中为假，记为 $M \vDash_{GTS} \varphi[w]^-$，当且仅当证伪者（“自然”）在可能世界 w 中有 G(M, w, φ)的取胜策略。

研究表明，IF 模态逻辑公式不能还原为或等价于普通模态逻辑公式②，也不能还原为或等价于经典一阶逻辑公式③④。因此，IF 模态逻辑具有比普

---

① 根据规则(6)，当博弈进行到 G(M, w_1, $B_a\varphi(x/a)$)时，由“自然”挑选 w_1 的某个可及世界 w_2，博弈以 G(M, w_2, φ(x/a))继续。这意味着，个体 a 在 w_1 和 w_1 所有可及的可能世界中始终保持不变。

② T. Tulenheimo. “On IF Modal Logic and Its Expressive Power”, in P. Balbiani et al (eds.), *Advances in Modal Logic*, Vol.4, London: King’s College Publications, 2003: 474–498.

③ T. Tulenheimo and M. Sevenster. “On Modal Logic, IF Logic and IF Modal Logic”, in I. Hodkinson et al (eds.), *Advances in Modal Logic*, Vol. 6, London: King’s College Publications, 2006: 481–501.

④ A. Mann, G. Sandu and M. Sevenster. *Independence-Friendly Logic: A Game-Theoretic Approach*, Cambridge: Cambridge University Press, 2011: 194.

通模态逻辑和经典一阶逻辑更强的表达力。更为重要的是,尽管 IF 逻辑的可满足性问题是不可判定的,但正规的可满足的 IF 模态逻辑公式类是可判定的①,甚至一般的可满足的 IF 模态逻辑公式类都是可判定的②。

2. 亨金模态逻辑与并发运算

IF 模态逻辑存在多种不同的句法和语义。也就是说,我们可以采取不同的方式来建构和解释 IF 模态逻辑。其关键在于如何准确刻画模态算子之间以及模态算子与其他算子之间的"信息独立"关系。不同于桑杜,英国著名的计算机科学家布拉德菲尔德(Julian Bradfield[2000])从计算机技术层面,将信息独立与并发运算关联起来,建构了所谓的亨金模态逻辑(Henkin modal logic, HML)。③ HML 是在通常的模态逻辑 ML④(含某种给定的基本行动)的基础之上添加并发模态(concurrent modalities)扩张而成:$\otimes_i Q_i^1(A_i^1)\cdots Q_i^m(A_i^m)$。其中,每个 Q_i^j 是模态算子 $\Diamond_i^j$ 或 $\Box_i^j$,(A_i^j) 是之前给定的基本行动或闲置行动(idle action)⑤,$i\in\{1,\cdots,n\}$,$j\in\{1,\cdots,m\}$。与并发模态相应的语义解释是分布式系统模型(distributed system models):$\|_i^S P_i$。其中,S 表示同步关系(synchronization relation),$i\in\{1,\cdots,n\}$,即对 P_i 的 n 个组成部分做并发运算,以实现从局部转换过渡到整体转换。后来,布拉德菲尔德与弗勒施勒(Bradfield & Fröschle[2002])将并发关系作为语义初始项而无须经过局部转换即可得到整体转换。一个含并发关系的转换系统(transition system with concurrency, TSC)由初始状态、状态集、标记集、三元转换关系、二元并发关系等要素组成。⑥ 于是,我们可以在 TSC 基础之上利用非完美信息模型检测博弈(model-checking game)来解释 IF 模态逻

---

① M. Sevenster. "Decidability of Independence-Friendly Modal Logic", *Review of Symbolic Logic*, 2010(3): 415 - 441.

② A. Mann, G. Sandu and M. Sevenster. *Independence-Friendly Logic: A Game-Theoretic Approach*, Cambridge: Cambridge University Press, 2011: 196 - 197.

③ J. Bradfield. "Independence: Logics and Concurrency", in *Lecture Notes in Computer Science Logic*, Dordrecht: Springer, 2000: 247 - 261.

④ ML 公式的形成规则包括如下六类:$\varphi ::= p \mid \neg p \mid \varphi\vee\psi \mid \varphi\wedge\psi \mid \Diamond\varphi \mid \Box\varphi$,其中 p 为原子命题,$\varphi$、$\psi$ 表示任意公式。原子命题及其否定统称为初始字段(literals)。其语义解释相对于模型结构和可能世界(或状态),即三元组 $M=\{W, R, V\}$ 和特指元素 $w\in W$。W 是非空的可能世界集,二元关系 R 表示 W 上的可及关系,V 是赋值函数:$p\to\boldsymbol{P}(W)$,p 表示原子命题,$\boldsymbol{P}(W)$ 表示 W 的幂集。若 M 为模型,$w\in W$,则 $\langle M, w\rangle$ 是一个指定模型或点模型(pointed model)。

⑤ 为了简便,我们可以把 $\Diamond(A_i^j)$ 或 $\Box(A_i^j)$,分别表示为 $\langle A_i^j\rangle$ 和 $[A_i^j]$。基本行动对应于模态结构中不同的可及关系,而空置行动对应于同一关系。

⑥ 详细定义可参见:J. Bradfield and S. Fröschle. "Independence Friendly Modal Logic and True Concurrency", *Nordic Journal of Computing*, 2002, 9(2): 105 - 106.

辑公式。此种解释方案的要点是，模态算子之间的逻辑独立被解释为同步转换，信息独立被解释为并发运算关系。但是，为了使模型检测博弈真正成为IF模态逻辑的非完美信息博弈，还需要添加一个额外的条件，即：证实者（"我方"）的取胜策略必须满足统一性（uniformity）条件。① 由于亨金模态逻辑能够刻画亨金量词，具有二阶表达力，故而亨金模态逻辑不可还原为经典一阶逻辑，比经典一阶逻辑和普通的模态逻辑以及下文将要介绍的受限的IF模态逻辑IFML[k]的表达力都要强。

3. 受限的IF模态逻辑IFML[k]及其扩展EIFML[k]

同步转换或并发模态不是建构IF模态逻辑的唯一方式。例如，图仑海默[2004]提出了一种更温和、更简洁、受限的IF模态逻辑（IF modal logic of *k* modality types，IFML[k]），其中k表示模态类型，$1\leqslant k<\omega$。② IFML[k]无须借用计算机程序的"同步转换""并发模态"等概念，只须要一个纯逻辑独立概念，语义上采用非完美信息博弈即可。

概括来说，句法上IFML[k]有三个主要特征：① 区分了不同的模态类型。例如，若$i\neq i'$且i、$i'<k$，那么$\{\Diamond_i, \Box_i\}$与$\{\Diamond_{i'}, \Box_{i'}\}$属于不同的模态类型③，$\Diamond_i$与$\Box_i$是相同类型的模态算子，并且$\Diamond_i$与$\Box_i$彼此对偶。$\Diamond_i$或$\Box_i$的每一次具体出现，可用双标记$\Diamond_{ij}$或$\Box_{ij}$表示，其中$i<k$，$j<\omega$。② 斜杠算子集。类似于IF一阶逻辑对经典一阶逻辑的扩张，IFML[k]是普通模态逻辑ML[k]④的

---

① T. Tulenheimo. *Independencce-Friendly Modal Logic: Studies in its Expressive Power and Theoretical Relevance*, PhD Thesis, University of Helsinki, 2004: 45. 所谓统一性条件，通俗地说就是指玩家（实质上仅针对"我方"）在博弈$G(\Delta/W)$中采取策略时，无论对方之前对$Q_i\in W$如何选值，"我方"总是对Δ做出相同的选值。换言之，玩家的策略完全独立于（或不依赖于）对方之前对$Q_i\in W$的选值。统一性条件可以用来刻画信息独立，但统一性概念与非完美信息概念并不完全等同。另外，模态算子与量词的统一性解释大同小异，只不过对量词约束变元的选值变成了对模态算子相应的可能世界的选择。关于统一性条件的形式定义可参见：T. Tulenheimo and M. Sevenster. "Approaches to Independence Friendly Modal Logic", in J. van Benthem, D. Gabbay, B. Löwe (eds.), *Interactive Logic. Proceedings of the 7th Augustus de Morgan Workshop*, *London*, Texts in Logic and Games 1, Amsterdam: Amsterdam University Press, 2007: 256.

② T. Tulenheimo. *Independencce-Friendly Modal Logic: Studies in Its Expressive Power and Theoretical Relevance*, PhD Thesis, University of Helsinki, 2004: 58－84. 图仑海默所考虑的模态逻辑仅限于模态命题逻辑。当$k=0$时，实际上就是不含模态算子的命题逻辑。所以，通常要求$k\geqslant 1$。

③ 常见的模态类型有：知识、时态、逻辑可能性、道义、可证性等。此处关注的仅仅是模态的数量，而非具体的类型。

④ ML[k]与ML大同小异，只不过它含有k种模态类型。ML[k]的公式形成规则如下：$\varphi :=p\mid\neg p\mid\varphi\vee\psi\mid\varphi\wedge\psi\mid\Diamond_i\varphi\mid\Box_i\varphi$，其中p为原子命题，$\varphi$、$\psi$表示任意公式，$i<k$。它的语义解释相对于k元模态结构$M=\{W, R_1\cdots R_k, V\}$，每种模态类型i都有各自的可及关系$R_i$。

扩张或者 IF 版本,即:仅添加了斜杠算子集 $\{O_1 \cdots O_{n-1}(O_n/W)\varphi: \varphi \in ML[k], n \geq 1\}$。其中,每个 O_j 是模态算子 $\Diamond_{ij}$ 或 $\Box_{ij}$, $i<k, j \in \{1, \cdots, n\}$;W 是自然数区间 $[1, n-1]$ 的任意子集(可为空集),即 $W \subseteq [1, n-1]$。③ 否定算子仅出现在原子命题之前,即 IFML[k]-公式都采取否定范式形式。至于 IFML[k] 的辖域、子公式、闭公式、开公式等定义,与 IF 一阶逻辑类似,不再赘述。

语义上,它同样采用统一性解释方案,把斜杠算子标示的独立关系解释为玩家取胜策略的限制性条件,即无论斜杠集 W 中的元素 $O_j(j \in W)$ 如何选值,都不会影响 O_n 的选值,或者说 Q_n 总是取相同的值。其最大特色是利用信息分区 $\{I_\exists, I_\forall\}$ 来刻画信息独立,其中 $I_\exists$、$I_\forall$ 分别表示玩家$_\exists$(或"我方")和玩家$_\forall$(或"自然")的信息集。换言之,它是基于信息分区的二人零和非完美信息博弈。此外,语义博弈始终是在含特指元素 d 的 k 元模态结构 M 中进行的,即 $G(M, d, \varphi)$。其中,φ 是 IFML[k] 中的公式,M 是 k 元模态结构:$M = \{D, R_0 \cdots R_{k-1}, V\}$,D 是非空的状态集,$R_i(i<k)$ 表示 D 上的二元可及关系,V 是赋值函数:$p \rightarrow \boldsymbol{P}(D)$,p 表示原子命题,$\boldsymbol{P}(D)$ 表示 D 的幂集,特指元素 $d \in D$。①

IFML[k] 公式 φ 的真值条件可定义如下:

(1) $M \vDash_{GTS} \varphi[d]^+$,当且仅当"我方"在 $G(M, d, \varphi)$ 中有取胜策略;

(2) $M \vDash_{GTS} \varphi[d]^-$,当且仅当"自然"在 $G(M, d, \varphi)$ 中有取胜策略;

(3) 公式 φ 是非确定的,当且仅当 $M \nvDash_{GTS} \varphi[d]^+$ 并且 $M \nvDash_{GTS} \varphi[d]^-$。

与 IF 一阶逻辑的情况类似,排中律在 IFML[k] 中也失效了。或者对于一般的 IF 逻辑(无论模态的或非模态的)来说,排中律失效是一个基本的事实,即存在一类结构,两个对抗性玩家在其中都没有取胜策略。

普通的模态逻辑 ML[k] 是 IFML[k] 的子逻辑,因为每个 ML[k] 公式都是(或可翻译为) IFML[k] 公式,反之不然。换言之,ML[k] 实际上是 IFML[k] 的确定性片段。② 不难理解,当 $k=n=1$ 时,对于一元线性模态结构(仅有一种可及关系)来说,或者在完美信息状态下对于确定性公式而言,ML[k] 与 IFML[k] 具有相同的表达力。但一般来说,当 $k \geq n \geq 2$ 时,k 元模

① 注意区分斜杠集 W 和可能世界集 W。前者是一个句法概念,后者是一个语义概念。为了避免混淆,我们可以改用其他字母来表示,例如图仑海默经常用 D 表示状态集,以此代替可能世界集 W。

② 具体证明参见:T. Tulenheimo. "On IF Modal Logic and Its Expressive Power", in P. Balbiani et al(eds.), *Advances in Modal Logic*, Vol.4, London: King's College Publications, 2003: 486. 特别是定理 1。

态结构具有n元线性可及关系(含有n种可及关系),或者对于任意(线性的或非线性的)k元模态结构类(k≥1)来说,IFML[k]具有比ML[k]更强的表达力①,因为IFML[k]允许存在非确定性公式而ML[k]公式都是确定的。另外,IFML[k]公式可翻译为经典一阶逻辑公式(仅含一个自由变元)②。这与IF一阶逻辑不可翻译为经典一阶逻辑的情况不同。因为IF一阶逻辑的表达力相当于二阶逻辑的存在片段。不过,要注意的是,IFML[k]仅仅是受限的模态逻辑,信息独立仅出现在模态算子之间。若将信息独立关系进一步扩展至模态算子和布尔联结词之间,那么我们就得到了扩展的IFML[k](extended IF modal logic of *k* modality types,简称EIFML[k])③。对于EIFML[k]来说,当k=1时,EIFML[k]仍然可翻译为经典一阶逻辑,因为只存在一种可及关系,模态算子是否独立于布尔联结词实质上并无差别。但是,当k≥2时,它不能翻译为经典一阶逻辑,因为不同类型的模态算子对应于不同的可及关系,由此能够刻画模态结构的某些二阶性质。④

另外,统一性解释并非斜杠符"/"的唯一解释方案。例如,我们还可以对其赋予"回望算子"解释(backwards-looking operators interpretation,简称BLO)。"回望算子"解释与统一性解释关键不同之处在于,它不对信息进行分区,玩家的信息集是一个单元素集,相当于完美信息博弈。它不是对玩家的取胜策略进行限制,而是对玩家可能采取的行动进行限制。它刻画的是关系独立(relational independence)或解释独立(interpretive independence)概念,而不是通常的函数独立(functional independence)概念。"回望算子"解释对模态独立算子($\Diamond_{ij}$/W)或者($\Box_{ij}$/W)的定义不同于统一性解释,它的赋值行动需要诉诸任何逻辑上比当前状态(state)更上一级的状态(否则就是初始状态d)。这些含索引的模态独立算子相当于回指照应代词,具有

---

① 参见:T. Tulenheimo. *Independencce-Friendly Modal Logic: Studies in Its Expressive Power and Theoretical Relevance*, PhD Thesis, University of Helsinki, 2004: 155-157. 特别是引理3.4.3和定理3.4.4。

② 同上,p.105。

③ EIFML[k]的句法和语义的正式定义可参见:T. Tulenheimo. *Independencce-Friendly Modal Logic: Studies in Its Expressive Power and Theoretical Relevance*, PhD Thesis, University of Helsinki, 2004: 121-128; T. Tulenheimo and M. Sevenster. "Approaches to Independence Friendly Modal Logic", in J. van Benthem, D. Gabbay, B. Löwe (eds.), *Interactive Logic. Proceedings of the 7th Augustus de Morgan Workshop*, *London*, Texts in Logic and Games 1, Amsterdam: Amsterdam University Press, 2007: 262-263.

④ 但不能由此断言,EIFML[k]一定比经典一阶逻辑表达力更强。这个问题尚待进一步探究。请参见:T. Tulenheimo. *Independencce-Friendly Modal Logic: Studies in Its Expressive Power and Theoretical Relevance*, PhD Thesis, University of Helsinki, 2004: 148-149.

语境敏感性，而统一性解释只须诉诸与该模态算子直接相关的当前状态即可。① 因此，在“回望算子”解释下，IFML[k]是非组合性的。由于与之相关的博弈是二人零和的完美信息博弈，因此它是确定的，承认排中律的有效性。它具有与 ML[k]相同的表达力（相对于任意的 k 元模态结构类），因为它们可以彼此嵌入对方。②

第二节　IF 时态逻辑

我们可以在模态逻辑 ML[k]的基础上建构时态逻辑 TL[k]（tense logic of *k* modality types，简称 TL[k]），或者时态逻辑 TL[k]可以看作模态逻辑 ML[k]的一个特例：TL[k]=ML[2k]。因此，与 TL[k]相应的是 2k 元模态结构：$M=\{W, R_0 \cdots R_{2k-1}, V\}$。其中，对于每个 $j<k$，R_{j+k}是 R_j的逆反关系。TL[k]在 ML[k]的基础上满足以下两个条件：(1) 每个模态算子 O_i都有其逆元素 O_i^{-1}。这意味着，每个与模态算子对应的可及关系 R_i都存在它的逆反关系 R_i^{-1}。(2) 每个二元的可及关系都具有非自反性和传递性。满足上述两个条件的 2k 元模态结构 M 称之为 k 元时间结构（*k*-ary temporal structures），若 M 满足条件(1)而不满足条件(2)，则称之为准时间结构（quasi-temporal structures）。③ 类似地，我们可以在 IFML[k]的基础上建构独立友好的时态逻辑 IFTL[k]，并且 IFTL[k]=IFML[2k]。

1. 基本时态逻辑 PTL[1]及其标准解释

从历史的角度看，最早对时态语句④进行逻辑分析可追溯至亚里士多德关于“未来海战”的著名讨论。不同于蒯因把时态语句处理为无时态的

---

① 同上，p.177。

② 具体证明详见：T. Tulenheimo. *Independencce-Friendly Modal Logic: Studies in Its Expressive Power and Theoretical Relevance*, PhD Thesis, University of Helsinki, 2004: 182-185. 特别是定理 4.1.5、推论 4.1.7 以及 4.1.8。

③ T. Tulenheimo. “On IF Modal Logic and Its Expressive Power”, in P. Balbiani et al (eds.), *Advances in Modal Logic*, Vol.4, London: King’s College Publications, 2003: 478.

④ 时态语句是被说出、交流中的语句表达（utterances/tokens），而不是抽象的语句类型（types）。例如，2021 年 9 月 25 日北京市区“天下雨了”，2021 年 9 月 26 日纽约市区“天下雨了”，是语句类型“天下雨了”的两个不同表达。另外，还要注意区分恒久句（或固定句）和非恒久句（或场合句）。例如：“苏格拉底正在发表演说”和“公元前 400 年 11 月 1 日下午 5 点苏格拉底正在发表演说”。后者具有确定的真假，不随语句表达的再现而改变；前者不具有确定的真假，随语句表达的场合不同而具有不同的真假。很显然，我们可以把非恒久句或场合句改写成恒久句，即补充所有的指示性成分，例如人物、地点、时间等。普莱尔（A. Prior）认为，时态逻辑的合适研究对象是恒久句。

(tenseless)语句以使之适用于经典逻辑,现代时态逻辑之父普莱尔把时间性(temporality)视为逻辑算子,建构了公理化的时态逻辑系统(tense logic systems)①,旨在刻画时间概念和时态会话的逻辑性质。普莱尔型时态逻辑 PTL(Priorean tense logic, PTL)是在经典命题逻辑的基础上增加两个一元联结词:表示将来(future)的时态算子 F 和表示过去(past)的时态算子 P。②因此,F、P 可分别读作"情况将会如此"和"情况过去如此"。另外,我们还可以通过定义引入另外两个时态算子 G、H:$G =_{df} \neg F \neg$,$H =_{df} \neg P \neg$。G、H 可分别读作"情况将会一直如此"和"情况过去一直如此",它们相当于 F、P 的加强版。当然,我们也可以把 G、H 当作初始联结词来定义和引入 F、P,即把 F、P 看作 G、H 的弱化版:$F =_{df} \neg G \neg$,$P =_{df} \neg H \neg$。

句法上,PTL[1]相当于基本模态逻辑 ML[2],即含有两种模态类型:$\Diamond$、$\Box$、$\Diamond^{-1}$、$\Box^{-1}$,它们可以分别用一元时态算子 F、G、P、H 来表示。时态逻辑 PTL[1]的公式可定义如下:

$\varphi ::= p \mid \neg p \mid \varphi \vee \psi \mid \varphi \wedge \psi \mid F\varphi \mid G\varphi \mid P\varphi \mid H\varphi$,其中 p 为原子命题,$\varphi$、$\psi$ 表示任意公式。

PTL[1]的推理规则包含两条:

(1) 分离规则(modus ponens, MP):由 α 和 $\alpha \rightarrow \beta$,可推出 β。其中,α、β 是系统中的公式。

(2) 时间概括规则(temporal generalisation, TG):如果 α 是定理,那么 $F\alpha$、$G\alpha$、$P\alpha$、$H\alpha$ 也是定理。这意味着,时态逻辑中的有效公式是过去、现在、将来都为真(即恒真)的公式。由于经典命题逻辑的重言式都是恒真式,故而都是时态逻辑中的有效式。因此,经典命题逻辑是时态逻辑的子逻辑。

时态逻辑系统的公理集是在经典命题逻辑公理集基础上添加若干特征公理构成的。利用上述标准模式刻画的时态逻辑通常从如下公设中选取某个或某些作为特征公理③:

(1) a. $G(p \rightarrow q) \rightarrow (Gp \rightarrow Gq)$　　b. $H(p \rightarrow q) \rightarrow (Hp \rightarrow Hq)$

c. $p \rightarrow GPp$　　d. $p \rightarrow HFp$

(2) a. $p \rightarrow GGp$　　b. $p \rightarrow HHp$

---

① 在文献中,时态逻辑有时亦被称作时间逻辑(temporal logic)或时序逻辑(chronologic logic)。不同的名称体现了对时间概念的不同理解,在此不赘述。

② 这样的基本时态逻辑又常被称作命题时间逻辑(propositional temporal logic)。

③ 参见:J. Burgess. "Basic Tense Logic", in D. Gabbay and F. Guenthner(eds.), *Handbook of Philosophical Logic*, 2nd Edition, Vol.7, Dordrecht: Kluwer Academic Publishers & Springer, 2002: 4.

(3) a. $Pp \wedge Fq \rightarrow F(p \wedge q) \vee F(p \wedge Fq) \vee F(Fp \wedge q)$

b. $Pp \wedge Pq \rightarrow P(p \wedge q) \vee P(p \wedge Pq) \vee P(Pp \wedge q)$

(4) a. $G\bot \vee FG\bot$ b. $H\bot \vee PH\bot$①

(5) a. $Gp \rightarrow Fp$ b. $Hp \rightarrow Pp$

(6) a. $Fp \rightarrow FFp$ b. $Pp \rightarrow PPp$

(7) a. $p \wedge Hp \rightarrow FHp$ b. $p \wedge Gp \rightarrow PGp$

(8) a. $Fp \wedge FG\neg p \rightarrow F(HFp \wedge G\neg p)$

b. $Pp \wedge PH\neg p \rightarrow P(GPp \wedge H\neg p)$

(9) $H(Hp \rightarrow p) \rightarrow Hp$

(10) a. $FGp \rightarrow GFp$ b. $PHp \rightarrow HPp$

不同的时态逻辑系统具有不同的特征公理,反应了对时间概念的不同刻画。例如,(1a)$G(p \rightarrow q) \rightarrow (Gp \rightarrow Gq)$的直观涵义是:如果将来一直有情况 p,并且 $p \rightarrow q$ 在将来也一直成立,那么将来一直有情况 q。(1b)与(1a)类似,只不过把“将来”替换成“过去”。(1c)表示:如果现在有情况 p,那么对于将来任何时刻来说,“过去有情况 p”(即 Pp)总是成立的。(1d)意味着:如果现在有情况 p,那么对于过去每个时刻来说,“将会有情况 p”(即 Fp)也总是成立的。含有第(1)组四条特征公理的时态逻辑系统通常被称作时态逻辑的极小系统或者极小时态逻辑。它是其他时态逻辑系统的子系统或者子逻辑。

语义上,PTL[1]与 ML[k]的语义相似,因此被称为 PTL[1]的标准语义学。② 时态逻辑的模型 M 是一个有序三元组,记作<D, R, V>。其中,D 为 M 的非空论域,表示时间的集合,D 中的元素由时间点或时刻组成,通常用小写字母 t_1、t_2……或者加上标 t、t′……表示。R 为 D 上的时间先后关系(earlier-later relation)③。对于任意的 $t、t' \in D$,tRt′意味着 t 在 t′之前。V 是赋值函数:$p \rightarrow \boldsymbol{P}(D)$,p 表示原子命题,$\boldsymbol{P}(D)$表示 D 的幂集。PTL[1]的公式赋值相对于 $t \in D$,每一个公式在每个时刻 t 都有确定的值。设 α 为 PTL

① “⊥”表示恒假(constant false)或矛盾,下同。

② T. Tulenheimo. *Independencce-Friendly Modal Logic: Studies in Its Expressive Power and Theoretical Relevance*, PhD Thesis, University of Helsinki, 2004: 187.

③ 在不同的模型中,R 具有不同的性质。常见的性质有:非自反性、反对称性、传递性、稠密性、可比较性、完备性、离散性、无极值性等。其中,R 最基本的性质是非自反性和反对称性。任何模型中的 R 都包含这两个性质。参见:J. P. Burgess. “Basic Tense Logic”, in D. Gabbay and F. Guenthner (eds.), *Handbook of Philosophical Logic*, 2nd Edition, Vol. 7, Dordrecht: Kluwer Academic Publishers & Springer, 2002: 2; 冯棉. 广义模态逻辑[M]. 上海:华东师范大学出版社, 1990: 313-316.

[1]中的任意公式，t、$t' \in D$，则有：

$$V(\alpha, t)=\begin{cases}T，当且仅当 \alpha 在 t 时刻为 T；\\ F，当且仅当 \alpha 在 t 时刻为 F。\end{cases}$$

$$V(G\alpha, t)=\begin{cases}T，当且仅当对每一个满足 tRt' 的 t'，V(\alpha, t')=T；\\ F，当且仅当存在某个满足 tRt' 的 t'，V(\alpha, t')=F。\end{cases}$$

$$V(H\alpha, t)=\begin{cases}T，当且仅当对每一个满足 t'Rt 的 t'，V(\alpha, t')=T；\\ F，当且仅当存在某个满足 t'Rt 的 t'，V(\alpha, t')=F。\end{cases}$$

$$V(F\alpha, t)=\begin{cases}T，当且仅当存在某个满足 tRt' 的 t'，V(\alpha, t')=T；\\ F，当且仅当对每一个满足 tRt' 的 t'，V(\alpha, t')=F。\end{cases}$$

$$V(P\alpha, t)=\begin{cases}T，当且仅当存在某个满足 t'Rt 的 t'，V(\alpha, t')=T；\\ F，当且仅当对每一个满足 t'Rt 的 t'，V(\alpha, t')=F。\end{cases}$$

不难理解，在同一时刻，不允许 α 既真又假。但对于不同时刻，α 可能取值不同。α 是有效的，当且仅当 α 在任意模型的任意时刻都为真。

2. IF 时态逻辑 IFTL[1]及其代数语义解释

我们可以对斜杠算子做不同的解释。前文所介绍的标准解释，又称为统一性解释(uniformity interpretation, UNI)，旨在强调对玩家取胜策略的限制。为了更好地揭示 IF 时态逻辑的特征，我们提供另一种解释方案，即代数解释(algebraic interpretation, ALG)，主要针对含交换群运算的一元线性时间结构，把斜杠算子解释为一种减法运算(subtraction)。①

句法上，IF 时态逻辑 IFTL[1]仅在标准时态逻辑 PTL[1]基础之上添加了斜杠算符及斜杠公式集。

$IFTL[1]=PTL[1]\cup\{O_1\cdots O_{n-1}(O_n/W)\varphi:\ \varphi\in PTL,\ n\geqslant 1\}$。其中，对于任一的 $j\in\{1,\cdots,n\}$，$O_j\in\{F_j, G_j, P_j, H_j\}$，$W\subseteq[1, n-1]$。

语义上，IFTL[1]的一般代数模型为四元组 $M=(D, <, V, o)$。其中，D 为 M 的非空论域，(D, <)为非空的线性序，(D, <, V)为一元时间结构，(D, o)为交换群或阿贝尔群(Abelian group)，o 表示交换运算(commutative operation)②。

定义 1

对任意的 $t\in D$，$FUT_t=_{df}\{t':(tot')>t\}$，$PAST_t=_{df}\{t':(tot')<t\}$。

---

① 参见：T. Tulenheimo. *Independencce-Friendly Modal Logic: Studies in Its Expressive Power and Theoretical Relevance*, PhD Thesis, University of Helsinki, 2004: 175－176, 186－199.

② 对任意的 x，$y\in T$，如果(xoy)=(yox)，那么 o 就是一种交换运算。相应地，群(T, o)就是交换群或阿贝尔群。

定义 2

时态算子 O_i 的每一次出现相当于一个唯一的相对化的(元语言)量词 $Q_i = \mathbf{Q}(O_i)$:

(1) $\mathbf{Q}(F_i) =_{df} (\exists x_i \in FUTx_{i-1})$;

(2) $\mathbf{Q}(G_i) =_{df} (\forall x_i \in FUTx_{i-1})$;

(3) $\mathbf{Q}(P_i) =_{df} (\exists x_i \in PASTx_{i-1})$;

(4) $\mathbf{Q}(H_i) =_{df} (\forall x_i \in PASTx_{i-1})$。

设 M 为一般的代数模型(D, <, V, o),D 为 M 的非空论域,对于任意的 $t \in D$,我们可以给出 IFTL[1]的代数解释如下:

(1) $M \vDash_{ALG} p[t]^+$,当且仅当 $t \in V(p)$;

(2) $M \vDash_{ALG} p[t]^-$,当且仅当 $t \notin V(p)$;

(3) $M \vDash_{ALG} (\varphi \vee \psi)[t]^+$,当且仅当 $M \vDash_{ALG} \varphi[t]^+$ 或者 $M \vDash_{ALG} \psi[t]^+$;

(4) $M \vDash_{ALG} (\varphi \wedge \psi)[t]^+$,当且仅当 $M \vDash_{ALG} \varphi[t]^+$ 并且 $M \vDash_{ALG} \psi[t]^+$;

(5) $M \vDash_{ALG} F\varphi[t]^+$,当且仅当存在 $t' \in FUT_t$ 使得 $M \vDash_{ALG} \varphi[tot']^+$;

(6) $M \vDash_{ALG} G\varphi[t]^+$,当且仅当每个 $t' \in FUT_t$ 使得 $M \vDash_{ALG} \varphi[tot']^+$;

(7) $M \vDash_{ALG} P\varphi[t]^+$,当且仅当存在 $t' \in PAST_t$ 使得 $M \vDash_{ALG} \varphi[tot']^+$;

(8) $M \vDash_{ALG} H\varphi[t]^+$,当且仅当每个 $t' \in PAST_t$ 使得 $M \vDash_{ALG} \varphi[tot']^+$;

(9) $M \vDash_{ALG} O_1 \cdots O_{n-1}(O_n/W)\varphi[t]^+$,当且仅当对于 $O_1 \cdots O_n$: $t = x_0$ 并且 $M \vDash_{ALG} \varphi[toO_{i \in \{1,\cdots,n\}}(x_i)oO_{i \in W}(x_i^{-1})]^+$。其中,$(x_i^{-1})$ 表示 x_i 的反面或者逆元素。

根据上述定义可以证明,在一般代数语义学下,IFTL[1]是确定的,并且具有与 PTL[1]相同的表达力,两者可以相互嵌入对方。但是,一般来说,当 $k \geqslant 2$ 时,IFTL[k]具有比 PTL[k]更强的表达力。①

第三节 IF 认知逻辑

按照古希腊哲学的传统观点,知识就是被证成的真信念。与之不同,亨迪卡将知识理解为在认知择代(epistemic alternatives)中为真的命题(或语句)②,认

① 详细证明参见:T. Tulenheimo. *Independencce-Friendly Modal Logic: Studies in Its Expressive Power and Theoretical Relevance*, PhD Thesis, University of Helsinki, 2004: 172, 194 - 199. 特别是定理 3.4.13、定理 4.2.7 以及推论 4.2.8 和推论 4.2.9。

② 表示认知择代的方式有很多种,例如:可能世界,可供选择的状态、场景、时间点、空间点等。

知主体 i 在状态 s 或世界 w 中知道某个命题 p,意味着在 i 的所有认知择代(相对于 s 或 w)中 p 为真。这种分析进路导致了所谓的认知逻辑。认知逻辑是一类刻画认知算子的逻辑。例如,“知道”“相信”“怀疑”,以及“意识到”(aware)、“记得”(remenber)、“回忆”(recall)等其他命题态度词。它不仅极大丰富和拓展了逻辑学的研究范围,并且加深了对人类认知行为的理解,为认知科学提供形式化工具和语义解释模型,进而为自然语言的信息化处理以及计算机与人工智能技术开发提供强有力的理论支撑。

1. 经典命题认知逻辑及其局限性

句法上,经典命题认知逻辑(propositional epistemic logic, PEL)是在经典命题逻辑基础上通过添加认知算子及其相应规则而得到的。设 ϕ 为经典命题认知逻辑公式,定义如下:

$\phi := p \mid \neg\varphi \mid \varphi \vee \psi \mid \varphi \wedge \psi \mid K_i\varphi$。

其中,p 表示原子命题,φ、ψ 表示任意公式,K 表示“知道”,i 表示认知主体,$K_i\varphi$ 读作“主体 i 知道 φ”。

语义上,通常用来解释经典命题认知逻辑的合适框架是可能世界语义模型 M,即三元组$<W, R, \sigma>$。其中,W 表示可能世界的集合$\{w_0, w_1, \cdots\}$,R 表示可及关系的集合$\{R_1, R_2, \cdots R_n\}$,对于每个认知主体 $i \in \{1, \cdots, n\}$,$R_i \subseteq W \times W$。σ 是赋值函数:$W \rightarrow (\Phi \rightarrow \{T, F\})$,即:对公式 Φ 中的每个命题变元 $p \in \Phi$ 指派 W 的一个子集使得$\{w_i \mid \sigma(p, w) = T, w \in W\}$。

设 $w'R_iw$ 表示 w' 是主体 i 在 w 上可及的认知可能世界(亦称 i-认知可能世界),PEL-公式的真值条件可定义如下:

$\{M, w\} \vDash p$,当且仅当 $\sigma(p, w) = T$;

$\{M, w\} \vDash \neg\varphi$,当且仅当$\{M, w\} \nvDash \varphi$;

$\{M, w\} \vDash \varphi \vee \psi$,当且仅当$\{M, w\} \vDash \varphi$ 或者$\{M, w\} \vDash \psi$;

$\{M, w\} \vDash \varphi \wedge \psi$,当且仅当$\{M, w\} \vDash \varphi$ 并且$\{M, w\} \vDash \psi$;

$\{M, w\} \vDash K_i\varphi$,当且仅当对所有的 w' 并且 $w'R_iw$,$\{M, w'\} \vDash \varphi$。①

不难看出,经典命题认知逻辑实际上是把“知识”处理为主体 i 对命题 p 的态度。在某个给定的世界 w 中 i 知道 φ,被解释为 φ 在 w 的任一 i-认知可能世界(包括 w 在内,即 w 具有自反性)中都为真。例如,认知语句“我知道屋子里有一只猫”可以被刻画为 $K_i\varphi$。其中,K 表示“知道”,i 表示第一人

① A. Pietarinen. “What Do Epistemic Logic and Cognitive Science Have to Do With Each Other?”, *Cognitive Systems Research*, 2003(4): 171.

称反身代词“我”，φ 表示“屋子里有一只猫”。该认知语句为真，不仅意味着在 i 所处的现实世界 w 的所有可及世界 w′中 φ 为真，而且还意味着所有使 φ 为假的可能世界都不是 i 在现实世界 w 上可及的。换言之，根据经典命题认知逻辑对“知识”的刻画，要求主体 i 清楚地认识到哪些是使 φ 为真的可能世界，哪些是使 φ 为假的可能世界。认知主体知道的越多，可能世界的选择空间就越小。

另外，在经典命题认知逻辑中，认知算子 K_i 相当于遍历每个 i-认知可能世界的全称量词。① 所以，我们可以对认知语句进行语义博弈，只不过玩家需要将“语句”与某个“世界”（或模型）联系起来，在经典一阶语言基础上增加一条博弈规则：

G(K_i) 若 $\varphi = K_i\phi$ 并且博弈进行到 w，则由证伪者选择某个相对于 w 的 i-认知可能世界 w′，博弈以 G(M, w′, ϕ)继续。②

类似于经典逻辑，经典命题认知逻辑是一种完美的信息传输(information transmission)逻辑。“句法上，这意味着公式用线性记法形式来书写。语义上，信息传输在一种非常明确的涵义上是连续不断的。”③然而，PEL 的表达力非常有限，不足以刻画复杂的认知语句（如 $\exists x K_1 S(x)$、$\forall x \exists y K_1 S(x, y)$ 等），特别是含有信息独立的认知语句（如 $K_1(\varphi(\vee/K_1)\phi)$、$K_1(\exists x/K_1)S(x)$ 等）④，以及非完美信息情形下多主体交互认知等复杂现象（如 $K_1(K_2/K_1)\varphi$、$K_1\forall x(\exists y/x)(K_2/\{K_1, y\})S(x, y)$ 等）。为此，可以采取两种不同的修改进路：其一是仿照亨迪卡的 IF 一阶逻辑对经典一阶逻辑的扩张，在 PEL 的基础上添加量词符号（以及等号）和斜杠符号，语义上采用非完美信息博弈来取代完美信息博弈。其二是范本申所提议的动态认知逻辑及其非完美信息博弈。两种进路皆存在各自的优点和不足，而更

---

① J. Hintikka and G. Sandu. “Game-Theoretical Semantics”, in J. van Benthem and A. Meulen (eds.), *Handbook of Logic and Language*, London: Elsevier B.V., 2011: 430.

② 同上，p.431。

③ A. Pietarinen. “What Do Epistemic Logic and Cognitive Science Have to Do With Each Other?”, *Cognitive Systems Research*, 2003(4): 172.

④ 例如，亨迪卡认为，在英语中 WH-结构只不过表明它与 K 相互独立。认知表达式（$\exists x/K_i$）可用来刻画“who”“what”“where”“when”等类型的认知结构，（$\vee/K_i$）可用来刻画“which”“whether”等类型的认知结构。但最先将“信息独立”推广至一阶逻辑之外或者最先用于语言逻辑（量词与内涵算子之间的独立关系）的是卡尔森（L. Carlson）和德·梅隆（A. ter Meulen）。分别参见：J. Hintikka. *The Principles of Mathematics Revisited*, Cambridge: Cambridge University Press, 1996: 84; L. Carlson and A. ter Meulen. “Informational Independence in Intensional Context”, in E. Saarinen et al (eds.), *Essays in Honour of Jaakko Hintikka*, Dordrecht: D. Reidel Publishing Company, 1979: 61-72.

优的方案是将两者结合起来，取长补短。

2. IF 量化认知逻辑及其非完美信息博弈

首先，在 PEL 的基础上添加量词符号（以及等号），从而得到量化的认知逻辑（quantified epistemic logic, QEL）或者一阶认知逻辑（first-order epistemic logic, FOEL）。QEL-公式可定义如下：

$\phi := p \mid \neg\varphi \mid \varphi \vee \psi \mid \varphi \wedge \psi \mid K_i\varphi \mid \forall x\varphi \mid \exists x\varphi \mid x \cong y$。

其中，p 表示原子命题，φ、ψ 表示任意公式，K 表示“知道”，i 表示认知主体，$K_i\varphi$ 可读作“主体 i 知道 φ”，$x \cong y$ 表示 x 与 y 具有恒等关系。不难看出，$\exists xK_1S(x)$、$\forall x\exists yK_1S(x, y)$ 皆属于 QEL-公式。因此，QEL 的表达力强于 PEL。但是，QEL 或者 FOEL 不足以区分从物知识（kownledge *de re*）或具体知识和从言知识（kownledge *de dicto*）或非具体知识。而这对于刻画多主体信息交流来说至关重要。例如，主体 a 把信息 x 传送给主体 b，可以表示为如下两个命题：① 主体 a 知道被传送的信息 x 是什么（属于从物知识，存在量词位于知道算子辖域范围之内）；② 主体 b 知道某个信息 y 被传送过来了（属于从言知识，知道算子位于存在量词辖域范围之内。y 实际上与 x 相同，但主体 b 并不知道这一点）。这里涉及不同主体的认知可能世界的相对独立性，或者信息的不对称性和非完美性：一方可能不知道另一方的某些信息。这相当于一种并行信息处理结构。如前所述，用以刻画此类结构的合适框架是分枝量化式（1）或者斜杠公式（2）：

$$(1)\quad \begin{matrix} \exists x\text{—}K_a \\ K_b\text{—}\exists y \end{matrix} \Big\rangle (Message(x) \wedge x \cong y);$$

(2) $K_b\exists y(\exists x/\{K_b, y\})(K_a/\{K_b, y\})(Message(x) \wedge x \cong y)$。①

为了解决上述问题，我们可以在 QEL 语言的基础上添加斜杠符，使之斜杠化（Slash*ing*），即在原来表示辖域依赖的地方，插入斜杠符用以表示独立，从而得到它的 IF 版本，即独立友好的一阶认知逻辑（independence-friendly first-order epistemic logic，简称 IFEL）。

句法上，IFEL-公式只须在 QEL-公式的基础上增加如下一条形成规则：

设 $A = \{K_1 \cdots K_n, \vee_1 \cdots \vee_m, \wedge_1 \cdots \wedge_i, \forall x_1 \cdots \forall x_j, \exists y_1 \cdots \exists y_k\}$。若 $B \subseteq A$，$Q \in A$ 且 $Q \notin B$，则 $(Q/B)\varphi$ 是 IFEL-公式。

---

① A. Pietarinen. “What Do Epistemic Logic and Cognitive Science Have to Do With Each Other?”, *Cognitive Systems Research*, 2003(4): 176.

例如,前文提到的复杂认知语句 $K_1(\varphi(\vee/K_1)\phi)$、$K_1(\exists x/K_1)S(x)$、$K_1(K_2/K_1)\varphi$、$K_1\forall x(\exists y/x)(K_2/\{K_1, y\})S(x, y)$ 等皆属于 IFEL-公式。由此可见,IFEL 的表达力比 PEL 和 QEL 都要强大。

语义上,IFEL 采用非完美信息博弈来解释独立关系,它的博弈规则在 PEL 的基础上增加以下几条:

$G(K_i/B)$ 若 $\varphi=(K_i/B)\phi$ 且 $K_i\notin B$,博弈进行到 w,则由证伪者选择某个 $w'\in W$,独立于 B 中所做出的选择,博弈以 $G(M, w', \phi)$ 继续。

$G(\vee_m/B)$ 若 $\varphi=(\vee_m/B)\phi$ 且 $\vee_m\notin B$,博弈进行到 w,则由证实者独立选择某个 $w'\in W$,即独立于 B 中所做出的选择,博弈以 $G(M, w', \phi)$ 继续。

$G(\wedge_n/B)$ 与 $G(\vee_m/B)$ 类似,只不过由证伪者独立选择某个 $w'\in W$,博弈以 $G(M, w', \phi)$ 继续。

$G(\forall x_j/B)$ 若 $\varphi=(\forall x_j/B)\phi$ 且 $\forall x_j\notin B$,博弈进行到 w,则由证伪者独立选择某个 $w'\in W$,即独立于 B 中所做出的选择,博弈以 $G(M, w', \phi)$ 继续。

$G(\exists y_k/B)$ 与 $G(\forall x_j/B)$ 类似,只不过由证实者独立选择某个 $w'\in W$,博弈以 $G(M, w', \phi)$ 继续。

IFEL 的博弈胜负、策略、取胜策略、真假等其他定义与 PEL 无异。但值得注意的是,非完美信息博弈的一个典型特征是它的非确定性:存在一类公式既不真亦不假,即双方都没有取胜策略,由此导致经典排中律在 IFEL 乃至一般的 IF 逻辑中皆失效。

根据 IFEL 的语义可知,$K_1(K_2/K_1)\varphi\neq K_1\varphi\wedge K_2\varphi$。因为对于 $K_1(K_2/K_1)\varphi$ 来说,K_1 与 K_2 相互独立,可读作"1 和 2 分别知道 φ",两者的认知择代世界可能各不相同;而对于 $K_1\varphi\wedge K_2\varphi$ 来说,1 和 2 可能同时知道 φ,两者的认知择代世界可能完全一致。此外,对于 K 算子独立关系的刻画,还有更深层次的意义。例如,比较下列两个公式之间的差异:

(3) $K_a\exists xS(x)$;

(4) $K_a(\exists x/K_a)S(x)$。

(3)意味着在 a 知道的所有可能世界中,存在个体 x 使得 S(x)成立,无须考虑世界与世界之间的不同,而只须要考虑在所有世界中使得 S(x)成立的个体 x 是什么。(4)意味着 a 在他所知道的某个可能世界中选择个体 x 使得 S(x)成立,需要考虑个体的跨界同一性及其标准。这样一来,(3)与(4)的差异就变得一目了然。

3. 动态认知逻辑 EAL 及其 IF-EAL

与亨迪卡、桑杜所提议的 IF 一阶逻辑进路不同,范本申提议另一种刻画非完美信息博弈中认知主体的知识或无知的竞争方案，即动态的认知行动逻辑（epistemic action logic, EAL）。两者的动机不同甚至相反：前者是将博弈作为一种语义解释框架，而后者更侧重于揭示博弈本身的性质。①但是，两者并非排斥关系，可以实现兼容互补。

句法上，EAL 语言由“公式”和“行动”及其相互组合而成，包括以下四类表达式：

（1）原子公式（Atoms，简称 At）有四类：At = {win_V, $turn_V$, win_F, $turn_F$}，分别表示证实者获胜、转向证实者、证伪者获胜、转向证伪者。下标字母 V、F 分别表示证实者（verifier）和证伪者（falsifier）。

（2）基本行动（Basic actions，简称 B）包括两类：挑选对象和左右转向。因此，B = {x = a, x = b, …, y = a, y = b, …, L, R}。其中 a、b…表示论域中的元素，L、R 分别表示“向左”和“向右”。

（3）行动（Actions，简称 A）包括三类：A: = B | $A_1 \cup A_2$ | A_1; A_2，分别表示基本行动、选择行动和组合行动。$A_1 \cup A_2$表示或者执行 A_1或者执行 A_2。A_1; A_2表示先执行 A_1然后再执行 A_2。

（4）公式（Well-formed formulas，简称 Wffs）包括如下六类情形：Wffs: = At | ⊥ | $\neg\varphi$ | $\varphi_1 \vee \varphi_2$ | $\langle A\rangle\varphi$ | $K_i\varphi$，分别表示原子公式、矛盾式、否定式、析取式、行动模态公式、认知模态公式。其中，$\langle A\rangle\varphi$ 意味着在当前状态（state）或节点（node）中 A 的某些执行会导致 φ 在另一个状态或节点中为真。由此，我们可以定义它的对偶：$[A]\varphi =_{df} \neg\langle A\rangle\neg\varphi$，意味着在当前状态或节点中 A 的每次执行都会导致 φ 在另一个状态或节点中为真。$K_i\varphi$ 表示“认知主体 i 知道 φ”，i ∈ {V, F}。

语义上，EAL 的博弈（扩展形式）提供了一个标准的克里普克模型：G = {W, R, $\sim_i$, σ}。其中，W 表示状态集或节点集，R 表示行动转换之间的二元可及关系，$\sim_i$表示相对于认知算子 K_i的二元可及关系或“等价不确定性关系”，i ∈ {V, F}，σ 表示原子公式的赋值函数。在 EAL 中，公式的真和行动的成功执行必须同时定义。φ 在 G 的某个节点 s 中为真，记为{G, s} ⊨ φ。A 行动的某次成功执行意味着从一个节点 s 转换至另一个节点 t，记为{G, s, t} ⊨ A。它们的真值（或成功）条件分别如下：

{G, s} ⊭ ⊥；

① M. Rebuschi. “IF and Epistemic Action Logic”, in J. van Benthem et al (eds.), *The Age of Alternative Logics*, Dordrecht: Springer, 2006: 265. 此处对 EAL 和 IF-EAL 的介绍均参考了该文。

$\{G, s\} \vDash p$ 当且仅当 $s \in \sigma(p)$，其中 $p \in At$；

$\{G, s\} \vDash \neg\varphi$ 当且仅当 $\{G, s\} \nvDash \varphi$；

$\{G, s\} \vDash \varphi_1 \vee \varphi_2$ 当且仅当 $\{G, s\} \vDash \varphi_1$ 或者 $\{G, s\} \vDash \varphi_2$；

$\{G, s\} \vDash <A>\varphi$ 当且仅当存在节点 t，使得 $\{G, s, t\} \vDash A$ 并且 $\{G, t\} \vDash \varphi$；

$\{G, s\} \vDash K_i\varphi$ 当且仅当对每个节点 t 并且 $t \sim_i s$，都有 $\{G, t\} \vDash \varphi$；

$\{G, s, t\} \vDash A$ 当且仅当 $(s, t) \in R$；

$\{G, s, t\} \vDash A_1 \cup A_2$ 当且仅当 $\{G, s, t\} \vDash A_1$ 或者 $\{G, s, t\} \vDash A_2$；

$\{G, s, t\} \vDash A_1; A_2$ 当且仅当存在节点 u，使得 $\{G, s, u\} \vDash A_1$ 并且 $\{G, u, t\} \vDash A_2$。

现在，我们可以分析在 EAL 中到底如何刻画非完美信息状态下认知主体的知识和无知。设论域为两个元素的集合，即 $D = \{a, b\}$，IF 公式 $\forall x(\exists y/x)(x \neq y)$ 的博弈如下图所示：

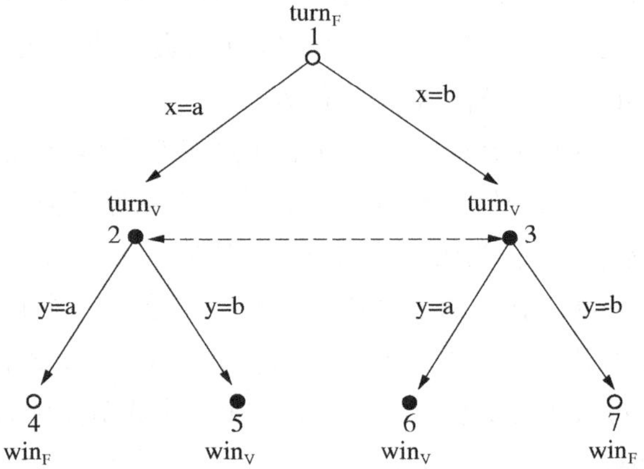

虚线表示证实者所拥有的信息集。对于证实者来说，状态 2 和 3 是不可分辨的。他仅知道证伪者在第一阶段已经做出了个体选择，但他并不知道证伪者在博弈的第一阶段到底选择了哪个个体。因此，在节点 2 或 3，证实者只能"从言地"知道他有某个取胜策略：

$\{G, 2\} \vDash K_V(<y=a>win_V \vee <y=b>win_V)$ 或 $\{G, 3\} \vDash K_V(<y=a>win_V \vee <y=b>win_V)$。

但他并不"从物地"知道到底哪一个才是取胜策略，即：

$\{G, 2\} \vDash \neg K_V(<y=a>win_V) \wedge \neg K_V(<y=b>win_V)$，

或者

$\{G, 3\} \vDash \neg K_V(<y=a>win_V) \wedge \neg K_V(<y=b>win_V)$。

尽管 EAL 也能够刻画认知主体的知识或无知，区分从物知识和从言知

识,但 EAL 只能刻画博弈的局部性质而不能刻画其整体性质,无法定义证实者在博弈 G(M, s, φ)中的统一取胜策略,无法定义自身的真,否则面临无穷倒退。为了解决这些问题,雷布施(M. Rebuschi)仿照图仑海默建构 EIFML[k]的方式,将 EAL 扩展为 IF-EAL。这样一来,既增强了 EAL 的表达力,同时又保留了它的特点。

句法上,IF-EAL 仅在 EAL 公式基础上添加斜杠符,从而得到一类斜杠公式集,用以表示不同算子之间的相互独立。例如,$(\langle A_2\rangle/\langle A_1\rangle)$、$(\langle A\rangle/K_V)$、$\langle A_2(\cup/[A_1])A_3\rangle$、$[A_2(\cup/[A_1])A_3]$、$\langle A_1(\cup/K_V)A_2\rangle$等。

语义上,IF-EAL 的模型 M 与 EAL 完全相同,即 $M=\{W, R, \sim_i, \sigma\}$。它的博弈规则可定义如下:

$G(\langle A\rangle)$ 如果博弈具有如下形式 $G(M, s, \langle A\rangle\varphi)$,那么证实者从执行 A 所导致的状态中挑选(如果可能的话)某个状态 t,博弈以 G(M, t, φ)形式继续。否则,证实者输而证伪者胜。

$G([A])$ 如果博弈具有如下形式 $G(M, s, [A]\varphi)$,情况与$G(M, s, \langle A\rangle\varphi)$类似,只不过由证伪者做出选择。

$G(K_V)$ 如果博弈具有如下形式 $G(M, s, K_V\varphi)$,那么由证伪者挑选当前状态下证实者的某个认知择代状态 t,使得 $s\sim_V t$,博弈以 G(M, t, φ)进行。

$G(\langle\cup\rangle)$ 如果博弈具有如下形式 $G(M, s, \langle A_1\cup A_2\rangle\varphi)$,那么由证实者选择某个 $i\in\{1, 2\}$,博弈以 $G(M, s, \langle A_i\rangle\varphi)$进行。

$G([\cup])$ 如果博弈具有如下形式 $G(M, s, [A_1\cup A_2]\varphi)$,情况与 $G(M, \langle A_1\cup A_2\rangle\varphi, s)$类似,只不过由证伪者做出选择。

不难理解,如果博弈具有如下形式 $G(M, s, \langle A_1; A_2\rangle\varphi)$,那么相当于 $G(M, s, \langle A_1\rangle\langle A_2\rangle\varphi)$。类似地,$G(M, s, [A_1; A_2]\varphi)$相当于 $G(M, s, [A_1][A_2]\varphi)$。

根据上述定义可知,对任意的 IF-EAL 公式 φ:

$\{M, s\}\vDash_{GTS}\varphi$ 当且仅当证实者在 G(M, s, φ)中有取胜策略。

虽然 IF-EAL 可以刻画证实者不同类型的知识,但为了便于比较,我们仅讨论初始阶段的情形。设 $D=\{a, b\}$,$\varphi=\forall x(\exists y/x)(x\neq y)$,在 IF-EAL 的非完美信息博弈 G′(M, s, φ)的初始阶段(即节点 1)证实者没有统一取胜策略,即:

$\{G', 1\}\nvDash_{GTS}[x=a\cup x=b](\langle y=a\cup y=b\rangle/[x=a\cup x=b])win_V$。

在不含斜杠符的 IF-EAL 公式(相当于 EAL 公式)的完美信息博弈中,证实者在初始阶段有取胜策略,即:

$\{G', 1\}\vDash_{GTS}[x=a\cup x=b]<y=a\cup y=b>win_{V}$。

虽然在非完美信息博弈中,证实者仍有取胜策略,但它不是统一取胜策略并且不可用。更为重要的是,在 IF-EAL 中 G′(M, s, φ)与 G(M, s, φ)具有同构性,G′(M, s, φ)不仅揭示了证实者在原初博弈 G(M, s, φ)中是否有取胜策略,而且还揭示了 G′(M, s, φ)自身是否有取胜策略,从而避免了无穷倒退困境。① 归根结底,这是 IF 逻辑的"真"之可定义性或真值条件的自反性特征的一个具体体现。②

第四节 IF 语言逻辑

尽管不少语言学家或语言逻辑学家听说过"信息独立"这个术语,但大部分只把它当作自然语言的边缘现象。实际上,信息独立概念对于自然语言理解十分重要。因为没有充分的理由认为,自然语言中的量词辖域一定是嵌套的。大量的实例表明,经典逻辑不能够为自然语言提供合适的、充分的解释框架。在经典逻辑中,量词辖域通常用括号来表示,遵循从左至右的顺序进行解释。域窄的量词受制于域宽的量词。它人为地限制了量词的偏序组合的可能性,完全忽视了自然语言中无处不在的信息独立现象。相比而言,IF 逻辑是对经典逻辑的"解放",比经典逻辑的表达力更强大,而扩展的 IF 逻辑的表达力相当于整个二阶逻辑,能够刻画全部数学。毫不夸张地说,博弈论语义学对独立量词的分析,只不过是信息独立冰山之一角。因为独立关系原则上可以扩展至任何语言表达式,包括语句联结词、模态词、时间词、各种内涵性的命题态度词、代词、专名等。这些都可以很自然地运用(扩展的)IF 逻辑及其博弈论语义来分析。③ 相对于以经典逻辑为表征工具和解释框架的经典语言逻辑,以(扩展的)IF 逻辑作为表征工具和解释框架来分析自然语言无处不在的信息独立现象,由此导致了别具一格的 IF 语言逻辑。

与形式的 IF 一阶语言相类似,我们采用斜杠符"/"来表达独立关系。

---

① M. Rebuschi. "IF and Epistemic Action Logic", in J. van Benthem et al(eds.), *The Age of Alternative Logics*, Dordrecht: Springer, 2006: 275 – 277.

② 关于 IF 逻辑的"真"之可定义性的讨论,参见第六章第三节。

③ J. Hintikka and G. Sandu. "Informational Independence as a Semantical Phenomenon", in J. Fensted, I. Frolov and R. Hilpinen(eds.), *Logic, Methodology and Philosophy of Science Ⅷ*, Amsterdam: Elsevier Science Publishers B.V., 1989: 575 – 576.

例如,"X/YZ"表示 X 独立于 Y 和 Z。为了避免含混,对于多次出现的语言表达式,通过加下标的方式以明确其依赖与独立关系。① 这种表示方法比分枝表示法更为简便,而且很容易推广至任何其他语言表达式。② 这套记法很自然地适用于博弈论语义学而没有任何违和之处。例如:

(1) $\forall x(\exists y/\forall x)F(x, y)$;

(2) $\forall x(A(x)(\vee/\forall x)B(x))$;

(3) $K_{张三}B(a/K_{张三})$;

(4) $\neg_1(\exists x)\neg_2(B(x)/\neg_1\neg_2)(\exists y)(Homer=y)$。③

直觉上,这些公式初看起来会感到很怪异,不知所云。但是,借助博弈论语义学,它们的意义就很好理解了。上述公式中,前三者可还原为经典一阶公式:

(1′) $\exists y\forall xF(x, y)$;

(2′) $\forall xA(x)\vee\forall xB(x)$;

(3′) $\exists x(x=a\wedge K_{张三}B(x))$,假定 a 实际存在。

但是,第四个公式不可以还原为任何经典一阶公式。这种含有信息独立的 IF 逻辑比仅刻画信息依赖的经典逻辑更富有弹性,更加灵活,表达力更强。"尽管这个新逻辑如此之强大,以致于它不能完全公理化。但这并不意味着这个新逻辑的语言学方面的重要片段不能够公理化。"④下面将结合实例,围绕否定词、命题态度词(如相信、知道)、从物模态(*de re*)与从言模态(*de dicto*)区分等三个方面,来阐述 IF 逻辑对自然语言的表达力和解释力。

---

① 同上,p.576。

② 亨迪卡对分枝量词以及分枝记法提出了很多批评。例如:1.分枝量词只不过是量词独立现象之一种,不具有一般性,不能很好地融合广义量词。2.分枝量词所表达的偏序关系,要求博弈时玩家的信息集只能是偏序关系。但这不并具有普遍性,不能代表所有情形都必须如此。3.二维的分枝记法不如斜杠记法简洁方便,保持习惯的水平书写方式。4.分枝记法不便于推广至其他独立类型,而斜杠记法可以很容易推广至联结词、模态词等任何独立类型。5.分枝记法对否定的处理十分别扭、笨拙,远不如斜杠记法简洁、方便。尽管如此,亨迪卡承认,对分枝量词的前期探索已经涉及到信息独立现象的诸多一般性问题,为建构 IF 逻辑提供了理论准备,IF 逻辑的许多重要观念不过是分枝量词的进一步推广与应用。参见:J. Hintikka. *The Principles of Mathematics Revisited*, Cambridge: Cambridge University Press, 1996: 56 – 57.

③ 更多的例子可以参见:J. Hintikka. *The Principles of Mathematics Revisited*, Cambridge: Cambridge University Press, 1996: 576 – 580.

④ J. Hintikka and G. Sandu. "Informational Independence as a Semantical Phenomenon", in J. Fenstad et al(eds.), *Logic, Methodology and Philosophy of Science VIII*, Amsterdam: Elsevier Science Publishers B.V., 1989: 577.

1. 否定位移(提升)与信息独立

我们以否定为例来阐释无处不在的独立现象,由此证明 IF 逻辑及其扩展对自然语言理解的独特优势。众所周知,在自然语言(例如英语)中,否定至少有两种用法:内部否定(动词否定)和外部否定(语句否定)。但经典逻辑只有一个矛盾否定,而扩展的 IF 逻辑容纳了两个否定:矛盾否定和对偶否定,并且对矛盾否定的使用做了必要的限制,即:矛盾否定只能出现在语句最前端,而不能置于语句内部,特别是不能出现在量词辖域范围之内。这使得扩展的 IF 逻辑可以更充分、更准确地刻画自然语言中否定的多样性和复杂性①,并由此揭示出蕴藏在这些现象背后的规律性。下面通过一些具体实例来说明扩展的 IF 逻辑对自然语言否定词的强劲解释力。

例一:外部否定在量化语句中不能进行内移。

(1) Not every hunter shot a lion. 并非每个猎手都射中了一头狮子。

(2) Some hunter shot not every lion. 有些猎手没有射中每一头狮子。

通常认为,(1)是可接受的(或者正确的),(2)是不可接受的(或者不正确的)。为什么呢?扩展的 IF 逻辑很好地解释了其中缘由:例句(1)的外部否定词位于语句前端,与扩展的 IF 逻辑对矛盾否定的要求相符;而在例句(2)中,外部否定词置于量词"some"的辖域范围之内,这恰好违反了扩展的 IF 逻辑对矛盾否定的使用限制。

例二:外部否定不能用于回指。

(1) Some student passed the examination. She must have studied very hard. 某些同学通过了考试。她学习一定很努力。

(2) Not every student failed to pass the examination. She must have studied very hard. 并非每位同学都没有通过考试。她学习一定很努力。

同样,(1)是可以接受的,而(2)不是可接受的。原因在于:对于(1)的语义博弈来说,回指代词"she"的个体选择可以直接根据之前对"some"的个体选择来确定。例如,在关于"some"的博弈 G(some)中选择了某个名为"Susan"的个体,那么在关于代词"she"的博弈 G(she)时,可以选择之前已经选择了的个体"Susan"。这恰好解释了代词"she"的回指功能。但是,在例句(2)中,无法解释代词"she"的回指功能。因为先行句是一个外部否定

---

① 当然,这并不是说扩展的 IF 一阶逻辑穷尽了自然语言中的否定用法,也不是说内部否定和外部否定的区分恰好等价于对偶否定和矛盾否定的区分。但无论如何,扩展的 IF 一阶逻辑比经典一阶逻辑更加充分地刻画了自然语言中否定词的多重涵义和用法。

句,没有针对"not"的博弈规则,无法直接解释"Not every student failed to pass the examination",而只能间接地通过"every student failed to pass the examination"来获得解释。即便如此,在博弈中 G(every)选择的个体也不能直接用于 G(she),因为被 G(every)选中的个体最终被否定掉,所以 G(she)实际上没有个体可选。

例三:否定词与信念词之间的独立。扩展的 IF 逻辑可以很好地刻画信念语句的否定位移现象。

(1) Thomas does not believe that John is at home. 托马斯不相信约翰在家。

并不是句(2)的矛盾否定:

(2) Thomas believes that John is at home. 托马斯相信约翰在家。

但(1)通常被认为等价于句(3):

(3) Thomas believes that John is not at home. 托马斯相信约翰不在家。

表面上,从(3)到(1)无非是改变了信念词"believe"(记为"B_{Thomas}")和否定词"not"两个算子之间的先后顺序,否定词从信念算子辖域范围之内移至了该信念算子的辖域范围之外。这正是转换生成语法学家通常采取的解析策略。但问题在于,这种处理方式合理吗?换言之,(1)与(3)真的等价吗?通过分析不难发现,其实两者并不等价,这种转换规则是无效的。

若把否定词"not"处理为经典的矛盾否定(记为"$\neg$"),则上述例句(1)—(3)的逻辑形式可表示如下:

(1′) $\neg(B_{Thomas})$(John is at home);

(2′) (B_{Thomas})(John is at home);

(3′) $(B_{Thomas})\neg$(John is at home)。

很显然,(1′)(3′)并不等价。表面上看,(1′)好像就是(2′)的否定。但实际上也并非如此。因为(1)与(3)正确的逻辑形式应该如下:

(1″) $\sim(B_{Thomas}/\sim)$(John is at home);

(3″) $(B_{Thomas})\sim$(John is at home)。

其中,否定词"not"被处理为对偶否定(记为"~"),并且信念算子和否定算子彼此独立。在 IF 逻辑中,(1″)与(3″)等价。所以,只有清晰地刻画信念算子和否定算子之间的独立关系,才能合理解释(1)与(3)之间的等价关系。这与转换生成语法学家直接采取否定提升(Neg-raising)策略不同。

除此之外,我们还可进一步考察量化信念语句中信念算子与否定算子之间的独立关系。例如:

(4) Nobody does not believe that Homer is existed. 没有人不相信荷马存在。

它通常的逻辑形式如下：

(4′) $\neg(\exists x)\neg(B_x)(\exists y)(\text{Homer}=y)$。

根据所谓的否定提升策略，以上形式将被改写成：

(4″) $\neg(\exists x)(B_x)\neg(\exists y)(\text{Homer}=y)$。

但公式(4″)的意思却是：

(5) Nobody believes that Homer did not existed. 没有人相信荷马不存在。

很显然，(4″)与原句(4)的含义不同。所以，(4″)不是对原句的准确刻画。这再次说明否定提升策略行不通。它无法解释(4′)和(4″)之间的差异，更不能解释为什么(4′)是可接受的而(4″)是不可接受的。但是，根据 IF 逻辑，允许信念算子独立于否定算子，它们之间的差异就立即显现出来了：

(6) $\sim_1(\exists x)\sim_2(B_x/\sim_1\sim_2)(\exists y)(\text{Homer}=y)$。

它等价于：$\forall x B_x(\exists y)(\text{Homer}=y)$，即：所有人都相信荷马存在。这与原句表达的意思恰好相同。

总之，与传统的转换生成语法相比，在 IF 逻辑及其博弈论语义学中，否定算子必须位于信念算子之前，否定提升只能用于明确的否定句(例如：我不相信、我不知道…等)，而不能用于隐性的否定句(例如，几乎没有人相信…、很少有人知道…等)。否则，否定就不能够进行位移(提升)。

2. 知道算子与量词之间的独立

信息独立不仅可以用来建模信念算子和否定算子之间的独立关系，而且还可以用来刻画知道算子和量词之间的独立关系。例如，问句：

Whom does everyone admire? 每个人都钦佩谁?

它的欲知之事(desideratum)是：

I know whom everyone admires。我知道每个人都钦佩谁。

其通常的逻辑形式是(1)或(2)：

(1) $\exists y K_I \forall x(x \text{ admire } y)$；

(2) $\forall x \exists y K_I(x \text{ admire } y)$。

但是，这两种刻画都不理想，预设太强，其中(2)比(1)更强。在(1)中，由于知道算子位于存在量词的辖域范围之内，受制于域宽的存在量词的取值影响。所以，(1)预设了一个被所有 x 钦佩的个体 y 并且我知道 y 是谁。这不符合日常语言使用的习惯。(2)同样也是不可接受的。因为(2)预设了我必须知道每一个个体 x，并且我还知道被每个 x 钦佩的 y 是谁。

根据信息独立，上述欲知之事的逻辑形式应该是：

(3) $K_I \forall x(\exists y/K_I)(x\ \text{admire}\ y)$。

这样一来，知道算子位于句首，不受任何量词约束，无须预设相应个体。并且，$\exists y$ 独立于 K_I，这恰好表达了问句的欲知之事，构成了问句的结论性条件。因为根据我所知道的任何个体 x，如果我知道如何寻求 y 的值(相当于函数 $f(x)$)，那么就回答了问句所求的欲知之事。$(\exists y/K_I)$ 实际上就是所要解答的问题。换言之，从形式上看，对问题的解答实际上就是要消除独立算子"/"，使认知主体的认知状态由"不知道"转变为"知道"。

3. 从言模态与从物模态的区分

IF 逻辑可以利用信息独立概念更加清晰地刻画从言模态与从物模态。例如：

(1) Elmo believe something about the junior Senator from Florida. 埃尔莫相信这位来自佛罗里达州的初级参议员的某些事情。

为了便于分析和讨论，我们可以把(1)简化为：

(1′) Elmo believe that S[j]。

区分语句(1)或(1′)的从言读法(2)和从物读法(3)的传统办法需要借助量词及其辖域来表示：

(2) $B_{Elmo}S[j]$ 从言模态(*de dicto*)

即埃尔莫相信任何来自佛罗里达州的初级参议员。这意味着，在埃尔莫的认知可能世界中，佛罗里达州的初级参议员可能彼此不同。

(3) $\exists x(x=j \wedge B_{Elmo}S[x])$ 从物模态(*de re*)

即埃尔莫相信某个来自佛罗里达州的初级参议员。这意味着，在埃尔莫的认知可能世界中，佛罗里达州的初级参议员始终是同一个人。

但问题恰恰在于，(3)中的存在量词是从哪里来的？因为原句(1)中并没有存在量词。并且(2)与(3)句法上很不相同，显然不是对同一个句子的刻画。所以，(3)是不可取的。

若根据 IF 逻辑，我们可以将(3)重新改写为更为简洁的形式：

(3′) $B_{Elmo}S[j/B_{Elmo}]$ 从物模态(*de re*)

即埃尔莫相信某个来自佛罗里达州的初级参议员，但佛罗里达州的初级参议员独立于埃尔莫的认知可能世界。

这样一来，尽管(2)与(3′)在形式上依然有差异，但差异比(3)小得多，至少存在量词消失不见了。因为自然语言中通常并无明显的辖域标记，甚至语句内部的不同表达式之间的辖域关系错综复杂，充满了歧义。所以，传统的办法试图借用量词及其辖域来区分从物模态和从言模态难免存在生搬硬套、削足适履之嫌疑。相比而言，IF 逻辑及其博弈论语义学的处理方法更为灵活、清晰、自然，从言模态相当于完美信息博弈，从物模态相当于非完美信息博弈，无须借助量词及其辖域概念，从而避免了相应的问题。

但要注意的是，独立符“/”在语句(1)中没有相应的句法标志。那么，我们为什么要添加独立符呢？这不与原句相违背吗？因为信息独立从根本上来说是一个语义概念而非句法概念。是否需要添加以及在何处添加独立符，并不是完全依赖句法结构，有时更依赖语义解释。换言之，对于较规范、较简单的自然语句而言，或许可以直接根据句法结构来揭示其逻辑形式，但对于欠规范的、较复杂的自然语句来说，有时需要先分析其语义关系，然后才能确定其逻辑形式，甚至不惜调整原有的句法结构(当然，这种调整幅度要尽可能小)。在自然语言中，句法结构与其逻辑形式之间的差异早已众所周知。所以，那些完全依据句法结构来生成逻辑形式的语义解释进路从根本上来说是误入歧途的。

总之，独立现象在自然语言中无处不在。分枝量词、否定提升、名词短语的从物读法等，背后都隐藏着某种类型的信息独立。经典逻辑及其形式语义学不能很好地处理这些“疑难杂症”，而 IF 逻辑及其博弈论语义学可以很清晰自然地做出统一处理，为自然语言提供了更加强大、更加精细的解释框架。

第五节 IF 问句逻辑[①]

问句逻辑(interrogative logic)，又称为问题逻辑(logic of questions)、问答逻辑(logic of questions and answers)或疑问逻辑(erotetic logic)，是隶属于广义认知逻辑门类下的分支学科，旨在研究问句的逻辑结构及其推理关系。以亚里斯多德为代表的古典问句逻辑研究并未引起足够重视。随着逻

① 本节部分内容已发表：颜中军. 论亨迪卡对问句逻辑的贡献[J]. 湘潭大学学报(哲社版)，2015(5)：150－154.

辑研究的实践转向和日趋多元化，问句逻辑逐渐获得了逻辑家族成员资格，初步显示出其理论价值。亨迪卡将 IF 逻辑及其博弈论语义学引入问句逻辑研究领域，建构了风格独特的 IF 问句逻辑理论。

1. 从问答游戏到问句逻辑

亨迪卡认为，“认知逻辑的最大用武之地就是问答理论”①。问答不仅是一种哲学方法，也是一种信息或知识的寻求过程。据他考证，问句逻辑是研究论辩（argumentation）和推理（reasoning）最早且最重要的进路之一。历史上第一个问句探究模型便是苏格拉底的反诘法（elenchus）。苏格拉底揭示了寻求知识的途径实质上可以视为一个不断提问的过程，其中问答行为与逻辑推论交织在一起。② 而柏拉图则将问答游戏用于日常教学之中，旨在训练学生的推理能力。亚里士多德在《论题篇》中系统地提出了问句论辩理论并强调它对于科学探究的意义。不过，他对问答的分析与前人不太一样，因为“亚里斯多德（即亚里士多德——笔者注）认识到，答案是各种各样。有的答案是可以预见的，有些答案则是无法预见的。而完全可以预见的则是那类被早先答案所逻辑蕴涵的答案。正是通过分析与早先答案相关的这些答案，亚里斯多德成为西方思想史上第一位逻辑学家。”③表面看来，亚里士多德的问答理论似乎仅仅是在苏格拉底式反诘法的基础上增添了纯演绎逻辑的步骤；常常为人所忽视的是，亚里士多德实际上将三段论作为一种特殊的问答方法。因此，“从历史的角度来说，问句方法不仅仅是逻辑与论辩的研究进路。它更是一种推理理论，兼涉逻辑与经验，包含演绎逻辑作为其特例。”④或者说，所有的推理活动都可以视为一场问答游戏。

亨迪卡坦承其问句逻辑思想受到亚里士多德的影响：“从亚里斯多德这里，我确实吸收了非常重要的思想。由此我发展出一般的追求知识的形式，即提问的方式加上推理形式。我认为，任何以理性方式寻求知识的推理过程都可以表达为这种形式。”⑤在回顾漫长的学术生涯时，亨迪卡认为问句逻辑是其最重要的贡献之一。他说：“问题、回答以及问答对话理论，它是认

① J. Hintikka and M. Hintikka. *The Logic of Epistemology and the Epistemology of Logic: Selected Essays*, Dordrecht: Kluwer Academic Publishers, 1988: 18.

② J. Hintikka. *Socratic Epistemology: Explorations of Knowledge-seeking by Questioning*, Cambridge: Cambridge University Press, 2007: 83.

③ 王路. 逻辑的创新与应用：辛梯卡教授访谈录[J]. 世界哲学, 2002(5): 78.

④ J. Hintikka, I. Halonen and A. Mutanen. “Interrogative Logic as a General Theory of Reasoning”, in *Handbook of the Logic of Argument and Inference: the Turn Towards the Practical*, Edited by D. Gabbay, R. Johnson, H. Ohlbach and J. Woods, Amsterdam: North-Holland Publishing Company, 2002: 295.

⑤ 王路. 逻辑的创新与应用：辛梯卡教授访谈录[J]. 世界哲学, 2002(5): 78.

知逻辑和游戏论语义学(即博弈论语义学——笔者注)相结合的产物,……近年来我已把它发展成为'探究的询问模型'。简单说来,这一模型可以看作是数学博弈论意义上的二人零和游戏,其中一人为'提问者',他是主动的;另一方为'自然'或'信使',只作为答案之源。自然所给出的答复又成为后来的探索可资利用的前提。最好的寻求信息的策略取决于所允许的问题的复杂度。询问游戏可以用贝思语义表列的变体来加以形式化。我认为,这一模型揭示了科学推理的真正逻辑,在许多领域得到重要应用。"①但亨迪卡"所用的逻辑工具在技术上是新的,在观念上却是旧的。例如,……近年来所发展的'探究的询问模型'也是试图发展哲学中相当古老的观念。正如有人开玩笑说的,我的询问模型只不过是苏格拉底的设问法加上现代逻辑的包装。在某种意义上确实如此。有些中学老师相当好地运用了这一方法,他们的教学非常成功。"②

经典逻辑将范围局限于陈述句而排除其他类型语句。例如,弗雷格认为,语词疑问表达"不完整"的句子,需要补充说明才能获得真正的涵义。尽管语句疑问也有涵义,但"在疑问句中既不能断定它的涵义的真,也不能断定它的涵义的假。因此一个疑问句的涵义不是那种其是就在于它是真的东西"。③ 随着逻辑研究的实践转向和认知转向,祈使、疑问、命令等命题态度均纳入了逻辑学范围,发展出包括祈使句逻辑、疑问句逻辑、命令句逻辑等在内的一大类认知逻辑。目前,不同的学者基于不同的动机、目标和进路对问句逻辑进行了丰富多彩的研究。大致可分为两种:一种是描述性研究。例如,一些语言学家试图刻画问句的句法、语义和语用等特征;另一种是规范性研究。例如,不少逻辑学家和人工智能学家试图给出一个真正问题或答案的资格条件以及问题的完全性、有效性等,建构一套问句逻辑系统。④在实际上操作层面,通常既有描述又有规范,不可截然二分。

2. 问句逻辑的祈使-认知进路

问句逻辑最重要的内容之一是阐明问题与答案之间的关系。主要存在三种不同的研究进路:(1)还原论进路或答案集归约进路,将问句归约为陈述句,严格区分语句的语义条件和语用条件。汉布林(C. L. Hamblin)、迪奇(P. Tich)、卡图南(I. Karttunen)、哈拉(D. Harrah)等皆持有此种立场。

---

① 陈波. 在逻辑和哲学之间——访亨迪卡教授[J]. 哲学动态, 1998(7): 40.

② 同上,pp.41–42。

③ 弗雷格. 弗雷格哲学论著选辑[M]. 王路译,北京: 商务印书馆, 2006: 159.

④ D. Harrah. "Hintikka's Theory of Questions", in *Jaakko Hintikka*, Edited by R. Bogdan, Dordrecht: D. Reidel Publishing Company, 1987: 199–200.

1958 年,汉布林提出了著名的三条公设,认为知道了问题的答案就等于知道了该问题,而问题的答案是一个或真或假的陈述句,问题的可能答案(possible answers)构成一个相互排斥的完全集。① 因此,对问题的研究可以转化为对问题答案的研究,对问句的研究可以转化为对陈述句的研究,试图在经典一阶语言基础上来刻画问句,在经典逻辑基础上发展问句逻辑。这种方案具有明显的优点,即清晰地揭示了问题与答案之间的关系,具有较好的兼容性。但该方案的缺点也很明显,忽视了问句的独特性,不符合日常语言使用习惯。并且,该方案内部存在诸多分歧。例如:问题到底等价于其可能答案集还是直接答案集?或者仅仅等价于真直接答案集?此外,每个问题都存在唯一正确的答案,甚至必定存在答案吗?例如,不可判定性数学问题和悖论性问题等几乎没有答案可言,更别说存在唯一正确的答案。(2)实在论进路或语义学进路,认为语义学的核心范畴是信息而非真假,问题与问句的关系类似于命题与陈述句的关系,问题是问句所表达的内容,问题和答案皆属于问句特有的语义对象。库宾斯基(T. Kubiński)和贝尔纳普(N. Belnap)等均采取此种立场。这种方案强调了问句与陈述句之间的差异,侧重于研究问句之间的语义等价和衍推关系,试图通过分析问句的句法结构来寻找答案,可以较好地处理 whether 问题和 which 问题,但对于 who 和 why 等其他类型问题显得力不从心。此外,语义学进路与还原论进路一样,局限于问句的静态分析,而忽视了问句的语境敏感性和认知主体信念的动态可修正性。(3)问句的祈使-认知进路或语用学进路,将问答视为一种会话行为,强调结合语境来理解问句的涵义,旨在刻画认知主体信念的动态可修正性。持有这种立场的代表人物有阿奎斯特(L. Åqvist)、亨迪卡、塞尔(J. Searle)、范德维肯(D. Vanderveken)等。例如,阿奎斯特将简单问句转换成:Let it be the case that I know …,将复杂问句等价为:Make it the case that I know that you know …。类似地,亨迪卡将问句等价于:Bring it about that I know …。依此进路,一个问题表达了一个认知请求,而答案就是对这个请求的满足。"大致可以说,在 20 世纪 60 年代,阿奎斯特发展出一个认知请求理论,而在 20 世纪 70 年代中期,亨迪卡提出了一个满足认知请求的理论。"②此种进路是目前较为流行的问句逻辑研究进路。

与阿奎斯特类似,亨迪卡对问句采取了一种温和的还原论,认为尽管

① C. Hamblin. "Questions", *The Australasian Journal of Philosophy*, 1958(36): 159 - 168.

② D. Harrah. "The Logic of Questions", in D. Gabbay and F. Guenthner(eds.), *Handbook of Philosophical Logic*, Vol.8, 2nd Edition, Dordrecht: Kluwer Academic Publishers & Springer, 2002: 31.

问句是一类独立存在的语言实体,但可以将它们转换为某种特殊的祈使句。因此,每个问句可以转换为祈使算子"请使……"(bring it about that)加上"欲知之事"(desideratum)的形式。换言之,每个问句均由两个基本要素构成:一个是请求部分(request part),另一个是"欲知之事"。所谓"欲知之事"即提问者希望回应者提供的认知事态。所有问句都具有共同的请求部分,但"欲知之事"各不相同,否则就表达了相同的问题。因此,对问句的逻辑研究在很大程度上就变成了对"欲知之事"的研究。"一旦阐明了何为提问者的欲知之事,那么剩下所要做的就是请求回应者提供相关信息。"①

例如:

(1) 下一届美国总统竞选获胜者是谁?

可以转换为由祈使算子+认知算子+间接问题的形式:

(2) 请使我知道谁是下一届美国总统竞选获胜者。

其中,

(3) 我知道谁是下一届美国总统竞选获胜者,

即为"欲知之事",可用量化语句表示为:

(4) $K_I(\exists x/K_I)S(x)$。

其中,斜杠符"/"表示"独立",K_I表示认知算子"我知道"。亨迪卡认为,斜杠算子所表示的信息独立关系是自然问句中普遍存在的必要成分。② 两类基本的问句:特指问句和选择问句,可分别表示为$(\exists x/K_I)S(x)$和$S_1(\vee/K_I)S_2$,其中$K_I(\exists x/K_I)S(x)$和$K_IS_1(\vee/K_I)S_2$分别是它们的"欲知之事"。

在亨迪卡的认知逻辑中,"/"通常是必不可少的。因为并不是所有的逻辑都是线性的、可传递的。我们不能简单地通过改变量词和K_I的位置顺序来消除斜杠算子"$/K_I$"。如果删去斜杠算子就很容易地得到问题(1)的预设:

(5) $K_I(\exists x)S(x)$。

如果再删去量词就得到了问题(1)的矩阵:

(6) $S(x)$。

$K_I(\exists x/K_I)S(x)$与$K_I(\exists x)S(x)$的区别在于:前者量词的博弈行为

① J. Hintikka. *The Semantics of Questions and the Questions of Semantics: Case Studies in the Interrelations of Logic, Semantics and Syntax*, Amsterdam: North-Holland Publishing Company, 1976: 23.

② J. Hintikka and I. Halonen. "Semantics and Pragmatics for Why-Questions", *The Journal of Philosophy*, 1995, 92(12): 641.

(即在论域中选择某个 x 的替换实例)独立于认知算子的博弈行为(即选择某个可能的认知世界);而后者量词的选择必须在 K_I的选择之后进行。换言之,前者表示提问者不知道而后者表示知道某个 x 满足 S(x)。$S_1(\vee/K_I)S_2$的情况与之类似。

亨迪卡用模型论(为了避免对可能世界的误用,亨迪卡有时称之为可能场景或可能事态)来解释认知语句的真假。如果存在某个 x 的替换实例 d,在我所知道的任何可能世界 w 中 d 都是下一届美国总统竞选获胜者,那么(4)为真,即我有足够的信息排除 d 不是下一届美国总统竞选获胜者或者排除其他一切$\neg$d 的可能性。[①] 具体来说,如果在我所知道的某个可能世界 w_0中,d 是下一届美国总统竞选获胜者,而在另一个可能世界 w_1中 d 不是下一届美国总统竞选获胜者,那么 d 仍然不能构成该问题的结论性答案。或者说,它没有提供足够的信息使提问者排除其他可能性。当且仅当在我所知道的任意可能世界中,d 都是下一届美国总统竞选获胜者,d 方可成为该问题的结论性答案。不过,亨迪卡仅限于信息(知识)寻求型问题,那些无疑而问或非信息寻求型问题均不在讨论之列。

3. 答案与预设的逻辑特性

尽管问句不具有经典逻辑意义上的真假,但我们可以诉诸于问句的答案和预设的真假来间接讨论问句的真假。因此,准确揭示答案与预设的逻辑特性是问句逻辑研究的重要内容。答案理论的主要任务在于阐明构成问句答案的结论性条件(conclusiveness conditions)。"结论性答案(conclusive answer)概念在亨迪卡的问答理论中扮演核心角色。"[②]首先,结论性答案是一种回应(reply)。当然,这里要求回应必须是诚实的、富含信息的。给出结论性答案的过程,实际上就是在论域范围内给变元"寻找且找到"一个替换实例。

特指问句与选择问句的回应分别是:

① $\forall y_1 \forall y_2 \cdots \forall y_j (f_i(y_1, y_2 \cdots y_j)) S(x)$;

② $\forall y_1 \forall y_2 \cdots \forall y_j ((S_1 \wedge (f_k(y_1, y_2 \cdots y_j) = 0) \vee (S_2 \wedge (f_k(y_1, y_2 \cdots y_j) \neq 0)))$。

其中,f_i、f_k是函数常项,$\forall y_1 \forall y_2 \cdots \forall y_j$是一阶语句 φ 所含的全称量词(如果有的话,并且 φ 具有否定范式形式)。

① 王路. 逻辑的创新与应用:辛梯卡教授访谈录[J]. 世界哲学, 2002(5):217.

② A. Wiśniewski. *The Posing of Questions: Logical Foundations of Eroteti Inferences*, Dordrecht: Kluwer Academic Publishers, 1995: 51.

但是,回应不等于结论性答案,它还必须满足结论性条件。“一个问题的回应是一个结论性答案,当且仅当它为提问者提供了想要的信息”①,即它满足了提问者的“欲知之事”。

构成特指问句与选择问句的回应的结论性条件分别是:

③ $K_I(\forall y_1 \forall y_2 \cdots \forall y_j)(\exists x/K_I)(f_i(y_1, y_2 \cdots y_j) = x)$;

④ $K_I(\forall y_1 \forall y_2 \cdots \forall y_j)(\exists x/K_I)(f_k(y_1, y_2 \cdots y_j) = x)$。

“一个回应及其相应的结论性条件逻辑上蕴涵了欲知之事,但它不被回应单独地逻辑蕴涵。”②因为结论性答案具有语境敏感性。它不仅依赖于问句的逻辑结构,同时还取决于提问者当下的认知状态。③ 同一个回应针对不同的提问者可能构成结论性答案,也可能不构成其结论性答案,如果提问者并不知道该替换实例。例如,问句:谁写了《红楼梦》? 对于一个不知道曹雪芹为何许人的提问者而言,尽管回应者给出了“曹雪芹”,但它仍然不能改变提问者的认知状态,即他并未真正地知道《红楼梦》的作者。然而,这并不是说结论性答案是完全主观的或无规则可循。亨迪卡关心的不是问题的抽象语义或者建构问句逻辑的人工智能系统,他的目标是分析自然语言(例如英语)中问句的具体使用。“他以阿奎斯特方案为基础,但在答案方面与其分道扬镳。亨迪卡对问句的刻画是逻辑-语言学的,而对答案的刻画却是心理-认识论的。”④

以上例来说,问题(1)的回应不仅要满足:

(7) 我知道 d 是下一届美国总统竞选获胜者,

而且还必须满足:

(8) 我知道在任何可能世界中 $d = x$。

亨迪卡把(8)称之为答案的结论性条件。条件(8)对任何问题都成立,是一个回应成为结论性答案的充要条件。⑤ 如果一个回应不满足条件(8),即提问者并不确定 d 的所指,譬如:

---

① J. Hintikka and M. Hintikka. *The Logic of Epistemology and the Epistemology of Logic: Selected Essays*, Dordrecht: Kluwer Academic Publishers, 1988: 217.

② J. Hintikka and G. Sandu. “Game-Theoretical Semantics”, in J. van Benthem and A. Meulen (eds.), *Handbook of Logic and Language*, 2nd Edition, London: Elsevier B.V., 2011: 431.

③ J. Hintikka. *The Semantics of Questions and the Questions of Semantics: Case Studies in the Interrelations of Logic, Semantics and Syntax.* Amsterdam: North-Holland Publishing Company, 1976: 45.

④ D. Harrah. “Hintikka's Theory of Questions”, in *Jaakko Hintikka*, edited by R. Bogdan, Dordrecht: D. Reidel Publishing Company, 1987: 206.

⑤ J. Hintikka and M. Hintikka. *The Logic of Epistemology and the Epistemology of Logic: Selected Essays*, Dordrecht: Kluwer Academic Publishers, 1988: 218.

(9) 我知道民主党派候选人将会是下一届美国总统竞选获胜者,

那么他将进一步诉诸新问题以便获得更多的必要信息:

(10) 请使我知道谁将会是参加下一届美国总统竞选的民主党派候选人。

亨迪卡此举实际上是为了避免臭名昭著的"逻辑全能"问题(the problem of "logical omniscience"):如果我们知道一个命题 p,那么我们就能够知道 p 的所有逻辑后承。如果一个回应仅仅满足了(7)而不满足(8),即仅仅提供了部分有价值的信息,那么该回应只能称为部分答案,而不能构成结论性答案。

此外,预设对于问句逻辑的语义学和语用学同等重要。例如,对于解决自指性问题和法庭交叉询问证人等。如前所述,问句的预设从技术上来说就是删去"欲知之事"中的认知算子以及斜杠符"$/K_I$"。在经典一阶语言中,语句的主词通常预设了某个东西存在,称之为存在性预设。例如,"《红楼梦》的作者是曹雪芹"预设了:存在一个名为"曹雪芹"的对象或个体。但对于问句而言,并不一定要求预设个体或其他对象存在。如果说问句也预设某个东西存在的话,那就是预设答案存在。①

不同的问句通常有不同的预设,并不存在所谓的超级预设或终极预设,也不存在预设与预设之间的单向度线性等级关系。因为某个问题的预设并不仅仅取决于先前问题的预设,同时还取决于先前问题的答案以及激发问题的初始前提等因素。但是,注意不要混淆预设和初始前提。在一个问答探究过程中,探究的初始前提可以是假的、暂时的和可修正的;而预设不可为假,必须事先确定为真,至少假定为真。仅当预设为真时,方可提出正确的问题或者给出真答案。因此,问句探究的逻辑在某种程度上类似于自然推理系统而不是公理系统。以最简单的是非问题为例。表面上看,是非问题的预设 $K_I(S \vee \neg S)$ 类似于排中律形式的重言式。有人据此认为,是非问题没有预设或者无须预设,或者所有的是非问题具有相同的预设。其实,这种观点是错误的。因为即使重言式是恒真的,但提问者和回应者并不一定知道它是真的,那么该重言式仍然不能构成问题的预设。对于某个问题来说,其预设不仅必须为真或至少假定为真,而且还要求提问者知道它为真。因此,是非问题的预设为 $K_I(S \vee \neg S)$,而不是 $(S \vee \neg S)$。$K_I(S \vee \neg S)$ 并不是逻辑重言式,必须在问题提出

① J. Hintikka. *Socratic Epistemology: Explorations of Knowledge-seeking by Questioning*, Cambridge: Cambridge University Press, 2007: 90.

之前加以确定。①

4. 问句逻辑的博弈论语义学

问句逻辑与博弈论不谋而合。博弈论本质上是策略论，讲究的是整体策略的选择和评估而非某个具体行动的损益。类似地，在寻求信息的问答博弈中，博弈效用从根本上取决于整体策略的选择，即如何获得结论性信息。从博弈论的角度看，问句的预设相当于一种策略，不同的预设会影响策略的选择。选择什么样的命题作为下一个问题的预设，类似于选择什么样的命题作为下一个推理的前提。因此，提问策略与演绎策略之间具有某种对称性。但是，重言式的引入对于演绎推理来说并未增加它的推理强度。例如：$p \rightarrow q$ 与 $p \wedge (r \vee \neg r) \rightarrow q$ 具有相同的演绎结果；而在问句推理中，增加 $K_I(S \vee \neg S)$ 将有效地扩充问句推理的范围。

更一般地，亨迪卡把科学探究活动视为探究者（即科学家）与信息源（自然或信使）之间的问答博弈，试图建构科学探究的问答博弈模型。其中，科学家为提问者，自然为回应者。博弈从科学家提问开始，而自然的角色就是回答科学家的问题。"唯一增加的重要因素是，探究者可以从自然的答案以及初始理论前提 T 中推演逻辑结论。"②在模型 M 中，以 T 为初始前提推出了结论 C，可表示为 $\{M, T\} \vdash C$。但问句之间的可推性不完全是逻辑后承式的，也不完全是模型论的，而是介于两者之间。③ 如果从 T 到 C 的推导不涉及任何提问和回答，那么就变成了纯演绎后承。反之，如果对可能答案及预设的逻辑重言式不加任何限制的话，那么就变成了纯模型后承。④

问句逻辑的语义博弈最显著的特点或最重要的优点就是从整体上对提问策略进行考察和评估，而不局限于对某个时段提问者认知情境的静态分析。在某个问答系列中，子问题的答案的价值不仅在于它能够带来新信息或知识，更重要的价值在于它能进一步激发其他问题及答案。问答探究往往不是一次性的，而是连续性的、多层级的、环环相扣的，通常是经过一系列"小问题"或子问题来逐步引发更多更为关键的"大问题"或原则问题，而对于"小问题"的解答也往往是为了促进"大问题"的解决，以获得最终想要的

---

① J. Hintikka. *Socratic Epistemology: Explorations of Knowledge-seeking by Questioning*, Cambridge: Cambridge University Press, 2007: 99 - 100.

② J. Hintikka. "A Spectrum of Logics of Questioning", *Philosophica*, 1985(1): 135.

③ J. Hintikka and M. Hintikka. *The Logic of Epistemology and the Epistemology of Logic: Selected Essays*, Dordrecht: Kluwer Academic Publishers, 1988: 32.

④ J. Hintikka and S. Harris. "On the Logic of Interrogative Inquiry", *Proceedings of the Biennial Meeting of the Philosophy of Science Association*, 1988(1): 233.

信息。因此,亨迪卡的问答博弈模型能够更为合理地解释知识的增长和科学的进步。甚至于,它还能解决困扰柏拉图的一个认识论难题,即提问者必须事先就已经知道问题的答案。因为结论性答案实际上具有双重功能:一方面,它提供了问题矩阵的一个真替换实例;另一方面,它还必须能够提供辅助的信息,使得提问者知道该替换实例的所指,从而避免了柏拉图式的困境。

总之,一个适合问句逻辑的语义学必须从整体上来把握和刻画问答博弈关系,而不能够只研究孤立的问题或答案。由于 WH-问题可以转换成一个量化语句,提问策略的选择类似于演绎策略的选择,即"寻找且找到"问题矩阵的替换实例。因此,演绎逻辑有助于提问策略的优化。同样,一个恰当的提问策略能够触发回应者给出正确的结论,从而有助于启发演绎策略的选择。不少学者误以为苏格拉底乃至亚里士多德仅仅关注概念上的是非问题(论辩问题),未深入探究具体的事实问题。实际上,这只不过是表面现象。因为在原则上,苏格拉底采用一系列是非问题来达到对原则问题的追问。是非问题仅仅是苏格拉底所采取的提问策略,而非最终目的。另外,苏格拉底式的"无知"并非真正意义上的一无所知,但苏格拉底式的知识亦非具体的事实性知识,而是提问或演绎的策略性知识。也就是说,他知道如何提问以及如何从问题引导答案,这才是苏格拉底式的智慧。

5. 问答关系的动态性和可修正性

问句的逻辑结构具有一般性,可适用于不同的题材或信息源。例如,科学实验、科学观察、司法审判、医疗诊断、数据库信息检索等。康德曾经把科学实验视为科学家不断地向自然提问的过程。① "通过提问,科学被视为一个信息搜集和问题解决的过程"②。科学家作为探究主体可以自由地选择提问策略。因为不同的提问方式将导致不同的答案。当然,它还取决于科学家已有的认知水平。类似地,科学观察也可以看作一个问答过程。例如,在临床诊断过程中,医生可以通过询问病人来获得相应的信息。同样,问题的提出依赖于它的预设,而观察的结果或问题的结论性答案取决于它的问题及医生当前的认知状态。

信息源不一定处于认知主体之外,也可能是认知主体本身,即自己向自

---

① 康德. 纯粹理性批判[M]. 邓晓芒译,北京:人民出版社,2004:13.

② J. Hintikka. "On the Logic of An Interrogative Model of Scientific Inquiry", *Synthese*, 1981, 47(1): 69.

己提问，自问自答。在这种情境下，问答过程实际上就是一个回忆或激发我方潜存知识的过程。因此，演绎推理本质上可以看作一个我方问答过程。演绎得出的结论潜在地包含在前提之中，而结论的得出只不过显示出来以引起我方的注意。同样，哲学家所谓的“直觉”或“直观”本质上也是一个显示潜存知识的问答过程。① 柏拉图和皮尔士都曾将思考（thinking）当作一种未言说的会话。逻辑推理作为一种思考活动，也是一种未言说的会话。然而迄今为止，无论以亚里士多德代表的传统逻辑，抑或以弗雷格-罗素为代表的现代逻辑，都将逻辑局限于言说层面，始终没有建构真正意义上的对话逻辑，未能准确把握推理（reasoning）的本质。

因此，亨迪卡严格区分了两种不同的知识：显性知识（active knowledge）和缄默知识（tacit knowledge）②，以及两种不同的逻辑：语句逻辑（sentential logic）和会话逻辑（discourse logic）③。前者是后者的表现；后者是前者的基础，但后者不能化归为前者。前者是静态的、结构性的、无主体的；而后者是动态的、过程性的，不仅是主体参与的而且是主体间性的，必须考虑主体的多样性和差异性。以往的问答逻辑大都停留在静态结构层面，未能深入把握问答的动态性、语境敏感性以及主体参与性等特征。如果提问者和回应者处于相同的认知状态（即双方所知道的东西是相同的），那么提问就失去了意义。因此，一个恰当的提问必须考虑提问者和回应者的认知水平及其差异性。只有动态的问答关系方可准确刻画柏拉图-皮尔士意义上的推理和思考。亨迪卡对问答关系的阐述，不仅揭示了问答法的根本特征，而且加深了我们对哲学事业的理解，特别是对直观与演绎、分析与综合、推理与思考的深层理解，从名言知识之域进入到缄默知识之域。

尽管所有探究都可以看作问答过程，但不同的探究属于不同的问答类型。我们可以根据问题和答案的逻辑复杂度来区分不同的探究类型。例如，经验观察的结果通常是一个简单命题（原子语句，即关于具体事实的一个报道，或真或假）；控制实验的结果则通常表现为某种函数关系。因为在一个最简单的“控制实验”中，其实验的结果依赖于两个变量之间的函数关系，通常可表述为：在某个条件下，对任一控制变量的取值，观察变量将取

① J. Hintikka and M. Hintikka. *The Logic of Epistemology and the Epistemology of Logic: Selected Essays*, Dordrecht: Kluwer Academic Publishers, 1988: 224.

② 王路. 逻辑的创新与应用：辛梯卡教授访谈录[J]. 世界哲学，2002(5)：31.

③ J. Hintikka and M. Hintikka. *The Logic of Epistemology and the Epistemology of Logic: Selected Essays*. Dordrecht: Kluwer Academic Publishers, 1988: 229.

如此这般的值。即问题和答案的逻辑形式应该为 $\exists f \forall x \Phi(x, f(x))$ 的样式。[①] 而在更加复杂的控制实验中，控制变量和观察变量可能是三个及以上。例如，控制变量为 x、z，相应的观察变量为 y、u。y 和 u 的值分别取决于 x、z 的值，可分别用函数 $f(x)$ 和 $g(z)$ 表示。于是，答案的逻辑形式可用司寇仑函数表示为：$\exists f \exists g \forall x \forall z \Phi(x, f(x), z, g(z))$，或用 IF 逻辑公式表示为：$\forall x \exists y \forall z (\exists u/x) \Phi(x, y, z, u)$。

不难看出，亨迪卡实际揭示出了量词的独立性。例如，在上述复杂的控制实验情形中，量词 $\exists u$ 依赖于 $\forall z$ 而独立于 $\forall x$。由于量词具有独立性，使得实验结果变得更加强大。甚至可以说，包含量词独立的问句逻辑相当于整个二阶逻辑，或者允许量词独立的命题可以用来描述复杂控制实验的结果。[②] 通过量词的独立性，还有助于揭示控制实验结果对科学家后续推理的影响。因为科学实验的结果通常表述为某种函数关系或数学原理，它们或者与已有的其他原理协调一致，或者导致对已有原理的修正。

6. 评价与反思

正如范本申所指出的那样：当今逻辑发展的主要特征之一仍然是逻辑的多样性。[③] 特别是随着逻辑的实践转向和认知转向，各种非经典逻辑犹如雨后春笋般涌现，极大地拓展了逻辑的研究领域。与其他非经典逻辑相比，问句逻辑起步较晚，至今仍然争论不休，尚未达成一个普遍可接受的分析框架。尽管如此，问句逻辑的研究价值和发展潜力绝不可小觑。因为它不仅为人机对话和信息检索提供逻辑基础，更重要的意义在于它直接关乎推理的本质。

作为问句逻辑研究的代表性人物，亨迪卡对问句逻辑的贡献是多方面的。他注意到了问答的语境敏感性和主体信念的可修正性，将问句转换成祈使-认知语句，提出了与之匹配的博弈论语义学，深刻地揭示出量词与认知算子之间的独立性，弥补了还原论进路和语义学进路之不足。此外，他对问答关系做了富有启发性的阐述，给出了构成结论性答案的资格条件，试图建构一般性的问句探究逻辑。亨迪卡的问答逻辑为科学探究建构了更为合理的概念框架，具有较好的现实性和自然性，有力解释了逻辑在科学中的作用以及科学探究的内在结构。

尽管如此，亨迪卡的问句逻辑理论仍然存在许多有待完善的地方。首

---

① J. Hintikka. "What is the Logic of Experimental Inquiry?", *Synthese*, 1988, 74(2): 177.

② 同上，p.178。

③ J. van Benthem. "Logical Dynamics Meets Logical Pluralism?", *Australasian Journal of Logic*, 2008(6): 182.

先,虽然亨迪卡反复强调他的问句逻辑及其博弈论语义学贴近自然、方便实用,但他清晰地意识到其简单化和理想化。① 例如,他错误地假定回答者是绝对可靠的,所有的结论性答案都必须是真的并且提问者必须知道它为真。② 这个要求太强,实际上是没有必要的。因为前文已经揭示,结论性答案具有语境敏感性,一个回应是否构成结论性答案取决于提问者的认知状态。并且,即使像"自然"这样强大的回答者也不一定绝对可靠,因为"自然"本身充满了各种不确定性或者信息不完全性。其次,他还假定了提问者至少部分地无知,这个假定在现实情境中也不一定需要。③ 例如,在考试情境中,提问者为老师,回答者为学生。老师提问并不预设了老师在相关方面是无知的。亨迪卡的问句理论局限于单主体信息寻求型问题,而对其他情况未做周详考察,如测试型问题、协商型问题,以及多主体公开问题、私人偏好问题等④。在考试中,老师提问并非为了寻求知识或信息,而是检验学生的认知水平。同样在司法审判中,法官提问也不能够简单转换为"请让我知道……",而应该是"请公开地陈述……"或"请真实地告诉我……"。因此,不能过分夸大信息寻求型问题的价值。退一步讲,即便所有有意义的问题都可视为信息寻求型问题,但为何只转换成"请使我知道……"而不转换成"请使我相信……"或"请使我相信你相信……"等其他形式?第三,亨迪卡虽然注意到提问策略不同于演绎策略,在问答过程中认知主体的信息状态会发生变化,但是他对提问策略的分析过于笼统,没有进一步揭示问题激发、生成及解决等具体环节。亨迪卡过分强调提问者的认知状态及其变化,似乎认为回答者(即信息库)所提供的信息在问答过程中始终保持不变,忽视了回答者的认知状态及其变化以及提问者与回答者之间的复杂互动关系。比较而言,动态认知进路及其探究语义学(inquisitive semantics)比亨迪卡祈使-认知进路及其问答博弈模型更精细,更有利于建构统一的问句逻辑

① J. Hintikka. "What is the Logic of Experimental Inquiry?", *Synthese*, 1988, 74(2): 181.

② A. Wiśniewski. *The Posing of Questions: Logical Foundations of Eroteti Inferences*, Dordrecht: Kluwer Academic Publishers, 1995: 52.

③ J. Groenendijk and M. Stokhof. "Questions", in J. van Benthem and A. Meculen (eds.), *Handbook of Logic and Language*, 2nd Edition, London: Elsevier B.V., 2011: 1065.

④ 例如,范本申和斯蒂芬·米妮卡(Ştefan A. Minică)以动态认知逻辑和公开宣告逻辑为框架,分析了问题处理的动态行动模型、多主体公开问题和私人偏好问题等,强调问答过程的信息交换和认知主体的信念变化,认为真正的问句逻辑应该是某种非单调逻辑。参见:J. van Benthem and Ştefan A. Minică. "Toward a Dynamic Logic of Questions", *Journal of Philosophical Logic*, 2012(41): 633－669; Ştefan A. Minică. *Dynamic-Epistemic Logic of Questions and Inquiry*, PhD Thesis, University of Amsterdam, 2011.

演算系统①。另外,亨迪卡的祈使-认知进路不能处理不确定对象或未知对象问题。例如:谁是我从不知道的哲学家?根据亨迪卡的答案资格条件,一个回应必须能够使提问者知道该替换实例的所指,那么对于一个提问者从不知道的对象,他如何知道其所指?显然,此类情形对于亨迪卡来说近乎悖论,无法解决。当然,这并不完全否定亨迪卡的祈使-认知进路及其问答博弈模型的理论贡献,但是要想达到对问答关系的完全刻画,仍然任重而道远。

① 近年来,探究语义学获得越来越多关注,发展迅速。探究语义学与传统真值语义学不同,严格区分了信息与探究,细致定义了信息状态(information states,即可能世界集)、信息状态的增强(enhancements)与问题(issues)等概念,将命题(携带确定信息)与问题(携带不确定信息)统称为信息携带者或传递者,用支持(support)关系来定义衍推(entailment)关系,从而为命题和问题提供统一的解释框架。相关定义及演算系统可参见:I. Ciardelli and F. Roelofsen. "Inquisitive Logic", *Journal of Philosophical Logic*, 2011(40): 55 - 94; I. Ciardelli. *Questions in Logic*, PhD Thesis, University of Amsterdam, 2016; I. Ciardelli. "Propositional Inquisitive Logic: A Survey", *Computer Science Journal of Moldova*, 2016(24): 295 - 311.

第六章　IF 逻辑的哲学论争及其回应

IF 逻辑不仅有效拓展了逻辑学研究的范围，极大地提升了一阶逻辑的表达力，而且在哲学、语言学、数学、量子力学、计算机科学与人工智能等领域具有重要的应用价值和发展潜力，促使我们重新思考逻辑学、语言学、数学、量子力学乃至计算机程序设计的理论基础，对本体论承诺、组合原则、“真”之可定义性、说谎者悖论、逻辑主义还原计划等长期争论不休的哲学问题做出新的解答，进而深刻反思逻辑的本性以及逻辑、语言与实在之间的互动关系。

第一节　分枝量词的本体论承诺问题①

众所周知，经典逻辑恪守组合原则（又称为弗雷格原则），假定量词之间相互依赖，致使前置的重叠量词之间呈现线性特征。在解释过程中，遵循从左至右的原则，即“域窄的量化结构的解释是在域宽的结构所提供的定义域中进行的。”②不过，真正受影响的是域窄的存在量词而非全称量词。因为全称量词的取值遍历定义域中的每一个个体，而无论其他量词取值如何。如果考虑量词的独立性，放宽对重叠量词的线性要求，允许重叠量词之间具有某种偏序关系，那么将产生所谓的有穷偏序量词（亦称为亨金量词、分枝量词、独立量词）。前文已揭示，我们不仅可以在形式语言层面构造分枝量化式（可行性），并且确实需要用分枝量化式来刻画某些自然语句（必要性）。分枝量词的不同语义解释将带来不同的形而上学后果。如果将分枝

① 本节大部分内容已发表：颜中军. 分枝量词的语义解释及其本体论承诺[J]. 逻辑学研究，2018(4)：114－124.

② 蒋严，潘海华. 形式语义学引论[M]. 北京：中国社会科学出版社，1998：156.

量化式等价于某种类型的司寇仑范式，那么将面临复杂的嵌套结构并承诺相应的二阶语义实体。如果采用更为直观的博弈论语义学，那么可以避免直接谈论二阶语义实体和使用复杂的嵌套结构。但是，无论采取何种解释方案，分枝量化式与经典量化式都将面临相同的本体论承诺。因为逻辑公式的本体论承诺与其语义解释有关，而与公式本身无关。所以，蒯因、帕顿等对分枝量词的本体论指责是不能成立的。分枝量词是对标准量词的实质修正和进一步扩展而绝非任意的背离，具有许多新奇特性和深刻的哲学意蕴。

1961 年，亨金在著名论文《关于无穷长公式的几点评论》中首次提出了有穷偏序量词。尽管亨金仅仅讨论了形式语言层面的标准分枝量词而未深入探究自然语言层面的广义分枝量词，但分枝量词的研究迅速引起了数学家、逻辑学家、哲学家、语言学家以及计算机与人工智能学家的普遍关注和热烈讨论。譬如：分枝量词的本质特征是什么？它们能否还原为标准量词以及语句联结词？自然语言中是否存在真正的分枝量化式？如果存在，怎样刻画它们？如何解释分枝量词？引入分枝量词将带来怎样的哲学后果？等等。对这些问题的探索，不仅有助于促进逻辑学、数学与哲学的发展，而且还有助于自然语言理解及其信息化处理。

1. 量词独立与标准分枝量词

任何一种理论的产生都有其研究动机、历史背景与基本假定，经典逻辑亦不例外。稍微回顾历史便可知晓，现代逻辑的产生与 19 世纪末 20 世纪初关于数学基础的大讨论密切相关。作为数学家兼逻辑学家的弗雷格改造自然语言、发明一套独特的纯粹符号——概念文字，并借用函数关系建构两个初步自足的演算系统——命题演算与谓词演算，其首要目的在于为数学奠定不可错的逻辑基础。弗雷格的逻辑学说建立在若干假定之上，例如组合原则、外延原则、二值原则、实无穷抽象法等等。其中，重叠量词之间的线性关系与相互依赖便是组合原则的具体表现。一阶逻辑有时称为量化理论，因为它本质上是关于量词的。弗雷格在建构一阶逻辑时，正是通过量词之间的相互依赖来表达变元之间的函数依赖关系。例如，在一阶公式 $\forall x \exists y \Phi(x, y)$ 中，变元 y 的取值受制于 x 的取值。“量词依赖因此成为一阶逻辑有力量的真正秘密之所在。人们几乎可以说，理解一阶逻辑就是理解量词依赖的观念。”①

然而，要彻底理解“量词依赖”，就必须同时理解“量词独立”，因为它们

① J.亨迪卡，G.桑朵. 逻辑学中的一场革命？[J]. 陈波译，哲学译丛，1999(4)：43.

是同一范畴的两个方面,不可截然分离,更不可偏废。亨迪卡注意到,弗雷格记法犯了一个基本错误,即人为地排除了量词之间以及量词与联结词之间逻辑独立的可能性,“并且这一病毒已经感染了所有后来的一阶逻辑的表述和版本”①。

虽然亨金在形式语言层面证明了构造一种非线性的、标准分枝量化式的可能性,但问题在于:自然语言也具有这种分枝量化结构吗?它们是必要的吗?自然语言到底具有何种逻辑结构?分枝量化结构必然会导致承诺高阶语义实体,付出比经典逻辑更大的本体论代价吗?分枝量化结构意味着弗雷格意义上的组合原则失效了吗?亨金最初是通过司寇仑函数来刻画量词间独立关系的,他将分枝量词定义为等价的司寇仑范式。根据司寇仑范式定理可知,每个一阶公式逻辑上等价于二阶的司寇仑前束范式。② 例如,$\forall x \forall y \exists z \Phi(x, y, z)$等价于$\exists f \forall x \forall y \Phi(x, y, f(x, y))$。函数变元$f$取代了存在变元z。由于约束z的存在量词受到前置的全称量词$\forall x$、$\forall y$的影响,因此f的论元包括x和y。经典一阶公式具有线性特征,当公式包含多个存在量词时,在转换成司寇仑范式的过程中,本质上要求左边的存在量词的函数论元包含在右边的存在量词的函数论元之内③。例如,经典一阶公式$\forall x \exists y \forall z \exists w \Phi(x, y, z, w)$逻辑上等价于二阶的司寇仑范式$\exists f \exists g \forall x \forall z \Phi(x, f(x)\ z, g(x, z))$,$f$的论元包含在$g$的论元之中。司寇仑范式定理旨在揭示司寇仑函数与存在量词之间的逻辑关系,但这种等价关系并非一一对应。换言之,司寇仑范式定理的逆定理并不成立,即并非所有的司寇仑范式都可以还原为经典一阶公式。只有那些满足线性序要求的司寇仑范式才可以转换为经典一阶公式,否则就不能转换成标经典一阶公式。④ 例如,司寇仑范式$\exists f \exists g \forall x \forall z \Phi(x, f(x)\ z, g(z))$是非线性序的,$f$的论元并未出现在$g$的论元之中。它表明,变元z的个体选择没有受到x的影响。因此,它不能转换成经典一阶公式,而只能转换成某种非经典一阶公式,例如分枝量化式:

$$\begin{matrix} \forall x \exists y \diagdown \\ \diagup\!\!\!\!\quad \Phi(x, y, z, w) \\ \forall z \exists w \diagup \end{matrix}$$

①　J. 亨迪卡,G. 桑朵. 逻辑学中的一场革命?[J]. 陈波译,哲学译丛,1999(4):43.

②　H. Enderton. *A Mathematical Introduction to Logic*, New York: Academic Press, 1970: 275.

③　W. Walkoe. “Finite Partially-Ordered Quantification”, *Journal of Symbolic Logic*, 1970(35): 538.

④　G. Sher. “Ways of Branching Quantifiers”, *Linguistics and Philosophy*, 1990(13): 396.

不难看出，分枝量词实质上是对量词间独立关系的刻画。如果说亨金主要从形式语言层面初步探讨了引入（标准的或狭义的）分枝量词的理论可行性，那么亨迪卡、巴威斯、魏达格、范本申、谢尔等进一步从自然语言层面（如英语）分析了引入（非标准的或广义的）分枝量词的现实必要性，并试图揭示出分枝量词的一般特征和普遍定义。

谢尔在《分枝量词的方式》中指出，亨金的解释方法会导致对象的巨核结构，承诺复杂的语义实体。① 例如，亨迪卡语句“每位村民的大部分亲戚与每位市民的大部分亲戚彼此憎恨对方”的亨金解释，要求每位村民至少有一个亲戚，并且每位市民也至少有一个亲戚，并且每位村民的大部分亲戚憎恨每位市民的大部分亲戚，并且每位市民的大部分亲戚同时也憎恨每位村民的大部分亲戚。这种憎恨关系，是一种一对多的关系或者笛卡尔积关系。这是亨金对分枝量化式解释的典型特征和必然结果。设 V 表示市民，T 表示村民，R 表示亲戚。上述例句可图示如下：

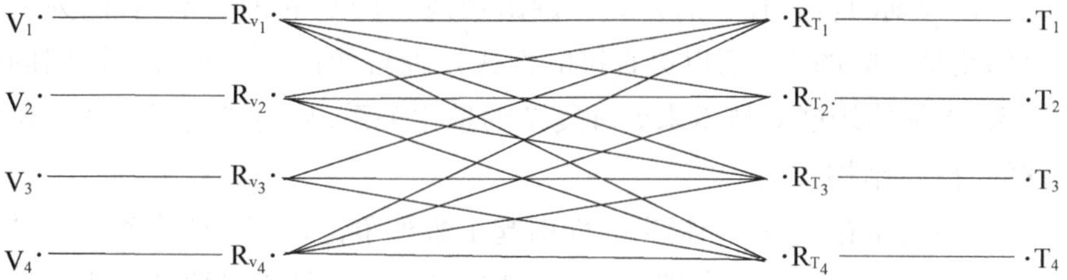

2. “亨迪卡论题”与广义分枝量词

1973 年，亨迪卡在《量词与量化理论》一文中，通过大量实例证明了部分英语句子确实具有某种偏序结构，它们不宜用经典一阶公式来刻画，只能用分枝量化式来刻画，从自然语言层面揭示了分枝量词的必要性和可行性。学界称之为“亨迪卡论题”（Hintikka's thesis）②。以下便是典型的“亨迪卡语句”：

① 每位村民的某些亲戚与每位市民的某些亲戚彼此憎恨对方。

② 每个新闻媒体的某些记者报道了每个地方政府的某些成绩。

③ 每个工厂的某些产品被每个地方政府的某些质检员检验过了。

④ 每所驾校的某些学员与每个考点的某些考官预约了机动车场外考试。

---

① G. Sher. “Partially-Ordered (Branching) Generalized Quantifiers: A General Definition”, *The Journal of Philosophical Logic*, 1997, 26(1): 13.

② N. Gierasimczuk and J. Szymanik. “Branching Quantification v. Two-way Quantification”, *Journal of Semantics*, 2009(26): 369.

上述例句具有以下共同特征：它们都符合语法规则，均包含多个自然量词，如“每位”“每个”“每所”“某些”等，并且这些量词在语句中多次出现。很显然，同一量词的不同出现其逻辑涵义不同。以①为例，市民的“某些”亲戚仅针对市民，而村民的“某些”亲戚只针对村民。前后两个“某些”的选值相互独立，不受对方影响。如果用经典一阶公式$\forall x\exists y\forall z\exists w\Phi(x, y, z, w)$或者$\forall z\exists w\forall x\exists y\Phi(x, y, z, w)$来刻画①，都将增添不必要的依赖关系。因为它们分别等价于$\forall x\exists f\forall z\exists g\Phi(x, f(x), z, g(x, z))$或$\forall z\exists f\forall x\exists g\Phi(z, f(z), x, g(z, x))$。如果用分枝量化式来刻画，则可以很好地揭示重叠量词间的相对依赖与独立关系。[①] 一般地，自然语句的分枝量化结构可以表示如下：

$$\begin{matrix}\forall x_1\cdots\forall x_i,\ \exists y_1\cdots\exists y_j \searrow \\ \qquad\qquad\qquad\qquad\qquad \Phi(x_1\cdots x_i,\ y_1\cdots y_j,\ z_1\cdots z_i,\ w_1\cdots w_j) \\ \forall z_1\cdots\forall z_i,\ \exists w_1\cdots\exists w_j \nearrow\end{matrix}$$
。[②]

这种刻画量词独立的方式与诉诸司寇仑函数的进路不同，因为它本质上仍然是一阶的[③]。它以更直接的方式处理自然语言中重叠量词间的独立关系，无须使用嵌套技术来处理复杂的量化关系，从而避免了富考尼尔所批评的“巨核结构”。

“亨迪卡论题”一经提出立即引起了激烈争论。部分学者否认自然语言中存在分枝量化式，或者即使存在分枝量化式，也是不必要的。主要反对理由有二：其一，从句法角度来看，它们可以还原为经典一阶公式；其二，从语义角度权衡，它们承诺了高阶语义实体，需要付出比经典逻辑更多的本体论代价。

1979年，著名的语言哲学家、逻辑学家巴威斯发表了《论英语中的分枝量词》一文，仔细辨析和驳斥了学界对“亨迪卡论题”的种种讹谬，捍卫了亨迪卡关于英语中存在分枝量化式的洞见。首先，他指出亨迪卡的论证中确实存在一些缺陷，容易招致误解。例如，亨迪卡没有区分“each”与“every”之间的异同，有时将“each”做宽域处理，有时将“each”做窄域处理，从而导致了含混。[④] 其次，亨迪卡主要讨论了与存在量词（∃）和全称量词（∀）相对应的标准自然量词（如“some”“each”“every”“all”等），而未进一步探讨

---

① 当然，我们也可以使用斜杠记法来刻画量词之间的独立关系，它与分枝量化式是等价的。

② J. Hintikka. “Quantifiers vs. Quantification theory”, in E. Saarinen (ed.), *Game-Theoretical Semantics*. Dordrecht: D. Reidel Publishing Company, 1979: 60.

③ G. Sher. “Ways of Branching Quantifiers”, *Linguistics and Philosophy*, 1990(13): 403.

④ J. Barwise. “On Branching Quantifiers in English”, *Journal of philosophical Logic*, 1979(8): 55.

广义的、非标准的自然量词（如“many”“most”“few”“quite a few”等）。在巴威斯看来，不仅英语中某些包含标准量词的自然语句（例如“亨迪卡语句”）具有分枝特性，而且种类繁多的包含非标准量词的自然语句具有更加明显的分枝特性。因此，巴威斯拓展了分枝量词的范围，下列语句同样具有分枝量化结构：

⑤ 每位村民的大部分亲戚与每位市民的大部分亲戚彼此憎恨对方。

⑥ 每个工厂的绝大部分产品被每个地方政府的少数质检员检验过。

⑦ 少数驾校的个别学员与部分考点的个别考官发生了误会。

为了避免混淆，巴威斯严格区分了实质型分枝量化式与非实质型分枝量化式。前者不可还原为或等价于经典一阶公式，而后者可以。例如，下列分枝量化式就是非实质型的：

$$\begin{array}{l}\forall x \searrow \\ \forall y \nearrow\end{array}\Phi(x, y) \Leftrightarrow \forall x \forall y \Phi(x, y) \Leftrightarrow \forall y \forall x \Phi(x, y);$$

$$\begin{array}{l}\exists x \searrow \\ \exists y \nearrow\end{array}\Phi(x, y) \Leftrightarrow \exists x \exists y \Phi(x, y) \Leftrightarrow \exists y \exists x \Phi(x, y);$$

$$\begin{array}{l}\forall x \searrow \\ \exists y \nearrow\end{array}\Phi(x, y) \Leftrightarrow \exists y \forall x \Phi(x, y);$$

$$\begin{array}{l}\forall x \exists y \searrow \\ \quad\diagdown \\ \forall z \exists w \nearrow\end{array}\Phi(x, y) \Leftrightarrow \forall x \exists y \forall z \exists w \Phi(x, y, z, w)。$$ [①]

不少学者对“亨迪卡论题”持有异议，除了亨迪卡论证自身存在某些缺陷外，部分原因在于他们所处理的语句实际上是某种伪装的、非实质型分枝量化式[②]。根据上述分析可知，非实质型分枝量化式皆可转化为经典一阶公式而不违反经典语义组合原则。

3. 蒯因对分枝量词的责难

另一种反对意见主要来自形而上学的考量。一方面，蒯因承认，如果要想准确刻画重叠量词之间的独立关系并且避免不必要的依赖关系，那么采用非线性的分枝量化式就是一个自然的选择。但另一方面，蒯因认为这种“异常的”量化理论属于数学（集合论）而非纯逻辑，它以隐蔽的方式谈论函

---

① 同上，p.53。

② D. Gabbay and J. Moravcsik. “Branching Quantifiers, English, and Montague-Grammar”, *Theoretical Linguistics*, 1974(1): 141–157.

项，本质上是二阶的，包含了过多的本体论承诺。此外，含有分枝量词的逻辑系统不能同时具备有效性和不一致性的完全证明程序。① 在他看来，“古典量化理论拥有一种特别的结合，即深刻性和简单性以及优美和实用的结合。在内部，它是十分活跃的；在界限上，它是十分清晰的。对比之下，偏离于它的理论可能更显得是相当任意的。”②基于根深蒂固的狭隘逻辑观念，在蒯因眼里，只有经典逻辑才是最完美的，任何背离都是“非正常的”和“相当任意的”。而问题恰恰在于，分枝量词与标准量词必定存在冲突吗？两者不可协调吗？分枝量词的语义解释必定要预设高阶实体吗？一定比经典逻辑付出更多的本体论代价吗？答案显然是否定的。

如前所述，经典逻辑在语法构造上遵循递归原则，即允许由简单原子语句递归生成复合语句；在语义上恪守组合原则，即复合语句的语义是其构成部分（以及构成方式）语义的函数；并且预设了句法与语义之间的对应性。也就是说，经典逻辑公式是“一步一步”建构起来的，其语义解释也是“一步一步”分析的，之后部分的建构或解释受到之前部分的影响。这大体上足以说明为何经典量化式呈现出线性特征：每个存在量词（最外层除外）都依赖于其左边的全称量词，每个存在量词（最外层除外）的个体域实际上仅仅是部分的、与左边的全称量词个体域有关的，而非全域的、独立的。对分枝量化式而言，上下枝的顺序并不重要，重要的是每个分枝中的左右顺序。但与经典一阶公式相比，“对分枝式不能先解释命题函项，然后就各个量词的特性由里向外地逐层解释量化结构。分枝量化式要求对各分枝一齐同时做解释。”③

不可否认，亨金初次提出分枝量词时，借用了司寇仑函数，将分枝量化式定义为相应的二阶司寇仑前束范式，然后采用通常的二阶语义来解释分枝量词。蒯因正是抓住了亨金定义的特点来责难分枝量词及其语义学的。但这种做法显然是不公正的。因为根据司寇仑范式存在定理可知，经典逻辑的每个一阶公式均可等价于相应的二阶司寇仑范式。如果据此批评分枝量化式承诺了高阶语义实体，那么基于同样的理由对经典量化式也成立。

此外，司寇仑函数解释并非唯一的解释方案。20 世纪 60 年代由亨迪卡等人发展起来的博弈论语义学便是一个颇具潜力的替代选择。从博弈论语

① 蒯因. 逻辑哲学[M]. 宋文淦译，北京：中国人民大学出版社，2007：87.
② 蒯因. 本体论的相对性及其他论文[M]. 贾可春译，北京：中国人民大学出版社，2007：87.
③ 蒋严，潘海华. 形式语义学引论[M]. 北京：中国社会科学出版社，1998：166.

义学的角度看,量化语句 S 的语义特性取决于两个玩家“我方”与“自然”——分别扮演初始证实者与初始证伪者角色——之间的二人零和博弈 G(S)。在关于 S 的语义博弈过程中,S 所包含的量词逐个地被玩家选定的个体专名所替换,直至消除全部量词,得到某个不含任何个体变元的原子语句。最后,根据原子语句的真假来判定博弈双方的胜负,从而确定 S 的真假。如果该原子语句为真,那么“我方”胜,“自然”输;否则“我方”输,“自然”胜。因此,语句 S 的真假可以定义为: S 是真(假)的当且仅当“我方”(“自然”)拥有 G(S)的取胜策略。① 显而易见,关于量化语句的语义博弈实际上就是一场“寻找且找到”相应个体的选值博弈。

前文已经揭示,博弈论语义学比塔斯基语义学具有更强的解释力。它不仅适用于完美信息情形,具有与塔斯基语义学相同的真理定义功能,而且还适用于非完美信息情形,可以为分枝量词提供更为直观的解释。不难理解,经典逻辑的语义解释实际上可以看作是一种完美信息博弈,即一方在做出博弈选择时,完全知晓对方之前的博弈选择,这恰好反映了量词之间的依赖关系。与之不同,分枝量词逻辑的语义解释则是一场非完美信息博弈,即一方在做出博弈选择时,并不知晓或不完全知晓之前(包括己方和对方)的博弈选择,从而揭示量词之间的独立关系。从博弈论语义学的角度看,经典逻辑可以看作是分枝量词逻辑以及更一般的 IF 逻辑的一个特例。

需要特别指出的是,量化公式的本体论承诺与其语义解释有关,而与被解释的公式本身无关。如果对经典量化式采取司寇仑函数解释,同样将承诺“函数”之类的抽象对象存在;类似地,如果采用博弈论语义学,那么分枝量化式与经典量化式仍然将面临相同的本体论代价。因为两者只是信息状态不同,其他方面完全一致。尽管如此,帕顿试图捍卫蒯因的观点,进一步认为博弈论语义学承诺了“策略函数”,它无论如何是二阶的。② 然而,这个辩护理由是很容易驳斥的。因为本体论承诺与语义解释有关,博弈论语义学既可适用于经典逻辑亦可适用于分枝量词逻辑。所以,即使存在“策略函数”,它也不是分枝量词逻辑自身导致的或者必须独立面对的,经典逻辑的博弈论语义学解释同样要面临这个问题。其次,塔斯基语义学更为直接地

---

① J. Hintikka. “Quantifiers in Logic and Quantifiers in Natural Languages,” in E. Saarinen (ed.), *Game-Theoretical Semantics*, Dordrecht: D. Reidel Publishing Company, 1979: 36.

② T. Patton. “On the Ontology of Branching Quantifiers”, *Journal of Philosophical Logic*, 1991 (20): 216.

使用了“对象序列”这样的集合论概念，它同样具有二阶属性。[①] 如果按照蒯因的评价标准，经典量化理论同样承诺了抽象的高阶语义实体，理应属于数学而非纯逻辑。这样一来，经典逻辑的“界限”就不再像蒯因所声称的那样“十分清晰”了。总之，蒯因以付出过多的本体论代价为借口而拒斥分枝量词的理由是偏狭的、站不住脚的。

实际上，蒯因也觉得这种责难有些吹毛求疵并且有失公允，所以他试图诉诸另一个自认为“更好的理由”[②]，即分枝量词逻辑在元性质上存在某些“缺陷”。譬如，它不能同时拥有完全且可靠的有效性证明程序和不一致性证明程序，而标准量词逻辑可以兼具。因为对于经典逻辑来说，证明程序的每一步都具有二重性：一个公式是有效的，当且仅当它的否定是不一致的。我们可以通过证明一个公式的否定是不一致的来证明该公式是有效的，反之亦然。但这种方法并不适合分枝量化公式。因为与经典否定是一种弱的矛盾否定不同，分枝量词逻辑中的否定是一种强的对偶否定，从而导致排中律失效。这里的问题关键在于，如何看待分枝量词逻辑呈现的诸多非经典特性？例如，它不可完全公理化，有效的公式类不是递归可枚举的。分枝量词逻辑的这些特性是否全都是所谓的“缺陷”？因为分枝量词逻辑的不完全性至少开辟了一种新的可能性：“即对于各种足道的一阶数学理论，我们或许能够表述描述（模型论）完全的公理系统，却不违背哥德尔的不完全性定理。”[③]蒯因在面对分枝量词逻辑与经典逻辑之间的不一致时，极力袒护经典逻辑，罔顾分枝量词逻辑的独特性和经典逻辑已经被实质性修改的事实，试图以经典逻辑为标准来衡量一切，为所谓的“逻辑”划界。他只注意到了经典逻辑的“优点”（如完美清晰、简单实用等）或者分枝量词逻辑所谓的“缺点”，避而不谈经典逻辑的局限和分枝量词逻辑的贡献。并且，经典逻辑是否真正具有这样的优点或者分枝量词逻辑对经典逻辑的任何修改是否都是不可取的，这些都需要仔细商榷和有待严格检验。

4. 评论与反思

综上所述，量词依赖与独立是不可偏废的两个方面。分枝量词与标准量词的根本差异不在于量词自身的逻辑性质，而在于它们的组合方式不同。分枝量词是一种非线性组合，而标准量词是一种线性组合。前者揭示了量词之间的独立关系，后者揭示了量词之间的相互依赖。引入分枝量词不仅

---

① M. Hand. “A Defense of Branching Quantification”, *Synthese*, 1993(95): 428.

② W. V. O. Quine. *Philosophy of Logic*, Englewood Cliffs, NJ: Prentice-Hall, 1970: 89 - 91. 中译文可参见：蒯因. 逻辑哲学[M]. 宋文淦译, 北京：中国人民大学出版社, 2007: 87.

③ J.亨迪卡，G.桑朵. 逻辑学中的一场革命？[J]. 陈波译，哲学译丛，1999(4): 47.

在形式语言层面是可行的，而且对于恰当理解某些类型的自然语句的逻辑涵义也是十分必要的。当然，准确刻画和解释分枝量词需要比经典逻辑更加强大的逻辑。在技术层面上，分枝量词逻辑比标准量词逻辑更复杂，它为自然语言翻译和理解、实现人机会话提供了新的分析框架。从逻辑发展的角度看，分枝量词逻辑是修改经典逻辑的有益尝试，为我们理解语言提供了新的可能性①，而绝非蒯因所说的“任意的”背离，甚至有理由认为从线性量词到偏序量词是一种可能的进步，在一定程度上弥补了经典逻辑的不足②。

正如苏珊·哈克(Susan Haack)所指出的那样：由于经典逻辑是如此熟知，以致于很少有人关心其起源、基础与动机③。然而，通过对分枝量词的研究，我们不难发现，经典逻辑对自然语言的刻画既不充分(至少不能刻画量词间的独立关系，表达力有限)，也非必要(预设了许多与实际情形不符的假定，例如组合原则等)。不可否认，组合原则具有十分重要的方法论意义和应用价值，是现代逻辑系统建构和语义解释的基本原则之一，能够实现句法生成和演算，较好地解释语言习得现象，有助于自然语言的计算机信息化处理等。但同样不可忽视的是，组合原则也存在自身局限性。对于那些不符合其适用条件的“异常现象”或者反例，组合原则失效也就不足为奇了。

亨迪卡是一位极富创意的逻辑学家和哲学家。他常常把自己比作“荒原狼” 而不愿意成为伟大思想家的注脚。在亨金的基础上，亨迪卡进一步论证了自然语言中无处不在的独立现象，并在维特根斯坦语言游戏论的基础上，系统提出了博弈论语义学，建构起所谓独立友好的 IF 逻辑。亨迪卡的博弈论语义学构思巧妙。它“与塔斯基由里到外、由简单到复杂定义语句真的做法相反，GTS 是反方向的，即由外到里、由复杂到简单定义语句的真。”④它具有许多新奇特性。例如，它无须假定原子公式的真，从而有引入无穷深度语言的可能。另外，根据博弈论语义学，当“我方” 拥有取胜策略时，语句为真，而当“自然”拥有取胜策略时，语句为假。但“我方”没有取胜策略时，并不意味着“自然”就一定拥有取胜策略。换言之，语句可能既不真也不假。所以，经典逻辑的二值原则、排中律和双重否定律都失效了⑤。

分枝量词所带来的种种挑战，迫使我们重新审视现代逻辑的基础。因

---

① H. Enderton. “Finite Partially-Ordered Quantifiers”, *Zeitschrift für Mathematische Logik und Grundlagen der Mathematik*, 1970(16): 393.

② G. Sher. “Ways of Branching Quantifiers”, *Linguistics and Philosophy*, 1990(13): 420.

③ 苏珊·哈克. 逻辑哲学[M]. 罗毅译, 北京: 商务印书馆, 2003: 47.

④ 陈波. 亨迪卡的 IF 逻辑述评[J]. 自然辩证法通讯, 2000(3): 22.

⑤ G. Sandu. “On the Logic of Informational Independence and Its Applications”, *Journal of Philosophical Logic*, 1993(22): 39.

为一些学者声称经典逻辑是对自然语言的正确表达,具有不可错性,将经典逻辑面临的反例视为“异常现象”,试图通过划界而将其排除在逻辑范围之外。例如,帕顿指责分枝量词违反了组合原则,不能进行一一替换,因而不是真正的量词①。正确的结论应该是,分枝量词不同于标准量词,属于广义量词范畴。在逻辑发展史上,这种狭隘的逻辑观念并不鲜见。例如,康德曾断言亚里士多德逻辑已经完美无缺、无须发展②,其自信结果变成了自负。无独有偶,身处20世纪下半叶的蒯因、帕顿也持有类似的观点(只不过把亚里士多德逻辑变换成了经典逻辑)。这无疑是康德式逻辑绝对主义的现代版本,也必将陷入康德式独断论的谬误。因为它无视客观事实(经典逻辑具有自身的局限性,非经典逻辑在诸多方面对经典逻辑做出了实质性修正),罔顾现代逻辑诞生的历史背景与理论动机(例如弗雷格的逻辑主义还原计划),成为阻碍逻辑学健康发展的绊脚石。

罗素曾指出,逻辑研究的任务主要有二:其一,为普遍的“真”提供典范,其二,发现具有哲学意义的新逻辑形式。③ 分枝量词的研究恰好印证了罗素的观点,为我们理解语言提供了新的可能性。④ 因为自然语言到底具有怎样的逻辑结构,恐怕要比想象的复杂得多。要弄清楚分枝量词到底是不是一个合法的逻辑算子,首先要批判性地考察我们的语言概念。⑤ 实际上,“意义的所有成分在推理和真值条件方面都具有一定的作用,并且只是由于历史的偶然性逻辑学家才大半局限于研究比较少数的意义成分的逻辑特性。……自然语言与形式语言之间明显的差异并不证明自然语言是有缺陷的;而是证明我们对于自然语言的分析还不够充分,或者我们对于逻辑的形式化还不够充分,或者我们对于语言与逻辑之间的关系的了解还不够充分,或者我们的材料反映了语言和逻辑与我们迄今尚未作出合适解释的某一种第三因素之间的相互作用。”⑥逻辑学作为一门工具性学科,自身也是不断发展的。一些传统观点不断受到批评和挑战,例如IF逻辑对经典逻辑的批评和挑战。或者一些曾被认为与逻辑推理无关的语言要素,也逐渐受

---

① T. Patton. “On the Ontology of Branching Quantifiers”, *Journal of Philosophical Logic*, 1991(20): 221.

② 康德. 逻辑学讲义[M]. 许景行译. 北京: 商务印书馆, 1991: 11－12.

③ 罗素: 我们关于外间世界的知识[M]. 陈启伟译, 上海: 上海译文出版社, 1990: 44.

④ H. Enderton. “Finite Partially-Ordered Quantifiers”, *Zeitschrift für Mathematische Logik und Grundlagen der Mathematik*, 1970(16): 393.

⑤ G. Sher. “Ways of Branching Quantifiers”, *Linguistics and Philosophy*, 1990(13): 421.

⑥ J. 麦考莱. 语言的逻辑分析: 语言学家关注的逻辑问题[M]. 王维贤等译, 杭州: 浙江大学出版社, 2011: xiii－xiv.

到了关注。例如,广义量词、命题态度词,甚至包括语言的虚化成分(如汉语助词"的"、英语小品词"to"等)①。分枝量词逻辑同样经历了一个不断发展的过程。例如,从标准分枝量词到广义分枝量词,从司寇仑函数解释到博弈论语义学解释。在此基础之上,巴威斯、谢尔、范本申等学者进一步探究了分枝量词的单调性并试图给出分枝量词的一般定义。另有学者则注意到某些亨迪卡语句的对称性特征,提出了一种更为直观的、双向的(two-way)一阶线性解释,试图避免使用复杂的分枝量化结构②。无论持有何种立场,只有随着研究的不断深入,关于分枝量词的争论才有可能得到令人信服的解答。借用亨迪卡的话来说,"拿出成果来,不然干脆闭嘴"③。

第二节　IF 逻辑对组合原则的挑战④

IF 逻辑揭示了量词以及其他逻辑表达式之间的相对独立性,其语义解释历来存在争议,而问题的关键在于组合原则的去留。实际上,组合原则具有可塑性。我们可以将"信息""策略"等要素纳入"意义"范畴,进一步丰富"构成方式"的内涵,允许公式构成部分的"非线性组合",从而使得 IF 公式的博弈论语义解释既可以巧妙地避开蒯因等人的本体论指责,又可以满足(广义的)组合原则的基本要求。下面将以分枝量词(亦称独立量词)为例,具体阐述它对组合原则的挑战及其可能的应对策略。

1. 塔斯基语义学的局限性

博弈的逻辑化与逻辑的博弈化是博弈论与逻辑学相互渗透的两大趋势。正如亨迪卡所言,"在模型论中,每当组合性真定义遇到困难时,逻辑学家们就诉诸博弈论概念。"⑤因为组合性真定义预设了语境独立:① 复合语句的每个构成部分都各自具有独立的意义,与它们所出现的语境无关;② 复合语句的意义是构成部分的意义及其构成方式的意义的函数。这样

---

① 邹崇理. 组合原则和自然语言虚化成分[J]. 四川师范大学学报(社会科学版), 2017(1): 5-9.

② N. Gierasimczuk and J. Szymanik. "Branching Quantification v. Two-way Quantification", *Journal of Semantics*, 2009(26): 367-392.

③ J. 亨迪卡, G. 桑朵. 逻辑学中的一场革命? [J]. 陈波译, 哲学译丛, 1999(4): 50.

④ 本节部分内容已发表: 颜中军. 分枝量词及其对组合原则的挑战[J]. 湖南科技大学学报(社科版), 2019(4): 36-41.

⑤ J. Hintikka and G. Sandu. "Game-Theoretical Semantics", in J. van Benthem and A. Meulen (eds.), *Handbook of Logic and Language*, London: Elsevier B.V., 2011: 453.

一来,我们就可以由里至外地进行语义计算,从原子语句的真递归地生成复合语句的真。首先,恪守组合原则的塔斯基语义学的缺点之一是太过于抽象,即:只定义了语句与事态之间抽象对应关系(真值条件),而没有进一步阐明这种对应关系(真值条件)是如何建构起来的,不是对语句的证实或证伪。其次,塔斯基语义学假定了从原子语句到复合语句的递归构造,要求每个原子语句及其构成部分都必须事先确定、语境独立。很显然,若允许语境依赖或非递归函数,那么组合语义就自然失效了。例如,分枝量词强调各个分枝中不同构成部分的意义的语境依赖性,其有效的分枝量化公式类不是递归可枚举的。除此之外,无穷公式在经典意义上也不是良构的,因而也不能采用组合性真定义。

亨金在讨论无穷公式和分枝量词时,已经注意到可以赋予非常直观的博弈论解释,但他更倾向于采用司寇仑函数来统一处理各种类型的量词组合。这种处理办法遭致了蒯因等人的批评,因为它必须承诺高阶语义实体,付出比一阶逻辑更多的本体论代价。相比之下,亨迪卡更加偏爱斜杠记法并且采用独创的博弈论语义学,它对经典逻辑修改幅度很小,仍然属于一阶逻辑,巧妙地避开了蒯因的本体论指责。博弈论语义学实质上就是司寇仑函数的系统化和一般化,所以亨金的解释进路可以看作博弈论进路的另类部分表达。因为博弈论语义学不局限于量词的博弈解释,还可以推广至联结词、模态词、命题态度词等其他逻辑表达式,不仅适用于有穷公式,而且还适用于无穷公式。亨迪卡非常赞赏维特根斯坦的观点,即在语言游戏中来理解和把握语言表达式的意义(成真条件),语言游戏是受规则支配的人类活动。博弈论语义学与维特根斯坦意义上的语言游戏是一脉相承的。亨迪卡从博弈论角度使真值条件语义学成为证实-证伪活动,强调真值条件的动态建构,但这并不会降低真理的客观实在性。

2. 分枝量词的语义解释及其争论

分枝量词的语义解释历来存在争议,而争议的焦点之一在于组合原则的去留。众所周知,经典逻辑主要研究了全称量词和存在量词(亦称狭义量词或标准量词),而未涉及数量众多的广义量词或非标准量词,例如"大部分""有一点""几乎没有""半数以上""恰好五个""至少三个""至多三个"等自然语言中普遍存在的量词或量化短语。分枝量词属于广义量词的一个特例,刻画了量词之间的某种偏序关系。经典逻辑遵循组合原则,对重叠量词的语义解释呈现线性序特征。经典逻辑仅仅刻画了量词之间的依赖关系,而忽视了量词之间的相对独立性。含有分枝量词的 IF 逻辑弥补了经典逻辑的不足,能够更好地刻画量词之间的依赖关系,是对经典逻辑的实质修正，具有更强的表达力。研究表明，IF 逻辑具有许多新奇的特性，如有效的公式类不是递归可数的，具有语义不完全性，以及排中律、双重否定律等失效。而“有关 IF 一阶逻辑的最惊人的事情之一，就是它违背通常所谓的组合性原则。……IF 一阶逻辑给组合性原则提供了一个清楚的反例。”①

因为博弈论语义学以整个语句为起点，由外至内逐步地进行赋值，直至原子公式（含有相应的变元赋值），允许语境依赖。在 IF 逻辑中，位于全称量词辖域范围之内的存在量词可能不完全依赖于这些全称量词，它们的语义解释与其所出现的语境有关。所以，塔斯基型真定义不适用于分枝量词及 IF 逻辑。

分枝量词与标准量词的根本差异不在于量词自身的逻辑性质，而在于它们的组合方式不同。分枝量词是一种非线性组合，而标准量词是一种线性组合。前者揭示了量词之间的独立关系，后者揭示了量词之间的相互依赖。经典的重叠量词亦称为线性量词或简单量词。分枝量词就是所谓的非线性量词或独立量词，因为每个量词的论域是相对独立和完全的，应做并行处理。② 在分枝量化式中，“各式中上下行的顺序并不重要，可随意变更。重要的是每行中各项的左右顺序。”③很显然，分枝量词给经典组合原则带来了挑战。因为“分枝式不能先解释命题函项，然后就各个量词的特性由里向外地逐层解释量化结构。分枝量化式要求对各分枝一齐同时做解释。”④一些学者试图维护组合原则，由于他们所处理实际上是非实质型分支量化式，而非实质型分支量化式可以转换成一阶逻辑式，所以对它们的解释并不会违反组合原则也就不足为奇了⑤。但是，对于实质型分枝量化式来说，能否以及如何继续保留组合原则呢？这就需要寻找其他解释方案。亨金采取的策略是，将分枝量化式等价于司寇仑范式，并赋予熟知的二阶语义学。蒙太古持有类似的立场。他为了恪守组合原则而诉诸于高阶逻辑和“类型论提升”方法。这种处理办法的优点在于保留了组合原则，但缺点是必须承诺高阶语义实体，付出比经典逻辑更多的本体论代价，并且增加计算复杂度，缺乏哲学和心理语言学上的实在性，不如经典逻辑那么清晰自然⑥。

---

① J. 亨迪卡，G. 桑朵. 逻辑学中的一场革命？[J]. 陈波译，哲学译丛，1999(4)：46.

② G. Sher. “Ways of Branching Quantifiers”, *Linguistics and philosophy*, 1990(13)：402.

③ 蒋严，潘海华. 形式语义学引论[M]. 北京：中国社会科学出版社，1998：164.

④ 同上，p.166。

⑤ D. Gabbay and J. Moravcsik. “Branching Quantifiers, English, and Montague-Grammer”, *Theoretical Linguistics*, 1974(1)：139－157.

⑥ J. Hintikka. “The Game of Language”, in *Studies in Game-Theoretical Semantics and Its Applications*, Dordrecht：D. Reidel Publishing Company, 1983：20.

蒯因敏锐地察觉到上述方案可能带来的哲学后果。在他看来，分枝量词是一种“异常的”量化理论①。尽管分枝量化式比司寇仑前束范式更为合理地刻画了亨迪卡语句中的逻辑关系，至少表面上避免了直接谈论函数，似乎没有增加本体论负担，但实质上仍然是关于函数的②。帕顿赞同蒯因的见解，认为分枝量化式只不过是司寇仑前束范式的记法变体，以一种更加隐蔽的方式谈论函数③。因为在句法结构上，分枝量化式看起来是一阶的（量词仅约束个体变元），但其语义解释却具有典型的二阶特征。例如，在“亨迪卡语句”（每位村民的某些亲戚与每位市民的某些亲戚彼此憎恨对方）中，我们不仅需要一个村民的集合 $X=\{x_1, x_2, \cdots, x_n\}$ 和市民的集合 $Y=\{y_1, y_2, \cdots, y_n\}$，而且还需要表征个体关系的函数或集合的集合 $f(x_i)$、$g(y_i)$（其中 $x_i \in X, y_i \in Y$）来表示村民的某些亲戚和市民的某些亲戚。所以，蒯因与帕顿的“指责”似乎不无道理。

然而，蒯因并不是要赋予分枝量词某种更合理的解释，而是以此来拒斥分枝量词。前文已经指出，量化公式的本体论承诺与其语义解释有关，而与量词本身无关，更与记法无关，不同的语义解释方案可能导致不同的本体论承诺。与亨金、蒙太古等人将分枝量词定义为二阶的司寇仑范式不同，亨迪卡别出心裁地发展了博弈论语义学，巧妙地避开了蒯因的本体论指责。博弈论语义学比恪守组合原则的塔斯基语义学、蒙太古语法更为自然，具有明显的方法论优势④。因为博弈论语义学既适用于经典逻辑又适用于 IF 逻辑，两者的唯一差别在于信息状态不同。前者相当于完全信息博弈，后者相当于非完全信息博弈。即使博弈论语义学预设了“策略函数”这样具有二阶性质的语义范畴，也不是分枝量词本身所致，标准量词的博弈解释同样面临这个问题。实际上，塔斯基语义学更为直接地使用了“集合序列”这样的二阶语义范畴⑤。所以，不能根据本体论方面的理由来拒斥分枝量词，蒯因与帕顿的“指责”从根本上来说是不成立的。

尽管如此，质疑并未完全消除。例如，凭什么说同样具有二阶语义属性

---

① W. V. O. Quine. “Existence and Quantification”, in *Ontological Relativity and Other Essays*. New York: Columbia University Press, 1969: 109.

② W. V. O. Quine. “Existence and Quantification”, in *Ontological Relativity and Other Essays*. New York: Columbia University Press, 1969: 112.

③ T. Patton. “On the Ontology of Branching Quantifiers”, *Journal of Philosophical Logic*, 1991(20): 221.

④ J. Hintikka and G. Sandu. “Game-Theoretical Semantics”, in J. van Benthem and A. ter Meulen(eds.), *Handbook of Logic and Language*, London: Elsevier B.V., 2011: 424.

⑤ M. Hand. “A Defense of Branching Quantification”, *Synthese*, 1993(95): 428.

的"策略函数"要比"选值函数"更自然?[①] 为什么亨迪卡一再强调他的 IF 逻辑是一阶的,而不愿意接受高阶逻辑及其高阶语义实体?此外,斯坦纽斯(E. Stenius)批评亨迪卡的博弈论语义学并不能为分枝量化式提供合适的语义解释,因为它预设了博弈行动是线性序的。[②] 换言之,博弈过程是"一步一步"(step by step)进行的,时间上是前后相继的。不过,亨迪卡指出了斯坦纽斯的错误。因为非完美信息博弈的根本特征就在于其信息独立,即:之后的博弈选择独立于之前的博弈选择,并且博弈策略是在正式开始之前就做出的,是各种可能选择的组合,与时间毫无关系。[③] 但问题是,博弈论语义学允许语句的整体博弈可分解为若干构成部分的子博弈(例如条件句的博弈可由前件的子博弈和后件的子博弈构成),并且整体博弈的策略函数是其子博弈的策略函数的函数,即高阶函数或泛函。这不正好体现了组合原则的要求吗?所以,亨迪卡声称 IF 逻辑为组合原则提供了一个"清楚的反例",亦不完全成立。

3. 争论的焦点及可能的解决方案

如前所述,面对分枝量词语义解释带来的挑战,不同学者做出了不同反应,主要存在三种相互竞争的观点:① 以亨金、蒙太古为代表,认为组合原则是必要的方法论,我们可以借用二阶的司寇仑函数来定义分枝量词,而无须过分恐惧高阶语义实体和所谓的"巨核"结构;② 以亨迪卡、桑杜为代表,主张放弃组合原则,采用更为直观的博弈论语义学,从而避免直接谈论高阶语义实体和使用复杂的嵌套技术[④];③ 以蒯因、帕顿为代表,基于本体论等方面的考量而拒斥分枝量词,视其为"异常的"量化理论或者不是真正意义上的量词[⑤],理应属于数学(集合论)而非纯逻辑[⑥]。不难看出,三者的争论聚焦于两点:(1) 到底要不要保留组合原则?(2) 如何避免增添过多的本

---

① T. Janssen and B. Partee. "Compositionallity", in J. van Benthem and A. ter Meulen(eds.), *Handbook of Logic and language*. London: Elsevier B.V., 2011: 520.

② E. Stenius. "Comments on Jaakko Hintikka's Paper 'Quantifiers vs. Quantification Theory'", *Dialectica*, 1976(30): 72-73.

③ J. Hintikka. "Partially Ordered Quantifiers vs. Partially Ordered Ideas", *Dialectica*, 1976(30): 90-91.

④ 例如,亨迪卡曾断言:"组合模型必须被非组合模型取代,并且塔斯基型语义学必定导致一种语义学,譬如博弈论语义学,它由外至内地赋值并且因此无须组合性假定。"参见:J. Hintikka. "Defining Truth, the Whole Truth and Nothing but the Truth", in *Lingua Universalis vs. Calculus Ratiocinator: an Ultimate Presuppostition of Twentieth-Century Philosophy*, Dordrecht: Kluwer Academic Publishers, 1997: 94.

⑤ T. Patton. "On the Ontology of Branching Quantifiers", *Journal of Philosophical Logic*, 1991(20): 221.

⑥ 蒯因. 逻辑哲学[M]. 宋文淦译, 北京: 中国人民大学出版社, 2007: 87.

体论负担？因为似乎面临这样的二难处境：若恪守组合原则而诉诸于高阶逻辑，则将直接承诺高阶语义实体；若放弃组合原则而采取博弈论解释，同样会间接承诺高阶语义实体；无论恪守抑或放弃组合原则，都将导致高阶语义实体。蒯因、帕顿正是抓住这一点来责难和拒斥分枝量词的。前文已经指出，蒯因、帕顿的本体论责难从根本上来说是误入歧途的。因为量化公式的本体论承诺与其语义解释有关，而与公式本身无关。所以，问题的关键在于到底要不要恪守组合原则？

要解答这个问题，首先应该明确组合原则的涵义及其适用范围。在文献中，组合原则又被习惯性地称为弗雷格原则。虽然弗雷格并没有直接提出组合原则，甚至与其语境原则相冲突①，但一般认为弗雷格在建构现代逻辑的过程中贯彻了组合原则。因为弗雷格在历史上首次将函数引入逻辑，而组合原则实质上就是数学函数思想在逻辑领域的应用。它包括句法组合与语义组合两个对应的层面。组合原则的直观涵义是：如果复合公式 S 是依据某个句法规则由 S_1 和 S_2 构成的，那么 S 的意义就是依据某个对应的语义规则由 S_1 的意义和 S_2 的意义所构成。一种被认为更精确的代数解释是：设 $\boldsymbol{A}=\langle A, F\rangle$，$\boldsymbol{B}=\langle B, G\rangle$ 是代数，映射 h：$\boldsymbol{A}\to\boldsymbol{B}$ 是同态的，仅当存在一一映射 h'：$F\to G$，对所有的 $f\in F$，所有的 $a_1,\cdots,a_n\in A$，使得 $h(f(a_1,\cdots,a_n))=h'(f)(h(a_1),\cdots,h(a_n))$。若 $\boldsymbol{A}$ 为句法代数，$\boldsymbol{B}$ 为语义代数，h 就是满足组合原则的意义指派②。

毋庸置疑，组合原则作为现代逻辑的基石，具有十分重要的理论价值，能够实现句法生成和演算，较好地解释语言习得现象，有助于自然语言的计算机信息化处理等③。它体现了一种古老的智慧：分而治之、各个击破。即：将一个复杂的语句分解成若干部分，依据其部分的意义，逐步获得其整体的意义。但同样不可忽视的是，组合原则也存在自身局限性。因为组合原则要求句法规则与语义规则一一对应，要求辖域明确、语义单一、句法优先，即复合公式的每个组成部分必须界线清晰、事先确定，每个组成部分均具有独立的意义并且对复合公式的意义都有所贡献。遵循组合原则确实能够使逻辑系统获得数学的精确性，便于计算。但自然语言具有复杂多样性，

---

① 因为组合原则要求每个构成部分都有独立的意义，而不依赖于语句整体或者其他构成部分。这与语境原则的要求恰好相反：“决不能孤立地询问一个语词的意义，而只能放在一个命题语境之中才有意义”。参见：G. Frege. *The Foundations of Arithmetic*, translated by J. Austin, Second Revised Edition, New York: Harper & Brothers, 1960: 22.

② T. Janssen and B. Partee. “Compositionallity”, in J. van Benthem and A. ter Meulen (eds.), *Handbook of Logic and Language*, 2nd Edition, London: Elsevier B.V., 2011: 526.

③ 邹崇理. 组合原则[J]. 逻辑学研究，2008(1)：75 - 83.

例如歧义现象、模糊现象、语境敏感、句法语义不对称等,组合原则在使用过程中不可避免地会遭遇反例。

对此,一些学者建议将“异常现象”加以规范化处理,使之满足组合原则的要求。例如,亨金、蒙太古将分枝量化式翻译成等价的二阶司寇仑范式。因为在他们看来,组合原则是现代逻辑“不可或缺的”方法论原则,与形式语义学和计算机信息处理的发展目标相吻合。另外,“组合原则是蒙太格语法及其大多数相关理论的灵魂,是一种方法论的基本准则:否定它无异于否定它所依附的整个理论。”①所以,放弃组合原则将付出很大的代价。这不禁让人想起蒯因“最小损伤”的实用主义原则。

但这绝非唯一选择。因为我们还可以通过调整组合原则的某些限制条件来适应新情况。实际上,组合原则的涵义历来存在争议,特别是“部分”“意义”“构成方式”等概念存在多种不同理解。面对所谓的“异常现象”(如“亨迪卡语句”“回指代词”“晦暗语句”等),如果强行加以规范化处理,难免有削足适履之嫌。我们不妨另寻出路。例如,詹森(T. Janssen)建议扩大“意义”范畴,从而使得在时态逻辑、模态逻辑、动态逻辑等非经典逻辑的语义解释中,既能捕获语义直觉,又能遵循组合原则②。

类似地,我们也可以将“信息”“策略”等要素纳入“意义”范畴并且丰富“构成方式”概念来修正组合原则的适用范围。因为分枝量化式与经典量化式的主要差别在于,前者刻画了量词之间的独立性,后者刻画了量词之间的依赖性,前者是一种非线性组合,而后者是一种线性组合。所以,如果“构成方式”不局限于线性序而允许非线性序的话,那么分枝量词的博弈论语义解释依然遵循(广义的)组合原则。因为博弈论语义学实质上是司寇仑函数的一般化、系统化(只不过把“选值函数”换成了“策略函数”),与组合原则的基本精神相一致。另外,正如在第四章第二节中所看到的那样,我们还可以将分枝量词当作一个整体来处理,或者改变博弈方式,采取团队赋值博弈以替代单项赋值博弈。这样一来,组合原则又重新复活了。但是,为了满足组合性要求,不得不付出相应的代价,例如借助类型论提升和高阶逻辑,增加本体论负担和计算复杂度。

4. 评论与反思

不可否认,组合原则具有十分重要的理论价值和应用价值,是现代逻辑

---

① 邹崇理. 从逻辑到语言——Barbara H. Partee 访谈录[J]. 当代语言学, 2007(2): 154.

② T. Janssen and B. Partee. “Compositionallity”, in J. van Benthem and A. ter Meulen (eds.), *Handbook of Logic and Language*, London: Elsevier B.V., 2011: 502.

系统建构和语义解释的基本原则之一，能够实现句法生成和演算，较好地解释语言习得现象，有助于自然语言的计算机信息化处理等。同样不可忽视的是，组合原则自身也存在局限性，历来存在诸多争议。因为组合原则要求句法规则与语义规则一一对应，要求辖域明确、语义单一、句法优先，即复合公式的每个组成部分必须界线清晰、事先确定，每个组成部分均具有独立的意义并且对复合公式的意义都有所贡献。遵循组合原则确实能够使逻辑系统获得数学的精确性，便于计算。但是，变元之间的线性依赖关系并没有穷尽所有可能情形，还应该考虑变元之间可能的独立关系或非线性依赖关系。更何况，自然语言具有复杂多样性，存在辖域歧义、句法结构模糊、语境敏感、句法语义不对称等“异常现象”。为此，一些学者建议适当调整组合原则的某些适用条件以满足组合原则的要求。在他们看来，组合原则是现代逻辑不可或缺的方法论原则，与形式语义学和计算机信息处理的发展目标相吻合。然而，这并非唯一选择。因为组合原则并不是经验原则，而是一种方法论原则。面对所谓的“异常现象”，如果强行加以组合处理，难免有矫枉过正和削足适履之嫌。我们不妨另辟蹊径，另寻出路。亨迪卡对分枝量词以及其他独立现象的处理就是一个值得借鉴的典范。但是，无论采取何种应对策略，都要付出相应的代价。

第三节　IF 逻辑与“真”的可定义性

塔斯基曾声称，对象语言的真句子只能在本质上更丰富的元语言中获得定义，而对象语言内部以及语义封闭的语言皆不可定义甚至一致地使用“真”概念，否则会导致悖论。与之相对，亨迪卡反复强调“真”具有可定义性，IF 逻辑即可在自身中定义“真”而不会导致悖论。乍看起来，两者似乎不可两立。但仔细辨析却发现，两者并无实质性冲突。因为塔斯基的真定义依赖于经典逻辑法则，例如排中律和组合原则等。而亨迪卡所提议的 IF 逻辑允许信息独立和真值间隙，严格区分了对偶否定和矛盾否定，从而导致排中律、双重否定律等失效。另外，亨迪卡仅在 IF 逻辑与二阶逻辑可互译的桥接原则之上获得隐性定义，而非直接在 IF 逻辑内部或自然语言层面给出“真”的显性定义。此种定义依赖于选择公理和含配对函数的非完美信息博弈论语义学，尽管提升了表达力和适用性，但增加了计算复杂度。所以，博弈论语义学是否真正超越了塔斯基语义学，非组合语义学能否替代组合语义学，仍然值得商榷。

1. 塔斯基"令人满意的"真定义及其推论

"真"是十分常见但又颇具争议的概念。正如弗雷格所言，所有科学都以求真为目标，而逻辑研究"是真的"规律①。即便像皮尔士这样的实用主义者，也始终坚信存在真概念，否则推理和思想就会失去方向②。既然"真"如此重要，它到底是什么意思？如何理解和把握"真"？能否以及如何给出一个令人满意的真定义？一方面，塔斯基赞同弗雷格，认为"真"是一个语句谓词③；另一方面，他又不同于弗雷格，认为"真"是可定义的。哪怕将来把"True"看作真概念的非经典用法，而把"Frue"当作真概念的流行用法，也决不能够完全放弃真概念，将其视为一个"错误的"概念④。不过，在塔斯基看来，各种流行的真理论都不能令满意，面临许多难以克服的困难。为此，他构造了一个"实质充分且形式正确的"真定义⑤，试图把握人们关于"真"的直觉，特别是亚里士多德的洞见："说是者为非或非者为是，则为假；说是者为是或非者为非，则为真。"⑥

尽管塔斯基的"初心"是给出一个实质充分且形式正确的"令人满意的"真定义，但他谨慎地表示，他的真定义并不是唯一正确的真定义⑦。他甚至反感"唯一的""正确的"这种充满争议的提法。因为与其说真概念是绝对的、唯一的，不如说它是模糊的、多义的，可以采取不同方法尽可能精确地刻画它。

首先，在形式化的元语言中定义对象语言的"真"。为了准确地定义真概念而避免悖论，塔斯基建议使用形式化语言和公理化方法，精确地阐明语言的形式结构，使得仅从形式结构上就可以判定公式是否可证。他把形式

① 弗雷格. 弗雷格哲学论著选辑[M]. 王路译，北京：商务印书馆，2006：202.

② [CP]2.135, in *Collected Papers of Charles Sanders Peirce*, edited by C. Hartshorne and P. Weiss, Vol.2, Harvard: Harvard University Press, 1932.

③ 严格来说，塔斯基并没有直接定义"真"而是定义"真句子"，并且是相对于某种给定语言的"真句子"。他选择"句子"而非"命题"、"判断"或"信念"作为真之载体，是为了避免不必要的麻烦和哲学争论。但这并不排除"真"可以适用于其他对象。参见：A. Tarski. "The Semantic Conception of Truth and the Foundations of Semantics", *Philosophy and Phenomenological Research*, 1944(3): 342.

④ A. Tarski. "The Semantic Conception of Truth and the Foundations of Semantics", *Philosophy and Phenomenological Research*, 1944(3): 356.

⑤ A. Tarski. "The Concept of Truth in Formalized Languages", in J. H. Woodger Trans., *Logic, Semantics, Metamathematics: Papers from 1923 to 1938*, Oxford: Clarendon Press, 1956: 152.

⑥ 亚里士多德. 形而上学[M]. 苗力田译，北京：中国人民大学出版社，2003：80. 中译文有修改。

⑦ A. Tarski. "The Semantic Conception of Truth and the Foundations of Semantics", *Philosophy and Phenomenological Research*, 1944(3): 341.

语言分成两大类型："语义贫乏"的语言和"语义封闭"的语言①，严格区分了对象语言和元语言。假定基本逻辑原则成立②，对象语言的真句子能够并且只能在"本质上更丰富的"元语言中获得定义。而对象语言自身和语义封闭的语言都不可能恰当地定义甚至一致地使用真概念，否则会导致悖论。

其次，实质充分的真定义要求以 T 等式为后承。实质充分的真定义要求，能够精确刻画我们关于"真"的直觉，发挥实际效用。具体的标准就是以所谓的 T 等式为后承。设 p 为句子，X 为 p 的名称。T 等式：X 是真的，当且仅当 p。句子名词与句子属于不同层次的语言表达式。前者属于元语言，后者属于对象语言。但要注意的是，T 等式及其任何替换实例都不构成真定义，而只不过是真定义的实质性充分条件，或者仅仅是部分真定义。完整的真定义是所有 T 等式的替换实例的合取。它确定了真的适用范围。

最后，递归地定义"满足"进而得到"真"概念。形式正确的真定义要求，必须阐明为达到真定义而使用的每个词或概念的涵义，给出相应的定义规则，即精确地刻画真定义所使用的语言的形式结构。但我们不能直接从简单语句的"真"递归地定义复合语句的"真"。因为有些语句（如闭语句）不是直接由其构成部分的意义组合而成，而是由开语句（即含自由变元的语句函数）得到的。所以，应该先递归地定义"满足"，然后再根据"满足"来定义"真"：真句子被所有对象满足，而假句子不被任何对象满足。它在哲学上是"完全中立的"③。

2. 亨迪卡对塔斯基的真定义及其推论的质疑

如前所述，塔斯基精心挑选"最简单"④的类演算语言，构造了一个自认为"令人满意的"真定义，同时声称真概念不适用于自然语言和对象语言，否

① 塔斯基先后使用过"丰富性""普遍性""开放性""不规则性"等来描述自然语言的特征，后来更喜欢用"语义封闭"概念。严格来说，自然语言还谈不上"语义封闭"的语言，因为自然语言的结构模糊，无法清晰界定"句子"，更不用说"真句子"。我们至多只能说，那些结构清晰的、试图刻画自然语言的形式语言，如果是语义封闭的话，那么就会导致不一致。参见：A. Tarski. "The Semantic Conception of Truth and the Foundations of Semantics", *Philosophy and Phenomenological Research*, 1944(3): 349.

② 塔斯基所预设的基本逻辑原则仅限于经典逻辑，例如排中律、二值原则、组合原则等。

③ A. Tarski. "The Semantic Conception of Truth and the Foundations of Semantics", *Philosophy and Phenomenological Research*, 1944(3): 362.

④ A. Tarski. "The Concept of Truth in Formalized Languages", in J. H. Woodger Trans., *Logic, Semantics, Metamathematics: Papers from 1923 to 1938*, Oxford: Clarendon Press, 1956: 168.

则会导致悖论。亨迪卡分别称其为“不一致性论题”和“不可能性定理”。① 在亨迪卡看来,塔斯基的观点并不是结论性的。不可能性定理只针对表达力受限的特定语言才成立。塔斯基所使用的语言不是因为表达力太强,而恰恰是因为太过贫乏,所以才导致塔斯基误以为不能够在其自身内部定义真谓词。换言之,如果放弃不必要的限制,语言表达力足够丰富的话,那么可以在自身内部定义真谓词,譬如“自由的”IF逻辑。这个结论甚至还可以推广至自然语言。因为自然语言的表达力足够强大:它能够表达任何能够被有意义地表达的东西②。但塔斯基对此始终保持谨慎的态度。③ 究其原因,不在于没有比自然语言更丰富的元语言,而在于自然语言的不规则性和开放性特征。由于塔斯基坚信组合原则是不可或缺的语义原则,而自然语言不满足组合原则的要求,所以不能构造一致的自然语言语义学。这正是塔斯基的“难言之隐”④。

第一,塔斯基语义学依赖于组合原则假定,与直觉相去甚远。虽然塔斯基正确地揭示了自然语言的不规则性特征,即不满足组合原则,但错误地认为自然语言没有合适的语义学。塔斯基的真定义与日常关于“真”的直觉相去甚远,并没有实现预期目标。根据经典解释,存在量词等价于替换实例的析取,而全称量词等价于替换实例的合取。也就是说,先有替换实例的析取或合取,然后再提升至量化语句:

$\exists xF(x) =_{df} F(a) \vee F(b) \vee \cdots \vee F(n)$;

$\forall xF(x) =_{df} F(a) \wedge F(b) \wedge \cdots \wedge F(n)$。

亨迪卡认为,“与此相反,我们应该把这些析取与合取视作存在和全称量化语句的退化情形。”⑤例如,$\exists xF(x)$为真,从直觉上来理解就是,存在并且能够找到一个个体,使得$F(x)$成立。$\forall x\exists yF(x, y)$为真,从直觉上来理解就是,对于任意个体x,能够找到个体y,使得$F(x, y)$成立。它的真值条件可以用司寇仑函数清晰地刻画出来:$\exists f\forall xF(x, f(x))$。二

① J. Hintikka. “On Tarski's Assumptions”, *Synthese*, 2004, 142(3): 354.

② A. Tarski. “The Concept of Truth in Formalized Languages”, in J. H. Woodger Trans., *Logic, Semantics, Metamathematics: Papers from 1923 to 1938*, Oxford: Clarendon Press, 1956: 164.

③ 例如,当戴维森试图利用塔斯基的T等式来发展面向自然语言的语义学时,立即遭到了塔斯基的严厉批评。不过,戴维森纲领的失败在某种程度上验证了塔斯基的保留是明智的。参见:L. Henkin, et al(eds.). *Proceedings of the Tarski Symposium*, American Mathematical Society, Providence, R.I., 1974.

④ J. Hintikka and G. Sandu. “Tarski's Guilty Secret: Compositionality”, in J. Wolenski and E. Kohler (eds.), *Alfred Tarski and the Vienna Circle*, Dordrecht: Springer, 1999: 217-230.

⑤ J. Hintikka. “On Tarski's Assumptions”, *Synthese*, 2004, 142(3): 357.

阶函数 f 相当于告诉我们使得语句为真的个体是哪些。用二阶语句来表达一阶语句的真值条件是非常清晰自然的。令人困惑的是，塔斯基却完全忽视了它。

第二，组合原则不是语义学的必然要求，具有时代局限性。塔斯基曾明确表示，"形式语言拥有一种结构，即它与语义范畴理论、特别是其基本原则协调一致。"①众所周知，范畴语法只不过是组合原则的系统应用。所以，塔斯基要求形式语言要与语义范畴的基本原则相一致，实质上就是要求它必须满足组合性要求。塔斯基深受弗雷格、罗素的影响，恪守经典逻辑的基本原则与方法。例如，塔斯基的 T 等式预设了排中律。若排中律失效，T 等式也就失去了意义。此外，经典逻辑假定量词之间相互依赖而忽略了量词独立。当然，我们也不能苛求塔斯基。因为那时的逻辑典范就是弗雷格-罗素的逻辑。在他们的逻辑系统中，没有考虑量词独立，而仅仅考虑了线性或嵌套依赖关系，即量词之间的序列关系是非自反、可传递和反对称的，并且句法依赖与语义依赖相对应。这些正是组合原则的要求。所以，塔斯基很自然地把组合原则当成了语义学的基本原则。

第三，塔斯基的真定义受限于特定语言和模型，并非绝对的、普遍的"真"。为了避免说谎者悖论，塔斯基所定义的实际上仅仅是"在 L 中真"，"L"指本质上比对象语言更丰富的元语言。换言之，塔斯基的真概念不仅只针对符合特定要求（例如组合原则）的形式语言，而且还区分了语言层次，具有语言相对性。众所周知，这样处理会导致无穷倒退：元语言、元元语言……，以致于真定义实际上是不可能的。退一步来说，即使对象语言和元语言的区分是必要的，但是如何构造和理解这些本质上更丰富的元语言？元语言与对象语言到底处于何种关系？特别是，"在 L 中真"恰当表达了我们在对象语言中所理解的真概念吗？由于塔斯基的真定义实际上是在二阶语言或集合论语言中刻画的，所以不得不承诺过多的本体论负担。例如，断定集合和类的存在，面临高阶逻辑的不完全性、集合论悖论等问题的威胁。

此外，亨迪卡还发现塔斯基语义学中有一个潜在的假定，尽管塔斯基本人没有明确地意识到，即一元世界假定。这个假定普遍存在于大多数逻辑学家和哲学家的理论之中：世界只有一个，即我们生活的现实世界。所有一切理论或概念，只能在这个世界中得到解释而不能诉诸于任何"可能世

---

① A. Tarski. "The Concept of Truth in Formalized Languages", in J. H. Woodger Trans., *Logic, Semantics, Metamathematics: Papers from 1923 to 1938*, Oxford: Clarendon Press, 1956: 268.

界”。例如，罗素认为：“逻辑学就好比动物学一样，与现实世界紧密相连，尽管它更具抽象化和一般化特征。”①虽然塔斯基的目标不是一个相对的真概念而是一个绝对的真概念，即在任意模型或结构上为真（truth in a model/structure）。“但‘真’仍然必须以某种方式奠基于某个（some one）世界，或者准确地说，奠基于这个（*the*）世界。因此，这个预期世界或模型必须以某种方式包含所有可能的结构。”②

3. 亨迪卡对“完美的”真定义的构想与辩护

亨迪卡检视了 20 世纪哲学界、语言学界关于真理问题的讨论及其存在的困境。他认为，问题的根源就在于存在诸多不切实际的假定，即所谓的终极预设。例如，塔斯基的真定义依赖于组合原则，只适用于特定的形式语言，极大地限制了它的应用范围和理论意义，仍旧是不能令人满意的。亨迪卡认为，“完美的”真定义应该符合以下五点要求：

（1）真定义应该适用于语言 L，L 是日常语言的近似刻画，至少能够表达全部数学（即 L 的表达力要足够强）；

（2）真定义是完全的，对于 L 的每个公式 S，当 S 为真时，将真赋予 S（即恰恰囊括了全体真句子）；

（3）真定义可以在 L 内部加以刻画，而无须诉诸于某个更强、或许存在更多语义学问题的元语言（即不能采取倒退策略）。

（4）真定义应该直接告诉我们何以为真。换言之，它应该能够确切地证实或证伪一个语句，而不仅仅是抽象地定义某种语句与“外部”事实之间的符合关系（即真定义具有可操作性或可实现性）。

（5）真定义应该独立于任何特定模型 M，使得 L 中每个句子与表达其真值条件的其他句子联系起来（即真定义具有绝对性、普遍性）③。

不难发现，即使像塔斯基语义学这样的典范，也不符合条件（1）（3）甚至（5）。那些诉诸于部分真定义的固定点理论，也面临类似问题。因为部分真定义只适用于同一语言的同一模型，所固定的不是真谓词本身，而是谓词的论域与解释。亨迪卡坚信，他的真定义祛除了不必要的人为限制，切实可行，相比较而言更加完美、更符合直觉。

---

① B. Russell. *Introduction to Mathematical Philosophy*, London: George Allen and Unwin, Ltd., 1919: 169.

② J. Hintikka. “On Tarski's Assumptions”, *Synthese*, 2004, 142(3): 367.

③ J. Hintikka. “Defining Truth, the Whole Truth and Nothing but the Truth”, in *Lingua Universalis vs. Calculus Ratiocinator: an Ultimate Presuppostition of Twentieth-Century Philosophy*, Dordrecht: Kluwer Academic Publishers, 1997: 46.

首先,需要能够充分刻画量词依赖与独立的 IF 一阶语言。因为经典逻辑对量词的处理存在严重缺陷,即仅仅刻画了量词依赖而忽视了可能的独立性。但量词依赖与独立犹如一枚硬币的两面,不可完全割裂。所以,"这种限制是完全任意的"①,极大地削弱了经典逻辑的表达力,无法解释自然语言的许多现象。如果放弃这个限制,我们就得到了独立友好的 IF 逻辑。它是经典逻辑的温和扩张,即仅增添了表示独立关系的斜杆符"/"及斜杠公式集,其他保持不变。例如,$\forall x \forall y(\exists z/y)(\exists w/x)\Phi(x, y, z, w)$等价于司寇仑函数式$\exists f \exists g \forall x \forall y \Phi(x, y, f(x), g(z))$,其中$\exists z$、$\exists w$分别独立于$\forall x$、$\forall y$。很显然,它不能还原为经典一阶公式。

其次,需要能够同时处理量词依赖与独立的博弈论语义学。从根本上来说,IF 逻辑是对经典逻辑的"解放",具有许多新奇的特性。例如,它是语义不完全的,有效的公式类不是递归可枚举的。此外,它违反了通常的组合原则,塔斯基语义学不再适用,于是博弈论语义学运用而生。它实质上是司寇仑函数的一般化和系统化,符合我们证实或证伪语句 S 真或假的直觉,即通过系列博弈行动,"寻找且找到"某个(些)个体,使得原子语句为真或为假,从而决出胜负,确证 S 的真假。语句 S 的真值条件等价于相应的二阶存在语句SK[S],相应的司寇仑函数等价于确证 S 真假的策略函数。

然后,借助哥德尔编码与二阶翻译而得到 IF 真公式的隐性定义。亨迪卡认为,可以先在二阶语言中定义真谓词,即$\exists X(T[X] \wedge X(y))$②。这个真定义适用于 IF 语句 S 的哥德尔数当且仅当 SK[S]是真的(即假定 S 具有司寇仑范式形式)。虽然上述真谓词是在二阶语言中被刻画的而不是直接在 IF 一阶语言中被刻画的,但二阶语言与 IF 一阶语言之间可以互译,即把所有二阶谓词改写成二阶函数变元,然后再把二阶函数改写成 IF 公式,反之亦然。这个过程相当于对 IF 公式的哥德尔编码与解码。所以,由真谓词而得到的隐性定义可以在 IF 一阶语言自身内部得到刻画,而不会面临无穷倒退。因为二阶翻译只不过是在 IF 一阶语言中获得真定义的"桥梁",真值条件具有自反性,被翻译的语句 S 与相应的二阶存在语句 SK[S]是语义等价的。

---

① 同上,p.49。

② 同上,p.68。

4. 亨迪卡“完美的”真定义方案的主要特征

如前所述，塔斯基以经典逻辑为范本，恪守组合原则，对真定义适用的语言做了人为限制。而亨迪卡试图打破这个“不必要的”限制，建构能够刻画量词独立关系的 IF 一阶语言，试图在 IF 一阶语言内部定义自身的“真”。虽然 IF 逻辑不可完全公理化，但并不影响它的可理解性和应用价值。因为分离定理、紧致性定理、洛文海姆-司寇仑定理等依然成立。此外，“尽管不可能存在一个完全的有效性证明程序，但确实存在一个反证程序，即递归枚举所有不一致公式（以及所有不一致公式的有限集）的程序。”①

第一，IF 逻辑最独特或成功之处在于，它采用了博弈论语义学，可以兼容信息依赖与信息独立。“这种语义学的作用是：它在一阶逻辑和二阶逻辑之间架起一座重要的桥梁。这座桥是由一阶语句与其二阶真值条件的等价性构成的。”②通过博弈论语义学，我们可以清楚地看到，一阶逻辑与二阶逻辑之间并不是截然分离的，而是通过一些重要的逻辑原则彼此关联的。例如，选择公理就是这样一条重要的逻辑原则。它使得一阶逻辑与二阶逻辑之间可以互译。在完美信息情况下，假定选择公理成立，对于给定的公式 φ 和模型 M，$M \vDash_{Tarski} \varphi \Leftrightarrow M \vDash_{GTS} \varphi^{+}$。③ 两者的本质差异在于：“前者是组合性的（由里至外），而后者是非组合性的（由外至内）”④。

第二，IF 逻辑及其博弈论语义学对否定的处理不同于经典逻辑的矛盾否定，是一种对偶否定，更加贴近自然。排中律反映了思维的确定性，但在博弈论语义学看来，这种确定性假定太强了。因为无法预先确定博弈双方必定存在取胜策略。博弈论语义学严格区分了真、假、不真、不假四个概念：不真≠假，不假≠真。这样带来的好处是，它不会导致说谎者悖论。因为排中律在 IF 逻辑中失效，它不允许既真又假，但允许既不真又不假，有效阻隔了悖论性语句的产生。所以，无须过分强调元语言与对象语言的区分，而应该严格区分两种否定，因为它们分别表达了不同的逻辑行为。

第三，IF 逻辑比经典逻辑表达力更强，相当于二阶逻辑的存在片段，而添加矛盾否定作为语句联结词的 EIF 逻辑甚至与整个二阶逻辑相当。虽然 IF 逻辑公式与其二阶翻译的语义博弈是完全相同的，但二阶翻译更加明确

---

① 同上，p.59。
② 同上，p.77。
③ G. Sandu. “IF-Logic and Truth-Definition”, *Journal of Philosophical Logic*, 1998(27)：145.
④ 同上，p.146。

地告诉我们取胜策略具体是什么(这好比出示确证语句真假的证据),从而帮助我们更好地理解博弈策略。此外,自然语言可能不是一阶逻辑那么简单,更有理由相信自然语言本身就是高阶的。并且它能够一步到位地把“真”归属于那些真句子,把“假”赋予那些假句子,无须像克里普克那样诉诸一系列真谓词,而直接达到所谓的固定点。

第四,尽管 IF 逻辑及其博弈论语义学比经典逻辑及其塔斯基语义学表达力更强,但它并没有增添过多的本体论负担。因为它是经典一阶语言最温和的扩展,仅仅添加了独立符,其余保持不变。它不包含任何高阶变元或者集合,只有个体变元,无须承诺集合、函数之类的高阶语义实体。并且博弈论语义学既适用于 IF 逻辑,也适用于经典逻辑,两者的唯一差别仅在于玩家的信息状态不同:经典逻辑相当于完美信息博弈而 IF 逻辑相当于非完美信息博弈。即便博弈论语义学使用了“策略函数”这样的二阶概念,但塔斯基语义学更直接使用了“集合序列”这样具有二阶属性的概念。所以,从根本上来说,IF 逻辑不会比经典逻辑付出更多的本体论代价。

第五,IF 逻辑可以定义自身的真谓词,无须诉诸“本质上更丰富的”元语言。而塔斯基的语言分层必将导致无穷倒退,使得真定义具有相对性。塔斯基指责自然语言具有开放性和不规范性(或者所谓的普遍性),实际上是相对于经典逻辑的表达力而言的。由于独立现象无处不在,并且 IF 逻辑可以免遭说谎者悖论,可以为自然语言提供合适的真定义,所以有理由相信 IF 逻辑才是真正的“自然的逻辑”①。亨迪卡甚至认为,非组合语义学更符合自然语言的要求,博弈论语义学不仅可以而且必须取代塔斯基语义学。②

5. 评论与反思:塔斯基的“魔咒”被打破了吗?

弗雷格曾指出,“真”是简单的、基始的,不可还原于其他概念,不能通过定义来揭示“真”的本质,而只能通过与其他谓词进行比较来揭示“真”的独特性,否则会导致循环或无穷倒退。③ 与之不同,塔斯基从正反两方面对定义“真”提出了建议:一方面,肯定实质充分且形式正确的真定义是可行的,即以类演算语言为基础,以经典逻辑法则为前提,以 T 等式为后承,以“满

---

① J. Hintikka. “Defining Truth, the Whole Truth and Nothing but the Truth”, in *Lingua Universalis vs. Calculus Ratiocinator: an Ultimate Presuppostition of Twentieth-Century Philosophy*, Dordrecht: Kluwer Academic Publishers, 1997: 88.

② 同上,p.94。

③ 弗雷格. 弗雷格哲学论著选辑[M]. 王路译, 北京: 商务印书馆, 2006: 199 - 203.

足”概念为中介,在“本质上更丰富的”元语言中定义对象语句的“真”;另一方面,他否认语义封闭的语言和对象语言内部可以定义甚至一致地使用真概念。塔斯基的真定义影响深远,也带来巨大争议。因为长久以来,真概念一直没有得到“令人满意的”分析。塔斯基的真定义似乎暂时平息了各方的争论,被广为接受。但另一方面,塔斯基构造真定义的方式及其否定结论一直饱受批评。各种新的真理论几乎都以塔斯基语义学为批判对象,努力打破塔斯基的“魔咒”,亨迪卡创立 IF 逻辑及博弈论语义学亦是如此。

亨迪卡一针见血地指出,任何恰当的定义都需要用到独立概念,即定义项要独立于被定义项,否则就会导致恶性循环①。塔斯基语义学恪守经典逻辑法则,特别是组合原则,具有鲜明的局限性,不能够正确地刻画定义项与被定义项之间的独立关系,也不足以胜任自然语言理解,与日常语义直觉相去甚远。塔斯基关于“真”的不可定义性论断恰恰揭示了经典逻辑的局限性,而不是逻辑本身的局限性。② 因此,为了获得一个正确的定义,我们需要比经典逻辑更加强大的逻辑,使之能够充分地刻画量词以及其他逻辑表达式之间的依赖与独立关系。一种熟知的解决办法是司寇仑函数方法。每个一阶语句的“真”等价于存在相应的司寇仑函数。这实际上是在二阶层面上来定义一阶语句的“真”,因为司寇仑函数方法引入了高阶量词或者函数量词(function quantifier)。相比之下,博弈论语义学仍然是在一阶层面上来定义真谓词,其实质不过是司寇仑函数的系统化和一般化。独特之处在于,它能够对信息依赖与独立做出统一处理,从而为一阶逻辑与二阶逻辑搭建互译的桥梁。但是,亨迪卡并未完全推翻塔斯基的结论,也没有实现他对“完美的”真定义的设想。因为他只是隐性地、间接地、部分地定义了 IF 逻辑的“真”③。实际上,费弗曼早已证明含广义

---

① 亨迪卡区分了可定义性的三种独立要求,不仅包括量词与个体常项之间的独立,而且还包括量词之间的独立。具体参见:J. Hintikka. “IF Logic, Definitions and the Vicious Circle Principle”, *Journal of Philosophical Logic*, 2012(41):509-510.

② J. Hintikka. “Which Mathemaitcal Logic is the Logic of Mathematics?”, *Logica Universalis*, 2012(6):469.

③ 亨迪卡也简要讨论了给出显性定义的可能性,但结论是否定的。因为它要求初等算术在 IF 逻辑中是可完全公理化的,而哥德尔不完全性定理已经揭示这是不可能的,并且使用贝思的可定义性定理会导致与塔斯基的不可定义性定理相冲突。参见:J. Hintikka. “Defining Truth, the Whole Truth and Nothing but the Truth”, in *Lingua Universalis vs. Calculus Ratiocinator: an Ultimate Presuppostition of Twentieth-Century Philosophy*, Dordrecht: Kluwer Academic Publishers, 1997:74.

量词的一阶逻辑在特定的局部模型(partial model)①下,可以定义自身的真谓词②。独立量词(亦称分枝量词、亨金量词)属于广义量词的特例,故而亦适用上述结论③。

总之,塔斯基在给出“令人满意的”真定义的同时,为真定义戴上了“紧箍咒”。亨迪卡试图取消不必要的限制,打破塔斯基的“魔咒”,构造一个更加“完美的”真定义。由于两者基于不同的逻辑(经典逻辑和 IF 逻辑),其处理方式、前提预设亦各不相同(前者遵循二值原则和排中律,采用弱的矛盾否定,任何语句都是确定的;后者允许非确定性语句,采用强的对偶否定,二值原则和排中律等失效),所以从根本上来说并无实质性冲突④。不容否认,IF 逻辑及其博弈论语义学极大地增强了表达力和解释力,具有许多新奇的特征。尽管如此,它同样存在某些不足。首先,它比经典逻辑及其塔斯基语义学更复杂,增加了计算复杂度,并不像亨迪卡所声称的那样简洁、自然。

---

① 局部解释思想最早可以溯源至卡尔纳普。卡尔纳普在分析一些性质词项的涵义时,采取的策略是给出一个部分定义。例如,“可溶解的”可部分定义为:对于任意的 x,如果 x 放入水中,那么 x 是可溶解的,当且仅当 x 被分解了。由此解释可溶解的条件是:如果放入水中且被分解了,那么就是可溶解的;如果放入水中而不被分解,则不是可溶解的。但它并没有进一步说明,如果不放入水中,是否存在溶解的可能。类似地,真谓词的局部模型(N, (E, D)),其中 N 为标准模型,E 给出为真的条件,D 是 E 的补集。这个(E, D)就是克里普克所谓的固定点。塔斯基告诉我们,找不到含真谓词的标准模型(N, E)。而克里普克证明了,我们能够找到局部模型(即存在极小固定点),使得真谓词得以定义。关于克里普克局部模型(局部谓词)与 GTS 局部模型(局部信息)之间的比较,参见:G. Sandu. “IF-Logic and Truth-Definition”, *Journal of Philosophical Logic*, 1998(27): 156 - 163,在此不赘述。

② S. Feferman. “Iterated Inductive Fixed-point Theories: Application to Hancock’s Conjecture”, in G. Meinkides (ed.), *Patras Logic Symposion*, Amsterdam: North-Holland Publishing Company, 1982: 171 - 196.

③ 设 $L^*(H)$ 是含亨金量词 H 的经典一阶逻辑的扩张,那么 $L^*(H)$ 与 IF 逻辑在含配对函数的无穷模型下是等价的,并且 $L^*(H)$ 在含初始递归函数的皮亚诺算术系统 PA 的标准模型 M 下可以定义自身的真谓词。参见:T. Hyttinen and G. Sandu. “Henkin Quantifiers and the Definability of Truth”, *Journal of Philosophical Logic*, 2000, 29(5): 511. 另外,桑杜在 W. Walkoe[1970]、M. Krynicki[1993]等基础上,通过 IF 一阶语句与二阶存在语句之间的互译,进一步证明了 IF 语句“在 N 中真”: $N \models \theta(\ulcorner\varphi\urcorner) \Leftrightarrow N \models_{GTS} \varphi^+$。其中,N 是标准模型(含配对函数),φ 为 IF 一阶语句,$\ulcorner\varphi\urcorner$ 为 φ 的哥德尔编码,θ(x)为二阶存在语句 $\exists X(L(X) \wedge X(x))$,L 为含 PA 的 IF 一阶语言,X 为二阶变元。参见:G. Sandu. “IF-Logic and Truth-Definition”, *Journal of Philosophical Logic*, 1998 (27): 152; G. Sandu and T. Hyttinen. “IF Logic and Foundations of Mathematics”, *Synthese*, 2001, 126(1 - 2): 40 - 43; W. Walkoe. “Finite Partially Ordered Quantification”, *Journal of Symbolic Logic*, 1970(35): 535 - 550; M. Krynicki. “Hierarchies of Finite Partially Ordered Connectives and Quantifiers”, *Mathematical Logic Quaterly*, 1993, 39(1): 287 - 294.

④ G. Sandu. “IF-Logic and Truth-Definition”, *Journal of Philosophical Logic*, 1998(27): 144.

其次,它实际上只定义了"真"谓词,即只捕获了全体真语句,而没有进一步阐明"真语句"与"假语句""不真的语句""不假的语句"或者"既不真又不假的语句"等其他概念之间的联系。① 相比之下,塔斯基语义学不仅定义了"真语句",而且还同时定义了"假语句"。第三,它必须借助二阶逻辑和假定选择公理方能发挥效用。这就好比塔斯基借助元语言和假定组合原则一样值得商榷。因为选择公理是否为纯逻辑公理抑或仅仅是集合论公理,甚至是否为有效的集合论公理,历来充满争议②。另外,IF 逻辑是否必须或者已经放弃组合原则,非组合语义学是否比组合语义学更胜一筹,尚待进一步评估。因为组合原则具有很强的可塑性。正如经典逻辑可赋予非组合语义一样,为 IF 逻辑匹配组合语义未必就是不可能的(参见第四章第二节以及本章第二节)。

第四节　IF 逻辑与说谎者悖论的消解

IF 逻辑对"否定"的处理与经典逻辑不同,更加精细(fine-grained)、表达力更强。它不仅严格区分了矛盾否定和对偶否定,而且还区分了真等价(或弱等价,即语句 S_1 与 S_2 在相同模型下为真)、假等价(即语句 S_1 与 S_2 在相同模型下为假)和逻辑等价(或强等价,即语句 S_1 与 S_2 既真等价又假等价)。在 IF 逻辑中只有对偶否定而无矛盾否定,只有弱等价而无强等价,对偶否定的作用在于转换玩家角色。此外,IF 逻辑还严格区分了真语句、假语句、非真语句、非假语句和不确定性语句(既非真又非假语句)。这为我们解答说谎者悖论提供了新思路。因为说谎者语句在 IF 逻辑中属于不确定性

---

① J. Hintikka and G. Sandu. "Game-Theoretical Semantics", in J. van Benthem and A. ter Meulen(eds.), *Handbook of logic and Language*, London: Elsevier B.V., 2011: 433.

② 选择公理能否算作一条逻辑原则历来存在争议。例如,亨迪卡坚信"选择公理不仅是有效的而且是一条有效的逻辑原则",而 M.莫斯托夫斯基(M. Mostowski)认为"在数学基础中选择公理或许可以成立,但作为逻辑公理绝对是错误的"。参见: J. 亨迪卡, G. 桑朵. 逻辑学中的一场革命? [J]. 陈波译, 哲学译丛, 1999(4): 50; M. Mostowski, "The Relational Semantics for Branched Quantifiers", in D. Skordev (ed.), *Mathematical Logic and Its Applications*, London: Plenum Press, 1987: 316. 另外,与蒯因将二阶逻辑视为"披着羊皮的狼"或者伪装的集合论而加以拒斥不同,亨迪卡更乐于承认集合论是"基于一阶扶手椅之上的高阶逻辑"。参见: J. Hintikka. "Defining Truth, the Whole Truth and Nothing but the Truth", in *Lingua Universalis vs. Calculus Ratiocinator: an Ultimate Presuppostition of Twentieth-Century Philosophy*, Dordrecht: Kluwer Academic Publishers, 1997: 77. 进一步讨论还可参见本章第五节。

语句，而强说谎者语句根本就不会在 IF 逻辑中出现。即使在同时容纳矛盾否定和对偶否定的扩展的 IF 逻辑中，对矛盾否定的使用也做了严格限制，只允许出现在语句的最前端，必须借助对偶否定来定义。这样一来，说谎者语句以及强说谎者语句皆不会在扩展的 IF 逻辑中出现，从而规避了悖论的产生。

1. 经典逻辑对“否定”的处理及其局限

经典逻辑只有一个否定概念，即弱否定或矛盾否定（contradictory negation，记为“$\neg$”），没有进一步区分矛盾否定和对偶否定（dual negation，记为“~”）。在经典逻辑中，否定与析取、合取等类似，皆属于真值函项联结词，皆可视为一类真值函数。否定的作用类似于几何学中的补运算，即对原命题取相反的值。句法上，经典否定是一元联结词，可与其他公式相结合递归生成一类复合公式，即否定公式：若 A 为经典逻辑公式，那么$\neg$A（读作“非 A”）也是经典逻辑公式。语义上，经典逻辑遵守二值原则和排中律，所有语句都是确定的，A 与$\neg$A 既不同真亦不同假。否定算子相当于定义在真值集合{T, F}之上的一元真值函数。如果 A 为真，则$\neg$A 为假；如果 A 为假，则$\neg$A 为真。可用真值表刻画如下：

A	$\neg$A
T	F
F	T

不难证明，A 与$\neg\neg$A 是逻辑等值的：A 为真当且仅当$\neg\neg$A 为真。由此得到两条关于经典否定的有效推理形式：（1）否定引入：$A \vdash \neg\neg A$；（2）否定消去：$\neg\neg A \vdash A$。在经典逻辑中，双重否定律成立：$\neg\neg A \dashv\vdash A$。

换个角度来看，在经典逻辑中矛盾否定和对偶否定实际上是完全重合的，非真即假，非假即真：对任意的经典一阶语句 φ，$M \vDash \neg\varphi$ 当且仅当 $M \vDash \sim\varphi$。设 φ 的否定记为 neg(φ)，在经典逻辑中如下等式成立：$neg(\varphi) = \neg\varphi = \sim\varphi$，即：φ 的否定 = φ 非真 = φ 为假。设 α、β 是两个经典一阶语句，$|\alpha|$、$|\beta|$分别表示 α、β 的模型集，若$|\alpha| = |\beta|$，则$|\neg\alpha| = |\neg\beta|$并且$|\sim\alpha| = |\sim\beta|$。

经典逻辑对“否定”做了简单化处理，把传统逻辑中的矛盾否定和反对否定（contrary negation）归并为一个否定概念，即矛盾否定。但是，在自然语言中“否定”的类型、功能和用法十分微妙、复杂多样。例如，由不同范畴和词性(副词、动词、系词、量词、词缀等)所表达的否定,常常令人困惑难解。所以,仅有一个经典否定概念是远远不够的。试比较下列两个语句:

(1) 有些同学通过了考试。他们一定学习很努力。

(2) 并非所有同学考试失败了。他们一定学习很努力。

尽管从逻辑上来说(1)和(2)是等价的,但通常认为(1)是正确的,(2)是不正确的。因为在(2)中,回指代词"他们"缺乏语义先行词。① 假设用S来表示语句(2)。从博弈论语义学角度看,如果把(2)中的"否定"理解为矛盾否定,由于没有关于矛盾否定的博弈规则,也就没有关于$\neg$S的博弈G($\neg$S),更不用说从G($\neg$S)中挑选出相应的个体以组成个体选集I_s,从而无法为回指代词"他们"赋值。这就解释了为何"否定"不宜出现在回指语境之中。再譬如:

(3) Everything that glitters is not gold. 所有闪光的东西不都是金子。

设L(x)表示"x是闪光的东西",G(x)表示"x是金子",那么(3)的逻辑形式应该是:

(3′) $\neg\forall x(L(x)\rightarrow G(x))$,

而不是:

(4) $\forall x(L(x)\rightarrow\neg G(x))$。

因为(4)实际上等于说:

(5) Nothing that glitters is gold. 没有闪光的东西是金子。

很显然,(3)和(5)是不同的。尽管把(3)理解为(3′),表面上(或句法上)违反了自然语言通常的解释规则——从左至右规则,但实际上"not"("不")应该居于优先地位。因为从逻辑关系来说,"否定"应该位于全称量词的辖域范围之外,"所有…不都…"相当于"并非所有…都…"②。与之不同,在(4)中,"否定"位于全称量词的辖域范围之内,相当于"所有…都不…"。为了避免否定出现在量词辖域范围之内,我们通常把它改用"否定量词"(negative quantifier)③"没有…"来表达,例如(5)。这些现象足以表明自然语言句法和语义之间的不对称性,以及句法辖域和

---

① 正如亨迪卡所指出的那样,我们不能解释说(2)中的回指代词"他们"没有一个句法先行词,"因为回指代词的可接受性通常是语义先行词的问题,而不是句法先行词的问题。"参见:J. Hintikka. "Negation in Logic and in Natural Language", *Linguistics and Philosophy*, 2002(25):586.

② 亦称为"量词否定"(quantifier negation),以区别于"动词否定"(verb negation)。在英语中,常见的"量词否定"有"not every""not a"等,常见的"动词否定"有"is not""do not"等。

③ 在英语中,常见的"否定量词"有"no""nothing""nobody""nowhere"等。

逻辑或语义辖域之间的不一致性，不同表达式之间的优先级别并不完全取决于它们的句法结构，有时可能需要根据它们所含特定词条的语义规则来确定句法结构和逻辑优先级别(回顾第三章第三节“自然语言层面的语义博弈”)。

除此之外，在前文的第五章第四节中，我们还讨论了否定提升、否定与信念算子之间的可能独立等更复杂的现象。总之，很难说经典逻辑已经穷尽了“否定”的全部涵义、功能和使用规范。为了准确刻画日常语言中的否定，合理解释上述疑难现象，我们需要一个比经典否定更精细、功能更强大的否定概念。

2. IF 逻辑对“否定”的处理及其特点

与经典逻辑相比，IF 逻辑对“否定”的处理有所不同。在 IF 逻辑中，只有对偶否定而无矛盾否定。对偶否定可以出现在语句的任何地方，其作用仅仅是转换玩家的角色(即证实者或证伪者)而不是赋值。在添加矛盾否定的扩展的 IF 逻辑中，语句 S 的矛盾否定“$\neg S$”被定义为“S 非真”。但是，矛盾否定不能通过博弈规则来引入，因为没有针对“$\neg$”的博弈规则。这导致我们不能直接解释“$\neg S$”的语义，因为不存在博弈 G($\neg S$)，而只能借助元逻辑的真假定义来获得解释：“$\neg S$”只不过意味着证实者在博弈 G(S)中没有取胜策略。这类似于独立算子在博弈论语义学中的地位。在句法层面，矛盾否定受到严格限制，它只能作为语句初始联结词出现在语句最前端，而不能嵌入语句内部，特别是不能位于量词辖域范围之内，更不能出现在开公式之前或之内，否则无法给予恰当的解释。① 这意味着，虽然可以在扩展的 IF 逻辑中同时容纳矛盾否定和对偶否定，但矛盾否定并不是一个独立的范畴，而是寄生在对偶否定之上，需要借助其他逻辑常项(包括对偶否定)来获得解释。两者处于不同的层面，具有不同的功能和使用规范。这两种否定概念可以看作是对传统逻辑(以及自然语言)中矛盾否定和反对否定的理性重构。

归结起来，IF 逻辑对“否定”的处理具有如下特点：首先，IF 逻辑严格区分了矛盾否定和对偶否定，在 IF 逻辑中两者并不重合。设 φ 为 IF 一阶语句，neg(φ)表示 φ 的否定，$\neg\varphi$ 表示“φ 非真”，$\sim\varphi$ 表示“φ 假”，那么 $neg(\varphi)\neq\neg\varphi\neq\sim\varphi$。因为 $M\vDash\neg\varphi$ 并不意味着 $M\vDash\sim\varphi$。若 α、β 为任意的

① 存在一个例外情形，即：假定所有原子语句的真假都是确定的，那么矛盾否定也可以出现在原子语句甚至原子开公式之前。不过，此时矛盾否定与对偶否定并无区别。参见：J. Hintikka. “Negation in Logic and in Natural Language”, *Linguistics and Philosophy*, 2002(25)：591.

IF 一阶语句，尽管使 α、β 为真的模型集完全相同，即 $|\alpha| = |\beta|$ 成立，但一般来说 $|\sim\alpha| \neq |\sim\beta|$，因为使两者为假的模型集可能完全不同。其次，矛盾否定在 IF 逻辑中不能得到表达。因为 IF 逻辑与二阶逻辑存在片段表达力相同，而二阶逻辑存在片段在矛盾否定下是不可封闭的，所以 IF 逻辑在矛盾否定下也是不可封闭的。另外，根据分离定理可知，如果 φ、ψ 是两个不可同真的 IF 一阶语句，那么 φ、ψ 真等价于经典一阶语句。所以，如果 $\neg\varphi$ 是 IF 一阶语句，那么它必定真等价于一个经典一阶语句。最后，相对于 IF 逻辑的确定性语句（即满足二值原则和排中律）来说，矛盾否定可通过对偶否定来表达，因为它们等价于经典一阶语句。当然，这并不是说只有确定性语句才能表达矛盾否定，某些不确定性语句的矛盾否定也是可以表达的。例如，$\forall x(\exists y/x)(x = y)$ 在论域元素 $\geqslant 2$ 时是不确定的，但它的矛盾否定 $\forall y \exists x(x \neq y)$ 却是可表达的。不难看出，$\forall x(\exists y/x)(x = y)$ 实际上是一个伪装的 IF 一阶语句，因为它等价于经典一阶语句 $\exists y \forall x(x = y)$。所以，它的矛盾否定能够在 IF 逻辑中表达也就不足为奇了。总之，能够在 IF 逻辑中表达矛盾否定的语句实际上等价于经典一阶语句（这也是分离定理的一个自然结果，参见第四章第三节“分离定理”）。然而，IF 逻辑中还存在大量语句不能还原为经典一阶语句，那么如何在博弈论语义学框架下解释矛盾否定呢？因为没有针对矛盾否定的博弈规则，所以不能像其他逻辑算子那样根据博弈规则来给出其真值条件。亨迪卡提议用子博弈（subgame）来解释扩展的 IF 逻辑中的矛盾否定。但是，这种方法混淆了子博弈的两个层次：策略层次（strategy level）和玩局层次（play level）：在某个子博弈中做出的个体选择可能依赖于早期子博弈中所选择的策略函数。① 因此，我们需要严格区分玩局层次和策略层次。玩局层次只做出个体选择而不涉及策略函数选择，然后通过引入与博弈位置（position）相关联的模式（mode）概念来阐明矛盾否定的语义。② 在玩局层次，矛盾否定不仅导致玩家互换角色（类似于对偶否定），而且同时还导致模式的改变，即从肯定（positive）变为否定（negative）或者反过来。在策略层次，模式调节着语句的真值条件，策略函数被全称量词或存在量词所约束。因此，矛盾否定与独立算子类似，最终根据策略层次的真值条件来获得解释。

① T. Tulenheimo. “Independence Friendly Logic”, *The Stanford Encyclopedia of Philosophy* (Fall 2020 Edition), Edward N. Zalta (ed.), URL = <https://plato.stanford.edu/archives/fall2020/entries/logic-if/>.

② T. Tulenheimo. “Classical Negation and Game-Theoretical Semantics”, *Notre Dame Journal of Formal Logic*, 2014, 55(4): 469－498.

借助矛盾否定，一些逻辑学和理论计算机问题可以在扩展的 IF 逻辑中得到刻画。例如，著名的复杂性问题：NP = coNP？即 NP 可解问题类是否与 NP 补集的可解问题类相同？根据费根（R. Fagin）定理①，上述问题可等价表述为：扩展的 IF 逻辑是否在有穷模型的否定下封闭？换言之，设 φ 和 neg（φ）是任意的扩展的 IF 一阶语句，M 为任意有穷模型，是否 $M \vDash neg(\varphi)$ 当且仅当 $M \nvDash \varphi$？如果答案是否定的，那么将有助于解答另一个著名计算问题 P = NP。这个问题是说，即使无法提出有效的解决方案，但可以有效地验证所提议的方案是否正确。

3. 否定、自指与说谎者悖论

正如苏珊·哈克所言："说谎者悖论对于真理问题的研究之重要已为人所知；塔斯基提出真理定义的形式恰当条件，其主要的动机就是为了避免悖论。"②说谎者悖论涉及否定和自指，历来存在不同版本。其古典形式涉及说谎者语句：

（S）我说的这语话是假的。

而强化的说谎者悖论涉及强化的说谎者语句：

（S′）我说的这句话不是真的。

假设 S（或 S′）为真，则它所说的话成立，所以它是假的（或不是真的）；反之，设 S 为假（或 S′不是真的），则它所说的话不成立，所以它是真的。换言之，S（或 S′）为真，当且仅当 S 为假（或 S′不为真）。根据直观明显的原则（例如二值原则和排中律），我们能够从（强）说谎者语句"有效地"推出"矛盾"。问题到底出在哪里？又如何解决这个问题呢？

按照罗素的分析，所有悖论都犯了同样的错误，即违背了恶性循环原则，说谎者悖论亦不例外。罗素的解决办法是采取类型限制——简单类型论和分支类型论。简单类型论将论域分为不同层次：个体（类型 0）、个体的类（类型 1）、个体的类的类（类型 2），等等。分支类型论进一步区分了同一类型中命题和命题函数的不同阶层，一个 n 阶命题只能在 n+1 阶上是真（或假）的。这样一来，说谎者语句断定自身的真就成为了不合法的句子，因而是没有意义可言的。

与之相似但又有所不同，塔斯基认为错误的根源在于语义封闭，即包含表达自己的手段并且将真（或假）谓词用于自身。他提出的解决办法是对语

---

① R. Fagin. "Generalized First-Order Spectra and Polynomial-Time Recognizable Sets," in R. Karp(ed.), *Complexity of Computation*, (SIAM-AMS Proceedings, Vol.7), 1974: 43 – 73.

② 苏珊·哈克. 逻辑哲学[M]. 罗毅译，北京：商务印书馆，2003：167.

言进行分层：对象语言 O、元语言 M、元元语言 M′……，从而将真（或假）谓词相对化：在 L 中真（或假）。其中，L 指某一层次的语言。“语句 S”和“语句 S 为假”分属不同的语言层次，两者不可混淆。我们只能在较高层次的语言中谈论较低层次语言表达式的真假或意义。假设说谎者语句所属的语言层次为 O，那么表达式“这个语句在 O 中是假的”只能出现在它的元语言 M 中，它不属于 O，更不可能在 O 中为真。所以，说谎者语句“只不过是一个假语句，而不是悖论”。①

罗素的解悖方案主要不足在于失之过窄。因为不是所有违背恶性循环原则的语句就必定是恶性的（例如“我是咱班考试成绩最高的人”），并且“在形式上，罗素的做法有‘因噎废食’的危险，他的限制避免了悖论却也限制了某些必要的推论。……类型论的限制堵死了自然数的无限性的证明，阶的限制也堵死了某些约束定理的证明。”②而塔斯基的解悖策略具有鲜明的特设性：“语言层次以及‘真’、‘假’的相对化避免了语义悖论，但是除了在这方面有用处之外，这些东西似乎缺乏直觉的理由。”③并且语言分层会导致循环或无穷倒退，“真”“假”等语义概念得不到根本的说明。此外，语义封闭的语言也不一定会导致悖论。例如，IF 逻辑就能够定义自身的真谓词而避免出现类似于说谎者悖论这样的情形。所以，语义封闭不是导致说谎者悖论的充分理由，语言分层也不是解决说谎者悖论的必要条件。

4. IF 逻辑与说谎者悖论的消解

如前所述，罗素的解悖策略是采取类型限制，而塔斯基的解悖方式是进行语言分层，但是两者皆不理想。与之不同，亨迪卡主张放弃经典逻辑的矛盾否定，采用更强的对偶否定，结果导致二值原则和排中律皆失效了，双重否定律仅有一个方向（即否定引入）有效而否定消去不再有效。因为在博弈论语义学中，对偶否定的作用只不过是转换角色而不是赋值。G(S)与 G(~S)除了对换玩家角色（及其相应的胜负规则）外，其余完全相同。“S 为真”可定义为“我方”在 G(S)中拥有取胜策略，“S 为假”则定义为“自然”在 G(S)中拥有取胜策略。假设 S 为真，那么“我方”在 G(S)中有取胜策略，当且仅当“自然”在 G(~S)中有取胜策略，即~S 为假；假设 S 为假，那么“自然”在 G(S)中有取胜策略，当且仅当“我方”在 G(~S)中有取胜策略，即~S 为真。④ 无论如何，都不会出现 S 既真又假的矛盾情形。另外，玩

---

① 同上，p.178。
② 同上，p.176。
③ 同上，p.178。
④ 参见第四章第三节“引理 2”。

家没有取胜策略不意味着对方就有取胜策略，所以 S 不为真不意味着 S 就为假，S 不为假不意味着 S 就为真。这使得说谎者语句在 IF 逻辑中至多只能是既不真又不假[①]。另外，由于 IF 一阶语言中没有矛盾否定，所以强说谎者语句 S′根本就不会在 IF 一阶语言中出现。这样就规避了悖论的产生。我们不必因说谎者悖论而对“真”定义做过分的限制。

那么，在添加了矛盾否定的扩展的 IF 一阶语言及其扩展的 IF 逻辑中情况又怎样呢？如前所述，在扩展的 IF 一阶语言中，矛盾否定只能用作语句初始联结词，只能出现在整个语句（即闭公式）的最前端而不能置于语句内部。设 S 为扩展的 IF 一阶语句，则¬S 的真值条件可定义为：¬S 为真当且仅当 S 不为真，¬S 为假当且仅当 S 不为假。但是，在扩展的 IF 逻辑中没有针对矛盾否定的博弈规则，矛盾否定实际上是寄生在对偶否定之上，由对偶否定及其他逻辑常项来获得解释。这意味着，说谎者语句不能用矛盾否定来刻画，仍然只能用对偶否定来表达。所以，与非扩展的 IF 逻辑类似，说谎者语句在扩展的 IF 逻辑中同样既不真也不假。其次，即使添加了矛盾否定，也不会导致说谎者悖论。根据矛盾否定的定义可知，当¬S 为真时，仅仅意味着“我方”没有取胜策略；当¬S 为假时，仅仅意味着“自然”没有取胜策略。在博弈论语义学中，两者并无矛盾。因为“我方”没有取胜策略并不能推出“自然”有或没有取胜策略，“自然”没有取胜策略同样也不能推出“我方”有或没有取胜策略。此外，由于矛盾否定只能出现在语句之前而不能出现在语句内部，所以强说谎者语句 S′——“我说的这句话不是真的”——严格来说不能在扩展的 IF 逻辑中表达，而应该把它改写成“我说的这句话为真是假的”或者“我说的这句话是假的”。这样一来，S′的情况与 S 相同。总之，无论如何都不会出现既真又假的情况。

如果在 IF 一阶语言中不仅添加了矛盾否定，而且还允许¬、∧、∨之间的真值函项组合，那么 IF 逻辑就变成了真值函项的 IF 逻辑。[②] 这使得之前对矛盾否定的限制有所放松，即不再限制矛盾否定只能出现在语句整体的最前端，允许它嵌入语句的真值函项组合的内部，例如 $S_1 \vee (\neg S_2 \wedge S_3)$。但是，它无论如何不能出现在量词辖域范围之内，例如 $\forall x \exists y(x=y) \vee \forall x \exists$

① 亨迪卡还提供了另一条思路，即说谎者语句 S 的博弈 G(S) 实际上是无限循环的。因此，博弈双方在 G(S) 中都无法胜出。所以，S 既不真亦不假。参见：J. Hintikka. “Defining Truth, the Whole Truth and Nothing but the Truth”, in *Lingua Universalis vs. Calculus Ratiocinator: an Ultimate Presuppostition of Twentieth-Century Philosophy*, Dordrecht: Kluwer Academic Publishers, 1997: 81, 92.

② J. Hintikka. *The Principles of Mathematics Revisited*, Cambridge: Cambridge University Press, 1996: 149.

y¬(x=y)。因为没有针对¬的博弈规则,我们无法理解∀x∃z¬(x=y)的真假或者意义。

5. 评论与反思

综上所述,经典逻辑遵循二值原则和排中律,将"否定"理解为"矛盾":A与¬A相互否定意味着A与¬A彼此矛盾。在经典逻辑中实际上只有两类语句:真语句和假语句。每个语句都是确定的,非真即假,非假即真。不真的语句与假语句重合,不假的语句与真语句重合,没有其他可能(图6.1)。经典的矛盾否定有一种几何解释,即假语句是真语句的补集,反之亦然。这些思想在文恩图以及物理状态空间几何中得到了具体应用。与之不同,IF逻辑采用强的对偶否定,不真的语句不等于假语句,不假的语句不等于真语句,允许存在不确定性语句,从而使得二值原则和排中律失效。① IF逻辑实际上区分了五类语句:真语句、假语句、不真的语句、不假的语句、既不真又不假的语句(图6.2)。

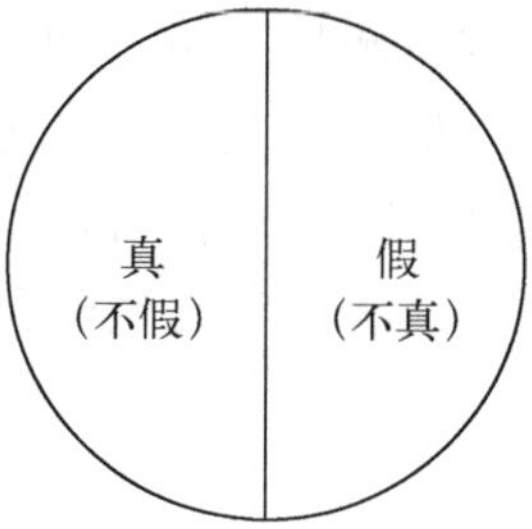

图 6.1

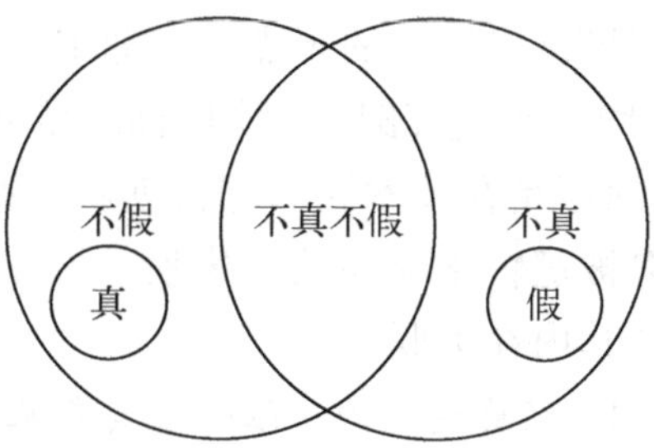

图 6.2

那么,能否像矛盾否定那样,给予对偶否定一种几何解释呢?答案是肯定的:"如果所讨论的状态空间是希尔伯特空间,并且如果我们考虑量词相互依赖的语句所指定的子空间,那么强否定对应于正交补(orthocomplementation)。"②

长久以来,逻辑学家、数学家和哲学家对否定做了简单处理,认为只有一种否定(即矛盾否定),或者否定只有一种用法(即取相反的值)。实际上,语言学家已经通过大量实例告诉我们,与其他逻辑常项一样,否定也是一个多义词。例如,自然语言中否定至少可分为两类:动词否定和语句否定。它们类似于对偶否定和矛盾否定。扩展的IF逻辑同时容纳了这两种

① 要注意,二值原则和排中律失效是博弈论语义学的结构性特征或者元理论性质,与博弈过程中玩家所拥有的信息(或知识)状态无关,也无须预设任何形式的真值间隙或第三值。

② J. Hintikka. "Negation in Logic and in Natural Language", *Linguistics and Philosophy*, 2002, 25(5): 599.

否定概念，比经典逻辑更加精细并且能够有效地避免（强）说谎者悖论，为自然语言提供更适合的语义模型。但是，引入矛盾否定会丧失 IF 逻辑原有的许多良好的元性质，例如紧致性、分离定理、洛文海姆-司寇仑性质、"真"的可定义性等。因此，无论怎么做，都不可避免地要付出相应的代价。

第五节　IF 逻辑与数学基础的"重构"

亨迪卡创建 IF 逻辑有一个宏图大愿，即：全面取代经典逻辑的基础地位，接续由弗雷格、罗素、怀特海所倡导的逻辑主义还原计划，为数学重新奠基。在他看来，弗雷格、罗素、怀特海都没有完成这个任务。因为他们所使用的经典逻辑是一种受限的一阶逻辑，存在许多不必要甚至错误的教条，不适合充当数学的基础。相比而言，IF 逻辑是一种更加充分和"自由的"一阶逻辑。亨迪卡以此为据，重新审视数学的基础问题，提出了许多极富启发性的观点。亨迪卡主要从哲学层面重新阐释逻辑学和数学中的核心概念，例如量词辖域、依赖与独立、真假、否定、完全性、公理化等，而不是在技术层面进行创新。通过对这些概念的哲学分析，可以发现许多被逻辑学家和数学家所忽视的新内涵，有助于澄清逻辑与数学的本质及其内在关联。

1. 经典逻辑的局限性及其奠基计划的失败

通常认为，经典一阶逻辑最先由弗雷格明确提出①，作为他的"概念文字"的重要组成部分，以克服日常语言的含混性和歧义性，为科学推理（包括数学推理）提供一套精确的通用语言。研究表明，经典逻辑拥有许多令人愉快的元性质，例如完全性、紧致性、洛文海姆-司寇仑性、分离定理的有效性等。这使得经典逻辑享有某种特殊的认识论地位，被认为是一种基本的逻辑（basic logic），是科学（包括数学）真正需要的逻辑（the true logic）②。

众所周知，弗雷格发展现代逻辑的初衷是为数学提供坚实的基础，实现他的逻辑主义还原计划。然而，弗雷格在为数学寻找基础时，他所使用的逻

---

① 实际上，弗雷格并没有自觉的"一阶逻辑"概念。它最早出现在 1928 年希尔伯特（D. Hilbert）和阿克曼（W. Ackmann）合写的教科书《理论逻辑原理》之中。参见：G. Moore. "The Emergence of First-Order Logic", in W. Aspray and P. Kitcher (eds.), *History and Philosophy of Modern Mathematics*, Minneapolis: University of Minnesota Press, 1988: 95 – 135.

② 当然，也不乏反对声音。例如，直觉主义者海廷（A. Heyting）认为直觉主义逻辑才是真正的基本逻辑。

辑实际上是二阶的而不仅仅是一阶的。之所以“不得不”使用二阶逻辑，部分原因在于经典逻辑在数学上是不够用的，一些基本的数学概念无法在经典一阶语言中表达，例如等势、良序、幂集、无穷、数学归纳法、统一性（uniformity）、连续统（continuity）等，并且数学自身包含许多二阶概念，例如集合、类、关系、谓词等。因此，在经典逻辑上处理数学，“不得不”借助高阶实体，例如集合。这样一来，公理集合论就很自然地成为数学的理论框架。另一个原因是，经典逻辑不是自足的（self-sufficient），①不能在经典一阶语言中定义自身的真，而必须诉诸更丰富、更强大的元语言，例如集合论或其他二阶语言，否则会导致悖论。

换言之，所谓的数学基础实际上包括两部分：经典逻辑和集合论。“因此，通常的思路导致了数学基础的两层模型。根据这种观点，底层是一阶逻辑，它在语义上是完全的，但不足以处理实际的数学概念化。第二层是集合论和/或更高阶的逻辑。在这个层次上，我们可以表达基本的数学概念，但我们不能指望它能够实现完全性。然而，从这个观点来看，公理集合论是我们所能得到的最佳的实现数学理论化的一般框架。”②众所周知，蒯因批评二阶逻辑实质上是伪装的集合论或者“披着羊皮的狼”，理应将其排除在逻辑范围之外。③ 蒯因的担心并非没有道理。因为通常的一阶逻辑（即经典逻辑）并不足以表达全部的数学真理，而二阶逻辑又面临臭名昭著的本体论承诺问题。不过，这容易引起误导，即：把逻辑与数学看作两门毫不相干的学科，致使逻辑无法为数学奠基。正如巴威斯所评论的那样：“作为逻辑学家，一方面说服人们相信逻辑是一阶的，另一方面又说服人们一阶逻辑难以捕捉现代数学中几乎所有的概念，这样做是对逻辑学科的伤害。”④那么，能否以及如何为数学奠基而不借助二阶逻辑或者集合论呢？亨迪卡给我们提供了一个可能选择，即 IF 逻辑。

这里的问题关键是，如何正确理解“完全性”概念。亨迪卡严格区分了三种不同的完全性（以及不完全性）⑤：（1）描述完全性。它是一个模型论

---

① J. Hintikka. “A Revolution in the Foundations of Mathematics?”, *Synthese*, 1997(111): 155.

② 同上，p.157。

③ W. V. O. Quine. *Philosophy of Logic*, 2nd Edition, Cambridge: Harvard University Press, 1986: 68.

④ J. Barwise. “Model-Theoretic Logics: Background and Aims”, in J. Barwise and S. Feferman (eds.), *Modal-Theoretic Logics*, New York: Springer-Verlag, 1985: 5.

⑤ 亨迪卡还提及了完全性的特定用法——希尔伯特完全性：非逻辑公理系统的模型极大性，即不能新增个体，否则会违反系统的公理。这与系统的完全性不同。参见：J. Hintikka. *The Principles of Mathematics Revisited*, Cambridge: Cambridge University Press, 1996: 91-92.

概念，适用于非逻辑公理系统，意味着该系统的模型包含了并且仅仅包含它所预期的模型。它只涉及真与有效性概念，而不涉及任何逻辑的公理化。(2)语义完全性。它是某些逻辑公理化所具有的性质，意味着该公理化能够使全部有效公式是递归可枚举的。(3)演绎完全性。它是非逻辑公理系统及其底层逻辑公理化的一种性质。它意味着从系统的公理出发，能够逻辑地证明系统中的每个语句 S 或者它的否定 ¬S 是该系统中的定理。[①] 有了这些概念区分，我们就能够澄清不同意义上的完全性(或不完全性)。例如，哥德尔第一不完全性定理深刻揭示了初等算术的演绎不完全性而非描述不完全性，当然更不是语义不完全性，因为哥德尔已经证明初等算术的底层逻辑(即经典逻辑)是语义完全的。与经典逻辑相比，IF 逻辑的最大优势在于它具有描述完全性。这正是亨迪卡为数学重新奠基之所以可能的理论突破口。

2. 逻辑的功能与数学基础问题的重新审视

亨迪卡不仅严格区分了三种不同的"完全性"，而且还进一步区分了逻辑的两种功能[②]：(1) 描述功能。这是逻辑的基本功能，旨在为数学或其他科学提供一套理论化、概念化、形式化必备的逻辑词汇[③]，例如量词、联结词等。没有这些概念框架就无法表征逻辑推理关系。(2) 演绎功能。亨迪卡认为："逻辑学旨在研究逻辑后承关系，即蕴含关系或衍推关系。它的具体表现是能够进行逻辑推理，即得出演绎结论。我称其为逻辑的演绎功能。"[④]在公理化理论中，它又称为计算功能或解释功能。[⑤]

对演绎功能的研究通常被称为证明论，对描述功能的研究通常被称为模型论或逻辑语义学。从历史的角度看，逻辑的证明论研究占了较大比重，而模型论研究常常备受质疑。因为传统的模型论限制太多，不能为数学乃至日常语言提供充分的、合适的概念框架。如何给出一个令人满意的真定义，是模型论或逻辑语义学的核心工作。塔斯基试图实现这个目标，但众所周知，他的模型论采用的是递归定义的方式，恪守组合原则。经典一阶语句

---

① J. Hintikka. "A Revolution in the Foundations of Mathematics?", *Synthese*, 1997(111): 162.

② 亨迪卡还提及逻辑对数学的特殊功能——"扶手椅"功能，即充当集合论的中介，使集合论成为数学的普遍框架。这与蒯因对待集合论的立场恰好相反。参见：J. Hintikka. *The Principles of Mathematics Revisited*, Cambridge: Cambridge University Press, 1996: 18.

③ J. Hintikka. *The Principles of Mathematics Revisited*, Cambridge: Cambridge University Press, 1996: 9.

④ 同上，p.4。

⑤ J. Hintikka. "A Revolution in the Foundations of Mathematics?", *Synthese*, 1997(111): 167 - 168.

的“真”必须诉诸本质上更丰富、更强大甚至更混乱的二阶元语言。这意味着经典逻辑本身是不充分的，不能够定义自身的“真”（以及“有效性”“后承”等）。

尽管塔斯基的真定义不能够令人满意，但仍然十分重要。因为没有真概念，就无法理解语句的涵义，也就无法理解推理的有效性、逻辑后承等其他概念。所以，问题的关键在于：如何打破塔斯基的“魔咒”？给出一个令人满意的真定义或者语义学？亨迪卡认为，为了实现这个目标，就必须改变对一阶逻辑以及逻辑自身、真理以及其他语义概念的整体看法。具体方法是：建构比经典逻辑更加强大而无须借助二阶逻辑或者集合论，同时又兼具经典逻辑良好性质的新逻辑。这正是亨迪卡建构 IF 逻辑的良苦用心之所在。

在他看来，除了经典逻辑描述功能不足、模型论研究薄弱之外，导致数学奠基计划失败的部分原因还在于对“完全性”“公理化”等概念存在误解。

传统观点认为，尽管数学是不完全的，但逻辑必须是完全的，否则逻辑无法为数学奠基。虽然哥德尔已经令人信服地证明了含初等算术的形式系统是不完全的，但人们倾向于把这种不完全性归咎于数学而不是逻辑，特别是经典逻辑。因为哥德尔同时证明了经典逻辑具有完全性。即使大家知道二阶逻辑是不完全的，但通常的做法是把二阶逻辑视为数学而非纯逻辑，或者把二阶逻辑视为伪装的集合论，以此来维持逻辑完全性的信念。所以，IF 逻辑的不完全性特征必然会引起那些恪守传统信念的学者反感。对此，亨迪卡主张颠覆传统观念，因为不完全性才是逻辑学的普遍现象，而经典逻辑具有完全性其实只是个特例而已。① 虽然经典逻辑具有语义完全性这个优点，但它不能保证数学具有描述完全性。与之相反，IF 逻辑虽然具有语义不完全性，但它提供了更强大的描述功能（没有增加演绎功能），重新定义了“真”“有效性”“模型”等概念，无须诉诸二阶逻辑或增添任何高阶语义实体。IF 逻辑的语义不完全性并不影响数学对于演绎完全性和描述完全性的诉求。

另一个传统教条是，作为基础的逻辑必须完全公理化。经典逻辑是公理化的，所以经典逻辑有资格成为数学的基础，而那些不能完全公理化的逻辑统统被排除在外。很显然，这个教条也是不必要的。因为包含初等算术的一阶数学理论本身就是不完全的。所以，没有强制的理由要求我们为数

---

① J. Hintikka. *The Principles of Mathematics Revisited*, Cambridge: Cambridge University Press, 1996: 90.

学寻求演绎公理。

建立公理系统,依赖于一个公理集,要求公理自身的"真"必须是直观的、自明的,并且从公理到定理的证明具有保真性。但是,许多公理并不那么直观,例如著名的薛定谔方程。公理化方法追求的是对知识整体的系统把握,而不是对知识确定性或实在性的把握。公理化方法旨在揭示系统的形式结构(即定理集),对系统所表征的实际对象不感兴趣。在公理化系统中,逻辑扮演的角色是从公理到定理的证明手段。定理不过是公理逻辑推演的结果,即逻辑后承。并且公理自身也必须合乎逻辑,即公理不能为假。公理系统只要合乎逻辑即可,无须考虑其解释,也不管公理的"真"是否直观。所以,公理方法的关键在逻辑。

此外,有人批评 IF 逻辑缺乏完全的证明程序,这个批评背后隐藏着几个错误。首先,混淆了逻辑真和语句真: 逻辑真是绝对的、普遍的"真",即在任意模型的任意解释下为真;而语句真是相对的、个别的"真",即在某个模型的某种解释下为真。其次,错误地认为,必须对系统内的真句子采取递归枚举的方式才能够完整地把握逻辑真。"一些哲学家,例如蒯因,表达了这样一种恐惧: 一个不能公理化的逻辑太过笨拙而不可行。IF 一阶逻辑为这种偏执狂提供了一个反例。正如我们已经看到的,IF 一阶逻辑在概念上是可管理的,因为事实证明 IF 一阶逻辑具备普通一阶逻辑所持有的大多数'好的'元定理。"①

IF 逻辑拥有完全的否证程序而没有完全的证明程序,经典逻辑同时拥有证明程序和否证程序。这是因为 IF 逻辑的对偶否定与经典逻辑的矛盾否定不同。在 IF 逻辑中,S 为真意味着 ~S 为假,但 S 为假并不意味着 ~S 为真。在经典逻辑中,S 与 ¬S 是矛盾关系,S 真意味着 ¬S 假,S 假意味着 ¬S 真。所以,在 IF 逻辑中否证程序不能转换成证明程序而在经典逻辑中可以相互转换。为了在 IF 逻辑中得到完全的否证程序,通常的存在例化规则是不适用的,而应代之以函数例化规则,并且适用于函数例化规则的公式禁止使用全称例化规则②。这是由于量词之间的独立关系所致。例如: $\forall x_1 \cdots \forall x_n, \forall z_1 \cdots \forall z_n (\exists y / x_1 \cdots x_n) \Phi(x_1 \cdots x_n, z_1 \cdots z_n, y)$ 不能直接施加存在例化,而必须转换成相应的函数 $\forall x_1 \cdots \forall x_n, \forall z_1 \cdots \forall z_n \Phi(x_1 \cdots x_n, z_1 \cdots z_n, f(z_1 \cdots z_n))$。这说明弗雷格的观点——即量词仅仅是一个二阶谓词——是错误或者至少是不充分的,它更应该看作是一个函数。或者说,传

① 同上,p.67。

② 同上,p.69。

统的存在例化规则只不过是函数例化规则的特殊情形,即函数主目为 0。“因此,确切地说,IF 逻辑不仅迫使我们重新思考我们的基本逻辑的语义,它也迫使我们重新考虑我们的逻辑推理规则。”①

3. IF 逻辑的不完全性与数学奠基计划的重启

亨迪卡指出:“一阶逻辑表达力的真正来源不在于量词概念本身,而在于量词依赖观念,……因此,毫不夸张地说,理解一阶逻辑就是理解量词依赖概念”。② 因为单独来看存在量词和全称量词,只不过是亚里士多德量词的一般化,一阶逻辑只不过是亚里士多德三段论的温和扩充,即一元谓词逻辑。而一阶逻辑真正令人感兴趣的地方,在于它可以表达各种各样的关系,即 n 元谓词逻辑。由此需要重叠量词组合。令人遗憾的是,弗雷格仅仅考虑了量词之间的依赖而忽视量词(以及其他逻辑表达式)之间的可能独立。所以,IF 逻辑不是应理解为某种新型的非经典逻辑,而应该看作是超经典逻辑,是对量词(及其约束变元)之间依赖与独立关系的完全刻画,是真正的量词逻辑(logic of quantifiers)③和基本逻辑④。

亨迪卡建构 IF 逻辑的目标之一就是为数学奠定可靠的一阶基础。但前提是,IF 逻辑必须是真正的一阶逻辑而不是高阶逻辑。亨迪卡对“一阶”的理解不同于通常的理解。流行的观点认为,由弗雷格、罗素等人创建的经典逻辑是一阶逻辑,或者一阶逻辑就是经典逻辑。因此,经典逻辑几乎成为了一阶逻辑的代名词。弗雷格之所以被誉为现代逻辑的奠基者,主要贡献在于他为现代逻辑提供了基础,即经典一阶逻辑。不仅如此,经典逻辑还在自然语言、数学推理等其他领域享有同样的基础地位,被视为刻画自然语言和数学推理的“标准”工具。然而,到底什么样的逻辑才有资格称为“一阶的”?“一阶”与“二阶”的界线或者关系是什么?面向自然语言和数学推理的逻辑是经典一阶逻辑吗?因为不断有人提议用二阶逻辑来代替经典一阶逻辑,为数学推理提供更加适合的理论框架。自然语言也存在大量违反经典一阶逻辑要求的现象。对此,现代逻辑教科书很少予以明确的阐释。标准的教科书编写体例是这样的:在介绍完命题逻辑之后,接着介绍谓词逻辑,然后讨论它的元性质等其他内容。大家对“一阶逻辑”似乎“心知肚

① 同上,p.71。

② 同上,p.47。

③ J. Hintikka. “Independence-Friendly Logic and Axiomatic Set Theory”, *Annals of Pure and Applied Logic*, 2004 (126): 330.

④ J. Hintikka. *The Principles of Mathematics Revisited*, Cambridge: Cambridge University Press, 1996: 50.

明”:“如果不理解一阶逻辑,那么我不能理解任何东西。”①

如前所述,IF 逻辑比经典逻辑的表达力强,它相当于二阶逻辑的存在片段;而扩展的 IF 逻辑比非扩展的 IF 逻辑的表达力更强,它相当于整个二阶逻辑。对于每个二阶逻辑语句 S,能够找到扩展的 IF 逻辑语句 S^*,S^* 是可满足的(或者有效的)当且仅当 S 是可满足的(或者有效的)②。但是,IF 逻辑及其扩展在本体论上是非常简洁的,不含任何高阶变元或者集合变元,所有量词只遍历个体。所以,它们仍然是一阶的。这意味着,我们可以在扩展的 IF 逻辑基础上处理任何足够丰富的数学理论,构造一个具有描述完全性(但不是演绎完全性)的初等算术公理系统,无须诉诸自身不完全的二阶逻辑或集合论。③ 因此,解决问题的关键在于寻找新的演绎方法而不是寻找越来越强的公理。实际上,哥德尔已经证明包含初等算术的形式系统必定不是演绎完全的。

按照亨迪卡的理解,只要量词仅仅约束个体变元,并且在博弈过程中每次选择的对象仅仅是个体,那么相应的逻辑就是一阶的。由此观之,(扩展的)IF 逻辑和经典逻辑都是一阶的。尽管(扩展的)IF 逻辑具有与二阶逻辑相当的表达力和复杂度,但这恰好说明我们可以在一阶水平上来刻画二阶逻辑,而不应该因此把(扩展的)IF 逻辑看成是二阶的。④ 这样一来,不仅可以为数学重新奠定更为稳健的一阶逻辑基础,而且还免除了不必要的本体论负担。

另外需要注意的是,亨迪卡所谓的逻辑主义还原,不是公理化还原而是概念化还原。亨迪卡区分了数学的概念化(conceptualization)和数学的理论化(theorization)或公理化(axiomatization),并且认为前者比后者更重要、更基本。⑤ 因为前者关注一般的结构(适用于所有情形),后者只针对某类特定的结构(视研究对象而定)。换言之,他不是把 IF 逻辑作为公理系统,然

① J. Hintikka. “What is Elementary Logic? Independence-friendly Logic as the True Core Area of Logic”, in K. Gavroglu et al (eds.), *Physics, Philosophy and the Scientific Community*, Dordrecht: Kluwer Academic Publishers, 1995: 301.

② J. Hintikka. “Defining Truth, the Whole Truth and Nothing but the Truth”, in *Lingua Universalis vs. Calculus Ratiocinator: an Ultimate Presuppostition of Twentieth-Century Philosophy*, Dordrecht: Kluwer Academic Publishers, 1997: 82.

③ J. Hintikka. *The Principles of Mathematics Revisited*, Cambridge: Cambridge University Press, 1996: 153.

④ J. Hintikka. “Intellectual Autobiography” and Hintikka's Replies to the Contributors, in R. Auxier and L. Hahn (eds.), *The Philosophy of Jaakko Hintikka*, The Library of Living Philosophers, Vol.30, Chicago: Open Court, 2006: 476–477.

⑤ J. Hintikka. “What is the Axiomatic Method?”, *Synthese*, 2011(183): 71.

后从逻辑公理推导出数学公理,因为 IF 逻辑是不可公理化的。他的逻辑主义还原是从概念上进行还原,即用逻辑词汇来定义关键性的数学概念,刻画数学所使用的语义有效的逻辑推理模式。

根据传统的观点,数学的逻辑主义还原需要两种逻辑:一种是适用于数学公理系统内部的逻辑(例如经典逻辑),另一种是作为数学公理系统元理论的逻辑(例如二阶逻辑或集合论)。这就不难理解,传统的逻辑主义还原计划为什么同时需要经典逻辑和二阶逻辑才能实现目标。相比之下,IF 逻辑能够同时扮演两种角色:其一,由于经典逻辑是 IF 逻辑的子逻辑,所以它能够继续作为数学系统内部进行推理和证明时所需要的逻辑;其二,IF 逻辑还能够作为描述数学系统一般特性的元理论,在 IF 逻辑内部定义自身的真谓词。所以,IF 逻辑为数学的逻辑主义还原计划开辟了新道路。

然而,IF 逻辑不是可公理化的,具有语义不完全性等特征。如何看待这些特征?它们构成 IF 逻辑的致命缺陷吗?例如,蒯因曾经指责分枝量词实质上承诺了高阶语义实体,包含分枝量词的逻辑理应属于数学而非纯逻辑,担心这样的逻辑在方法论上是不安全的(insecure)。与之相反,在亨迪卡看来,这并不妨碍我们正确理解和使用 IF 逻辑,也不会降低它的价值:"解除这种不安全性的明显办法就是证明存在许多处理甚至掌握 IF 逻辑的方式,即使它的逻辑真理不是递归可枚举的。实际上,正是这种不可公理化,使得 IF 逻辑能够实现我认为最重要的逻辑理论任务:成功地发现越来越强大的逻辑原则。"①此外,虽然 IF 逻辑是语义不完全的,但并不妨碍它具有描述完全性。甚至可以说,正是因为语义上的不完全性,为描述上的完全性创造了可能。例如,扩展的 IF 逻辑能够实现初等算术描述完全的公理化②。实际上,数学之所以能够在二阶逻辑基础上实现描述完全的公理化,其原因也恰恰在于二阶逻辑是语义不完全的。因此,语义不完全性不应该看作缺点,而应该看作潜在的优点。

4. 评论与反思

综上所述,经典逻辑存在许多不必要的限制,严重制约了它的描述能

---

① J. Hintikka. "What is Elementary Logic? Independence-friendly Logic as the True Core Area of Logic", in K. Gavroglu et al (eds.), *Physics, Philosophy and the Scientific Community*, Dordrecht: Kluwer Academic Publishers, 1995: 314.

② 具体方法可参见: J. Hintikka. "A Revolution in the Foundations of Mathematics?", *Synthese*, 1997(111): 163; G. Sandu and J. Väänänen. "Partially Ordered Connectives", *Zeitschrift für Mathematische Logik und Grundlagen der Mathematik*, 1992, 38(1): 361–372.

力,无法独立承担为数学奠基的重任,不得不诉诸高阶逻辑或者集合论。亨迪卡深刻反思了逻辑与数学的关系,严格区分了完全性的不同涵义和逻辑的不同功能,揭示了经典逻辑的不足,澄清了隐藏在逻辑主义还原计划背后的诸多含混和误解,从而为实现这项计划提供了新的可能选择。与经典逻辑相比,被亨迪卡寄予厚望的(扩展的)IF 逻辑是一种更充分、“自由的”一阶逻辑,具有与二阶逻辑相当的表达力,同时避免过多的本体论负担,比经典逻辑更有资格充当数学的基础。

但是,IF 逻辑及其博弈论语义学要发挥作用,必须假定选择公理成立,并且把选择公理当作真正的逻辑公理而不是集合论公理。众所周知,选择公理是 ZFC(Zermelo-Fraenkel Set Theory with Axiom of Choice, ZFC)公理集合论中的十条公理之一。所以,问题的关键在于:选择公理是真的吗?它是必要的吗?特别地,它是一条逻辑公理吗?每个问题都是极富争议的。许多数学家(构造主义数学家似乎例外)接受选择公理作为集合论公理而非逻辑公理,认为选择公理直觉上是正确的并且逻辑上是无矛盾的,可以得出许多有价值的结论。但是,他们并没有提出令人信服的理由证明选择公理就是真的。此外,在有限论域或者存在具体的选择规则的情况下,选择公理实际上是不必要的。并且,前文(第二章第三节)在讨论分枝量词时已经指出,可以用“关系”来替代“函数”给量词独立提供合适的解释,n+1 元关系对应于 n 元函数。因此,选择公理也不是发展博弈论语义学的必要条件。尽管在无限论域或者不存在具体的选择规则的情况下,有效的选择通常需要借助选择公理才能得到,但它又会导致承诺不可测集和巴纳赫-塔斯基悖论(Banach-Tarski Paradox)。正如罗素评论的那样:“这个公理(罗素称之为乘法公理——笔者注)可以用逻辑概念陈述出来,却不能用逻辑概念予以证明,有了这公理,数学中的某些部分可以得到不少的方便,可是这公理并不是必不可少的。”①他说,“虽然乍看起来,似乎显然是真的,但仔细思考便渐增疑惑。到最后我们只得满足于记录下这个假定以及它的推论,就象我们记录下平行公理一样,而不假定我们能够知道它是真还是假。”②

不过,亨迪卡也清楚地意识到,IF 逻辑仅仅是原则上为数学奠基的可能方法之一,而不是实践上最优的方法③④。例如,我们可以直接在二阶逻辑

---

① 罗素. 数理哲学导论[M]. 晏成书译, 北京: 商务印书馆, 1982: 111.

② 同上,p.116。

③ J. Hintikka. “A Revolution in the Foundations of Mathematics?”, *Synthese*, 1997(111): 166.

④ J. Hintikka. “Independence-Friendly Logic and Axiomatic Set Theory”, *Annals of Pure and Applied Logic*, 2004 (126): 331.

基础上来处理数学问题，如果不反感二阶逻辑所带来的哲学困惑的话。但是，"IF 逻辑是否以及如何帮助建立一个新的、可行的公理集合论仍有待研究。"①亨迪卡之所以强调在 IF 逻辑基础上来处理数学，主要也是出于哲学上和理论上的考虑，避免承诺"集合"之类的高阶语义实体以及由此带来的"臭名昭著"的麻烦。如果 IF 逻辑能够实现经典逻辑所期待的奠基任务，并且无须借助二阶逻辑或者传统的公理集合论，避免过多的本体论负担，为我们提供新的可选方案，那么何乐而不为呢？

---

① 同上，p.332。

参考文献

英文部分

[1] Auxier, R. and Hahn, L. (eds.), 2006: *The Philosophy of Jaakko Hintikka*, The Library of Living Philosophers, Vol.30, Chicago: Open Court.

[2] Barwise, J., 1976: "Some Applications of Henkin Quantifiers", *Israel J. Math*, 25: 47 - 63.

[3] Barwise, J., 1979: "On Branching Quantifiers in English", *Journal of philosophical Logic*, 8: 47 - 80.

[4] Barwise, J. and Feferman, S. (eds.), 1985: *Model-Theoretic Logics*, New York: Springer-Verlag.

[5] Blamey, S., 2002: "Partial Logic", in Gabbay, D. and Guenthner, F. (eds.), *Handbook of Philosophical Logic*, 2nd Edition, Vol. 5, Dordrecht: Kluwer Academic Publishers & Springer: 261 - 353.

[6] Blass, A. and Gurevich, Y., 1986: "Henkin Quantifiers and Complete Problems", *Annals of Pure and Applied Logic*, 32: 1 - 16.

[7] Bogdan, R., 1987: *Jaakko Hintikka*, Dordrecht: D. Reidel Publishing Company.

[8] Bradfield, J., 2000: "Independence: Logics and Concurrency", in *Lecture Notes in Computer Science Logic*, Dordrecht: Springer: 247 - 261.

[9] Bradfield, J., 2004: "On Independence-Friendly Fixpoint Logics", *Philosophia Scientiae*, 2: 125 - 144.

[10] Bradfield, J. and Fröschle, S., 2002: "Independence-Friendly Modal Logic and True Concurrency", *Nordic Journal of Computing*, 9(2): 102 - 117.

[11] Brouwer, J., 1975: *Philosophy and Foundations of Mathematics*,

Amsterdam: North-Holland Publishing Company.

[12] Burgess, J. P., 2002: "Basic Tense Logic", in Gabbay, D. M. and Guenthner, F. (eds.), *Handbook of Philosophical Logic*, 2nd Edition, Vol.7, Netherlands: Kluwer Academic Publishers: 1 - 42.

[13] Carlson, L. and ter Meulen, A., 1979: "Informational Independence in Intensional Context", in Saarinen, E. et al(eds.), *Essays in Honour of Jaakko Hintikka*, Dordrecht: D. Reidel Publishing Company: 61 - 72.

[14] Ciardelli, I., 2016: *Questions in Logic*, PhD Thesis, University of Amsterdam.

[15] Ciardelli, I., 2016: "Propositional Inquisitive Logic: A Survey", *Computer Science Journal of Moldova*, 24: 295 - 311.

[16] Ciardelli, I. and Roelofsen, F., 2011: "Inquisitive Logic", *Journal of Philosophical Logic*, 40: 55 - 94.

[17] Cook, R., 2009: *A Dictionary of Philosophical Logic*, Edinburgh: Edinburgh University Press.

[18] Davidson, D., 1982: "Any an Universal or Existential?", in Auwera, J. (ed.), *The Semantics of Determiners*, London: Croom Helm: 11 - 40.

[19] Dechesne, F., 2005: *Game, Set, Math: Formal Investigations into Logic with Imperfect Information*, PhD Thesis, Eindhoven: University of Tilburg.

[20] Dummett, M., 1973: *Frege: Philosophy of Language*, New York: Harp & Row.

[21] Dummett, M., 1981: *The Interpretation of Frege's Philosophy*, London: Duckworth.

[22] Emerson, E., 1981: *Branching Time Temporal Logic and the Design of Correct Concurrent Programs*, PhD Thesis, Harward University.

[23] Enderton, H., 1970: *A Mathematical Introduction to Logic*, New York: Academic Press.

[24] Enderton, H., 1970: "Finite Partially-Ordered Quantifiers", *Zeitschrift für Mathematische Logik und Grundlagen der Mathematik*, 16: 393 - 397.

[25] Engström, F., 2012: "Generalized Quantifiers in Dependence Logic", *J Log Lang Inf*, 21: 299 - 324.

[26] Fagin, R., 1974: "Generalized First-Order Spectra and Polynomial-Time

Recognizable Sets," in Karp, R. (ed.), *Complexity of Computation*, SIAM-AMS Proceedings, Vol.7: 43 – 73.

[27] Fauconnier, G., 1975: "Do Quantifiers Branch?", *Linguistic Inquiry*, 6: 555 – 578.

[28] Feferman, S., 1982: "Iterated Inductive Fixed-point Theories: Application to Hancock's Conjecture", in Meinkides, G. (ed.), *Patras Logic Symposion*, Amsterdam: North-Holland Publishing Company: 171 –196.

[29] Feferman, S., 2006: "What Kind of Logic is 'Independence-Friendly' Logic?", in Auxier R. and Hahn, L. (eds.), *The Philosophy of Jaakko Hintikka*, Chicago: Open Court: 453 – 469.

[30] Fermüller, C. and Majer, O., 2017: "Equilibrium Semantics for IF Logic and Many-Valued Connectives", in Hansen, H. et al (eds.), *Logic, Language, and Computation*, Berlin: Springer-Verlag: 290 – 312.

[31] Figueira, S., Gorín, D. and Grimson, R., 2009: "On the Formal Semantics of IF-like Logics", *Journal of Computer and System Sciences*, 76: 333 – 346.

[32] Frege, G., 1960: *The Foundations of Arithmetic*, Translated by Austin, J., Second Revised Edition, New York: Harper & Brothers.

[33] Gabbay, D. and Moravcsik, J., 1974: "Branching Quantifiers, English, and Montague-Grammar", *Theoretical Linguistics*, 1: 141 – 157.

[34] Gabbay, D. and Guenthner, F. (eds.), 2001 – 2018: *Handbook of Philosophical Logic*, 2nd Edition, Vol. 1 – 18, Dordrecht: Kluwer Academic Publishers & Springer.

[35] Gale, D. and Stewart, F. M., 1953: "Infinite Games with Perfect Information", in Kuhn, H. W. and Tucker, A. W. (eds.), *Contributions to the Theory of Games*, Vol.2, Princeton: Princeton University Press: 245 – 266.

[36] Galliani, P., 2008: *Game Values and Equilibria for Undetermined Sentences of Dependence Logic*, MSc Thesis, ILLC Publications, MoL –2008 – 08.

[37] Galliani, P., 2012: "Inclusion and Exclusion Dependencies in Team Semantics: On Some Logics of Imperfect Information", *Annals of Pure and Applied Logic*, 163(1): 68 – 84.

[38] Galliani, P. and Mann, A. L., 2013: "Lottery Semantics: A Compositional Semantics for Probabilistic First-Order Logic with Imperfect Information", *Studia Logica*, 101: 293 – 322.

[39] Gierasimczuk, N. and Szymanik, J., 2009: "Branching Quantification v. Two-way Quantification", *Journal of Semantics*, 26: 367 – 392.

[40] Gödel, K., 1986: "An Interpretation of the Intuitionistic Propositional Calculus", Reprinted and English Translation in Feferman, S. (ed.), *Collected Works of Kurt Gödel, Vol. I, 1929 – 1936*, Oxford: Oxford University Press: 301 – 303.

[41] Grädel, E. and Väänänen, J., 2013: "Dependence and Independence", *Studia Logica*, 101: 399 – 410.

[42] Groenendijk, J. and Stokhof, M., 2011: "Questions", in van Benthem, J. and ter Meculen, A. (eds.), *Handbook of Logic and Language*, 2nd Edition, London: Elsevier B.V.: 1059 – 1131.

[43] Haack, S., 1996: *Deviant Logic, Fuzzy Logic*, Chicago: Chicago University Press.

[44] Hand, M., 1993: "A Defense of Branching Quantification", *Synthese*, 95: 419 – 432.

[45] Hamblin, C., 1958: "Questions", *The Australasian Journal of Philosophy*, 36: 159 – 168.

[46] Harrah, D., 1987: "Hintikka's Theory of Questions", in Bogdan, R. (ed.), *Jaakko Hintikka*, Dordrecht: D. Reidel Publishing Company: 199 – 213.

[47] Harrah, D., 2002: "The Logic of Questions", in Gabbay, D. and Guenthner, F. (eds.), *Handbook of Philosophical Logic*, Vol. 8, 2nd Edition, Dordrecht: Kluwer Academic Publishers & Springer: 1 – 60.

[48] Hella, L., Sevenster, M. and Tulenheimo, T., 2008: "Partially Ordered Connectives and Monadic Monotone Strict NP", *J Log Lang Inf*, 17: 323 – 344.

[49] Henkin, L., 1961: "Some Remarks on Infinitely Long Formulas", in *Infinitistic Methods, Proceedings of the Symposium on Foundations of Mathematics*, Warsaw: Pergamon Press: 167 – 183.

[50] Henkin, L. et al (eds.), 1974: *Proceedings of the Tarski Symposium*, American Mathematical Society, Providence, R.I..

[51] Hintikka, J., 1973: *Logic, Language-Games and Information*, Oxford: Oxford University Press.

[52] Hintikka, J., 1973: "Quantifiers vs. Quantification Theory", *Dialectica*, 27: 329 – 358.

[53] Hintikka, J., 1976: *The Semantics of Questions and the Questions of Semantics: Case Studies in the Interrelations of Logic, Semantics and Syntax*, Amsterdam: North-Holland Publishing Company.

[54] Hintikka, J., 1976: "Partially Ordered Quantifiers vs. Partially Ordered Ideas", *Dialectica*, 30: 89 – 99.

[55] Hintikka, J., 1979: "Language-Games", in Saarinen, E. (ed.), *Game-Theoretical Semantics*, Dordrecht: D. Reidel Publishing Company: 1 – 26.

[56] Hintikka, J., 1979: "Quantifiers in Logic and Quantifiers in Natural Languages", in Saarinen, E. (ed.), *Game-Theoretical Semantics*, Dordrecht: D. Reidel Publishing Company: 27 – 47.

[57] Hintikka, J., 1979: "Quantifiers vs. Quantification Theory", in Saarinen, E. (ed.), *Game-Theoretical Semantics*, Dordrecht: D. Reidel Publishing Company: 49 – 79.

[58] Hintikka, J., 1979: "Quantifiers in Natural Languages: Some Logical Problems", in Saarinen, E. (ed.), *Game-Theoretical Semantics*, Dordrecht: D. Reidel Publishing Company: 81 – 117.

[59] Hintikka, J., 1981: "On the Logic of an Interrogative Model of Scientific Inquiry", *Synthese*, 47(1): 69 – 83.

[60] Hintikka, J., 1982: "On Games, Questions and Strange Quantifiers", in Pauli, J. (ed.), *Philosophical Essays Dedicated to Lennart Åquest on His Fiftieth Birthday*, Department of Philosophy, Uppsala: University of Uppsala: 159 – 169.

[61] Hintikka, J., 1983: *The Game of Language: Studies in Game-Theoretical Semantics and Its Applications*, Dordrecht: D. Reidel Publishing Company.

[62] Hintikka, J., 1985: "A Spectrum of Logics of Questioning", *Philosophica*, 1: 127 – 142.

[63] Hintikka, J., 1988: "On the Development of the Model-theoretic Viewpoint in Logical Theory", *Synthese*, 1: 1 – 36.

[64] Hintikka, J., 1988: "What is the Logic of Experimental Inquiry?",

Synthese, 74(2): 173 - 190.

[65] Hintikka, J., 1995: "What is Elementary Logic? Independence-friendly Logic as the True Core Area of Logic", in Gavroglu K. et al (eds.), *Physics, Philosophy and the Scientific Community*, Dordrecht: Kluwer Academic Publishers: 301 - 326.

[66] Hintikka, J., 1996: *The Principles of Mathematics Revisited*, Cambridge: Cambridge University Press.

[67] Hintikka, J., 1997: *Lingua Universalis VS. Calculus Ratiocinator: An Ultimate Presupposition of Twentieth-Century Philosophy*. Dordrecht: Springer.

[68] Hintikka., J., 1997: "A Revolution in the Foundations of Mathematics?", *Synthese*, 111(2): 155 - 170.

[69] Hintikka, J., 1998: *Language, Truth and Logic in Mathematics*, Dordrecht: Kluwer Academic Publishers.

[70] Hintikka, J., 1998: "What Is Abduction? The Fundamental Problem of Contemporary Epistemology", *Transactions of the Charles S. Peirce Society*, 34: 503 - 533.

[71] Hintikka, J., 2000: "Game-Theoretical Semantics as a Challenge to Proof Theory", *Nordic Journal of Philosophical Logic*, 4 (2): 127 - 141.

[72] Hintikka, J., 2001: "Is Logic the Key to All Good Reasoning?", *Argumentation*, 1: 35 - 57.

[73] Hintikka, J., 2002: "Hyperclassical Logic (a.k.a. IF Logic) and Its Implications for Logical Theory", *Bulletin of Symbolic Logic*, 8(3): 404 - 423.

[74] Hintikka, J., 2002: "Negation in Logic and in Natural Language", *Linguistics and Philosophy*, 25(5): 585 - 600.

[75] Hintikka, J., 2004: "Independence-Friendly Logic and Axiomatic Set Theory", *Annals of Pure and Applied Logic*, 126: 313 - 333.

[76] Hintikka, J., 2004: "What is the True Algebra of Logic", in Hendricks, V., Neuhaus, F., Pedersen, S., Scheffler, U. and Wansing, H. (eds.), *First-Order Logic Revisited*, Berlin: Logos Verlag: 117 - 128.

[77] Hintikka., J., 2004: "On Tarski's Assumptions", *Synthese*, 142(3): 353 - 369.

[78] Hintikka., J., 2006: "Truth, Negation and Other Basic Notions of Logic", in van Benthem, J. et al(eds.), *The Age of Alternative Logics*, Dordrecht: Springer: 195 – 219.

[79] Hintikka,J., 2007: *Socratic Epistemology: Explorations of Knowledge-seeking by Questioning*, Cambridge: Cambridge University Press.

[80] Hintikka, J., 2011: "What is the Axiomatic Method?", *Synthese*(183): 69 – 85.

[81] Hintikka, J., 2012: "Which Mathemaitcal Logic is the Logic of Mathematics? ", *Logica Universalis*, 6: 459 – 475.

[82] Hintikka, J., 2012: "IF Logic, Definitions and the Vicious Circle Principle", *Journal of Philosophical Logic*, 41: 505 – 517.

[83] Hintikka, J. and Halonen, I., 1995: "Semantics and Pragmatics for Why-Questions", *The Journal of Philosophy*, 92(12): 636 – 657.

[84] Hintikka, J., Halonen, I. and Mutanen, A., 2002: "Interrogative Logic as a General Theory of Reasoning", in Ganbby, D. M., Johnson, R., Ohlbach, H. and Woods, J.(eds.), *Handbook of the Logic of Argument and Inference: the Turn Towards the Practical*, Amsterdam: North-Holland Publishing Company: 295 – 337.

[85] Hintikka, J. and Harris, S., 1988: "On the Logic of Interrogative Inquiry", *Proceedings of the Biennial Meeting of the Philosophy of Science Association*, 1: 233 – 240.

[86] Hintikka, J. and Hintikka, M., 1988: *The Logic of Epistemology and the Epistemology of Logic: Selected Essays*, Dordrecht: Kluwer Academic Publishers.

[87] Hintikka, J. and Sandu, G., 1989: "Informational Independence as a Semantical Phenomenon", in Fensted, J., Frolov I. and Hilpinen, R. (eds.), *Logic, Methodology and Philosophy of Science Ⅷ*, Amsterdam: Elsevier Science Publishers B.V.: 571 – 589.

[88] Hintikka, J. and Sandu, G., 1995: "What is the Logic of Parallel Processing?", *International Journal of Foundations of Computer Science*, 6(1): 27 – 49.

[89] Hintikka, J. and Sandu, G., 1998: "A Revolution in logic?", in Hintikka, J. *Language, Truth and Logic in Mathematics*, Dordrecht: Springer Science & Business Media, B.V.: 27 – 44.

[90] Hintikka J. and Sandu, G., 1999: "Tarski's Guilty Secret: Compositionality", in Wolenski, J. and Kohler E.(eds.), *Alfred Tarski and the Vienna Circle*, Dordrecht: Springer: 217 - 230.

[91] Hintikka, J. and Sandu, G., 2006: "What Is Logic?", in Jacquette, D. (ed.), *Philosophy of Logic*, London: Elsevier B.V.: 13 - 39.

[92] Hintikka, J. and Sandu, G., 2011: "Game-Theoretical Semantics", in van Benthem, J. and ter Meulen, A.(eds.), *Handbook of Logic and Language*, 2nd Edition, London: Elsevier B.V.: 415 - 465.

[93] Hilpinen, R., 1982: "On C. S. Peirce's Theory of the Proposition: Peirce as a Precursor of Game-Theoretical Semantics", *Monist*, 65 (2): 182 - 188.

[94] Hodges, W., 1997: "Compositional Semantics for a Language with Imperfect Information", *Logic Journal of IGPL*, 4: 539 - 563.

[95] Hodges, W., 1998: "Compositionality Is Not the Problem", *Logic and Logical Philosophy*, 6: 7 - 33.

[96] Hodges, W., 2007: "Logics of Imperfect Information: Why Sets of Assignments?", in van Benthem, J., Gabbay, D. and Löwe B.(eds.), *Interactive Logic*, Amsterdam: Amsterdam University Press: 117 - 133.

[97] Hyttinen, T. and Sandu, G., 2000: "Henkin Quantifiers and the Definability of Truth", *Journal of Philosophical Logic*, 29 (5): 507 - 527.

[98] Janssen, T., 1997: "A Compositional Semantics for the Game-Theoretical Interpretation of Logic", in Dekker, P., Stokhof, M. and Venema, Y. (eds.), *Proceedings of the Eleventh Amsterdam Colloquium*, ILLC/Department of Philosophy, University of Amsterdam: 181 - 185.

[99] Janssen, T., 1999: "IF Logic and Informational Independence", in Dekker, P.(ed.), *Proceedings of the Twelfth Amsterdam Colloquium*, ILLC/Department of Philosophy, University of Amsterdam: 139 - 144.

[100] Janssen, T., 2002: "Independent Choices and the Interpretation of IF Logic", *Journal of Logic, Language and Information*, 11: 367 - 387.

[101] Janssen, T. and Dechesne, F., 2006: "Signalling in IF Games: A Tricky Business", in van Benthem J. et al (eds.), *The Age of Alternative Logics: Assessing the Philosophy of Logic and Mathematics Today*, Dordrecht: Springer: 221 - 241.

[102] Janssen T. and Partee, B., 2011: "Compositionallity", in van Benthem J. and ter Meulen, A. (eds.), *Handbook of Logic and Language*, 2nd Edition, London: Elsevier B.V.: 495 – 553.

[103] Japaredze, G., 2006: "Introduction to Cirquent Calculus and Abstract Resourse Semantics", *Journal of Logic and Computation*, 16 (4): 489 – 532.

[104] Japaredze, G., 2008: "Cirquent Calculus Deepened", *Journal of Logic and Computation*, 18(6): 983 – 1028.

[105] Japaredze, G., 2011: "From Formulas to Cirquents in Computability Logic", *Logical Methods in Computer Science*, 7(2): 1 – 55.

[106] Japaredze, G., 2013: "The Taming of Recurrences in Computability Logic Through Cirquent Calculus", *Archive for Mathematical Logic*, 52: 173 – 259.

[107] Jónsson, B. and Tarski, A., 1951: "Boolean Algebras with Operators, Part I", *American Journal of Mathematics*, 73(4): 891 – 939.

[108] Krynicki, M. and Lachlan, A. H., 1979: "On the Semantics of the Henkin Quantifiers", *The Journal of Symbolic Logic*, 44 (2): 184 – 200.

[109] Krynicki, M., 1993: "Hierarchies of Finite Partially Ordered Connectives and Quantifiers", *Mathematical Logic Quaterly*, 39 (1): 287 – 294.

[110] Krynicki, M., Mostowski, M. and Szczerba, L. (eds.), 1995: *Quantifiers: Logics, Models and Computation*, Dordrecht: Kluwer Academic Publishers.

[111] Mann, A., Sandu G. and Sevenster, M., 2011: *Independence-Friendly Logic: A Game-Theoretic Approach*, Cambridge: Cambridge University Press.

[112] McKinsey, J. and Tarski, A., 1948: "Some Theorems About the Sentential Calculi of Lewis and Heyting", *Journal of Symbolic Logic*, 13(1): 1 – 15.

[113] Minică, Ştefan A., 2011: *Dynamic-Epistemic Logic of Questions and Inquiry*, PhD Thesis, University of Amsterdam.

[114] Moore, G., 1988: "The Emergence of First-Order Logic", in Aspray, W. and Kitcher, P. (eds.), *History and Philosophy of Modern*

Mathematics, Minneapolis: University of Minnesota Press: 95 - 135.
[115] Mostowski, A., 1957: "On a Generalization of Quantifiers", *Fundamenta Mathematicae*, 44(2): 12 - 36.
[116] Mostowski, M., 1987: "The Relational Semantics for Branched Quantifiers", in Skordev, D. (ed.), *Mathematical Logic and Its Applications*, London: Plenum Press: 315 - 322.
[117] Mostowski, M., 1995: "Quantifiers Definable by Second Order Means", in Krynicki, M. et al (eds.), *Quantifiers: Logics, Models and Computation*, Vo1.2, Dordrecht: Kluwer Academic Publishers: 181 - 214.
[118] Patton, T., 1991: "On the Ontology of Branching Quantifiers", *Journal of Philosophical Logic*, 20: 205 - 223.
[119] Peirce, C. S., 1932: *Collected Papers of Charles Sanders Peirce*, Edited by Hartshorne, C. and Weiss, P., Vol.2, Cambridge: Harvard University Press.
[120] Pietarinen, A., 2001: "Intentional Identity Revisited", *Nordic Journal of Philosophical Logic*, 6: 144 - 188.
[121] Pietarinen, A., 2001: "Varieties of IFing", in Pauly, M. and Sandu, G. (eds.), *Proceedings of the ESSLLI 2001 Workshop on Logic and Games*, Helsinki: University of Helsinki: 1 - 15.
[122] Pietarinen, A., 2001: "Propositional Logic of Imperfect Information: Foundations and Applications", *Notre Dame Journal of Formal Logic*, 4: 193 - 210.
[123] Pietarinen, A., 2003: "What Do Epistemic Logic and Cognitive Science Have to Do With Each Other?", *Cognitive Systems Research*, 4: 169 - 190.
[124] Pietarinen, A., 2005: "Some Games Logic Plays", in Vanderveken, D. (ed.), *Logic*, *Thought and Action*, Dordrecht: Springer: 409 - 432.
[125] Pietarinen, A., 2006: "Independence-Friendly Logic and Games of Incomplete Information", in van Benthem J. et al (eds.), *The Age of Alternative Logics: Assessing the Philosophy of Logic and Mathematics Today*, Dordrecht: Springer: 243 - 259.
[126] Quine, W. V. O., 1969: *Ontological Relativity and Other Essays*, New York: Columbia University Press.

[127] Quine, W. V. O., 1986: *Philosophy of Logic*, 2nd Edition, Cambridge: Harvard University Press.

[128] Rasmusen, E., 2007: *Games and Information: An Introduction to Game Theory*, 4th Edition, New York: Wiley-Blackwell.

[129] Read, S., 2006: "Monism: The One True Logic", in Devidi, D. and Kenyon, T. (eds.), *A Logical Approach to Philosophy*, Dordrecht: Springer: 193 - 209.

[130] Rebuschi, M., 2006: "IF and Epistemic Action Logic", in van Benthem J. et al (eds.), *The Age of Alternative Logics: Assessing Philosophy of Logic and Mathematics Today*, Dordrecht: Springer: 261 - 281.

[131] Robaldo, L., 2007: *Dependency Tree Semantics*, PhD Thesis, Turin University, Italy.

[132] Robaldo, L. and Carlo, J., 2010: "Flexible Disambiguation in DTS", in Gelbukh, A. (ed.), *Computational Linguistics and Intelligent Text Processing*, Berlin: Springer-Verlag: 257 - 268.

[133] Russell, B., 1919: *Introduction to Mathematical Philosophy*, London: George Allen and Unwin, Ltd..

[134] Saarinen, E. (ed.), 1979: *Game-Theoretical Semantics*, Dordrecht: D. Reidel Publishing Company.

[135] Saarinen, E. et al (eds.), 1979: *Essays in Honour of Jaakko Hintikka*, Dordrecht: D. Reidel Publishing Company.

[136] Sandu, G., 1993: "On the Logic of Informational Independence and Its Applications". *Journal of Philosophical Logic*, 22: 29 - 60.

[137] Sandu, G., 1998: "IF-Logic and Truth-Definition", *Journal of Philosophical Logic*, 27: 143 - 164.

[138] Sandu, G. and Hyttinen, T., 2001: "IF Logic and Foundations of Mathematics", *Synthese*, 126(1 - 2): 37 - 47.

[139] Sandu, G. and Pietarinen, A., 2001: "*Partiality and Games: Propositional Logic*", *L. J. of the IGPL*, 9(1): 101 - 121.

[140] Sandu, G. and Pietarinen, A., 2003: "Informationally Independent Connectives", in Mints, G. and Muskens, R. (eds), *Games, Logic, and Constructive Sets*, Stanford: CSLI: 23 - 41.

[141] Sandu, G. and Väänänen, J., 1992: "Partially Ordered Connectives",

Zeitschrift für Mathematische Logik und Grundlagen der Mathematik, 38(1): 361－372.

[142] Sevenster, M., 2006: "On the Computational Consequences of Independence in Propositional Logic", *Synthese*, 2: 257－283.

[143] Sevenster, M., 2010: "Decidability of Independence-Friendly Modal Logic", *Review of Symbolic Logic*, 3: 415－441.

[144] Sevenster, M. and Sandu, G., 2010: "Equilibrium Semantics of Languages of Imperfect Information", *Annals of Pure and Applied Logic*, 161: 618－631.

[145] Sher, G., 1990: "Ways of Branching Quantifiers", *Linguistics and Philosophy*, 13: 393－422.

[146] Sher, G., 1997: "Partially-Ordered (Branching) Generalized Quantifiers: A General Definition", *The Journal of philosophical Logic*, 26(1): 1－43.

[147] Stenius, E., 1976: "Comments on Jaakko Hintikka's Paper 'Quantifiers vs. Quantification Theory", *Dialectica*, 30: 67－88.

[148] Szymanik, J., 2016: *Quantifiers and Cognition: Logical and Computational Perspectives*, Dordrecht: Springer.

[149] Tarski, A., 1944: "The Semantic Conception of Truth and the Foundations of Semantics", *Philosophy and Phenomenological Research*, 3: 341－376.

[150] Tarski, A., 1956: *Logic, Semantics, and Metamathematics*, Oxford: Clarendon Press.

[151] Tarski, A., 1956: "The Concept of Truth in Formalized Languages", in Woodger J. H., Trans., *Logic, Semantics, Metamathematics: Papers from 1923 to 1938*, Oxford: Clarendon Press: 152－278.

[152] Tulenheimo, T., 2003: "On IF Modal Logic and Its Expressive Power", in Balbiani P. et al(eds.), *Advances in Modal Logic*, Vol.4, London: King's College Publications: 474－498.

[153] Tulenheimo, T., 2004: *Independence-Friendly Modal Logic: Studies in Its Expressive Power and Theoretical Relevance*. PhD Thesis, University of Helsinki.

[154] Tulenheimo, T., 2009: "Hybrid Logic Meets IF Modal Logic", *Journal of Logic, Language and Information*, 4: 559－591.

[155] Tulenheimo, T., 2014: "Classical Negation and Game-Theoretical Semantics", *Notre Dame Journal of Formal Logic*, 55(4): 469 - 498.

[156] Tulenheimo, T., 2020: "Independence Friendly Logic", *The Stanford Encyclopedia of Philosophy* (Fall 2020 Edition), Zalta, E. N. (ed.), URL = <https://plato.stanford.edu/archives/fall2020/entries/logic-if/>.

[157] Tulenheimo, T. and Sevenster, M., 2006: "On Modal Logic, IF Logic and IF Modal Logic", in Hodkinson, I. et al (eds.), *Advances in Modal Logic*, Vol.6, London: King's College Publications: 481 - 501.

[158] Tulenheimo, T. and Sevenster, M., 2007: "Approaches to Independence Friendly Modal Logic," in van Benthem, J., Gabbay, D. and Löwe, B. (eds.), *Interactive Logic*, Amsterdam: Amsterdam University Press: 247 - 280.

[159] van Benthem, J., 2003: "Logic Games are Complete for Game Logics", *Studia Logica*, 76: 183 - 203.

[160] van Benthem, J. , 2006: "The Epistemic Logic of IF Games", in Auxier R. & Hahn L. (eds.), *The Philosophy of Jaakko Hintikka*, The Library of Living Philosophers, Vol. 30, Chicago: Open Court: 481 - 513.

[161] van Benthem, J., 2008: "Logical Dynamics Meets Logical Pluralism?", *Australasian Journal of logic*, 6: 182 - 209.

[162] van Benthem J. et al (eds), 2006: *The Age of Alternative Logics: Assessing Philosophy of Logic and Mathematics Today*, Dordrecht: Springer.

[163] van Benthem J. and Minică, Ştefan A, 2012: "Toward a Dynamic Logic of Questions", *Journal of Philosophical Logic*, 41: 633 - 669.

[164] van Benthem J. and ter Meulen A. (eds.), 2011: *Handbook of Logic and Language*, 2nd Edition, London: Elsevier B.V..

[165] van der Does, J. and van Eijck, J. (eds.), 1996: *Quantifiers, Logic and Language*, Stanford: Center for the Study of Language and Information Publications.

[166] Väänänen, J., 2007: *Dependence logic: A New Approach to Independence Friendly Logic*, Cambridge: Cambridge University Press.

[167] Walkoe, W., 1970: "Finite Partially Ordered Quantification", *Journal of Symbolic Logic*, 35: 535 - 555.

[168] Westerståhl, D., 1987:"Branching Generalized Quantifiers and Natural Language", in Giirdenfors P. (ed.), *Generalized Quantifiers*, Dordrecht: D. Reidel Publishing Company: 269 - 298.

[169] Westerståhl, D., 2007:"Quantifiers in Formal and Natural Languages", in Gabbay, D. and Guenthner, F. (eds.), *Handbook of Philosohical Logic*, 2nd Edition, Vol.14, Dordrecht: Kluwer Academic Publishers & Springer: 223 - 338.

[170] Westerståhl, D., 2008: "The Traditional Square of Opposition and Generalized Quantifiers", *Studies in Logic*, 1(3): 1 - 18.

[171] Wiśniewski, A., 1995: *The Posing of Questions: Logical Foundations of Eroteti Inferences*, Dordrecht: Kluwer Academic Publishers.

[172] Wittgenstein, L., 1974: *Tractatus Logico-Philosophicus*, Translated by Pears, D. F. and McGuinness, B. F., London and New York: Routledge & Kegan Paul.

[173] Xuefeng Wen and Shier Ju., 2013:"Semantic Games with Chance Moves Revisited: From IF Logic to Partial Logic", *Synthese*, 9: 1605 -1620.

[174] Fan Yang., 2014: *On Extensions and Variants of Dependence Logic—A Study of Intuitionistic Connectives in the Team Semantics Setting*, PhD Thesis, University of Helsinki.

中文部分

[1]〔美〕保罗·贝纳塞拉夫,〔美〕希拉里·普特南:《数学哲学》,朱水林等译,北京,商务印书馆,2003年。

[2] 陈波:《在逻辑和哲学之间——访亨迪卡教授》,《哲学动态》,1998年第7期,第39—43页。

[3] 陈波:《亨迪卡的IF逻辑述评》,《自然辩证法通讯》,2000年第3期,第20—28页。

[4] 陈招万:《IF多值逻辑及博弈语义》,《逻辑学研究》,2009年第2期,第65—74页。

[5] 戴细华:《多值逻辑语义博弈》,中山大学博士论文,2006年。

[6] 冯棉:《广义模态逻辑》,上海,华东师范大学出版社,1990年。

[7]〔德〕弗雷格:《弗雷格哲学论著选辑》,王路译,北京,商务印书馆,2006年。

[8] 郭美云:《辛提卡IF一阶逻辑研究》,西南师范大学硕士论文,

2003 年。
[9]〔美〕苏珊·哈克:《逻辑哲学》,罗毅译,北京,商务印书馆,2003 年。
[10]〔芬〕J.亨迪卡,〔芬〕G.桑朵:《逻辑学中的一场革命?》,陈波译,《哲学译丛》,1999 年第 4 期,第 43—50 页。
[11] 蒋严,潘海华:《形式语义学引论》,北京,中国社会科学出版社,1998 年。
[12]〔德〕康德:《逻辑学讲义》,许景行译,北京,商务印书馆,1991 年。
[13]〔美〕蒯因:《逻辑哲学》,宋文淦译,北京,中国人民大学出版社,2007 年。
[14]〔美〕蒯因:《本体论的相对性及其他论文》,贾可春译,北京:中国人民大学出版社,2007 年。
[15]〔英〕罗素:《数理哲学导论》,晏成书译,北京,商务印书馆,1982 年。
[16]〔英〕罗素:《我们关于外间世界的知识》,陈启伟译,上海,上海译文出版社,1990 年。
[17]〔英〕罗素:《逻辑与知识》,苑莉均译,北京:商务印书馆,1996 年。
[18]〔美〕J.麦考莱:《语言的逻辑分析:语言学家关注的逻辑问题》,王维贤等译,杭州,浙江大学出版社,2011 年。
[19] 王路:《逻辑的创新与应用——辛梯卡教授访谈录》,《世界哲学》,2002 年第 5 期,第 75—78 页。
[20]〔芬〕J.欣迪卡:《逻辑哲学》,倪鼎夫译,《哲学译丛》,1982 年第 6 期,第 66—71 页。
[21]〔芬〕亚科·欣蒂卡:《关于哲学的教育使命》,李红霞译,《第欧根尼(中文版)》,2003 年第 2 期,第 1—10 页。
[22] 徐文艳:《Extend IF 逻辑的命题演算系统》,《软件学报》,2015 年第 9 期,第 2278—2285 页。
[23]〔希〕亚里士多德:《形而上学》,苗力田译,北京,中国人民大学出版社,2003 年。
[24] 颜中军:《论直觉主义逻辑对经典逻辑的挑战》,《湘潭大学学报(哲社版)》,2011 年第 3 期,第 125—128 页。
[25] 颜中军:《论亨迪卡对问句逻辑的贡献》,《湘潭大学学报(哲社版)》,2015 年第 5 期,第 150—154 页。
[26] 颜中军:《亨迪卡博弈论语义学评析》,《湖南科技大学学报(社科版)》, 2016 年第 5 期,第 25—29 页。
[27] 颜中军:《分枝量词的语义解释及其本体论承诺》,《逻辑学研究》,

2018 年第 4 期,第 114—124 页。
[28] 颜中军:《分枝量词及其对组合原则的挑战》,《湖南科技大学学报(社科版)》,2019 年第 4 期,第 36—41 页。
[29] 颜中军:《博弈论语义学视域下的“真”概念》,《湖北大学学报(哲社版)》,2019 年第 6 期,第 44—50 页。
[30] 颜中军:《IF 一阶逻辑视域下的量词与量化观念》,《思想与文化》,2024 年第 33 辑,第 45—60 页。
[31] 邹崇理:《从逻辑到语言——Barbara H. Partee 访谈录》,《当代语言学》,2007 年第 2 期,第 151—165 页。
[32] 邹崇理:《组合原则》,《逻辑学研究》,2008 年第 1 期,第 75—83 页。
[33] 邹崇理:《组合原则和自然语言虚化成分》,《四川师范大学学报(社科版)》,2017 年第 1 期,第 5—9 页。